D1755270

FOTOSHOOTING

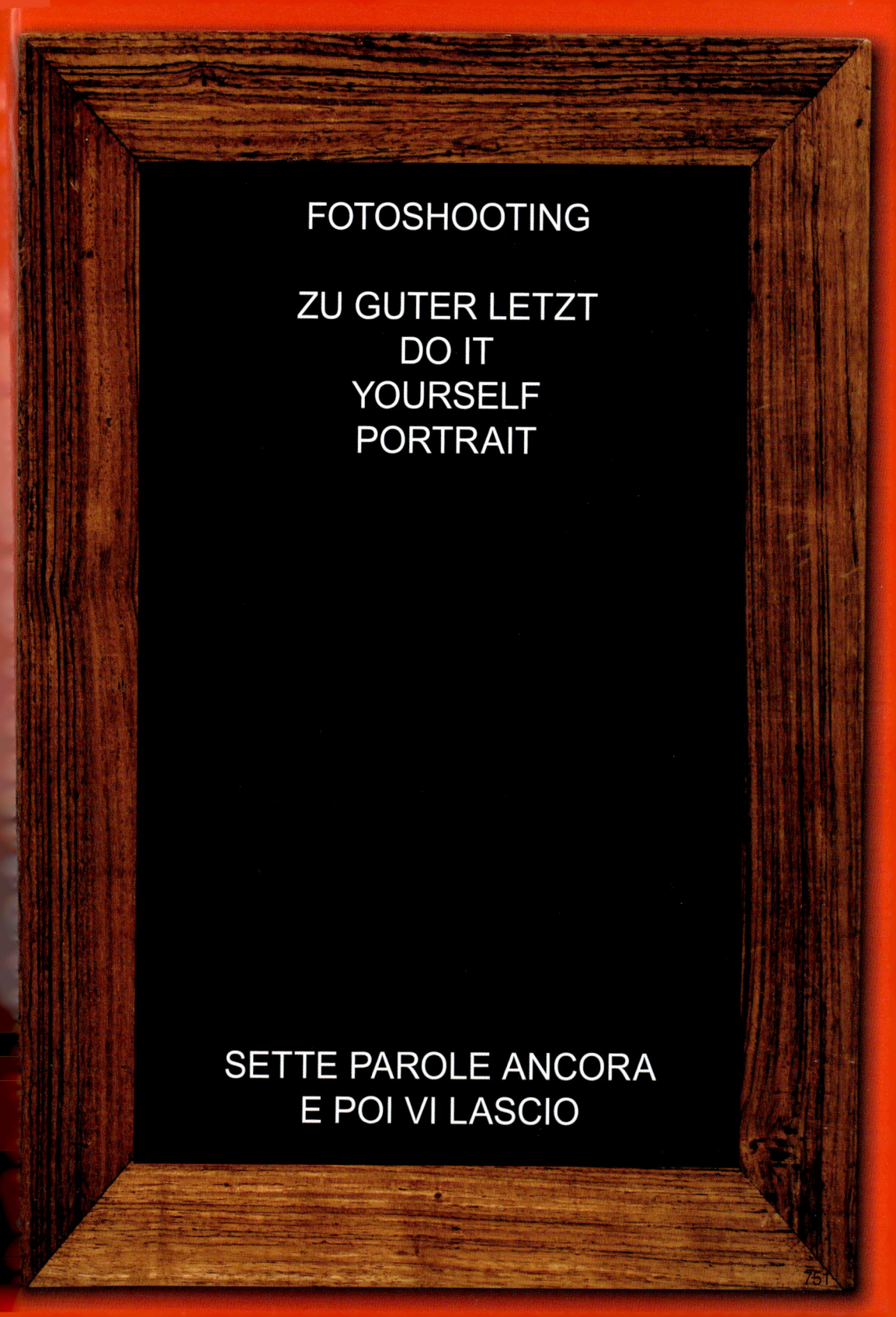

ZU GUTER LETZT
DO IT
YOURSELF
PORTRAIT

SETTE PAROLE ANCORA
E POI VI LASCIO

SONO CRESCIUTO / SONO GRANDE
TANTO QUANTO / È PICCOLO IL MONDO

SEE YOU LATER

man sieht sich / ci vediamo

bei der kunstausstellung
des matthias schönweger
im kunsthaus meran / merano arte

meran 2014
19. september 19 uhr – 8. november finissage

oder aber
ein andermal

SEE YOU

MATTHIAS SCHÖNWEGER

MEINE REDE

MIX·XL

Herausgeber / Editori
M. Schönweger
Es project

© & alle Rechte und Pflichten beim Autor
© & tutti i diritti e i doveri presso l'autore

Bibliografische Information Der Deutschen Bibliothek
Die Deutsche Bibliothek verzeichnet diese Publikation
in der Deutschen Nationalbibliografie;
detaillierte bibliografische Daten sind im Internet
über <http://dnb.ddb.de> abrufbar.

ISBN: 978-88-7283-490-9

9788872834909

© 2014 by Verlag Edition Rætia Bozen
info@raetia.com - www.raetia.com

MULTIPLE
NUMMER

№ 000354

EINMALIGE AUFLAGE
VON 390
NUMMERIERTEN EXEMPLAREN

JEDES

**HAND
SIGNIERT**

LEUCHTENDES BEISPIEL

DEM ADORNO NACHGESAGT

DIE KUNST IST BEFREIT VON DER LÜGE WAHRHEIT ZU SEIN

MEINE REDE

mir
(SEIN MIR)
gewidmet

TOUCH
ME

Sub specie amoris
quasi 2000 Jahre

NACH
CHRISTUS

… ja wenn die Welt wie ein
offenes Buch vor euch läge –
und hättet die Liebe nicht,
ihr wäret nichts.

… hätte aber die Liebe nicht,
wäre ich dröhnendes Erz
oder eine lärmende Pauke.

SELBSTREDEND

THANK YOU

msd 2014

10

VORWEG

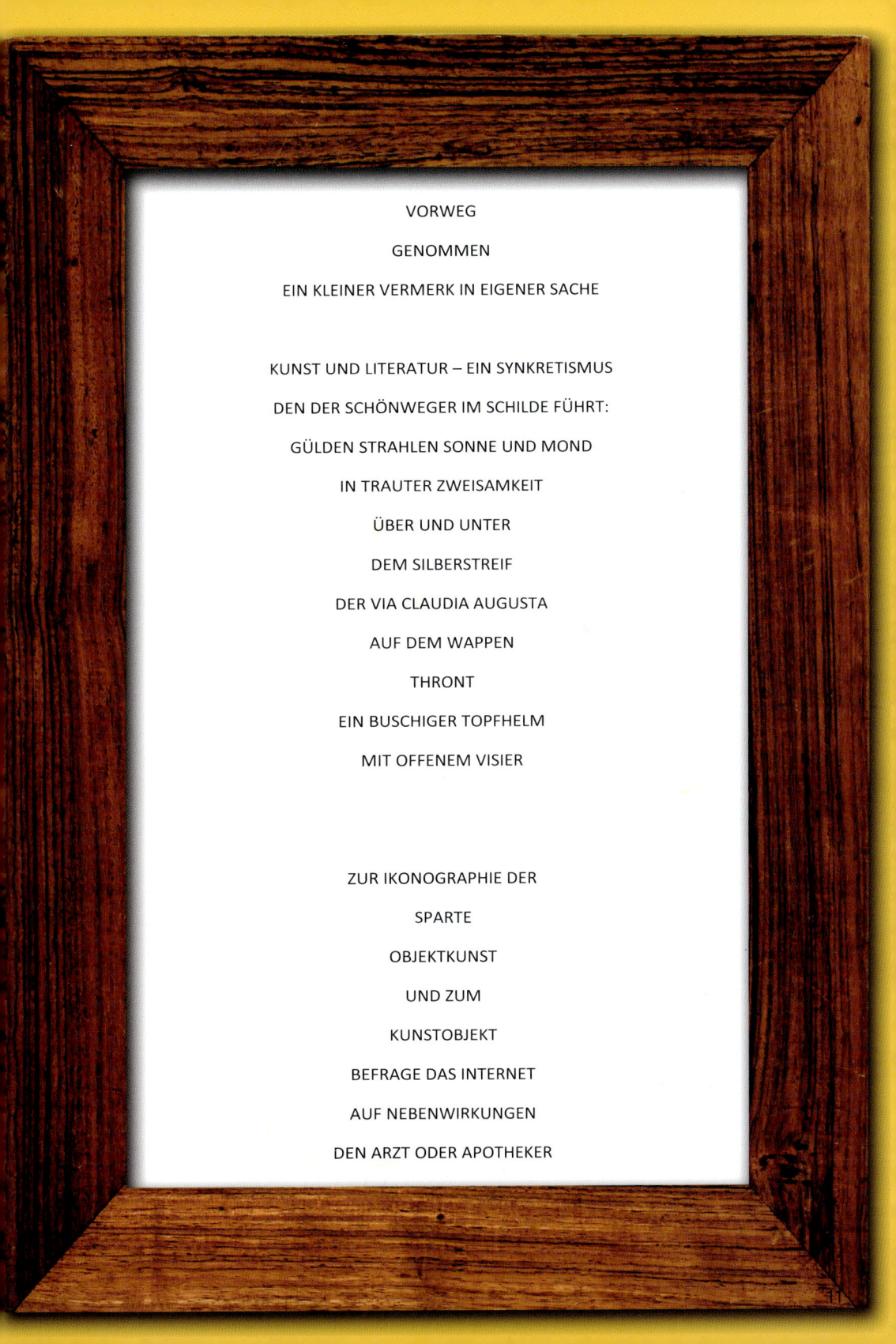

GENOMMEN

EIN KLEINER VERMERK IN EIGENER SACHE

KUNST UND LITERATUR – EIN SYNKRETISMUS

DEN DER SCHÖNWEGER IM SCHILDE FÜHRT:

GÜLDEN STRAHLEN SONNE UND MOND

IN TRAUTER ZWEISAMKEIT

ÜBER UND UNTER

DEM SILBERSTREIF

DER VIA CLAUDIA AUGUSTA

AUF DEM WAPPEN

THRONT

EIN BUSCHIGER TOPFHELM

MIT OFFENEM VISIER

ZUR IKONOGRAPHIE DER

SPARTE

OBJEKTKUNST

UND ZUM

KUNSTOBJEKT

BEFRAGE DAS INTERNET

AUF NEBENWIRKUNGEN

DEN ARZT ODER APOTHEKER

DER AUTOR BIETET

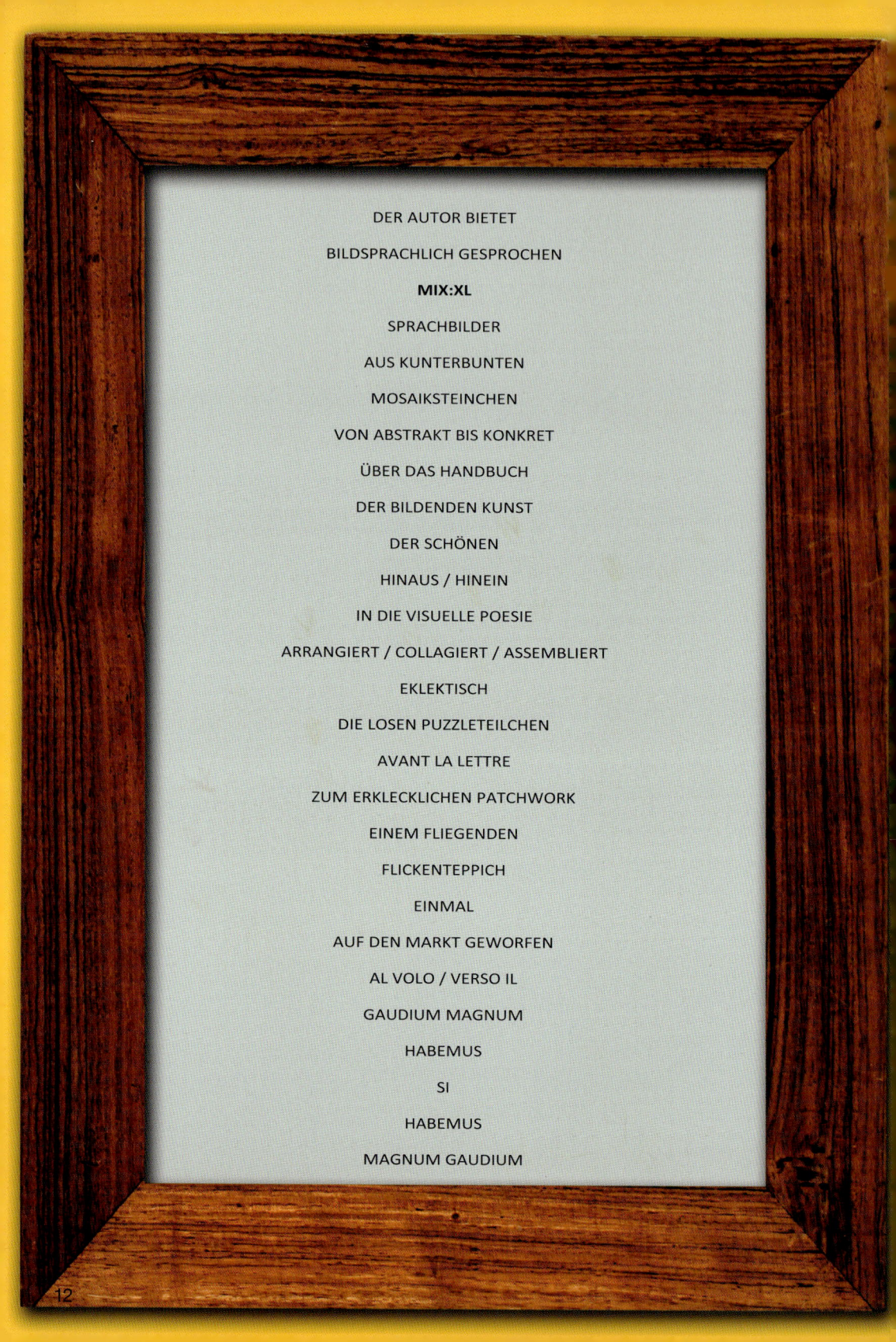

BILDSPRACHLICH GESPROCHEN

MIX:XL

SPRACHBILDER

AUS KUNTERBUNTEN

MOSAIKSTEINCHEN

VON ABSTRAKT BIS KONKRET

ÜBER DAS HANDBUCH

DER BILDENDEN KUNST

DER SCHÖNEN

HINAUS / HINEIN

IN DIE VISUELLE POESIE

ARRANGIERT / COLLAGIERT / ASSEMBLIERT

EKLEKTISCH

DIE LOSEN PUZZLETEILCHEN

AVANT LA LETTRE

ZUM ERKLECKLICHEN PATCHWORK

EINEM FLIEGENDEN

FLICKENTEPPICH

EINMAL

AUF DEN MARKT GEWORFEN

AL VOLO / VERSO IL

GAUDIUM MAGNUM

HABEMUS

SI

HABEMUS

MAGNUM GAUDIUM

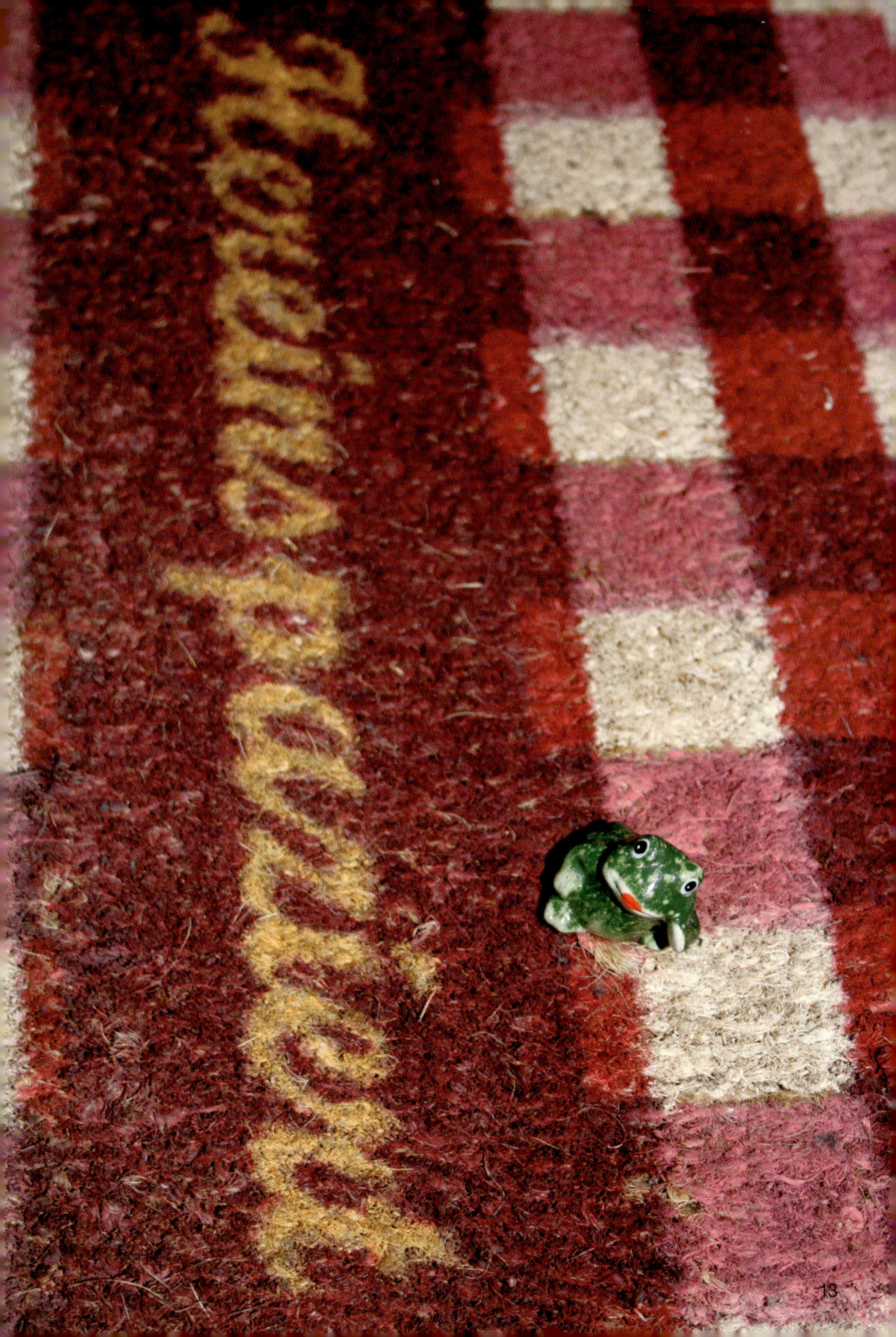

Wenn die Sonne lacht
frisch aufgewacht.

ARTOTHEK

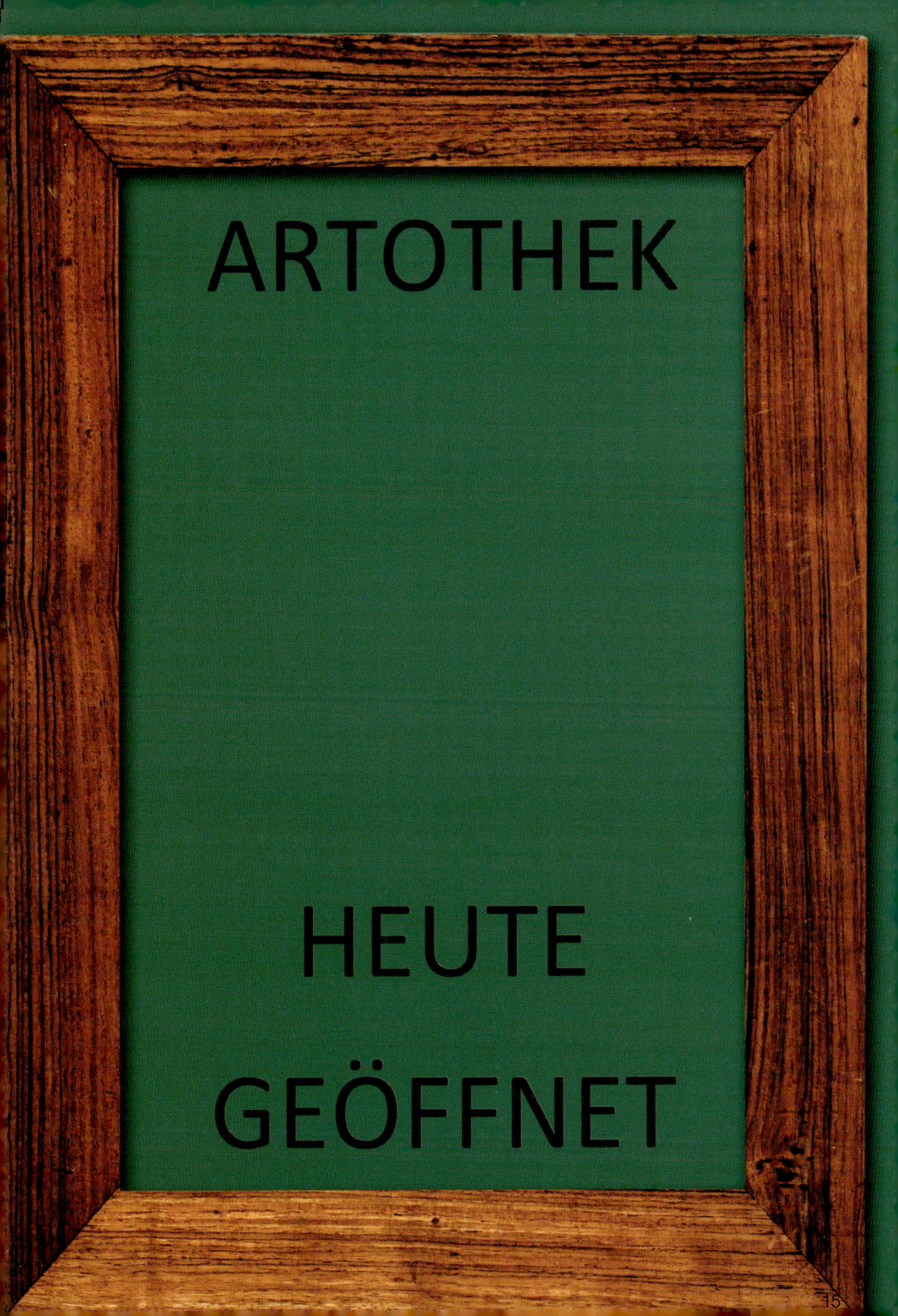

HEUTE GEÖFFNET

WINTERWARE IM ANGEBOT

MERCE INVERNALE IN OFFERTA

WEITER UNTEN WEITER UNTEN WEITER UNTEN WEITER OBEN WEITER OBEN WEITER OBEN WEITER OBEN WEITER OBEN WEITER

ANGEPISST

PISSOIR

DIE KAKOPHONIE
DER ORCHESTRIERTEN SINNE
ALS VIA REGIA
IN SOMMA IL SENSO DI VITA

INHERENTE SCHÖNHEIT

ZUGÄNGLICH DURCH EINSICHT

VERMITTLER SCHLICHTEN
SCHLICHTER VERMITTELN

ZWISCHEN HERBST
UND FRÜHJAHR

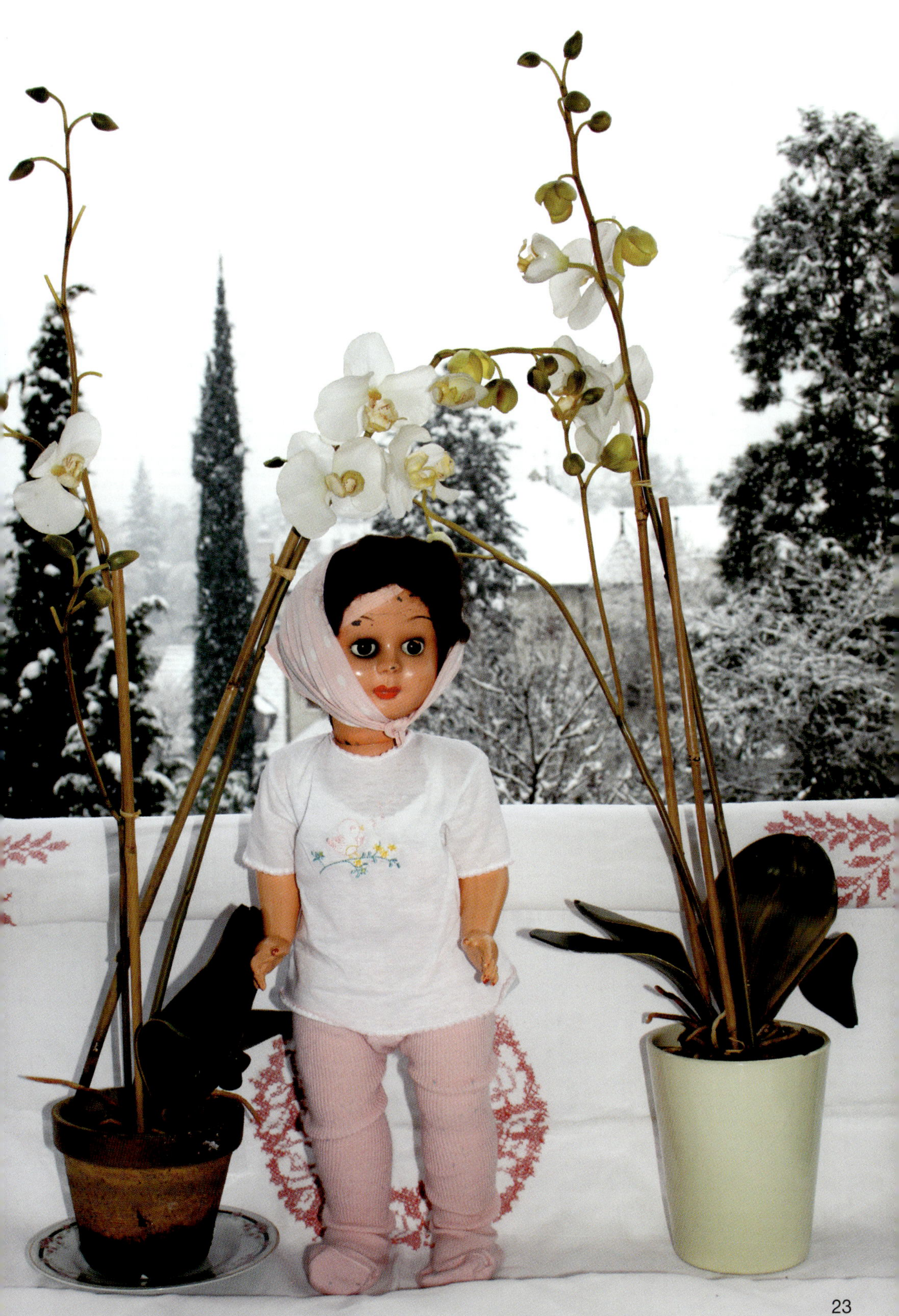

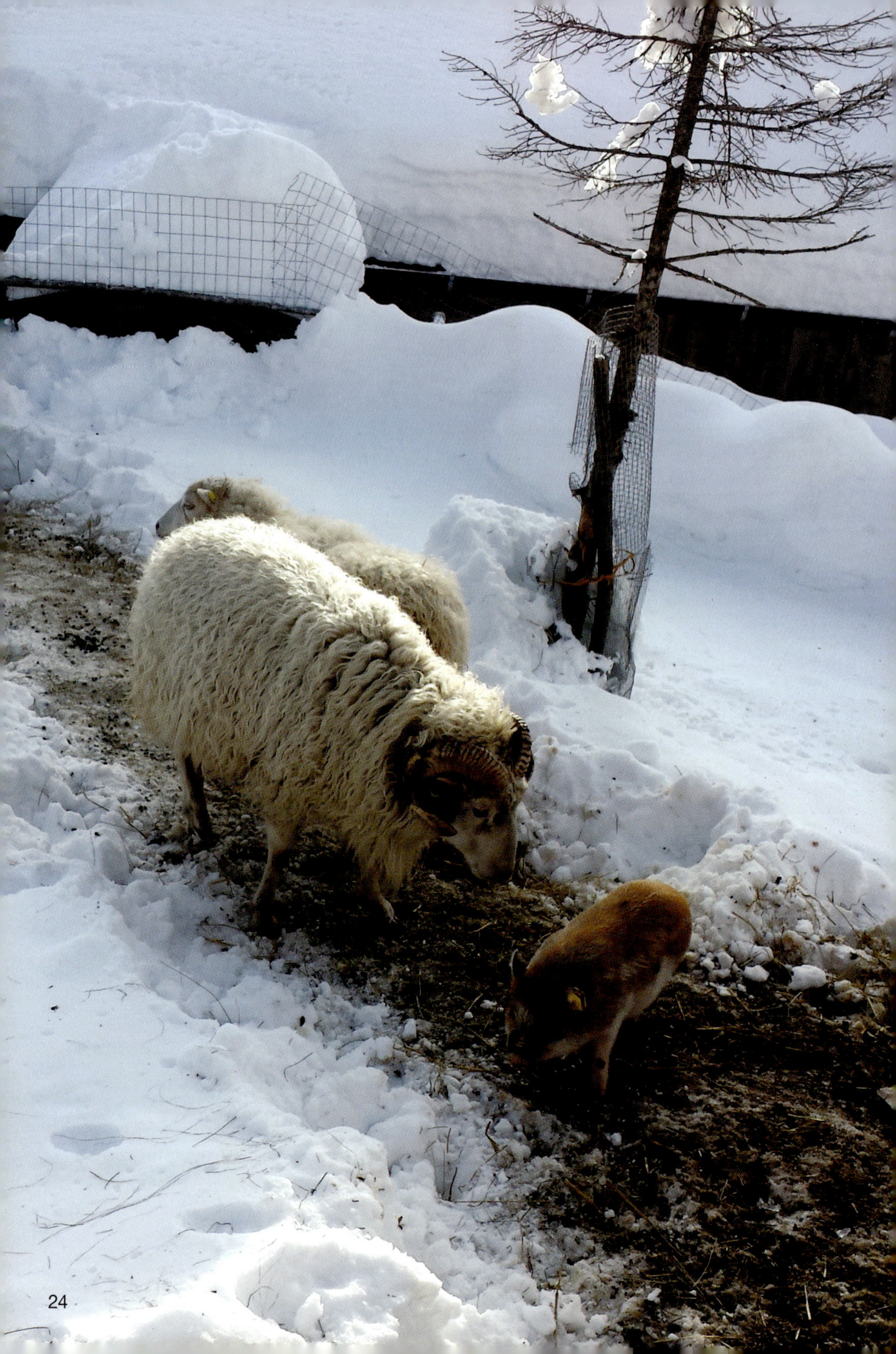

DAS WERK ADELT DEN KÜNSTLER

FOTO			GRAF

NOTFALLPLAN - PIANO DI EMERGENZA

27

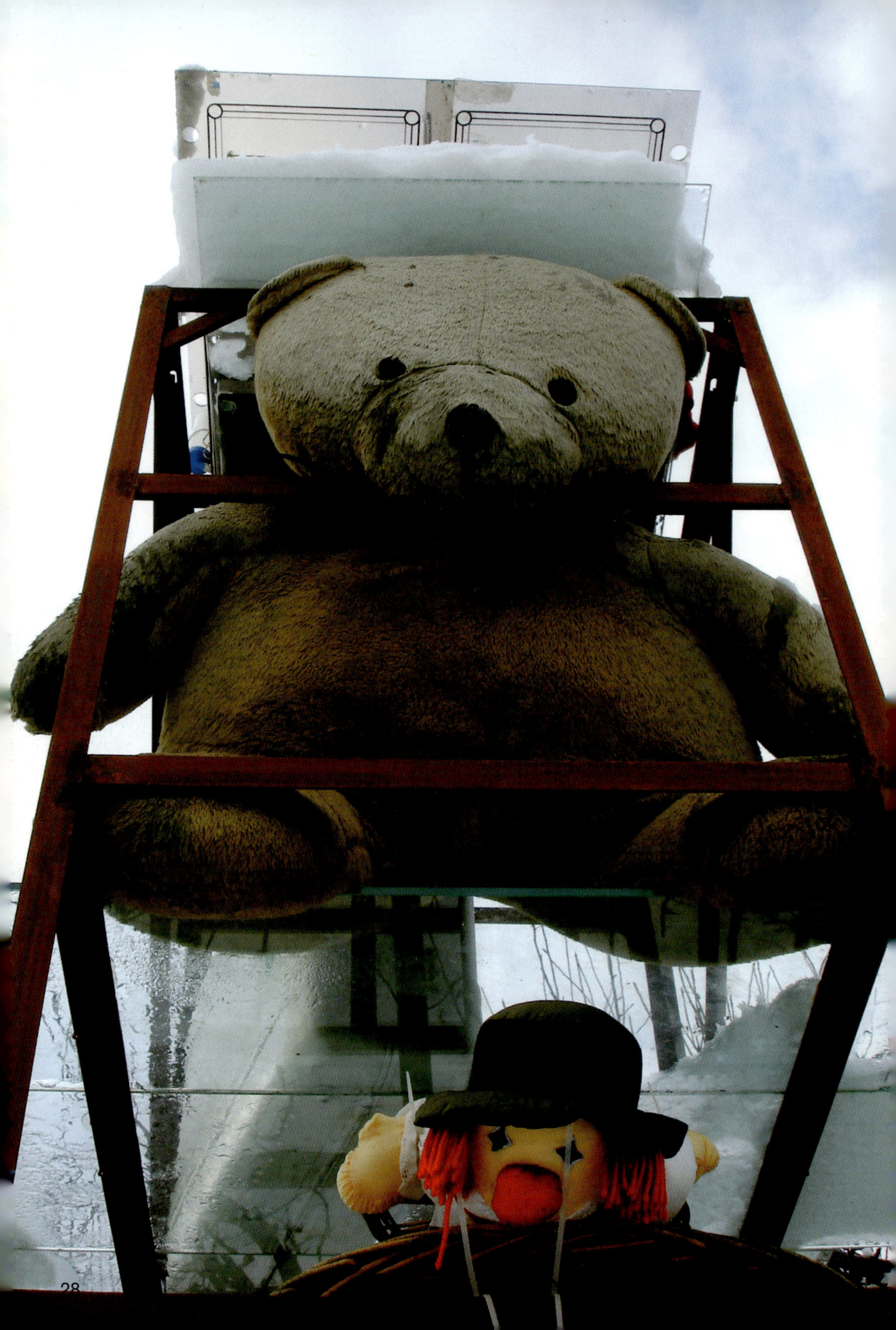

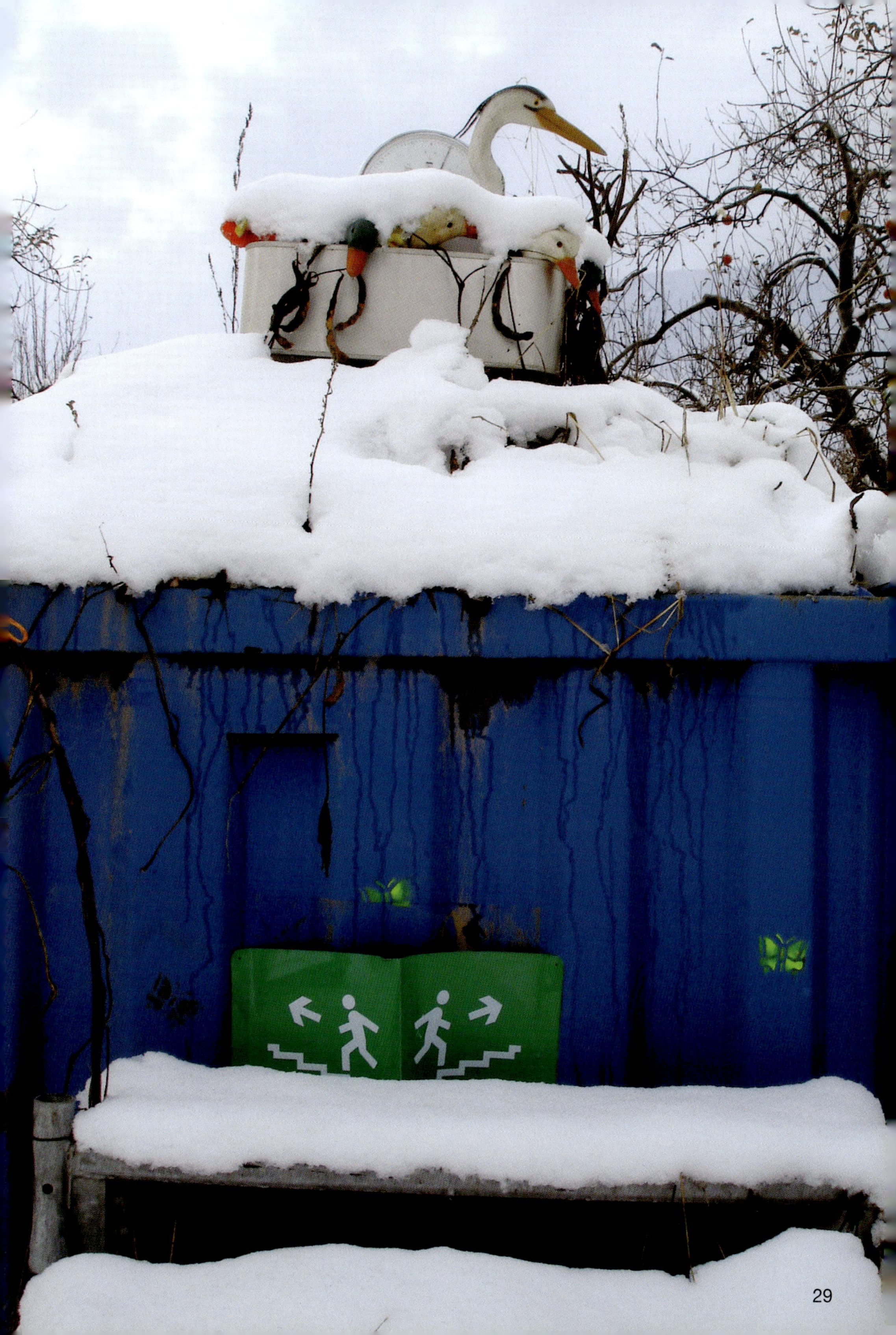

DE SIGN YOUR
SI PREGA DI
PORTE CON
DIE TÜREN LEISE
ZIEHEN
TIRARE
ICH
DEN

31

KUNST GARTEN KUNST
WINTER 2014

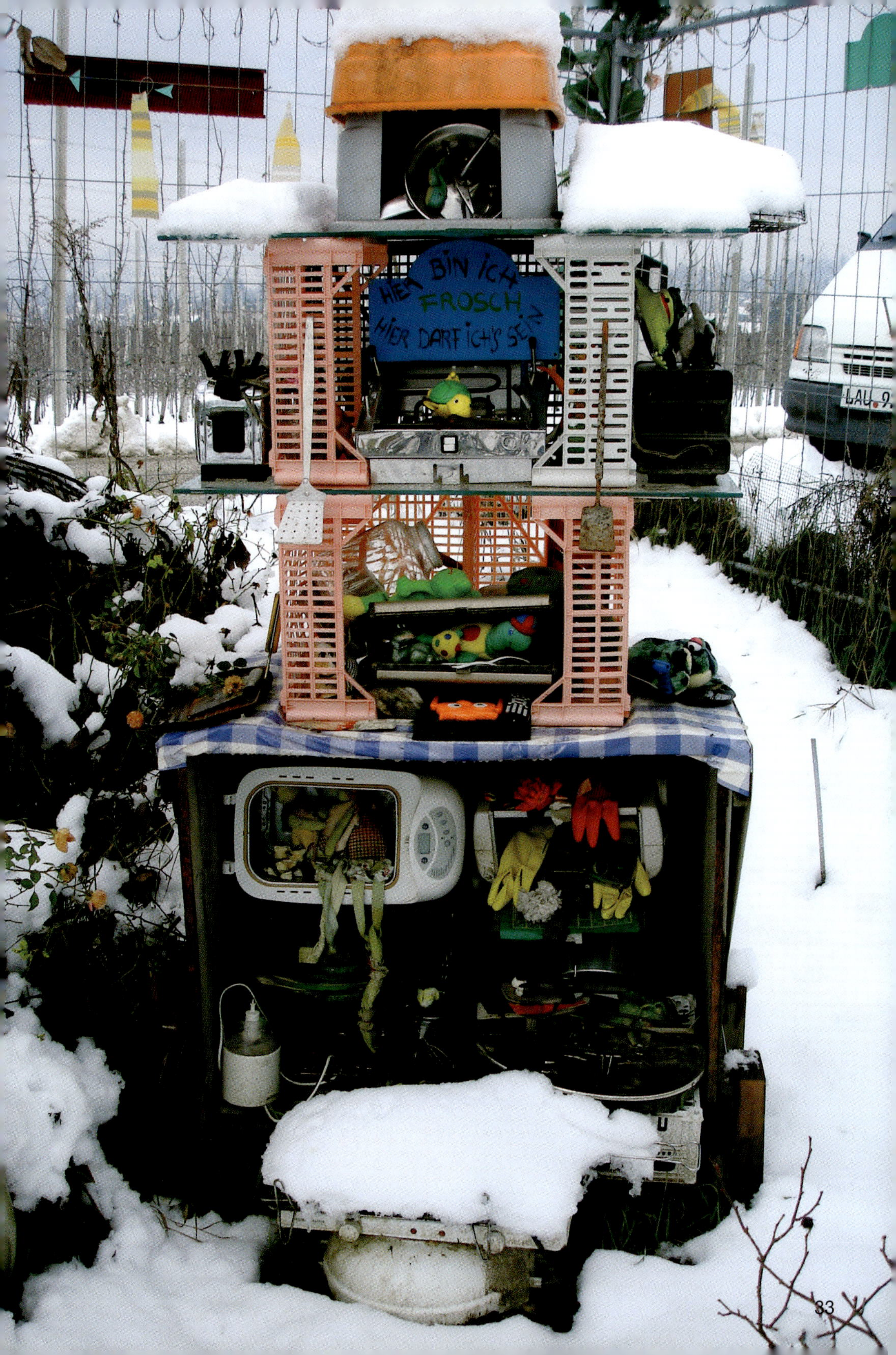
HIER BIN ICH
FROSCH
HIER DARF ICH'S SEIN

Matthias Schönweger
Herzweihnacht

KUNSTRAUM
ES contemporary art gallery Merano/Italy es-gallery.it

4.12.12 – 8.1.13

KUNSTRAUM CAFÉ MITTERHOFER
I 39038 Innichen Rainerstraße 4 – 39038 S.Candido Via Rainer 4
Öffnungszeiten/orario d'apertura: Mo/lu - Sa/sa 7:00 - 20:00
Info tel +39 0474 913259 email mitterhofer.manfred@virgilio.it

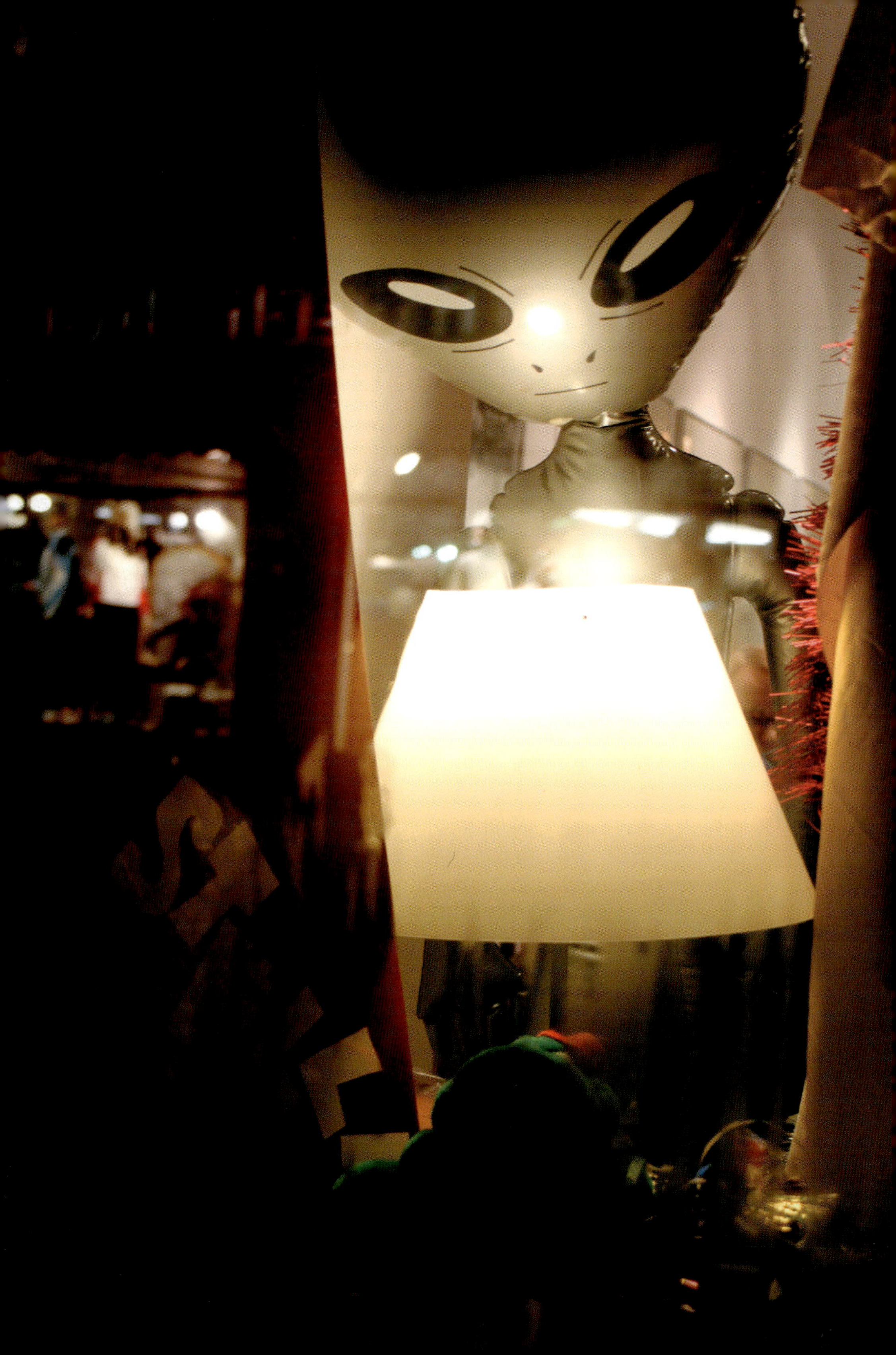

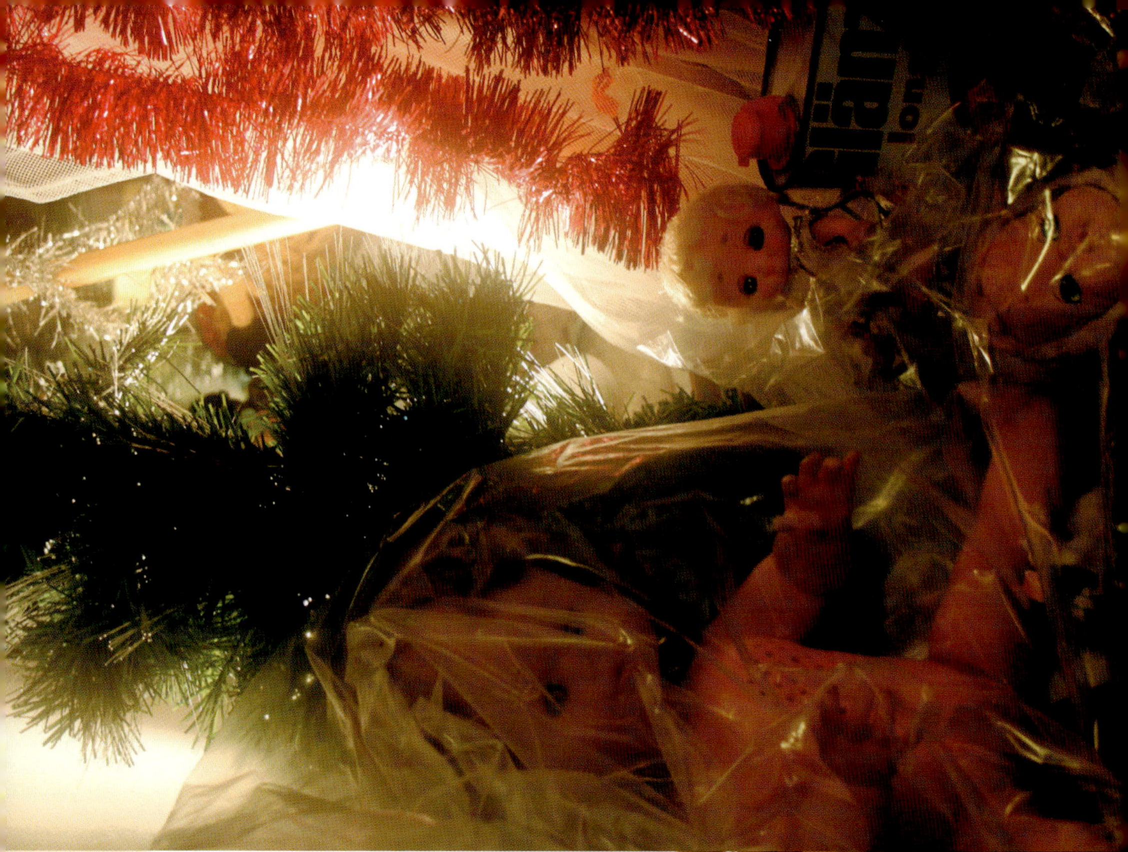

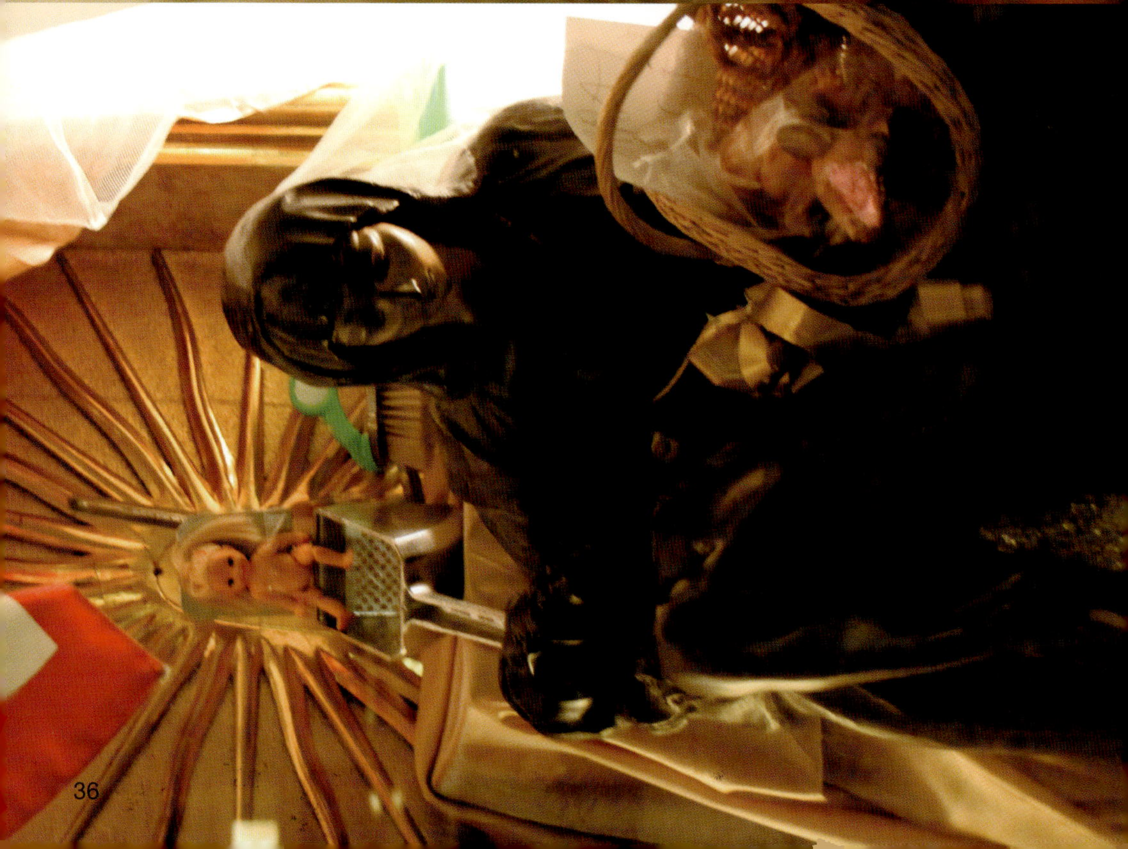

GELATO

FLOH
MERCATO
DEL
SENTI DER
MENTO
USATO

KUNSTRAUM

MARE

MALCESINE

NOSTRUM

VIA BORRE 13

**SOMMER-
WARE
IM ANGEBOT**

**MERCE ESTIVA
IN OFFERTA**

IM GEHIRN SIND
WORT UND BILD
KONGENIAL EINS
MIT GERÜCHEN
EMPFINDUNGEN
USW. UND SOFORT
GEHT
ES
WEITER
WEITER
WEITER
WEITER
WEITER
WEITER
WEG

F AHNENFLUCH T

SOMMERSONNWENDTAG IM HEILIGEN LAND TIROL

HERZ-JESU-FEUER-FERTIG-LOS

SOMMER 2012
ST. MARTIN
PASSEIER

KURATIERT VON
JOHANNES HALLER

PAUL FEICHTER

msch

FRANZ MESSNER

45

I CAN KNOW

UNDERGRUND ENSEMS

MARKETING+ TANGEL

INSEL

**SONNENBAD
IM KUNSTGARTEN
SPÄTSOMMER 2013**

HAI MAHT

ERNTEDANK

KREATÜRLICHE GARTENFREUDEN

MOBILE KANZELN UND MINARETTE
SICH WER KANN
DA OBEN
DARF JEDER ÜBER SICH
SAGEN WAS ER WILL
ÜBER ANDERE NUR GUTES

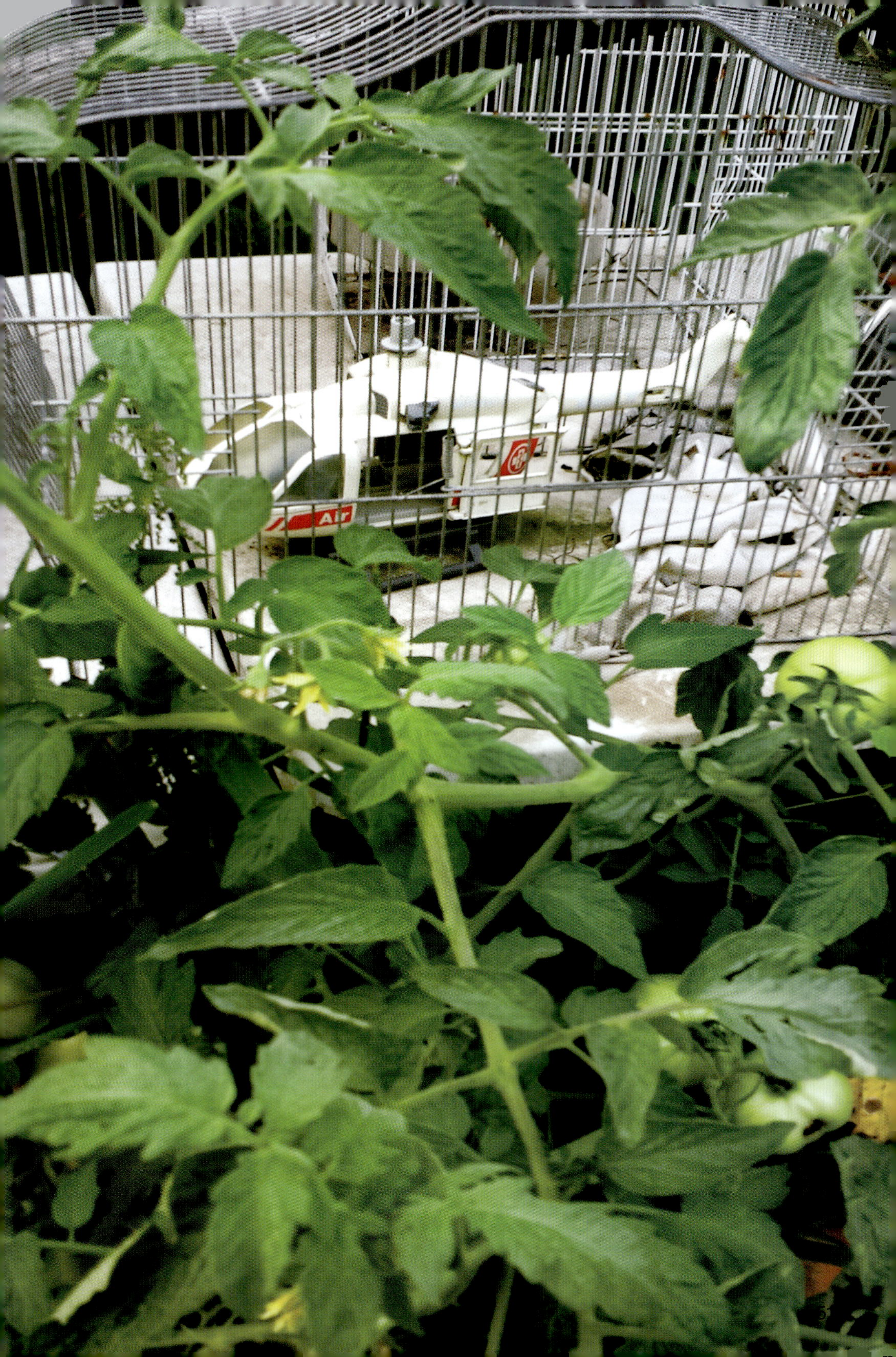

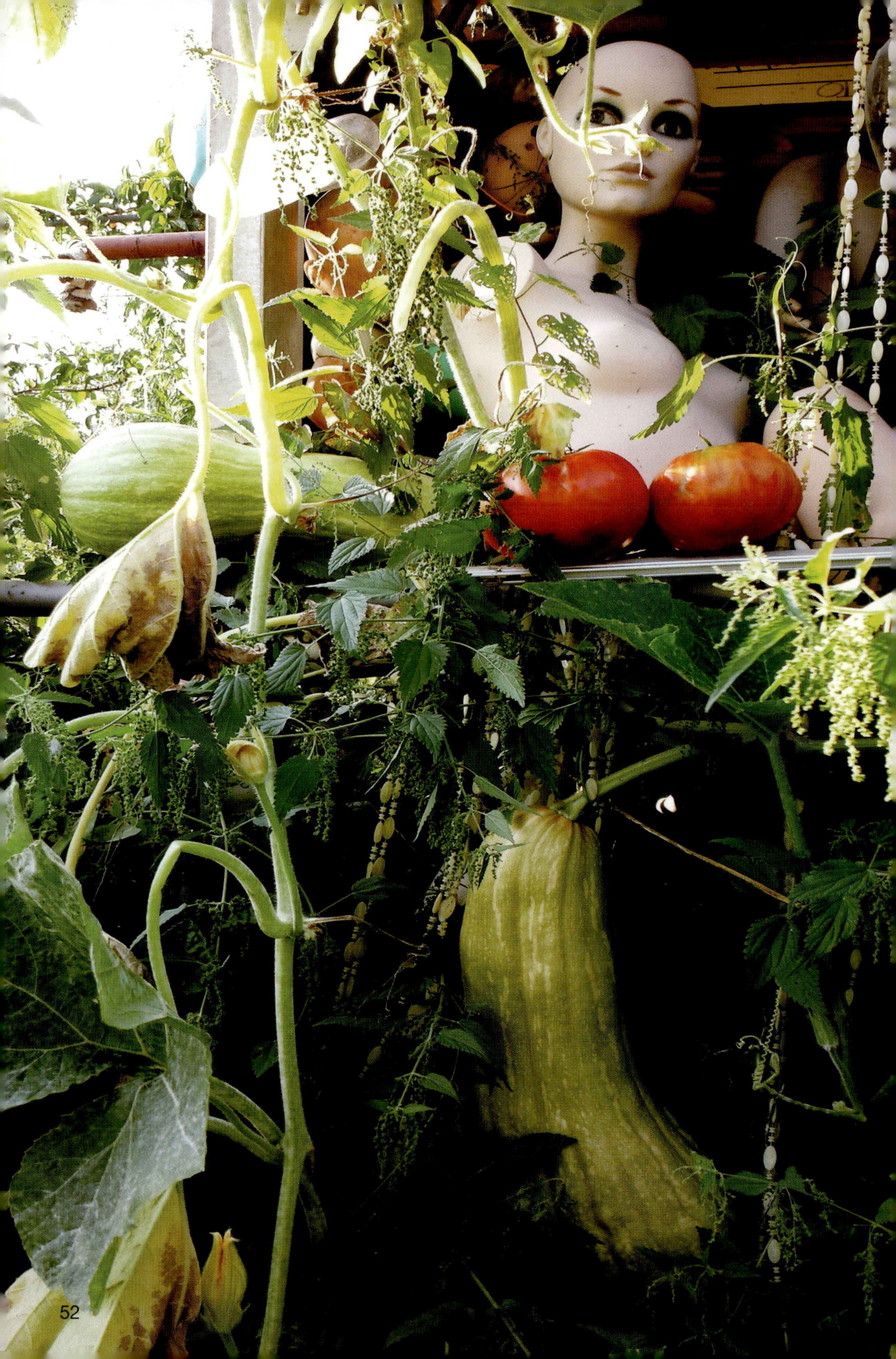

MI SON UN ALPINO
ÄLPLER VON GEBLÜT

KUNST: DÜNGER

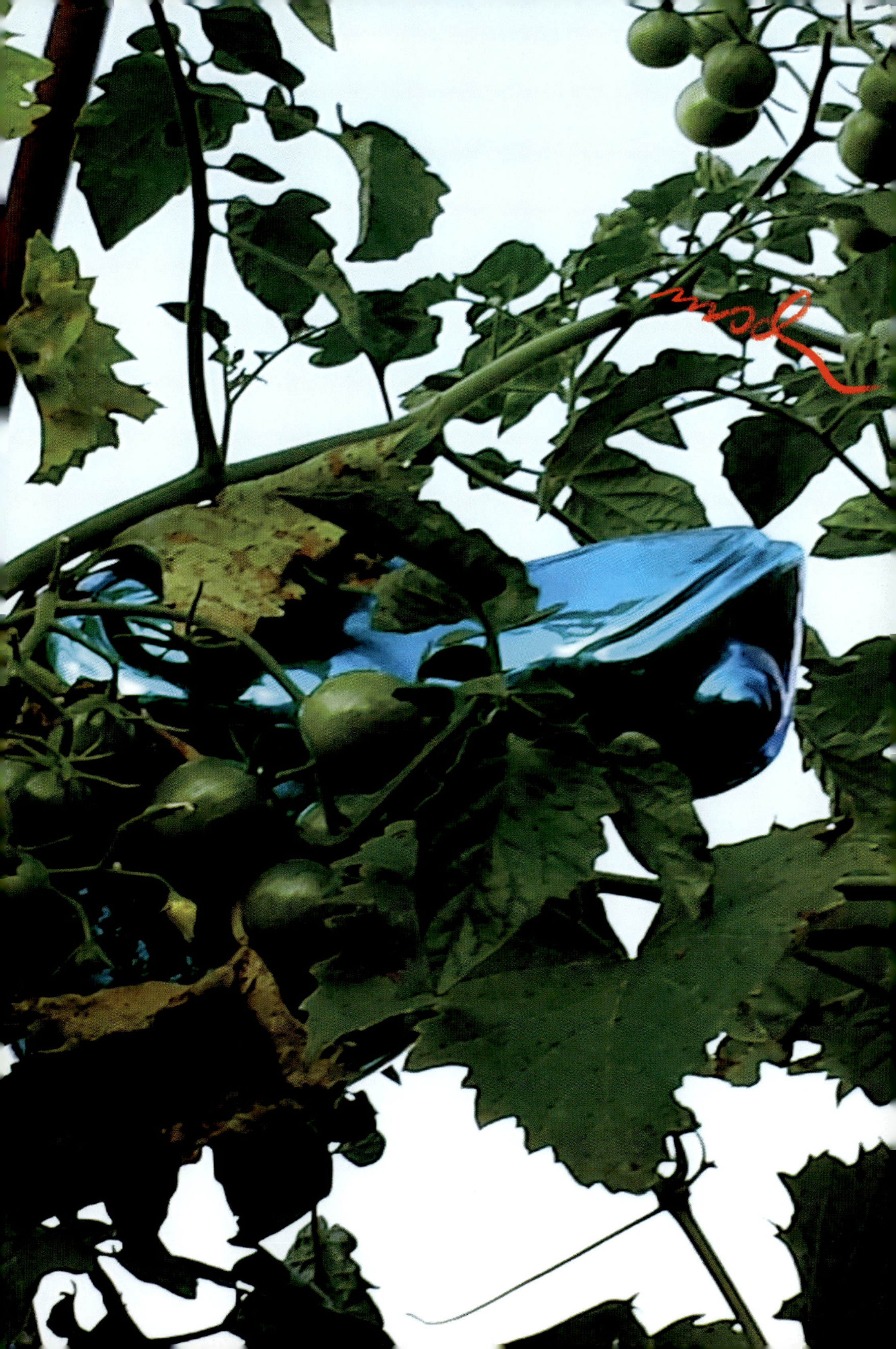

WC-SITZUNG MIT PUBLIKUM
TOURISEUM

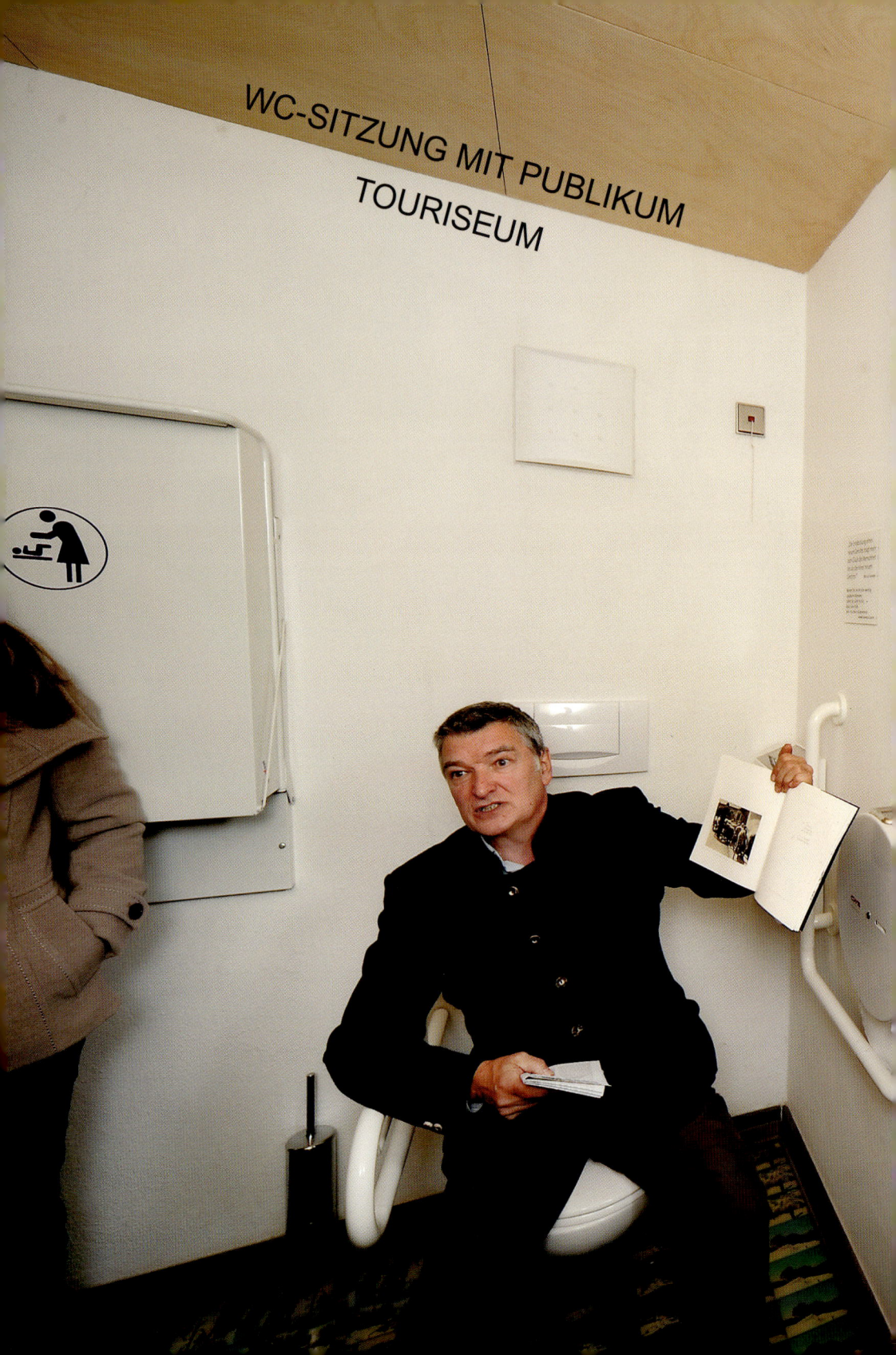

KLO GESTALTEN – PERFOMANCE 2012-13

BETRETEN BETROFFEN
DAS STILLE ÖRTCHEN
BETROFFEN BETRETEN

TOURISEUM
SISI'S SCHLOSS TRAUTTMANSDORFF

12 Stationen
aus dem Gesamtbunkerkunstwerk des Matthias Schönweger vom 04-05|08|2012

04|08|2012

ACQUA PASSATA
PRESENTE/FUTURA

10.00 h
Start Parkplatz Gasthof Silbergasser, Brennerbad
gemeinsame Weiterfahrt zur Besichtigung der ersten zwei
Bunkeranlagen oberhalb der Ortschaft Brenner

14.00 h
Treffpunkt Parkplatz Gasthof Moarwirt, Gossensass
gemeinsame Weiterfahrt zur Besichtigung der nächsten drei
Bunkeranlagen in der Fraktion Steckholz (Gemeinde Sterzing)

16.30 h

Treffpunkt Parkplatz Gasthof Drei Zinnen im Höhlensteintal
(Toblach) und Begehung zweier Bunkeranlagen

17.30 h

gemeinsame Rückfahrt zum Toblachersee mit der
Möglichkeit des Aufschlagens des Lagers (Zelte oder
Übernachtungsmöglichkeit in einem Bunker)*.

Besichtigung weiterer Bunker und gemeinsames Grillen
oberhalb des Toblacher Sees

05 | 08 | 2012

14.00 h

Gemeinsame Fahrt zum Kalvariental zwischen Toblach und Innichen und der dortigen Besichtigung des Bunkers „Kathedrale" mit Performance von Matthias Schönweger

anschließend Fahrt nach Bozen mit Besichtigung des Kunstkunkers in Bozen, Sportzone Pfarrhof und abschließendem Umtrunk.

Die Teilnahme bitte bis 15. Juli 2012 bestätigen (begrenzte Teilnehmeranzahl), mitzubringen sind wetterfeste Kleidung, gute Wanderschuhe, Getränke und eine Taschenlampe.

Es ist auch möglich, etappenweise an der Wanderung teilzunehmen, Fahrgemeinschaften werden gebildet.

* Es besteht die Möglichkeit in der Umgebung des Toblacher Sees weitere Übernachtungsmöglichkeiten zu finden. Infos beim Tourismusverein Toblach Tel. 0474-972132

Escursione Bunker d´Arte di Matthais Schönweger,

organizzato da ES contemporary art gallery dal 04 | 08 | - 05 | 08 | 2012. Per eventuali informazioni prego telefonare il numero di telefono 339 520 4 025.

ES contemporary art gallery   laubengasse 75 via portici
I-39012 meran(o)   +39 0473 426 984   es-gallery.net

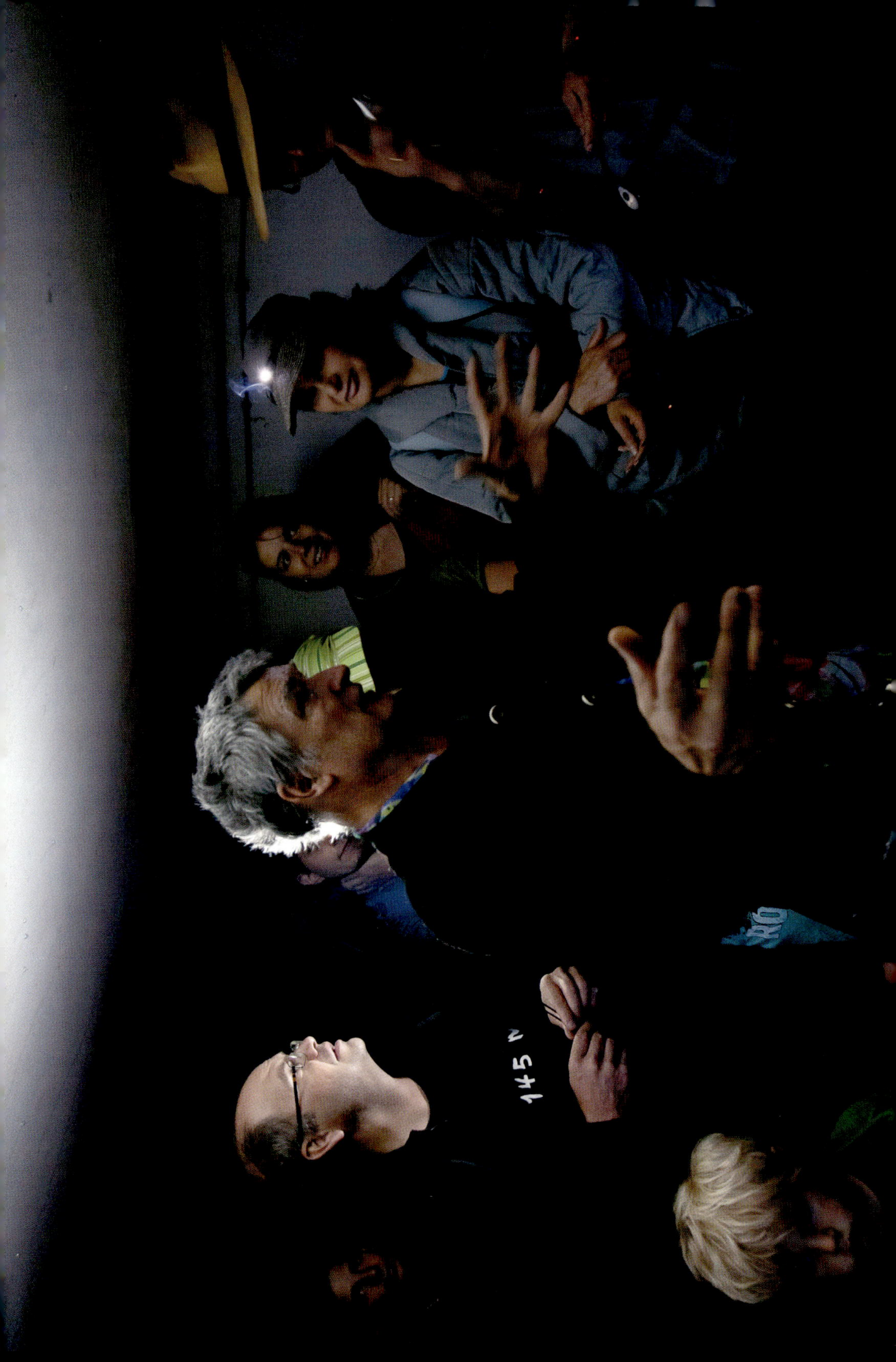

BRENNERBERG
KLOSTERBUNKER

KUNSTOBJEKT
PLOMBE ⊼
SATTELBERG
12·11·2011
KRAXENTROUGA.IT

GÄSTEBUNKER
BUNKERGÄSTE

ZUM BEISPIEL DIE
KRAXENTROUGA

BRENNERBERG

BUNKER-SIGNATUR

HURMENTEN-BUNKER

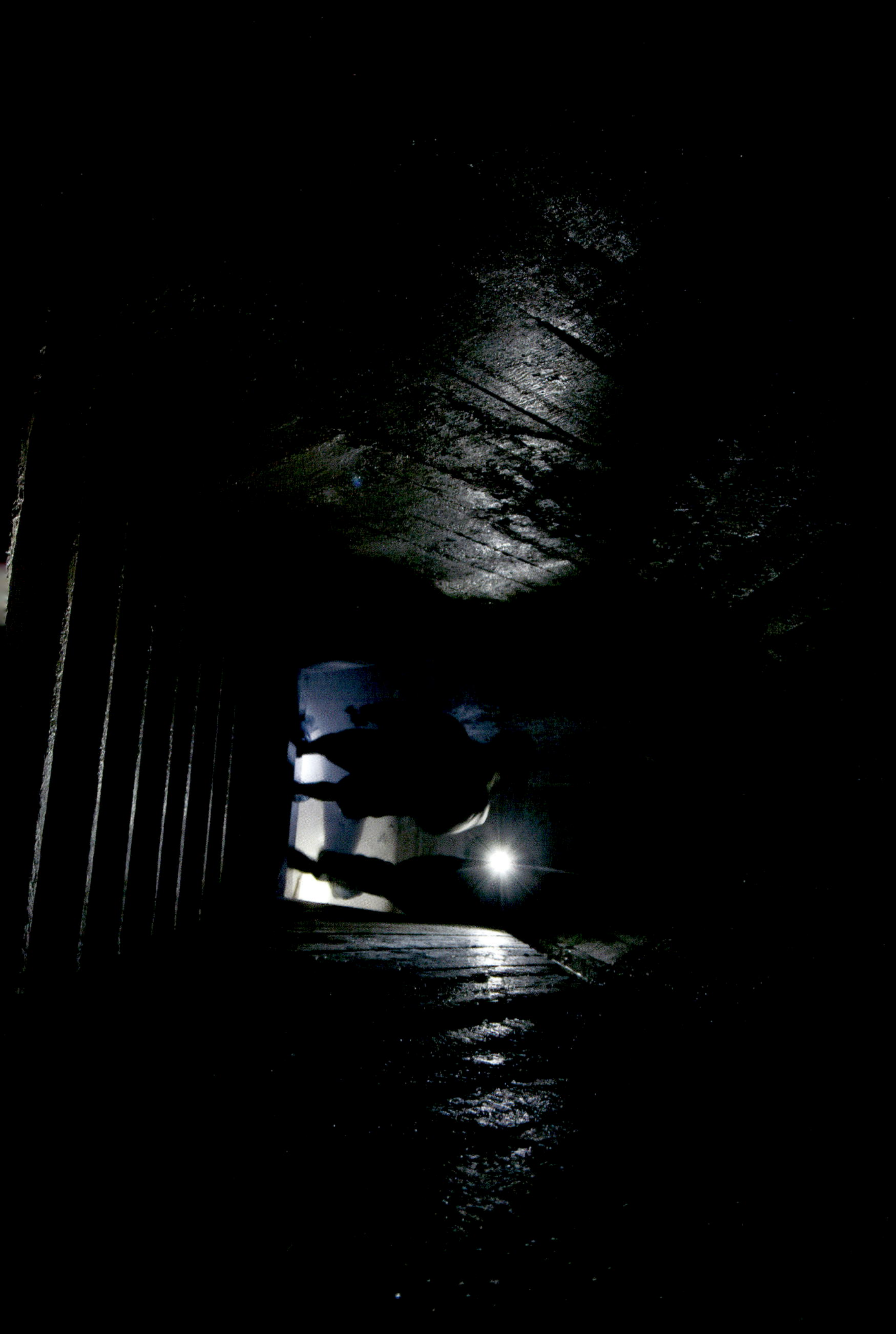

msch PERFORMANCE

BUNKER KATHEDRALE INNICHEN

POSTO COMANDO

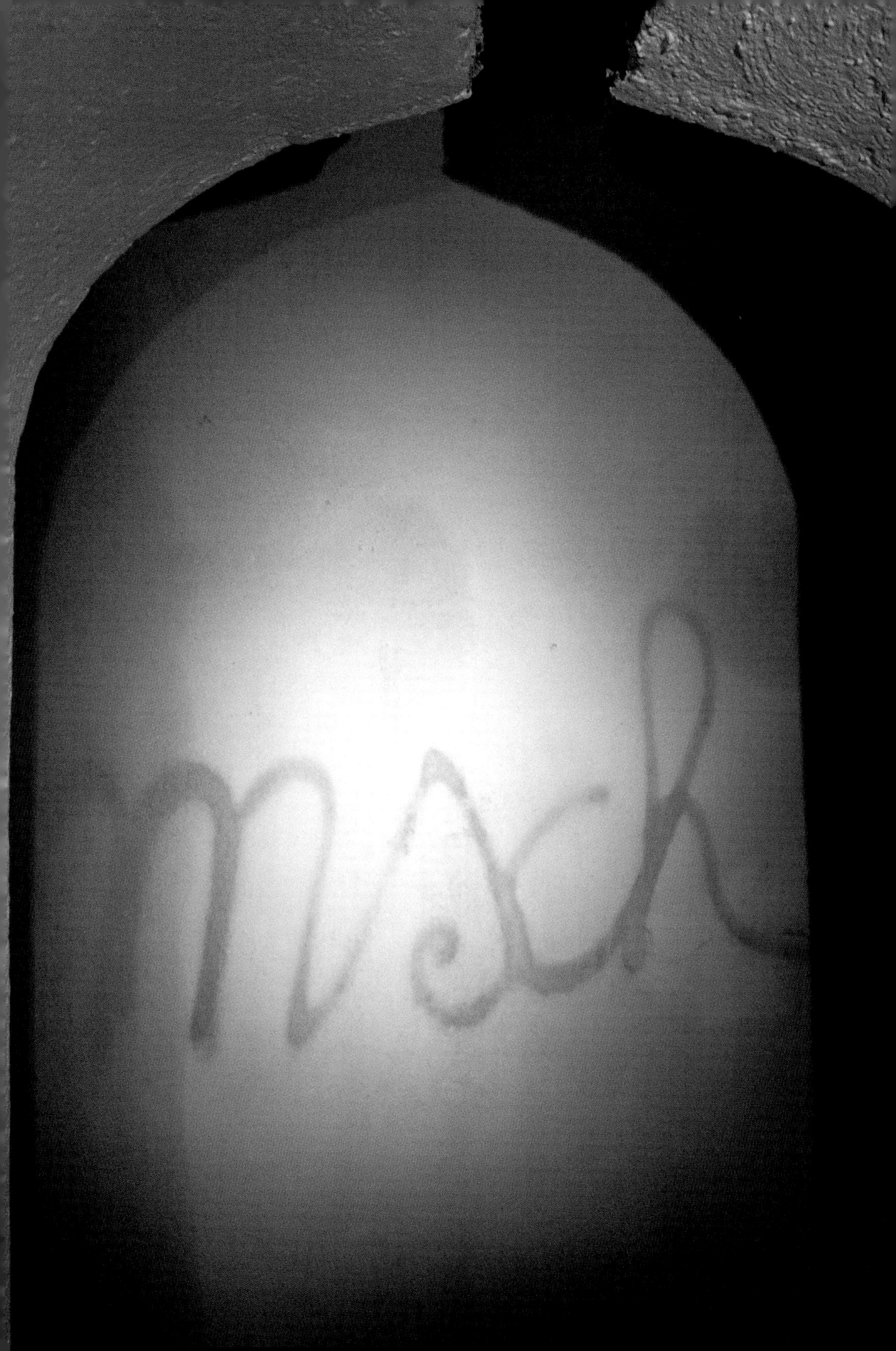

KANONENBUNKER INNICHEN

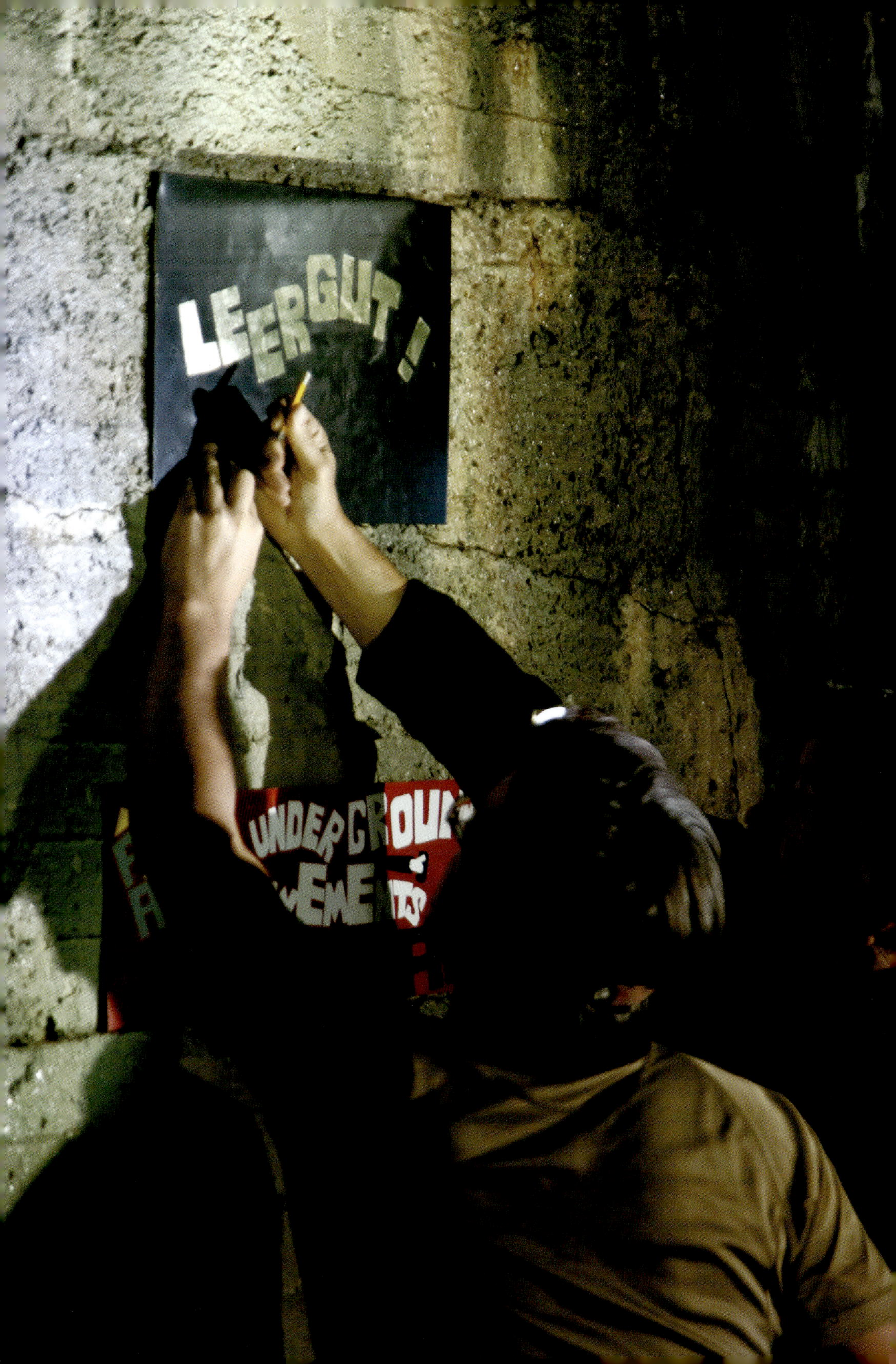
LEERGUT !!

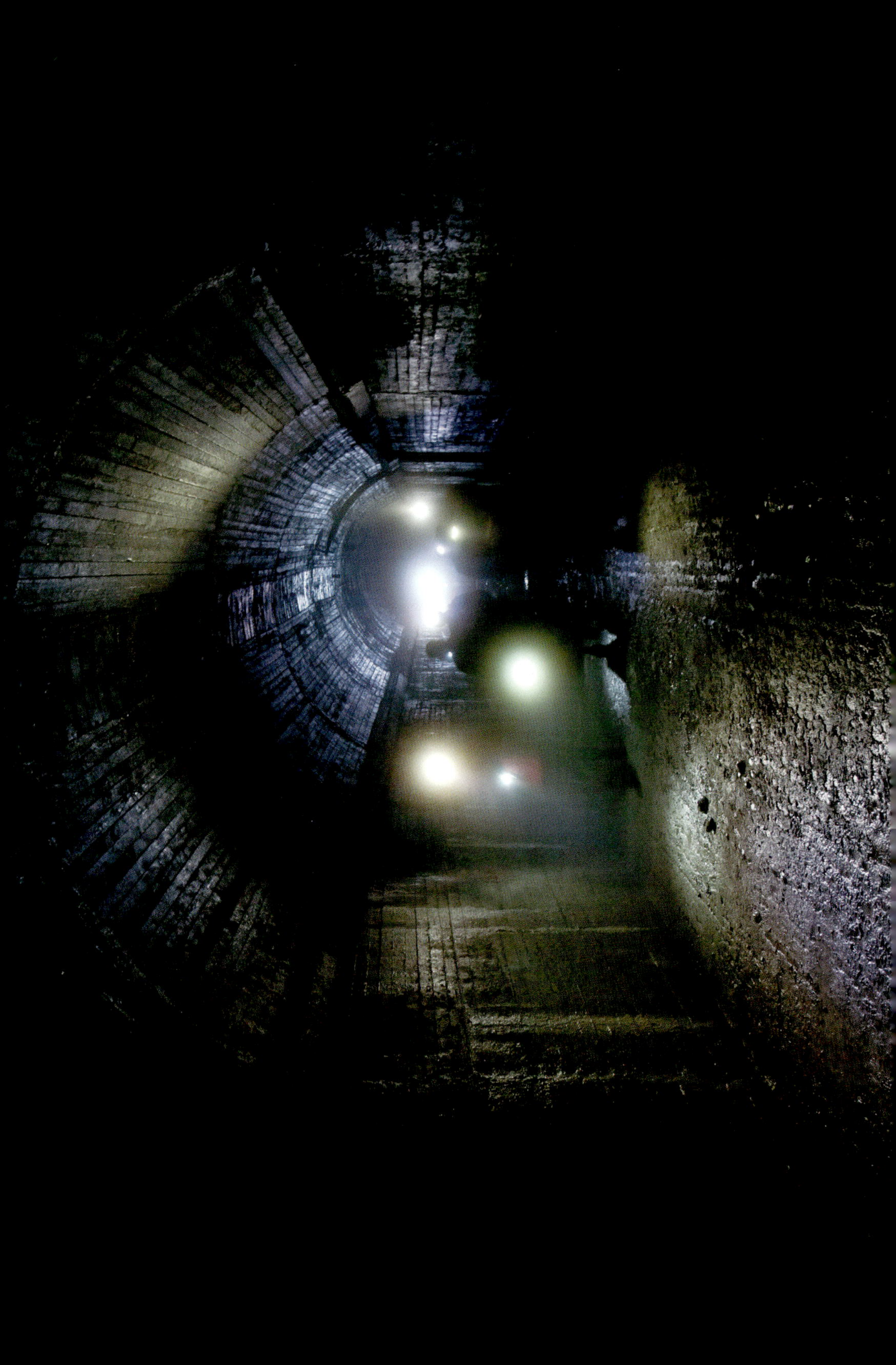

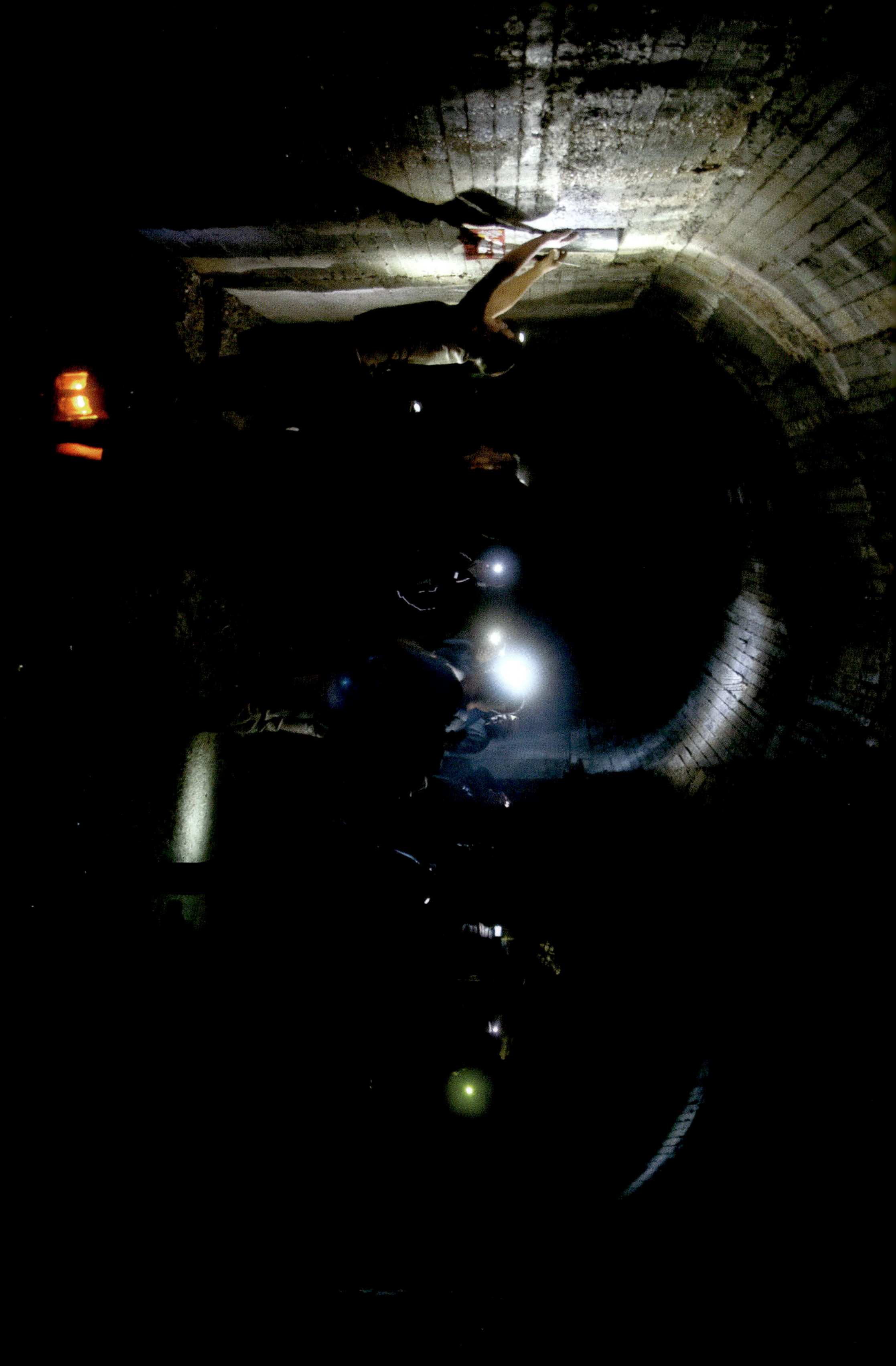

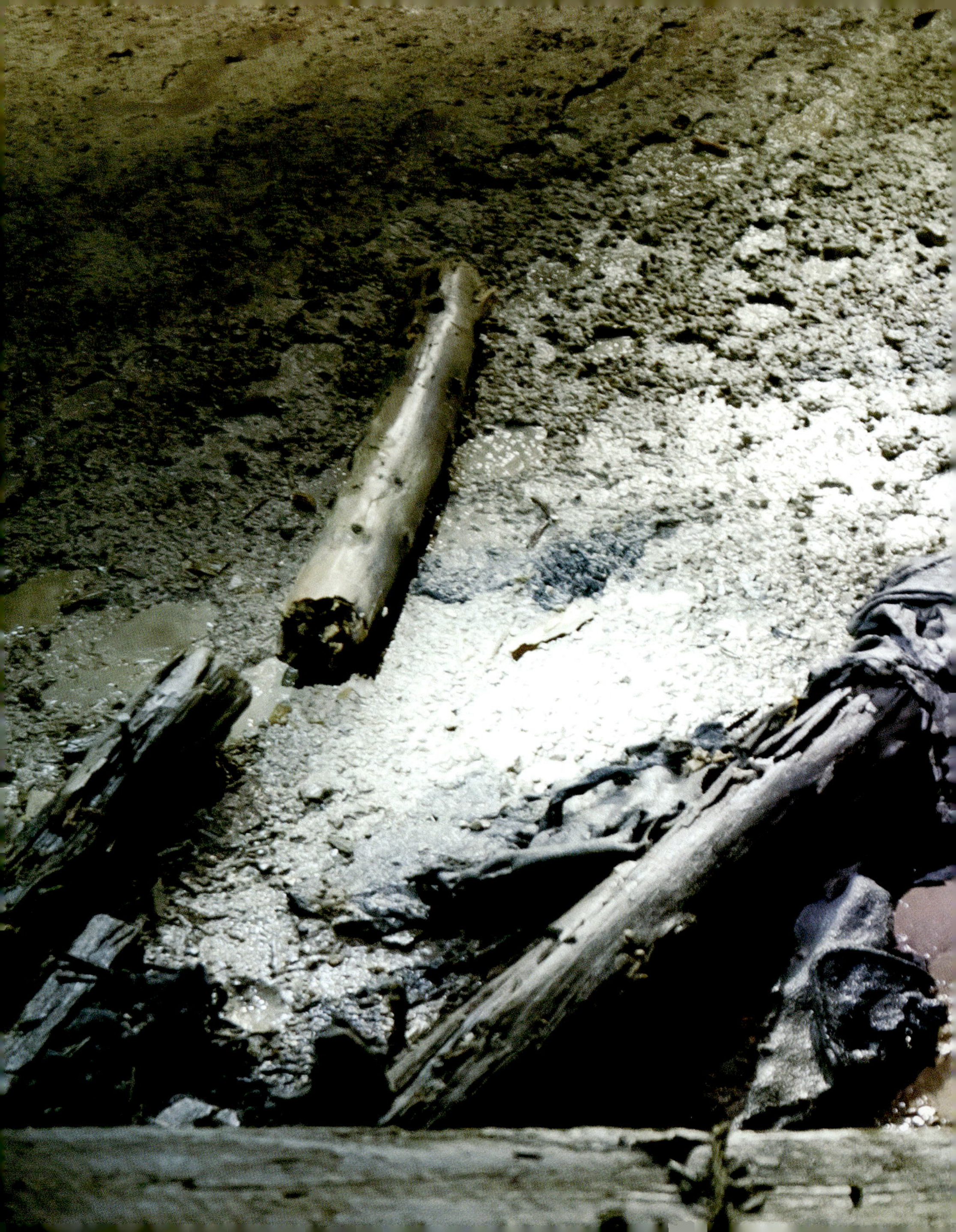

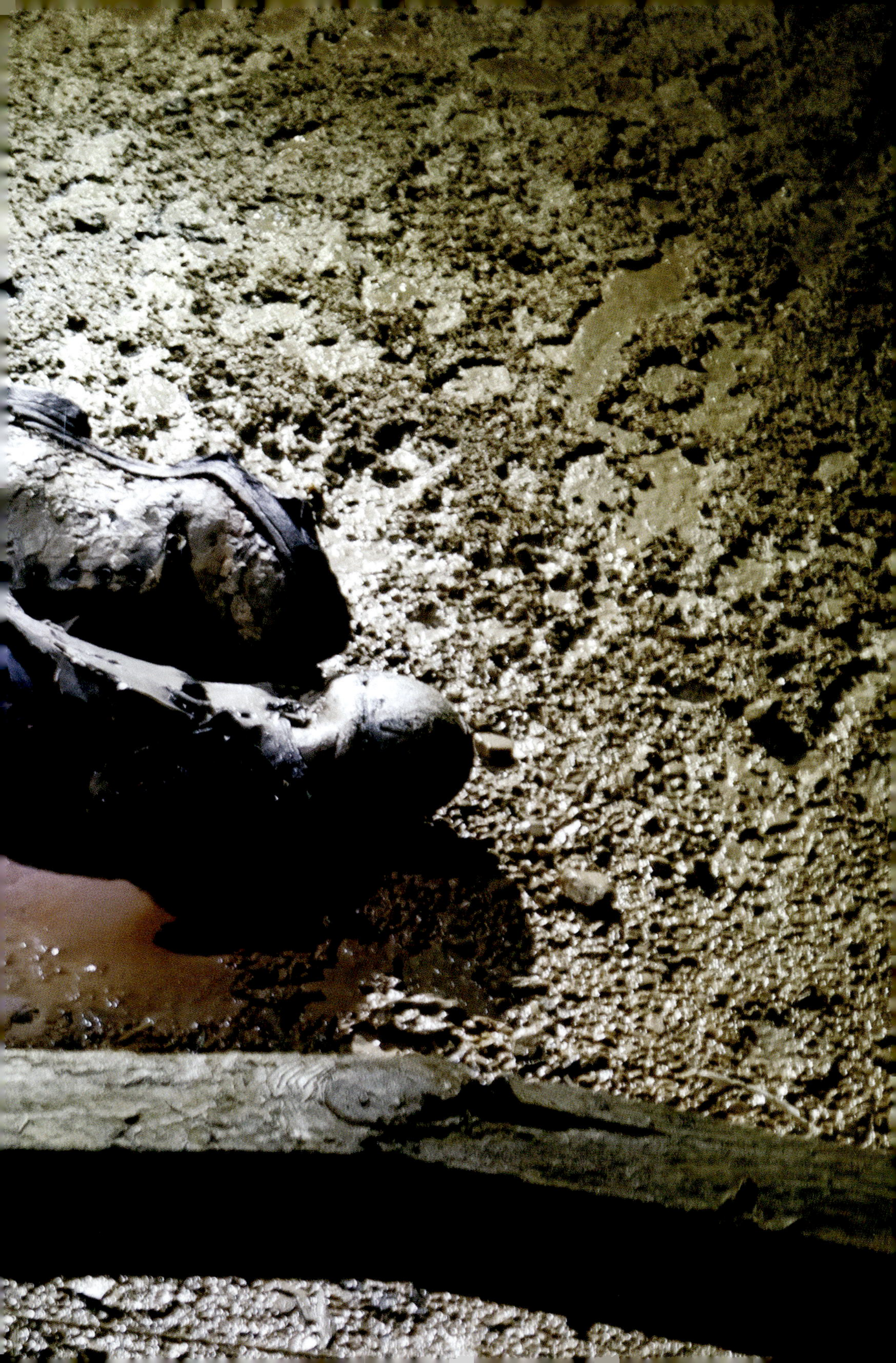

EINGANG   AUSGANG

AUSSICHT
OHNE EINSICHT

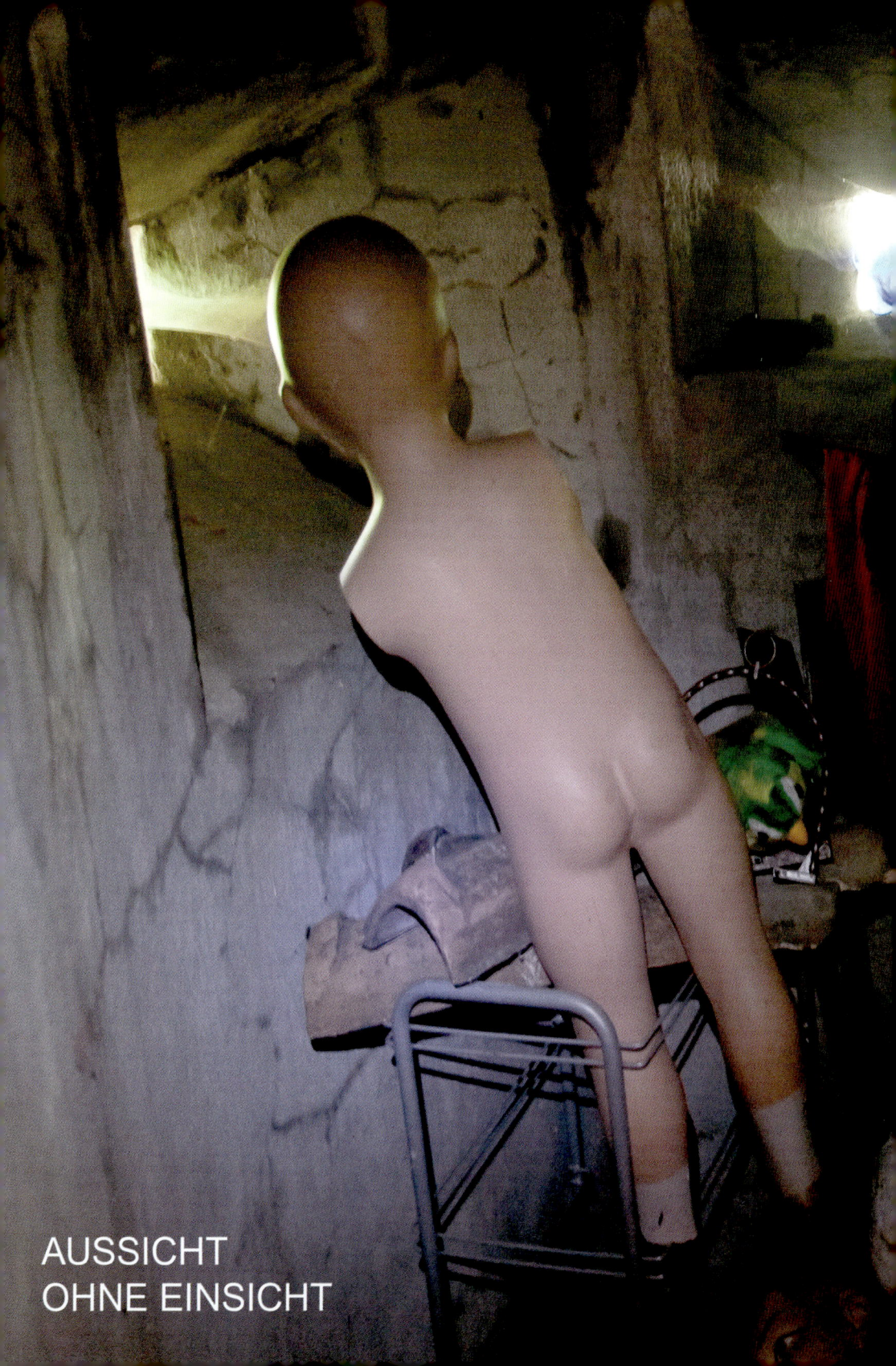

BUNKER IN BOZEN - BEIM FRIEDHOF

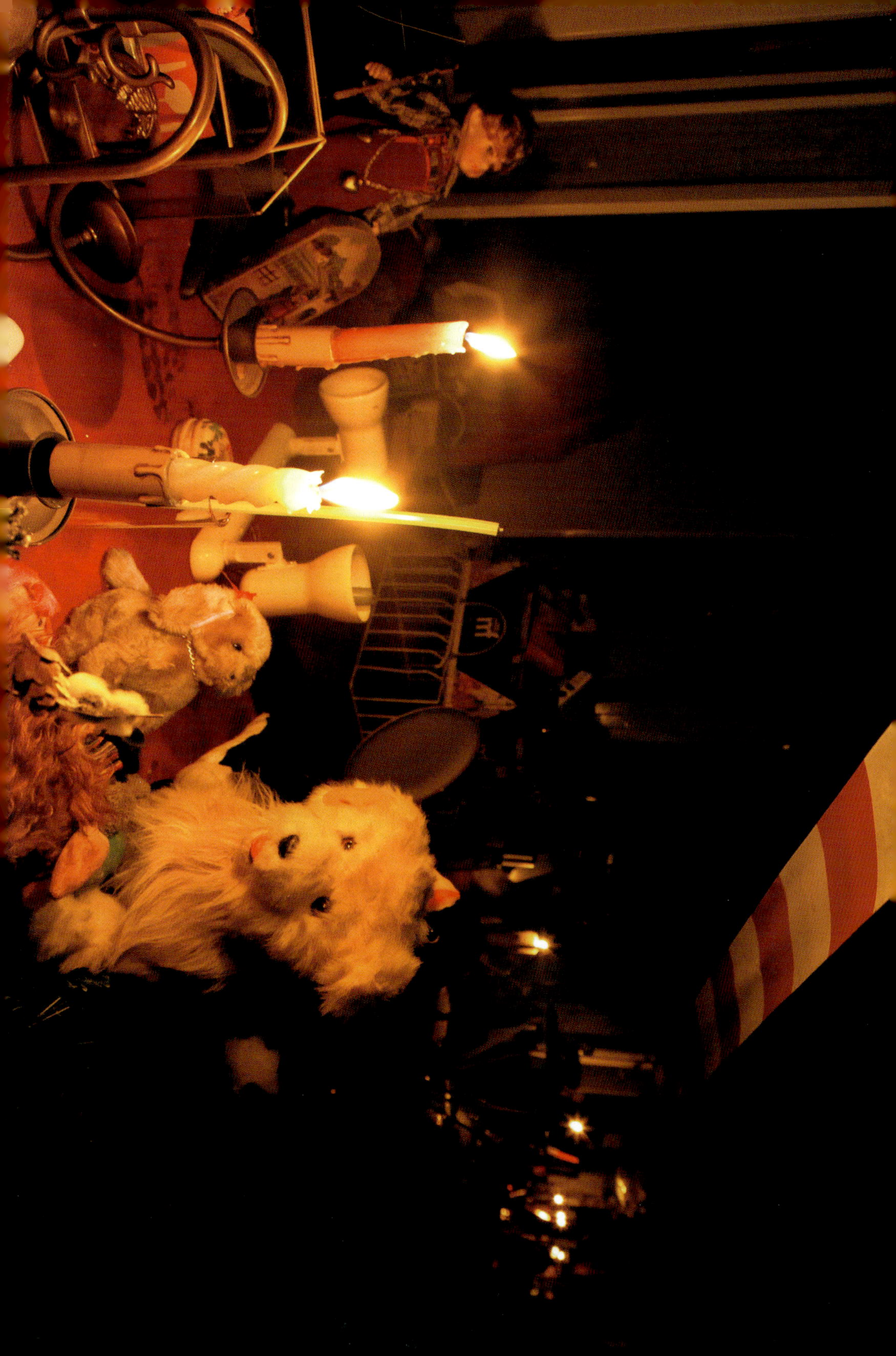

ZIEGELSTEINE
ALS
SCHREIBUTENSIL

BOMBENSICHER ANFANG 1945
GRAFFITI DER ANGST IM BUNKER BZ

SÜDTIROL
ANSICHTEN

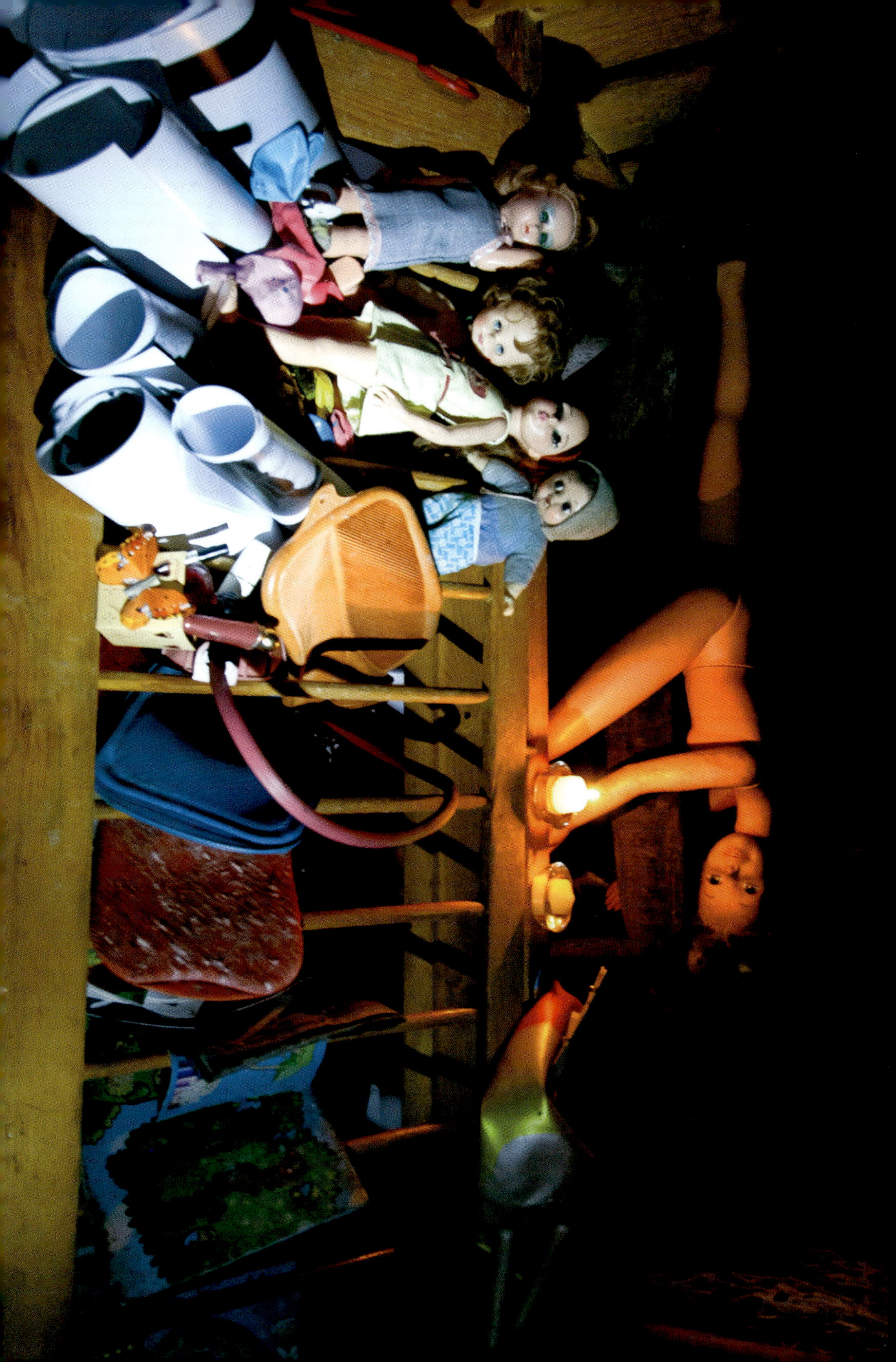

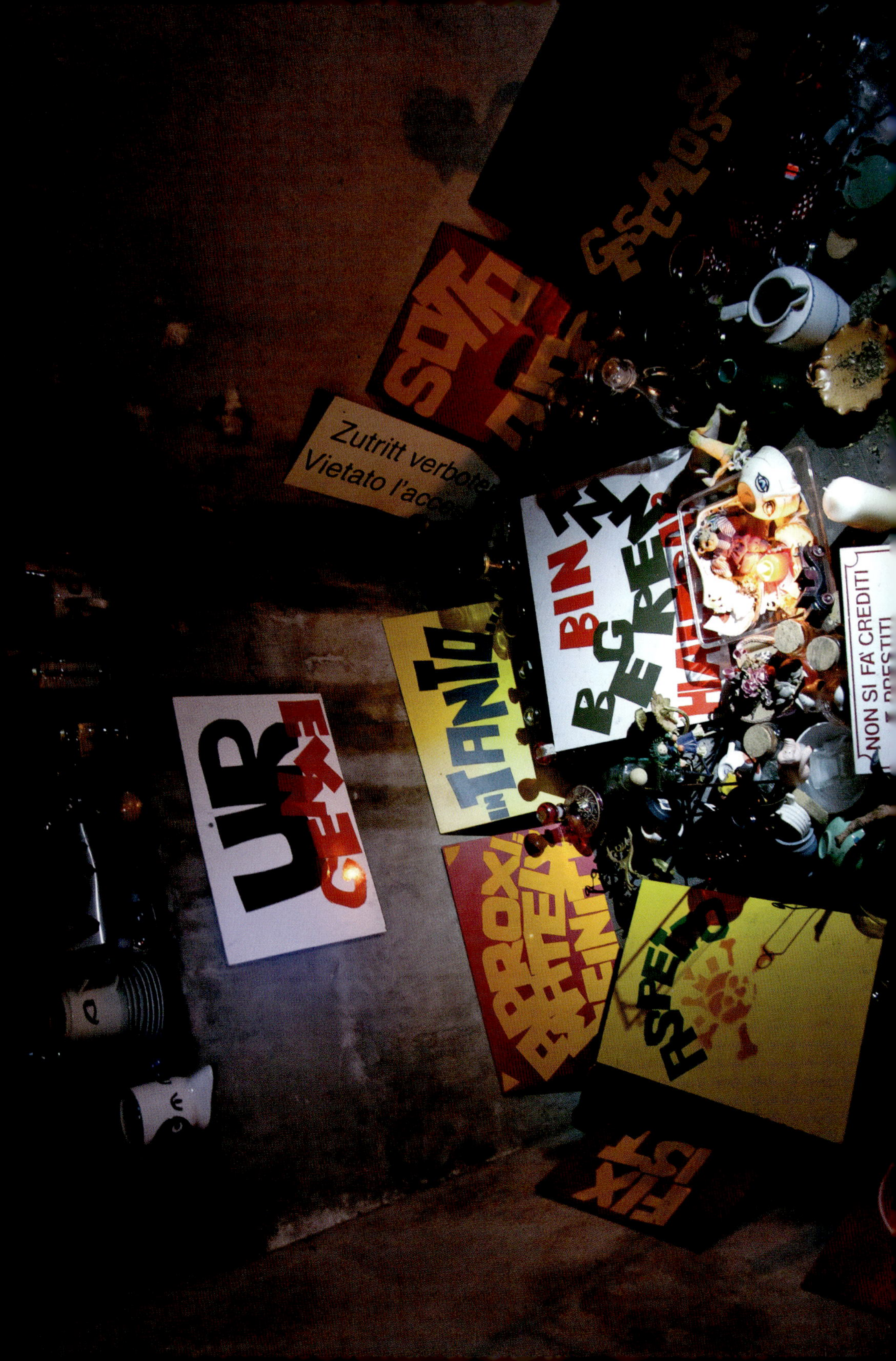
Zutritt verbote
Vietato l'acc
NON SI FA' CREDITI

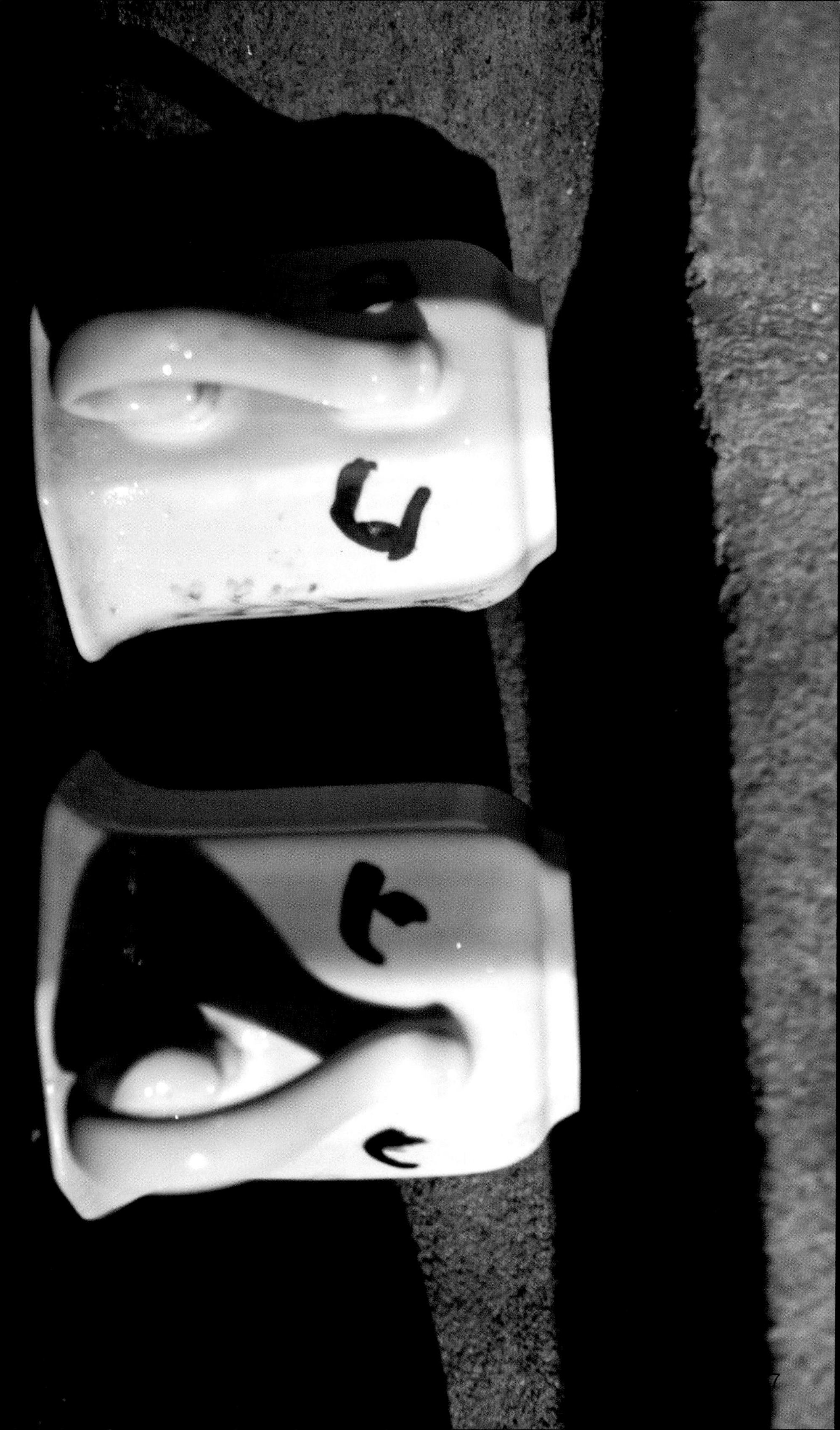

FRIEDHOF-BUNKER BZ

ELEFANTENBUNKER UNTER DEN DREI ZINNEN
FÜLLE DAS HORN MIT KUNST JEGLICHER ART

Tageszeitung sonntag
Sonntag, 1. April 2012 – Nr. 64

Der ewige Ministrant

Kunst so groß machen, dass sie in keine Schublade passt: **Matthias Schönweger** fügt seinem bereits überbordenden BuchWerk ein 740 Seiten umfassendes Kapitel mit Literaktionen hinzu.

Die Statistik zuerst. Das Buch wiegt 2,2 Kilogramm, umfasst 740 Seiten und nimmt auf dem Regal knapp 6 Zentimeter ein. Rechnet man die gesamte Buchproduktion der vergangenen 12 Jahre von Matthias Schönweger zusammen, kommt man auf 2.808 Seiten. 8 Kilo Gewicht und etwa 20 Regalzentimeter. Die Kunst hat eben ihr Gewicht. Radikal unzeitgemäß ist das in Zeiten des E-Books, in dem der Durchschnittsleser nicht einmal mehr ein Taschenbuch mit sich herumzutragen bereit ist. Überhaupt sind Matthias Schönwegers Literaktionen mit dem Begriff Buch nur halbwegs hinreichend beschrieben, denn eigentlich gehören seine Aktionen gehört, gesehen und erlebt.

Seine LebensKunst wie sein Kunstleben sind seit seinem Ministrantendienst eine lebenslange Dauer-Performance, bei der es immer noch etwas Höheres als den Höhepunkt gibt: „Bin am Firmament der Künste/ angelangt/schwebe/allegro molto/Fünf Fuss über dem Boden" kann man da lesen und dazu gibt es ein Foto von seinen Fussballerbeinen nebst einem rot geschminkten Zehennagel.

Zum Höhenflug gehört der Tiefenrausch weshalb er mit mittlerweile 50 Bunkern so nebenbei zum größten unterirdischen Grundbesitzer des Landes geworden ist. Sämtliches kriegerisches Zeug kauft er einfach zusammen und erklärt dem Land den Frieden. „Hier bin ich Maus(hier darf ich's sein" persifliert er Goethes Osterspaziergang. Man kann das Buch von vorne und von hinten durchblättern, denn es ist zwei Bücher in einem - „Von der Kunst zu Lieben" – aber wer Kunst und Leben zusammenzählt, erhält bekanntlich nicht 2 sondern ein Unendliches als Resultat, weil im Zusammenprall beider Elemente Dinge geschehen, von denen man im voraus keine Ahnung hat. Worum geht es in dem Buch? Um einen Trip. Die Buchstaben tanzen wie Tropfen auf heißem Untergrund, als wäre Leidenfrost ein Dichter gewesen. „Bringe Kraut und Rüben miteinander" laute der Schöpfungsplan. Miteinander, nicht durcheinander - das ist das entscheidende Merkmal. Matthias Schönweger ist ein Barockmensch, ein Wagnerianer des Flohmarktes, ein Menagerie-Direktor des Glumps. Alles, was Produkt war, wird unter seinen Händen wieder Rohstoff, zur Ausgangsmaterie für Transsubstantiationen, die Besseres kennen als das Glück im Museum. Angetrieben von einem Magnetismus des unglücklichen Lebens arrangiert er bizarre Begegnungen zwischen Andreas Hofer und Weltkriegsbunker, zwischen Weihwasserbrunnen und konkreter Poesie, zwischen Paradiesgarten und Beuys, zwischen Giulio Andreotti und seiner Untauglichkeit zum Gruppensex.

Ein Schöpfungsplan ist da am Werk, in dem es keine Hierarchien gibt. Alles ist gleich viel wert in seinem Universum, alle sind sie Zeitgenossen; was zählt ist das Entzücken über die Wirrsal der Ordnung. Die spezifisch Schönwegersche Ironie blitzt nicht nur auf, er wetterleuchtet ständig, selbst wenn politische Melancholiewolken aufziehen. Das Buch ist voll von Extrapolationen des Leibes, fremdgehenden Gefühlen und Gedanken, kuriosen Wortdrehungen, Dorfskandalen, Künstlerbegegnungen und einer Poesie, die oft nur mit ganz wenigen Worten auskommt.

Man irrt vollkommen, wenn man die ungeheure Menge an Dingen, die er im Laufe seines Lebens zusammengetragen hat, ein Sammelsurium nennt. Das exakte Ordnungsprinzip all des Kuriosen, Obskuren, Kitschigen, Glitzernden, Frommen, Schweinigelnden, Trashigen, Alltäglichen, Heiligen, Profanen und mitunter auch Wertvollem mag zwar nur er kennen, aber ihm beim Ordnen zuzuschauen, ist ein nicht endendes Vergnügen. Die aktuelle Remix- und Samplekultur der Google- und Facebook-Generation – bei Schönweger war das immer schon Teil seines Erweckungstriebes. Sein Umgang mit dem Sampeln ist seelenvoller, humorvoller und letztlich auch ernsthafter als die bloß abgeklärten Montagen der DJ-Kultur. Immer wieder streut er Collagen, Schriftzeichnungen und bleistiftdünne Zeichnung meist erotischer Natur dazwischen, womit er dem eigentlichen Antrieb, aus dem sein ganzes Werk entsteht, ein Denkmal setzt.

Schönweger ist und bleibt das Oberhaupt der Genießer und Gekünsigsamen, der ewige Ministrant, der sein Leben ministriert, der Wortspiel-Triebtäter, der Alphabet-Artist, der Sammel-Tagedieb, der Spin-Doctor der Lebenskunst, der den avantgardistischen Traum von der Aufhebung der Kunst ins Leben fortspinnt.
Wir brauchen ihn sehr.

Matthias Schönweger: Von der Kunst zu Lieben/Von der Kunst zu Lieben. Zwei Bände in einem. 740 Seiten. Edition Raetia, 2012.

Info

Am 1. April gibt es in der ES Gallery in Meran, wo auch eine Ausstellung des Künstlers zu sehen ist, eine Sonntagsmatinee mit Christine Vescoli, Arnold Dall'O, Matthias Schönweger und vielen anderen. Beginn: 11.00 Uhr

---

diesen Mann für verrückt zu halten und gleich wird er ein Tirolerlied anstimmen.

msch AUSSTELLUNG 2012

BY ERWIN SEPPI - ES GALLERY

MEIN
HOM
IST
MEIN
KASTL

95

96

97

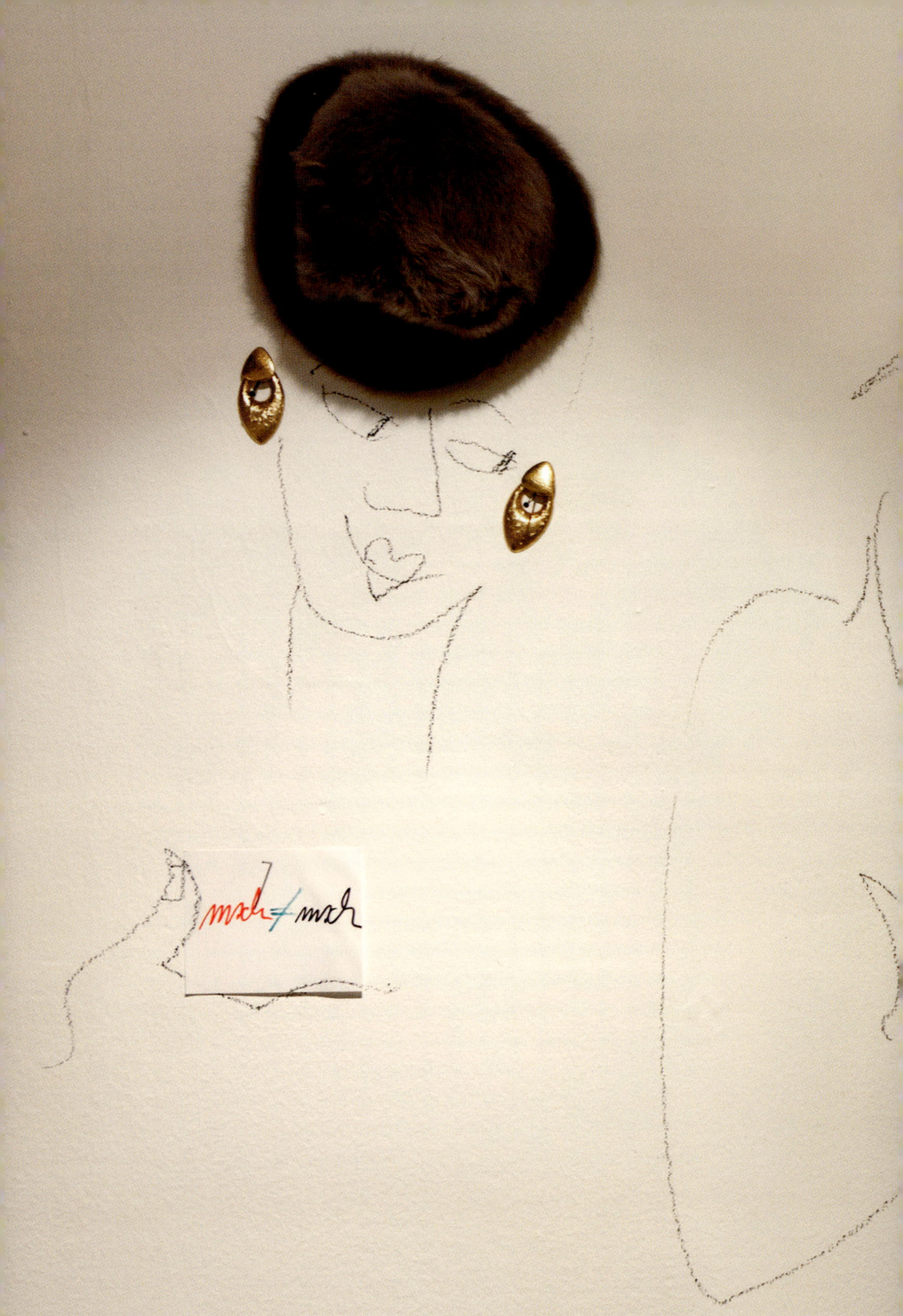

99

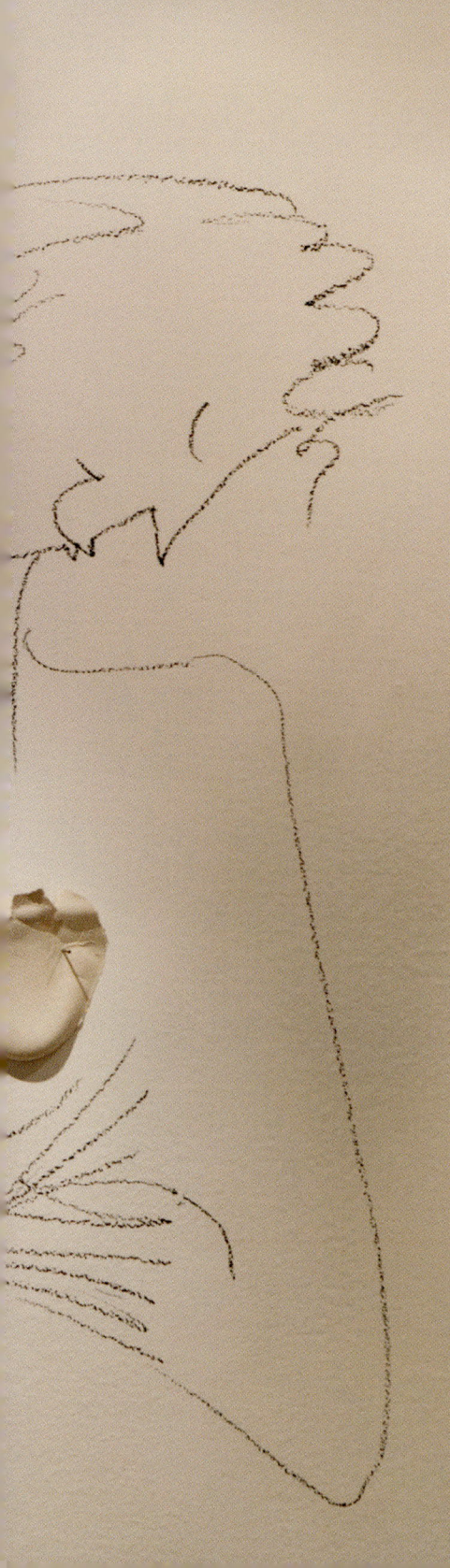

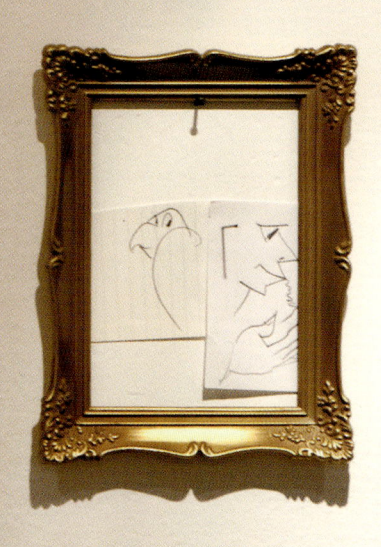

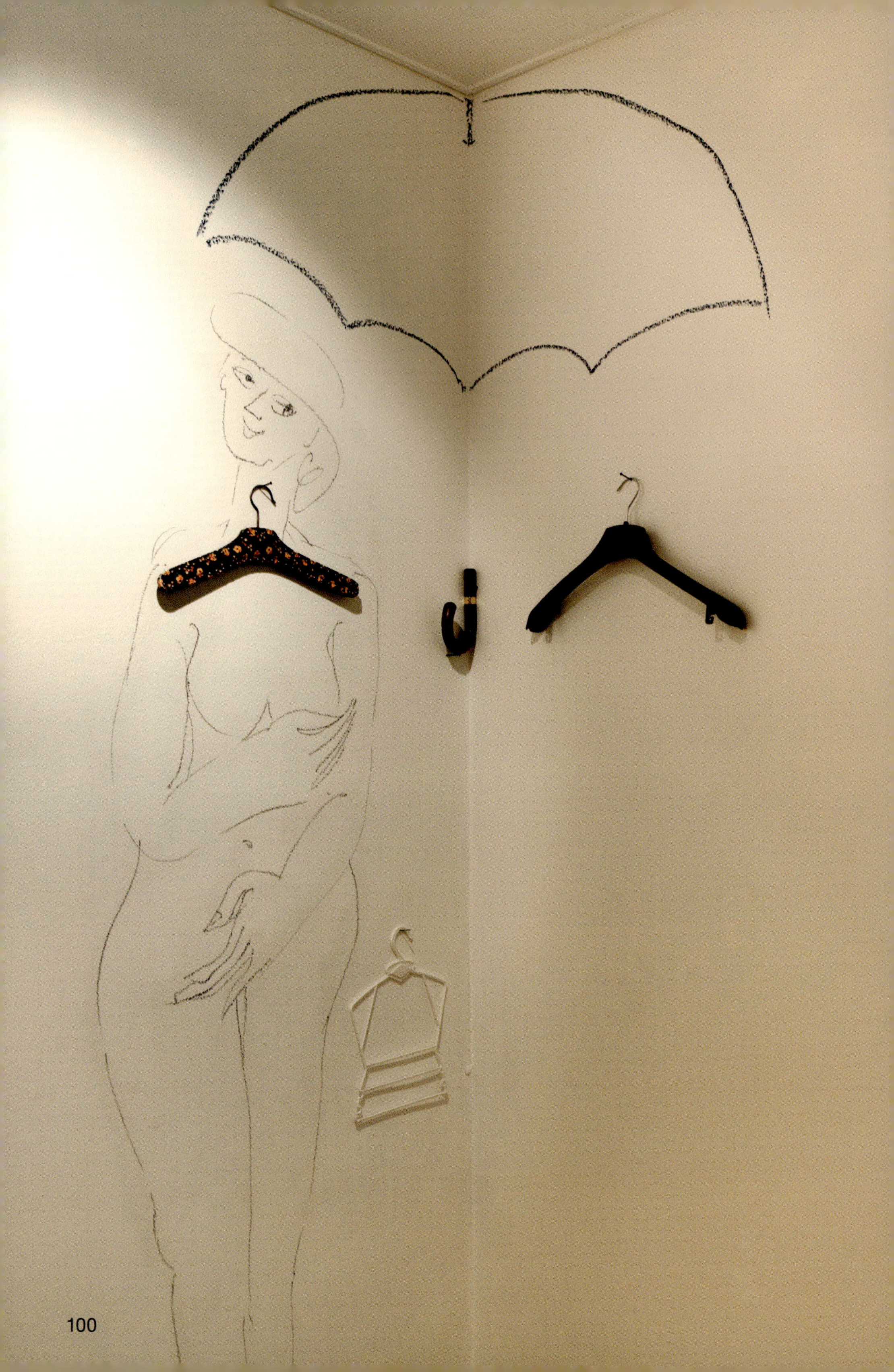

101

102

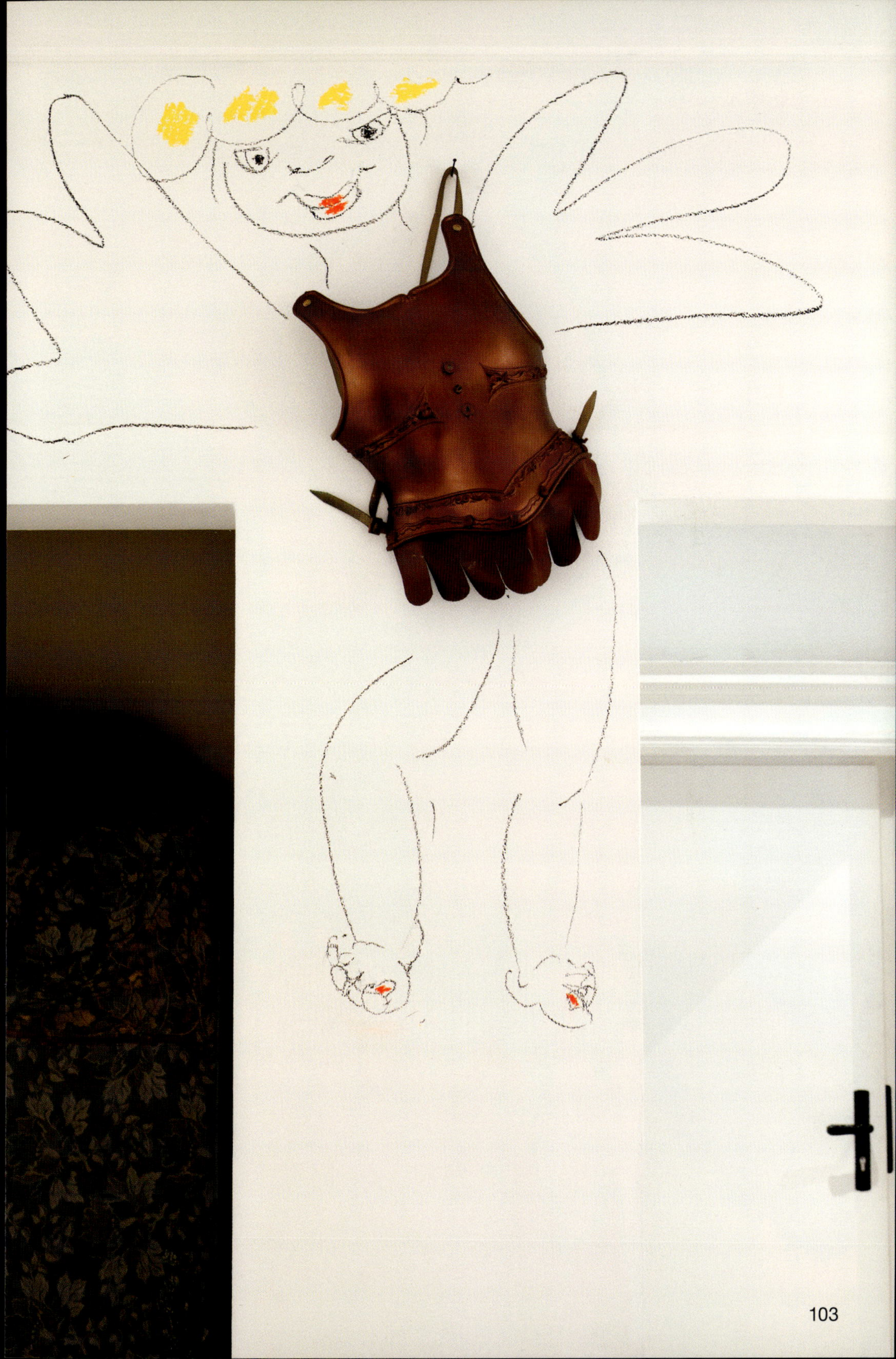

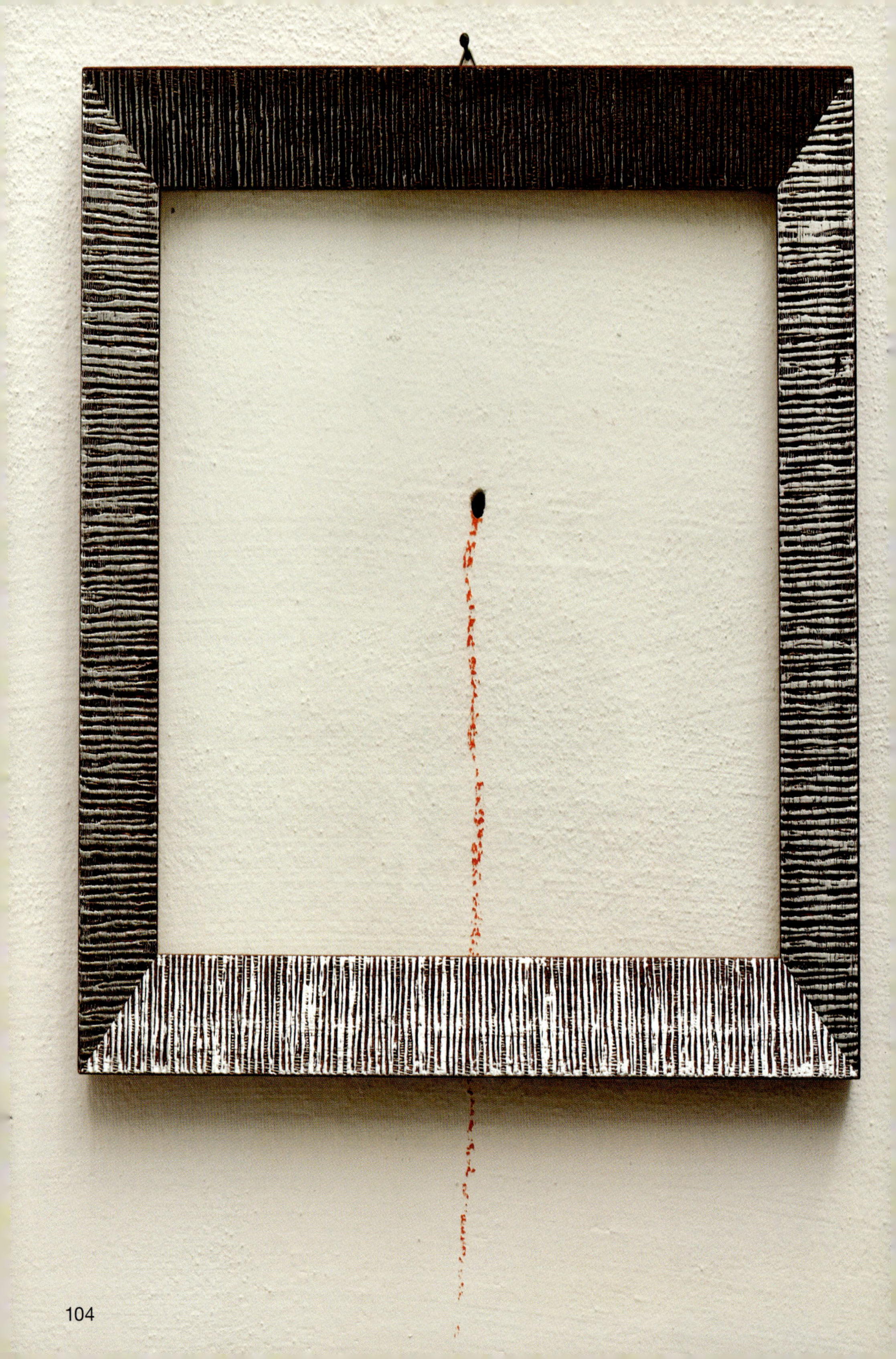

ZU LIEBEN

VON DER KUNST

106

„DURCH DIE BLUME"
IM LANSERHAUS EPPAN, 2012
KURATIERT VON BRIGITTE MATTHIAS

DA SCHAUT DER ARNOLD

FRANCA

MENTE

FRANCA

MENTE

FRANCA

MENTE

FRANCA

MENTE

FRANCA

HALT

HAUS

HALT

HAUS

HALT

HAUS

HALT

HAUS

HALT

HAUS

HALT

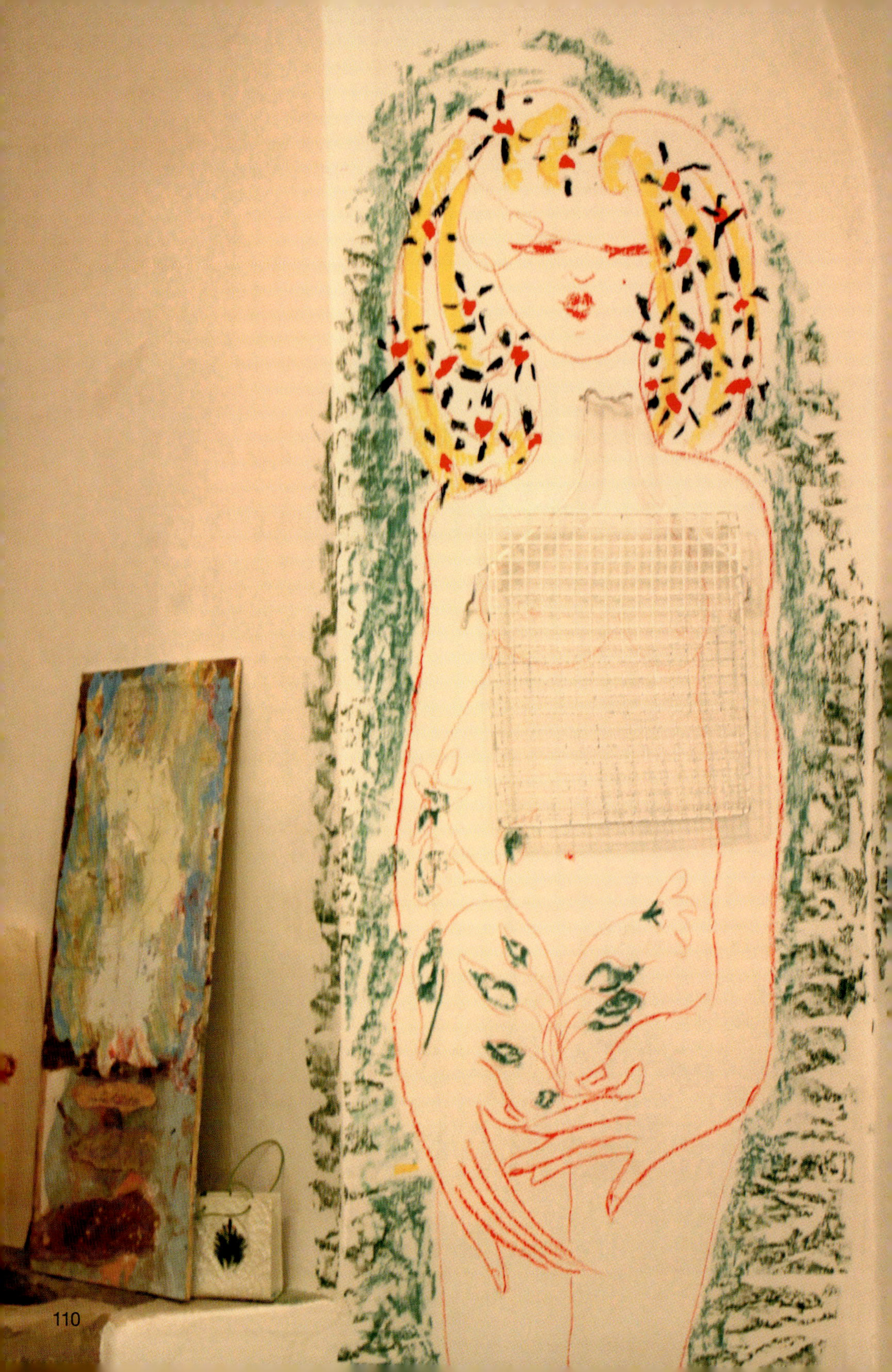

WIESEN
BLUMEN
WIESEN
BLUMEN
WIESEN
BLUMEN
WIESEN
BLUMEN
WIESEN
BLUMEN
WIESEN

Lumen

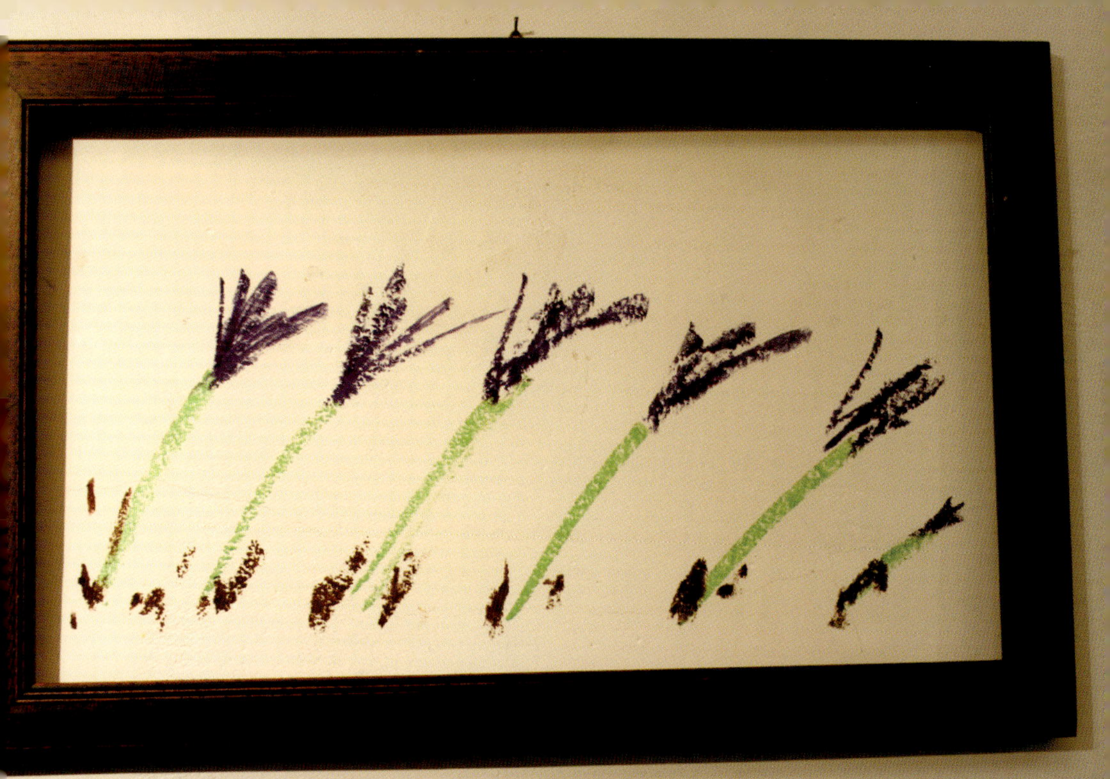

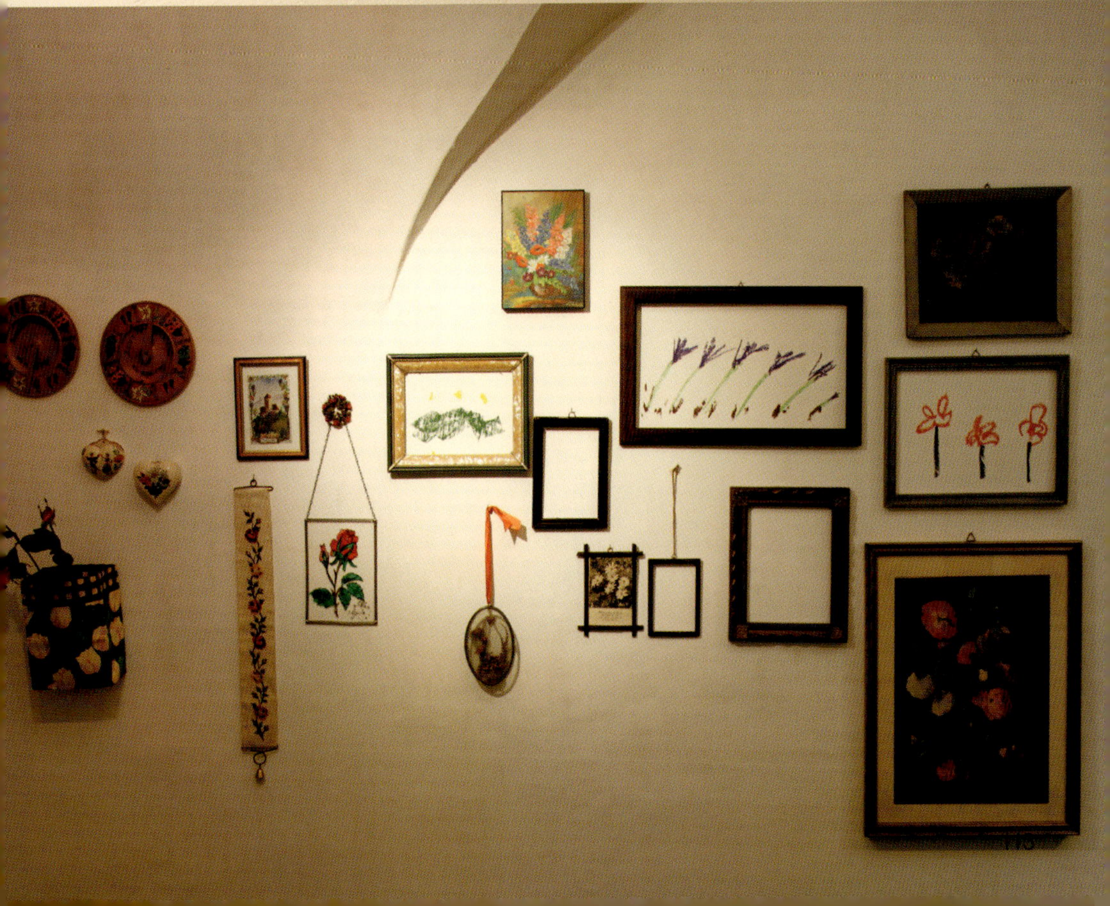

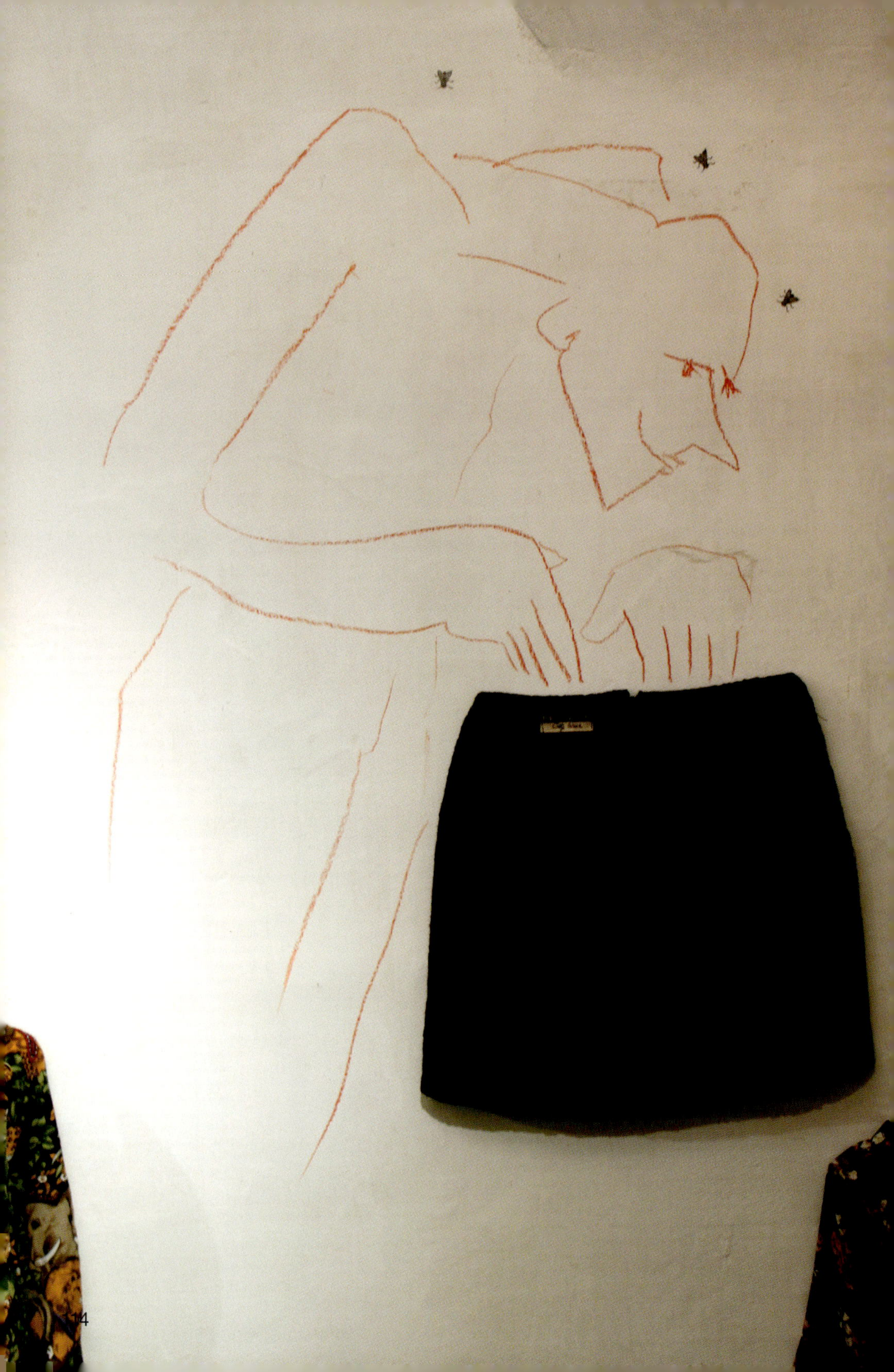

NEHMEN TEIL TEIL TEIL TEIL TEIL TEIL HABEN

OSTERN 2013

KUNST MERAN

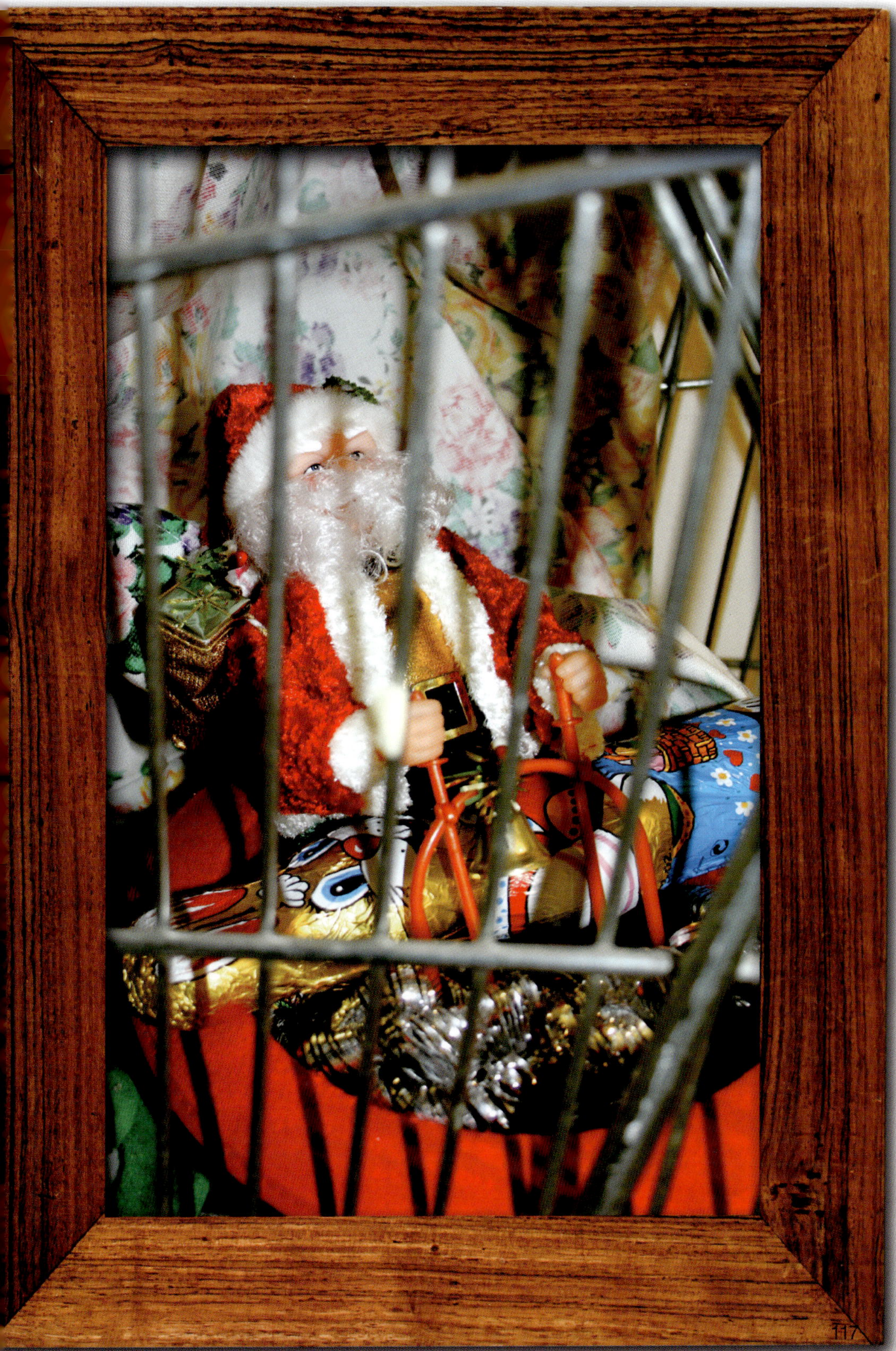

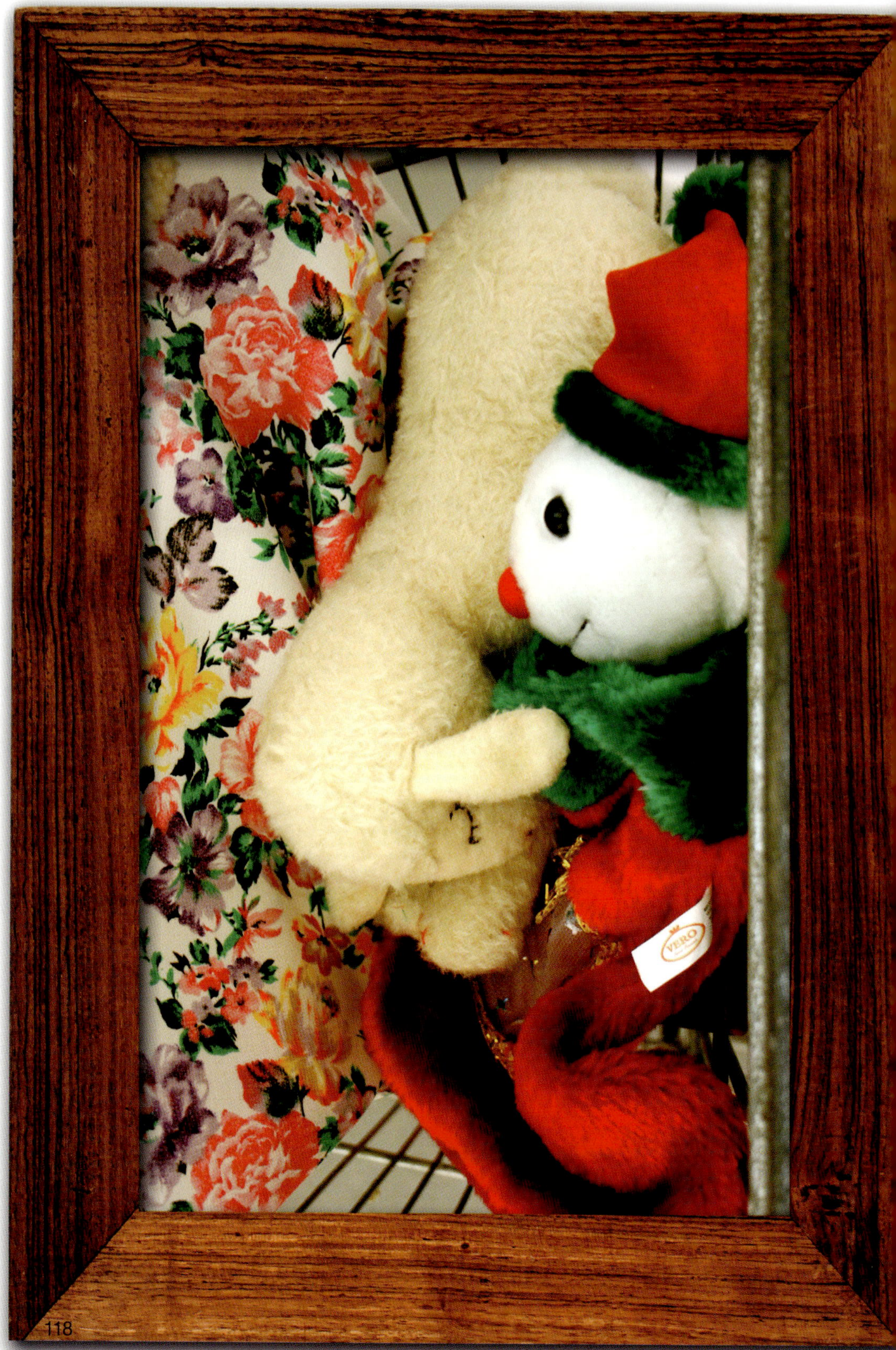
VERO

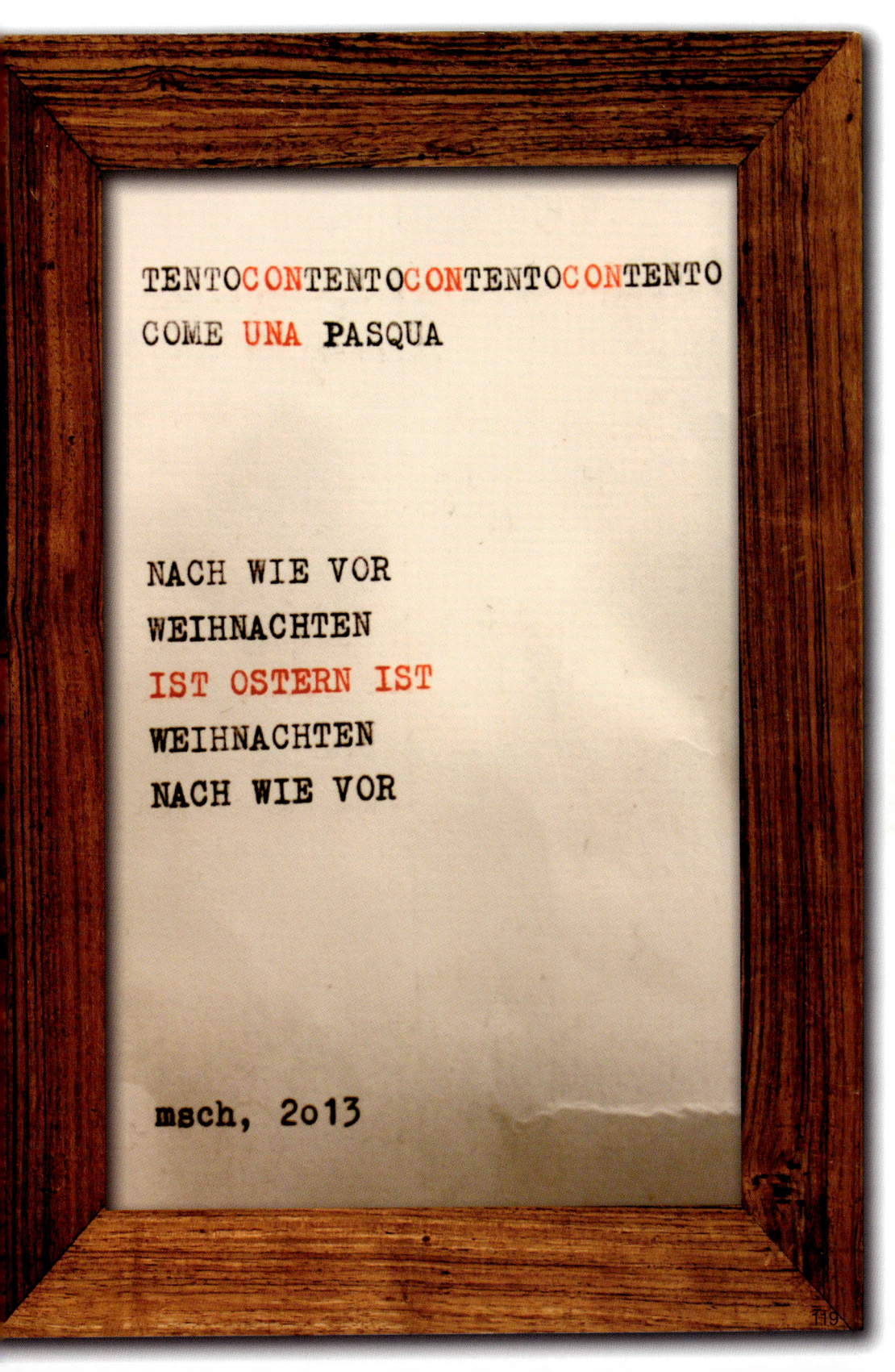

TENTOCONTENTOCONTENTOCONTENTO
COME UNA PASQUA

NACH WIE VOR
WEIHNACHTEN
IST OSTERN IST
WEIHNACHTEN
NACH WIE VOR

msch, 2o13

msch's CASAMATTA AM BRENNERBERG
2200 m, 2013
TRANSART, KURATIERT VON PETER PAUL KAINRATH

LESEPERFORMANCE BLIXA BARGELD
EINSTÜRZENDE NEUBAUTEN

WEIHNACHT 2013 - NEUJAHR 2014

HAUSGALERIECHEN

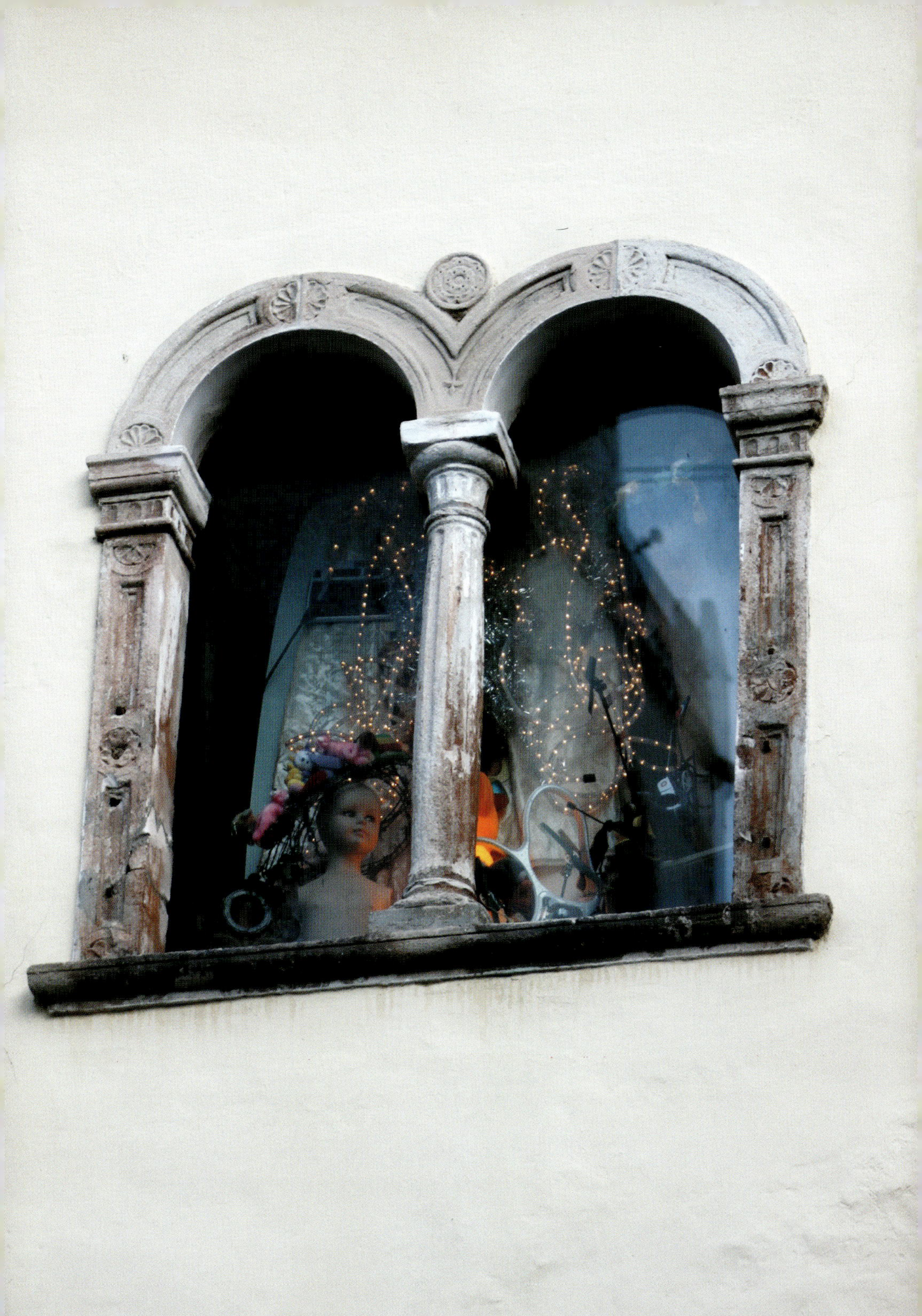

SEE YOU

NOW OR LATER

IM WONNEMONAT MAI

AM 31.5.2014

IM KUNSTFORUM UNTERLAND

IN

NEUMARKT / SÜDTIROL / ITALIEN / EUROPA

AUF DER GROSSEN WEITEN WELT

Schönweger punktet, einmal mehr, mal weniger, auf der Rangliste der Multikulti-Mediakünste mit autochthoner Produktion DOCG. La mostra si presenta con una forte connotazione locale: örtlich ist überall.

Der Künstler versprüht, verteilt in Performances, Installationen, in Wort und Bild, klangfarbene, fein- bis grobsensorische Duft-Noten: von Null bis oben offen.

Mit gleichwohl scharf-züngigem wie harm-losem Sprachwitz und zerr-bildhafter Ironie spiegelt er empathisch der Weltbilder Bilderwelt.

Der Maler zeigt eine Sammlung wertvoller Kunstwerke, die eigenen nicht ausgenommen. Der Autor präsentiert in der Ausstellung idem seine Bücher. Und eigene sind auch darunter, darüber.

Matthias Schönweger verdingt sich als gängiger Natura-morta-Maler und -Fotograf, hier in Buchform und dort in den Museen/Galerien in ante prima als Live-Stillleben-Produzent obiger Motive. Siehe da greifbar die Objektkunst im Kunstobjekt.

Zudem ist die Werkschau den 2-3 großen (erwachsenen) Söhnen der Kleinstadt Meran zugedacht, als Genussevent durch Konsumkunst über Kunstkonsum. Die mag manchem aufstoßen. Im Angebot sind ebenso, soeben fertiggestellt, emphatische Bilder, passend zur Haar- oder Augenfarbe der KäuferInnen, metaphorische Substitute für eine perfekte Anpassung an die Marktkunst allgemein und insbesondere für die Rezipienten im Kunstmarkt.

DIE KUNST
ÜBERLEBT
DIE KUNST
ÜBERLEBT
DIE KUNST
ÜBERLEBT
DIE KUNST
ÜBERLEBT
DIE KUNST
ÜBERLEBT
DIE KUNST

SEE

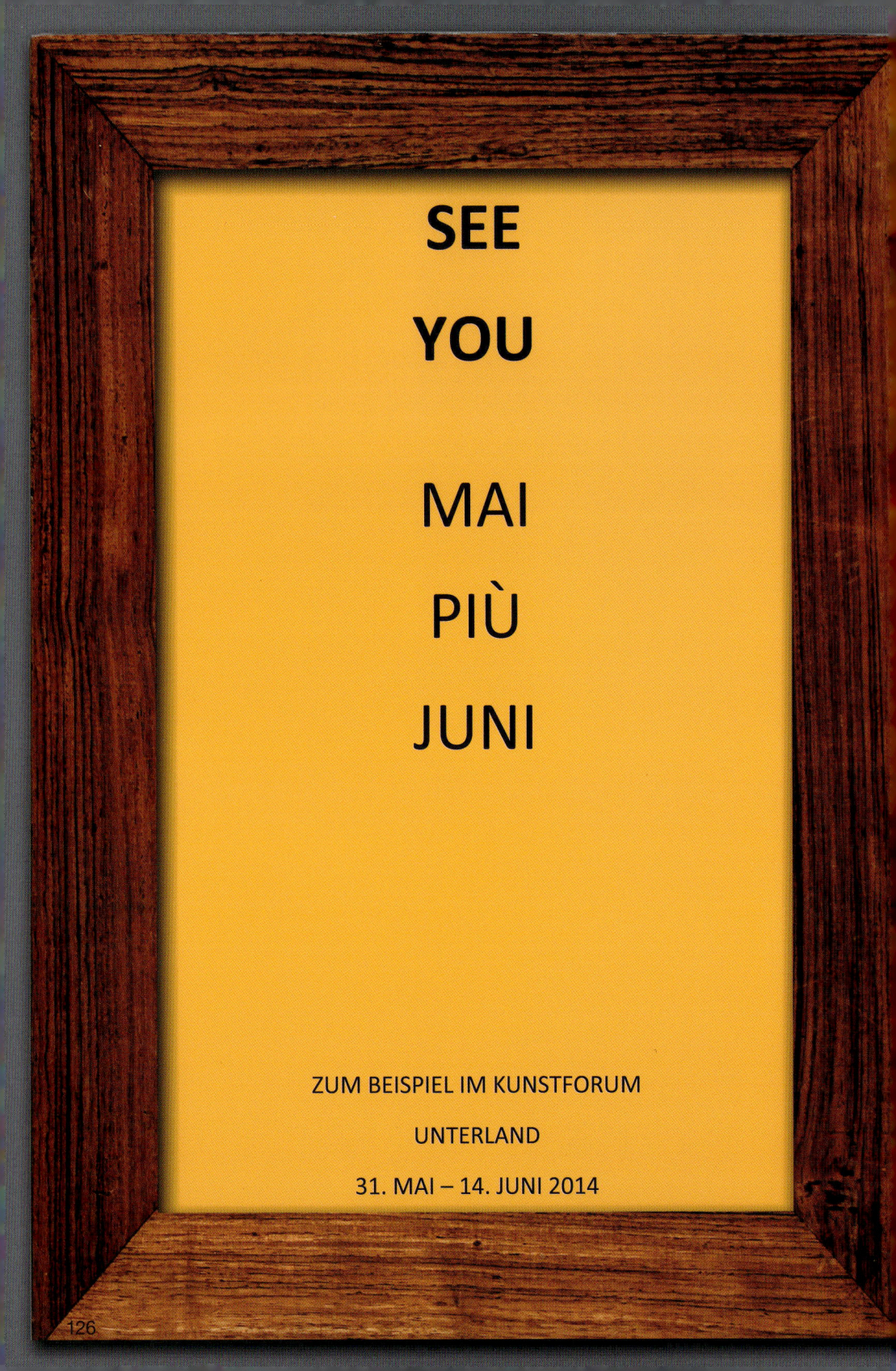

YOU

MAI

PIÙ

JUNI

ZUM BEISPIEL IM KUNSTFORUM

UNTERLAND

31. MAI – 14. JUNI 2014

SYNERGIEN

SCHAFFEN

SYNERGIEN

SCHAFFEN

SYNERGIEN

SCHAFFEN

SYNERGIEN

SCHAFFEN

SYNERGIEN

SCHAFFEN

SYNERGIEN

msch DEVOTIONALIE

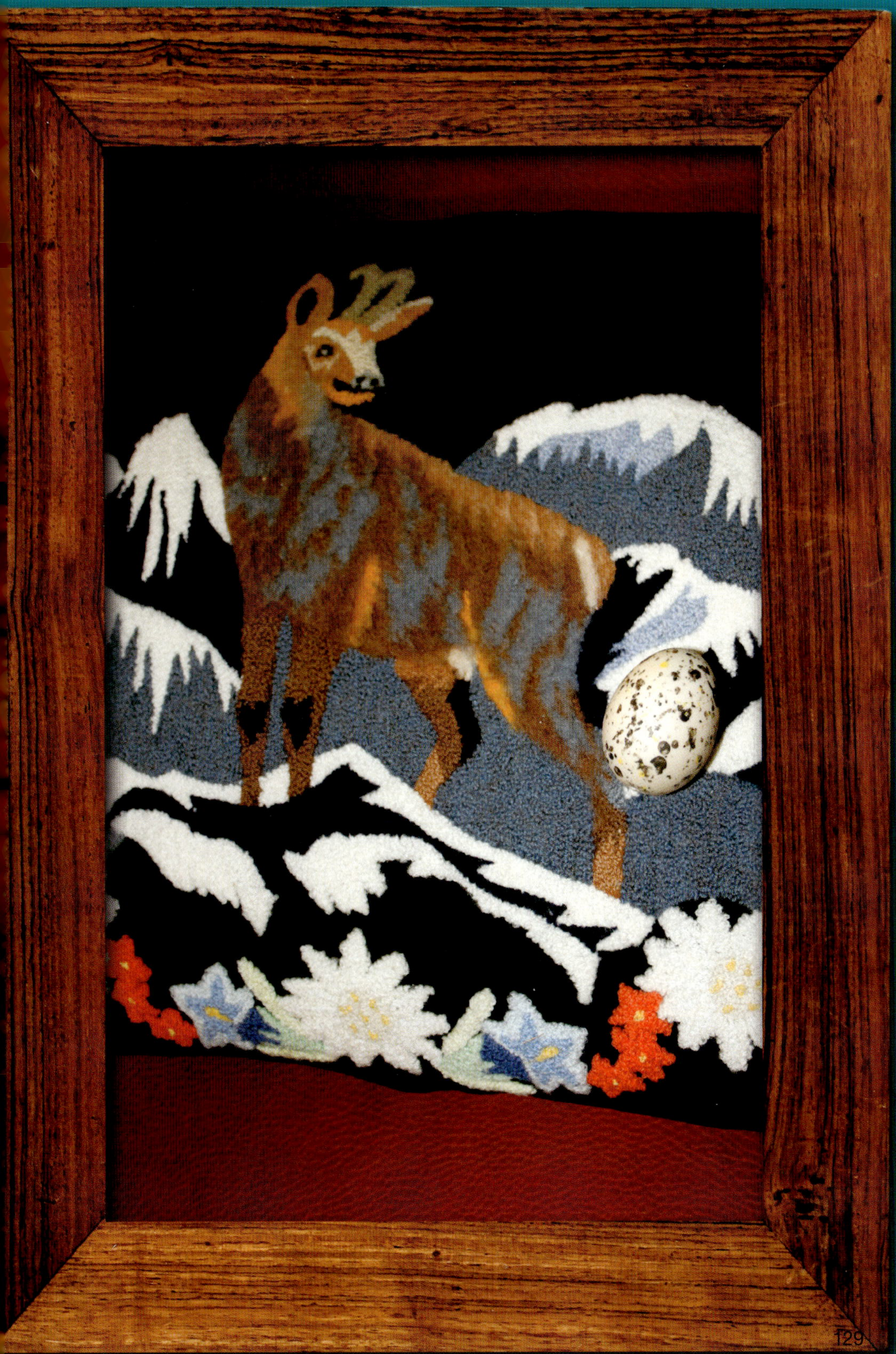

I

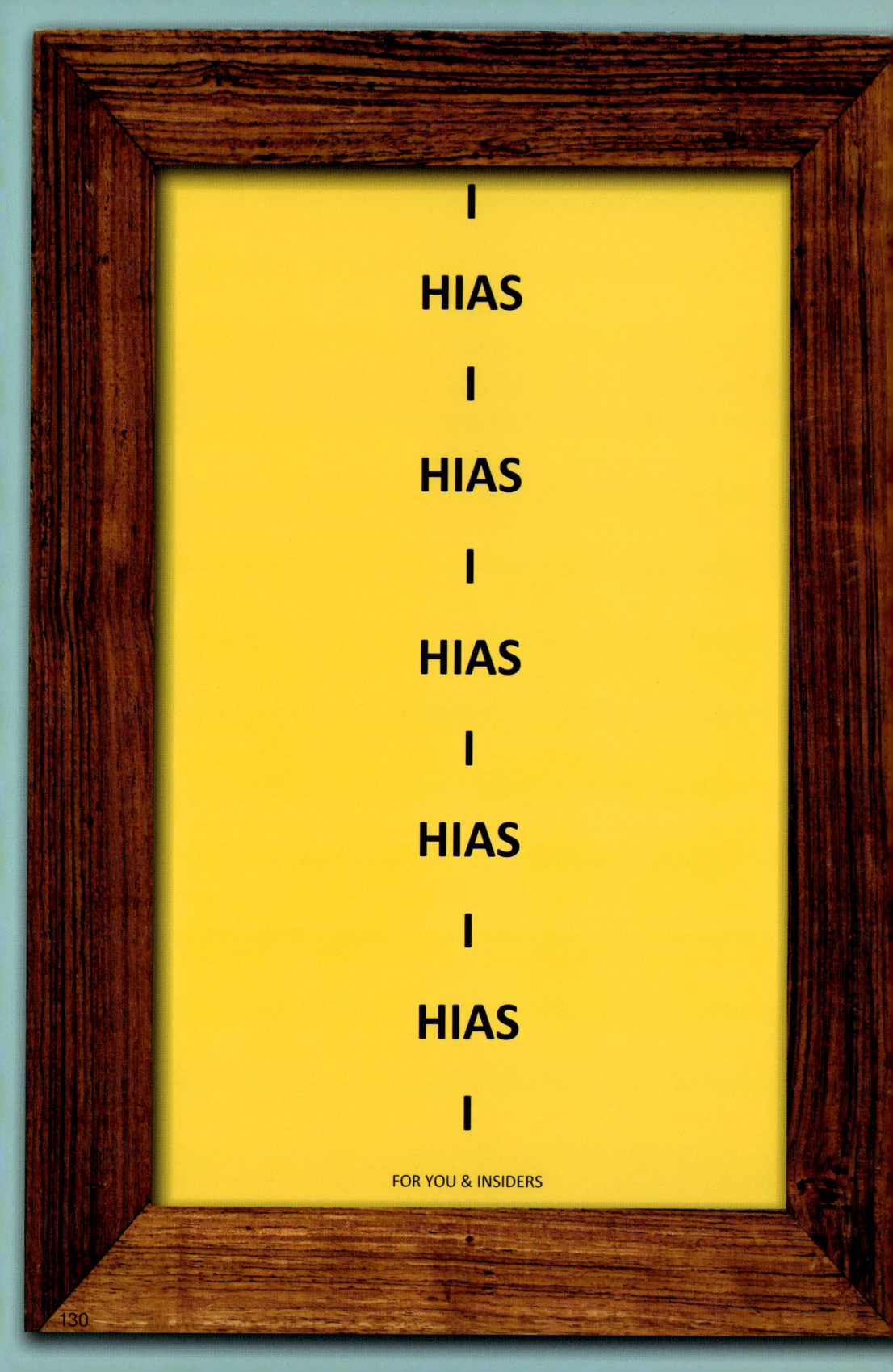

HIAS

I

HIAS

I

HIAS

I

HIAS

I

HIAS

I

HIAS

I

FOR YOU & INSIDERS

KING
HIAS
TIROL
HIAS
PRESS
Schwan STABILO
STABILO BOSS
STABILO BOSS
ORIGINAL
STABILO BOSS

EINZIG ECHTER PUTZ MIT STINGEL

magari

SELBER ESSEN

SÜSSE VERSUCHUNG

MACHT FETT

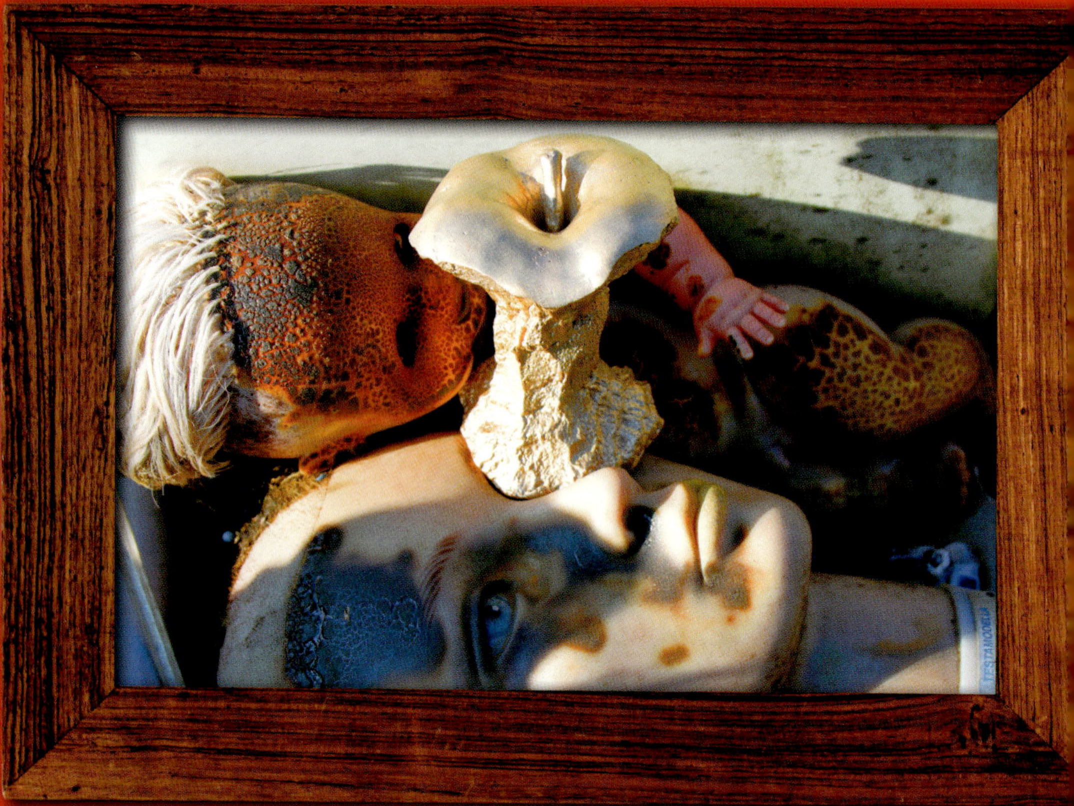

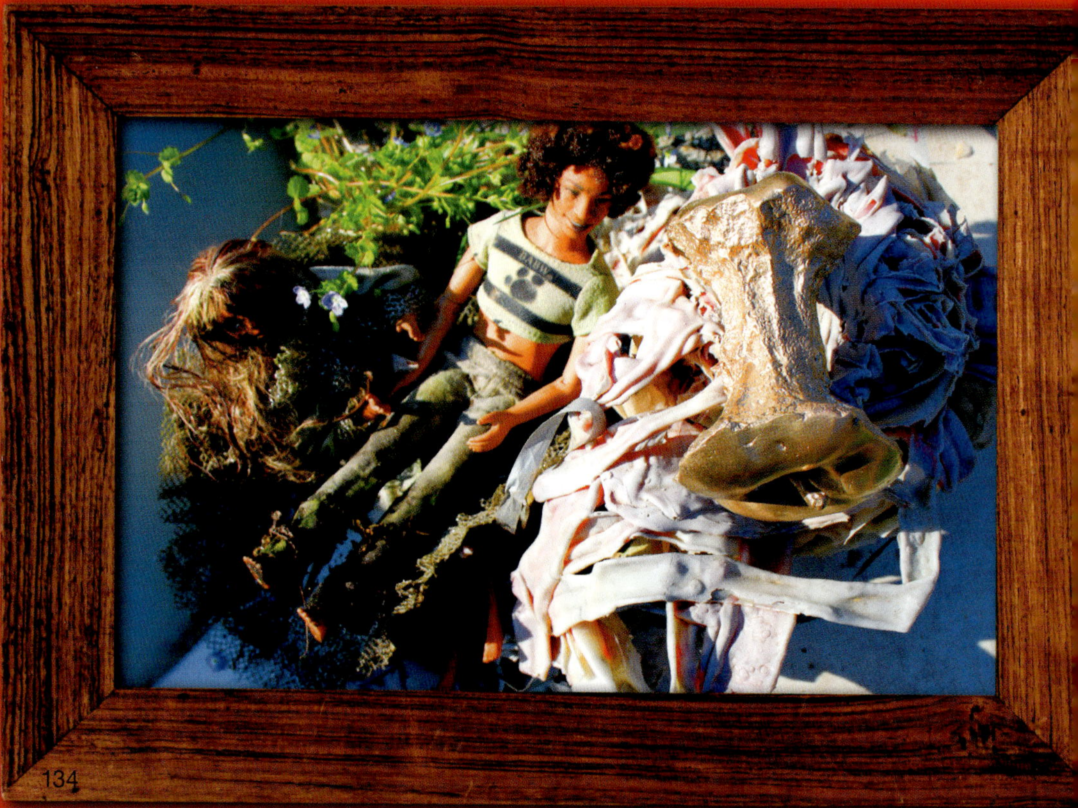

GOLD & STARK - DELICIOUS

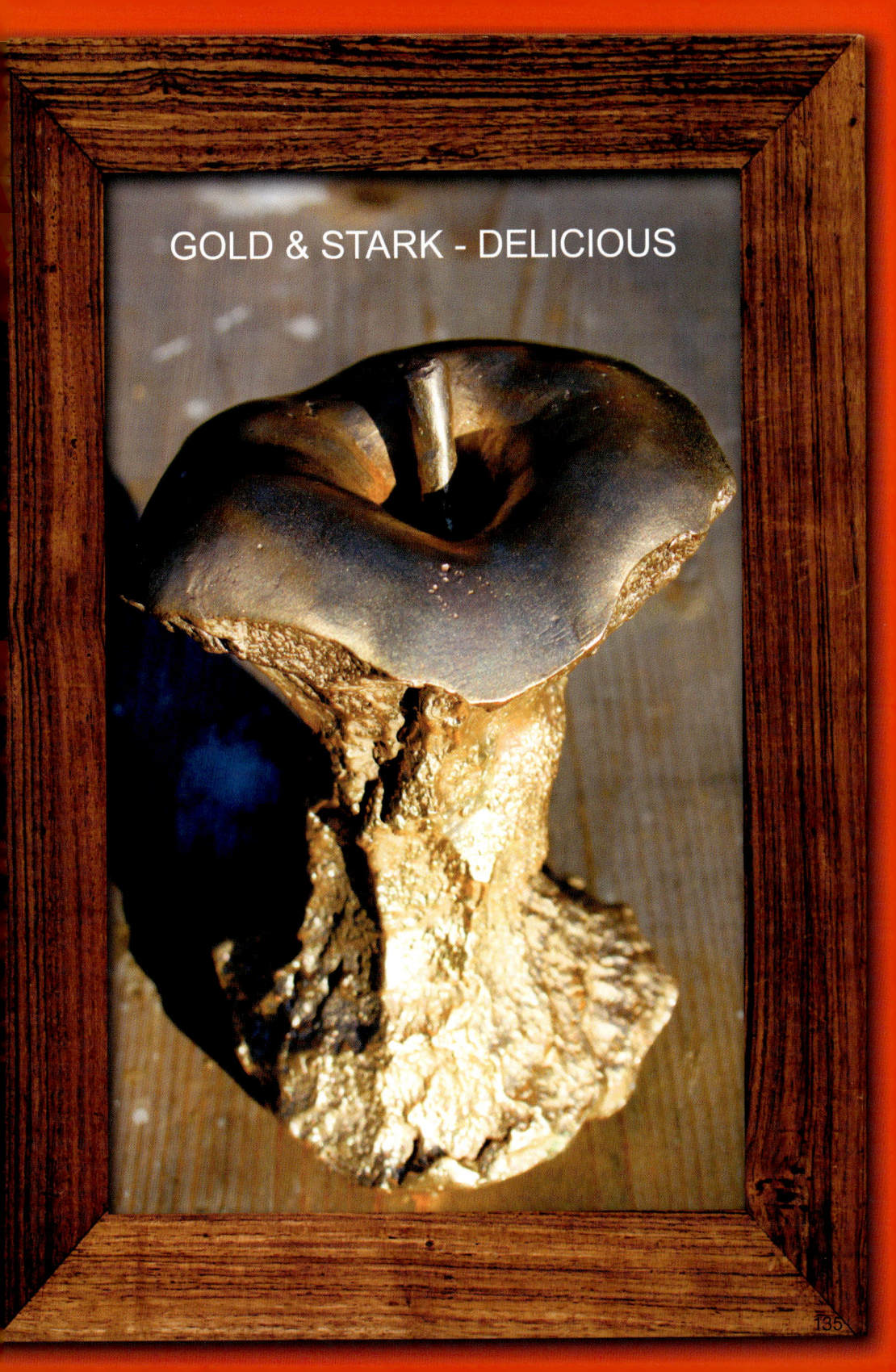

UND U.A. IN RENAISSANCE-BRONZE

ERHÄLTLICH IN ECHT - NATÜRLICH

KULT

PERSONEN

KULT

PERSONEN

KULT

PERSONEN

KULT

PERSONEN

KULT

PERSONEN

KULT

IL MELO

DRAMMA

DEL

PARADISO

SI CAPISCE

COME

CAUSA

DI FORZA

MAGGIORE

KUNST

MUSTER

KUNST

MUSTER

KUNST

DIE BESTELLNUMMERN KORRESPONDIEREN

MIT DEN SEITEN IM BUCH

msch

BEGLÜCKE

DICH MIT

KUNST

VERKAUFE

MEINE

BILDER

BÜCHER

SEELE

MICH

DEM

MEISTBIETENDEN

MIR

NICHT DIR NICHT

FRÜCHTE ALLER WUNDERSAMEN

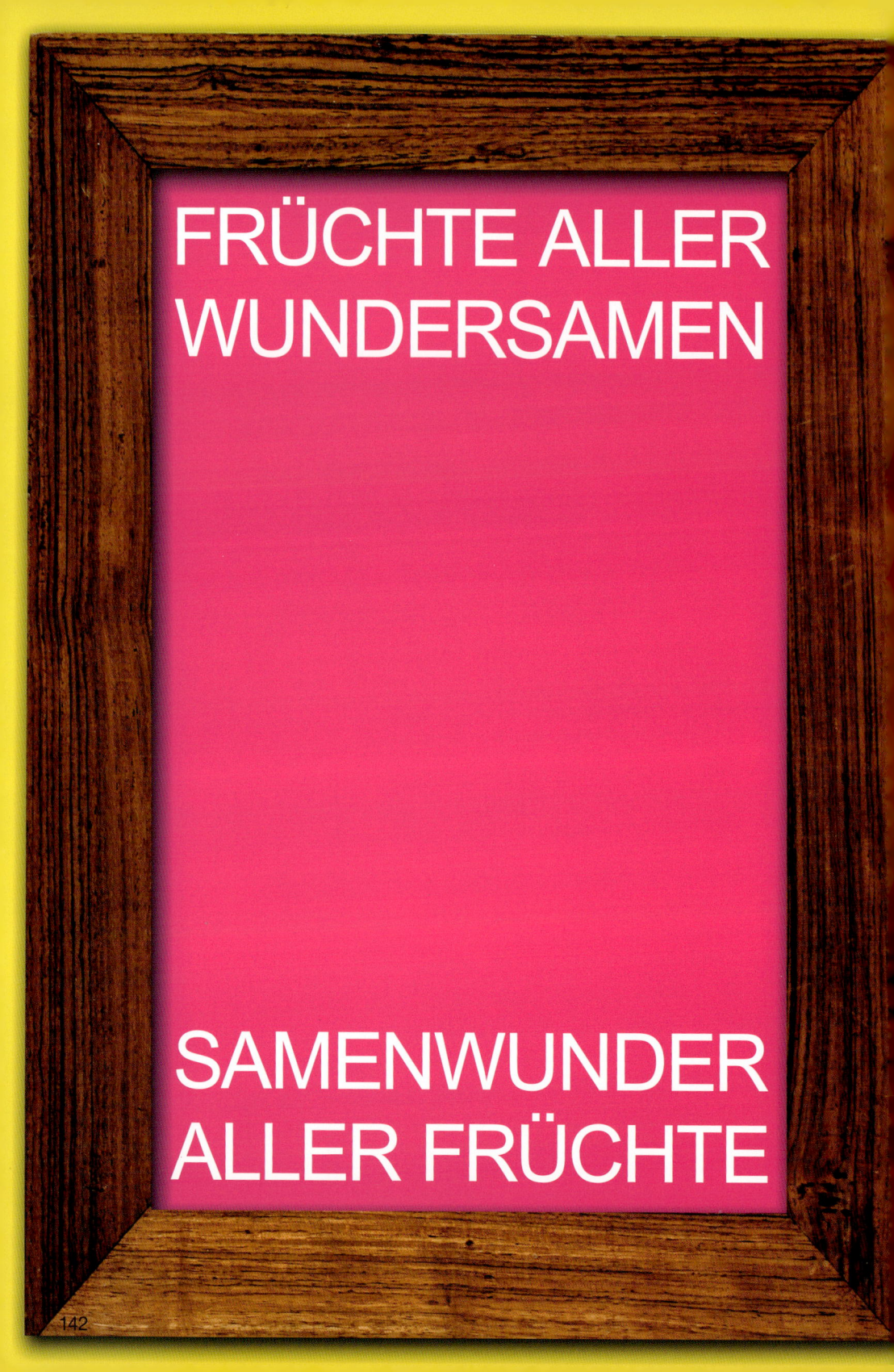

SAMENWUNDER ALLER FRÜCHTE

DIESSEITS
VON EDEN

IST DAS BÖSE
VON ALLEN GUTEN
GEISTERN VERLASSEN

DAS GUTE VON
ALLEN BÖSEN

JENSEITS
VON EDEN

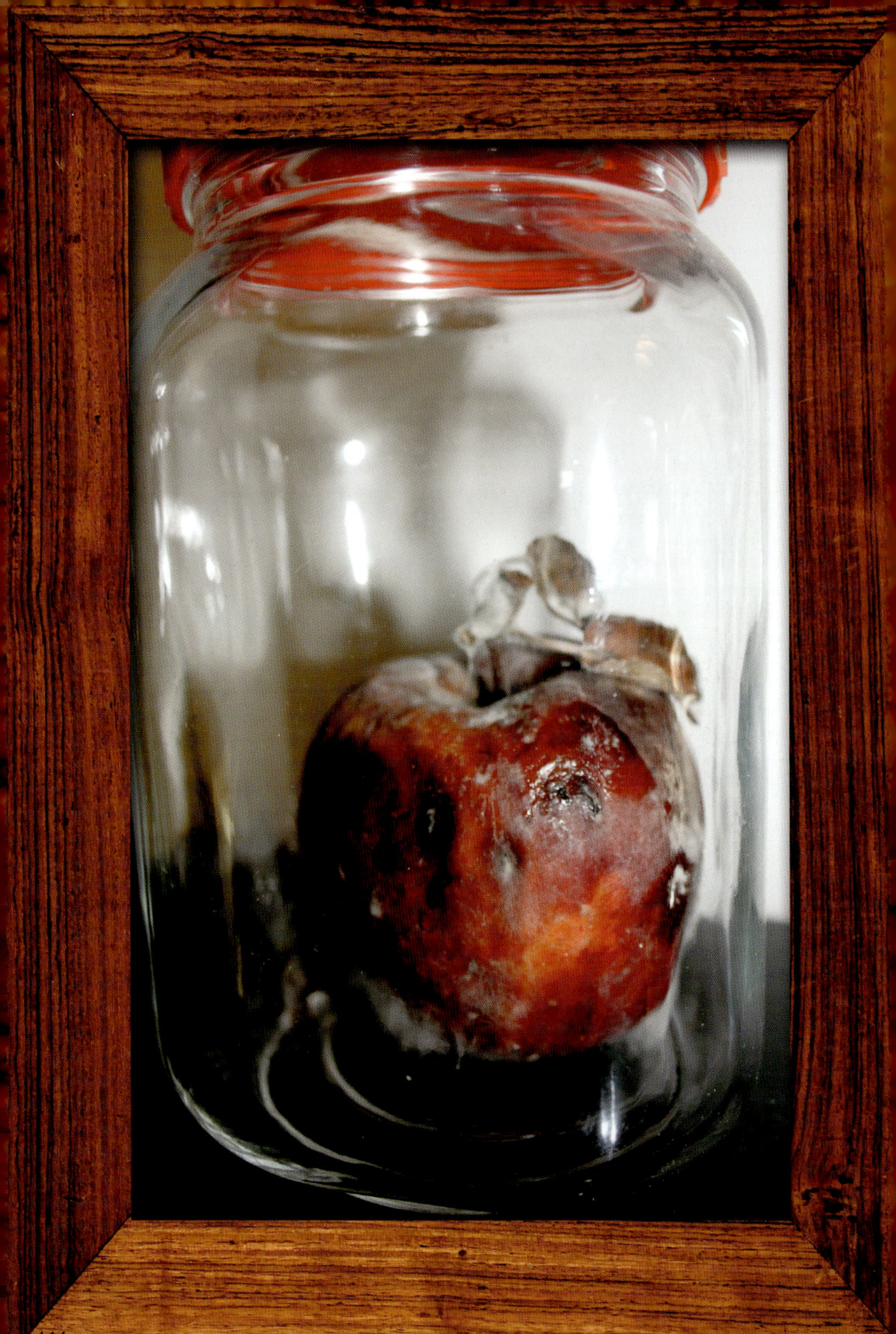

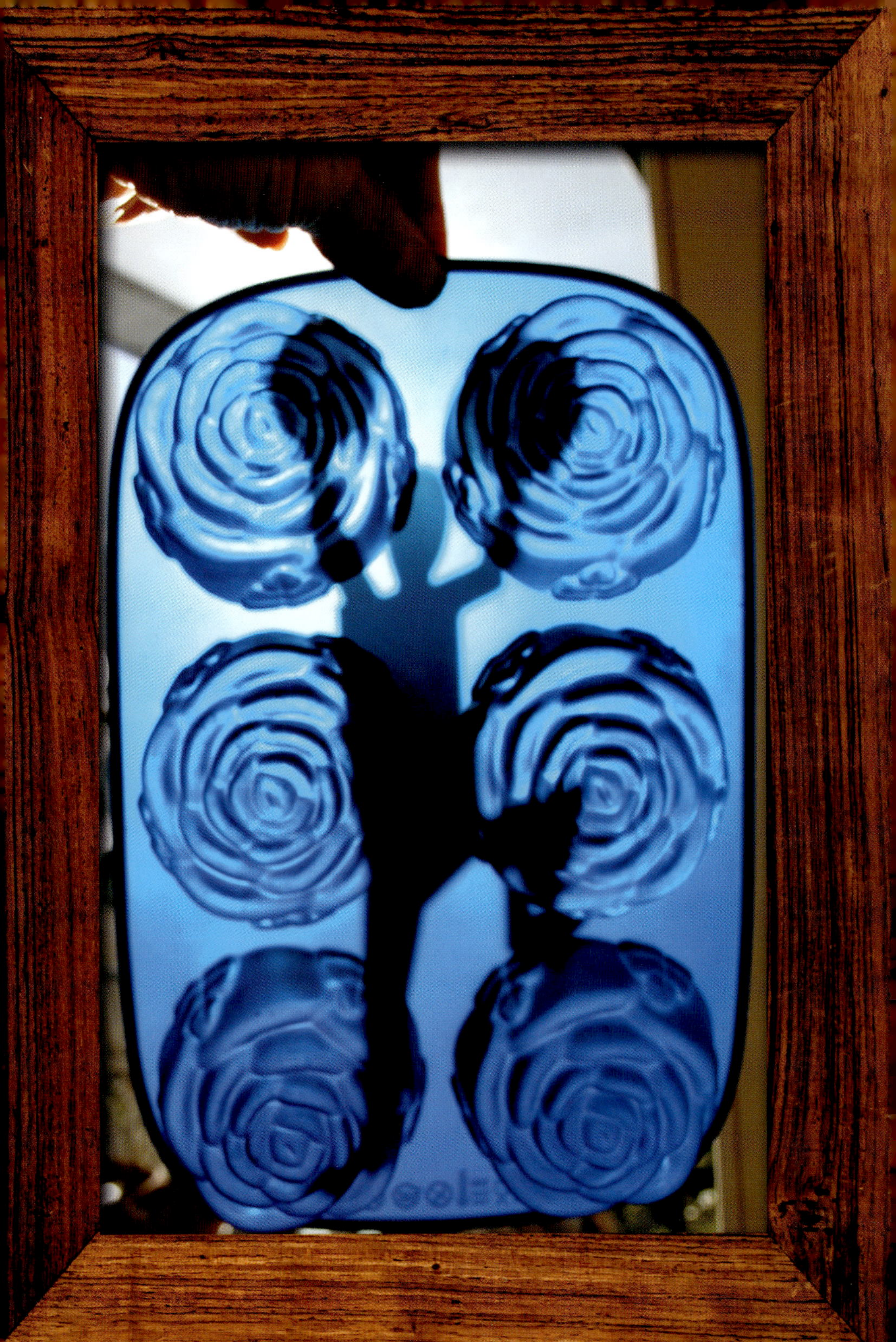

HIER LEBTE
1949–1973
MATTHIAS
SCHÖNWEGER
ARTIST noch

ENGELMÜHLE PARTSCHINS

VERSTECK

SPIEL

VERSTECK

UNSEREINEN

IN MEINEN ARBEITEN

UND FINDE MICH DARIN

ZURECHT

VEXIERBILDER

SCHAU

EINER

AN

VEXIERBILDER

KUNST
OBJEKT
KUNST
OBJEKT
KUNST
OBJEKT
KUNST
OBJEKT
KUNST
OBJEKT
KUNST
OBJEKT
KUNST
OBJEKT
KUNST

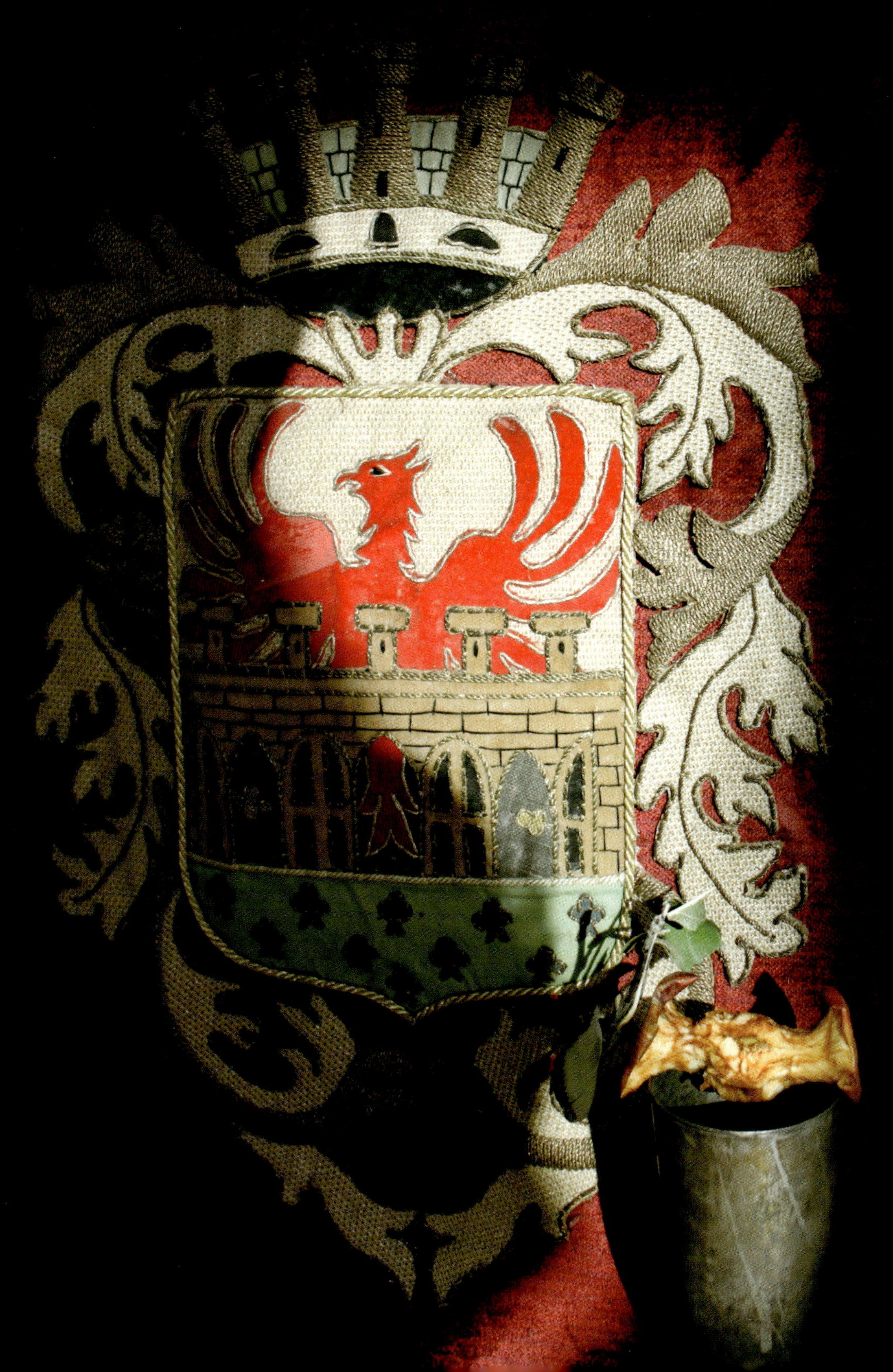

TEPPICHTEPPICHTEPPICHTEPPICHTEPPICH
TEPPICHTEPPICHTEPPICHTEPPICHTEPPICH
TEPPICHTEPPICHTEPPICHTEPPICHTEPPICH
TEPPICHTEPPICHTEPPICHTEPPICHTEPPICH
TEPPICHTEPPICHTEPPICHTEPPICHTEPPICH
TEPPICHTEPPICHTEPPICHTEPPICHTEPPICH
TEPPICHTEPPICHTEPPICHTEPPICHTEPPICH
TEPPICHTEPPICHTEPPICHTEPPICHTEPPICH
TEPPICHTEPPICHTEPPICHTEPPICHTEPPICH
TEPPICHTEPPICHTEPPICHTEPPICHTEPPICH
TEPPICHTEPPICHTEPPICHTEPPICHTEPPICH
TEPPICHTEPPICHTEPPICHTEPPICHTEPPICH
TEPPICHTEPPICHTEPPICHTEPPICHTEPPICH
TEPPICHTEPPICHTEPPICHTEPPICHTEPPICH
TEPPICHTEPPICHTEPPICHTEPPICHTEPP

KUNST KOMMT VON

mir

msch ≠ msch

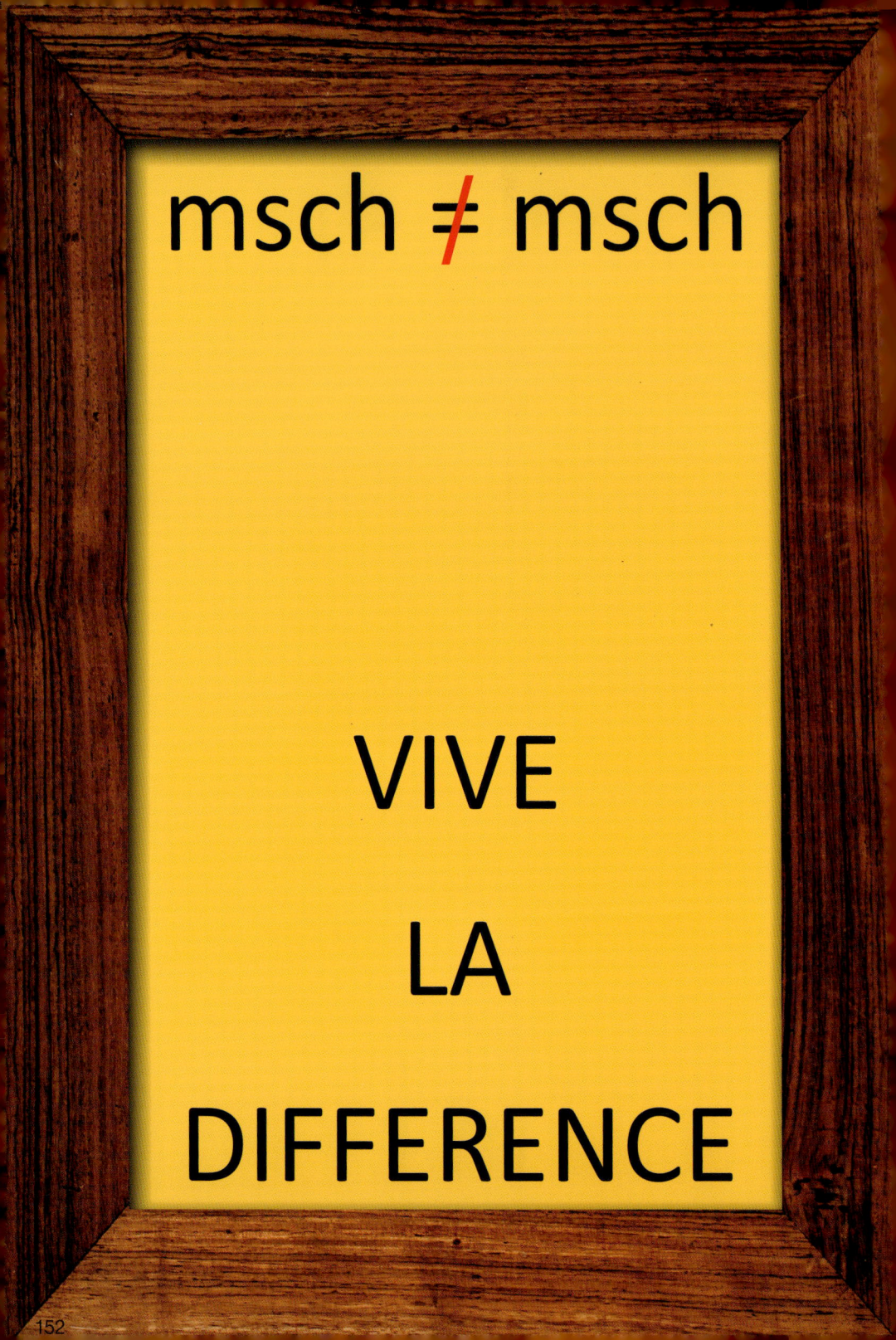

VIVE

LA

DIFFERENCE

HIE UND

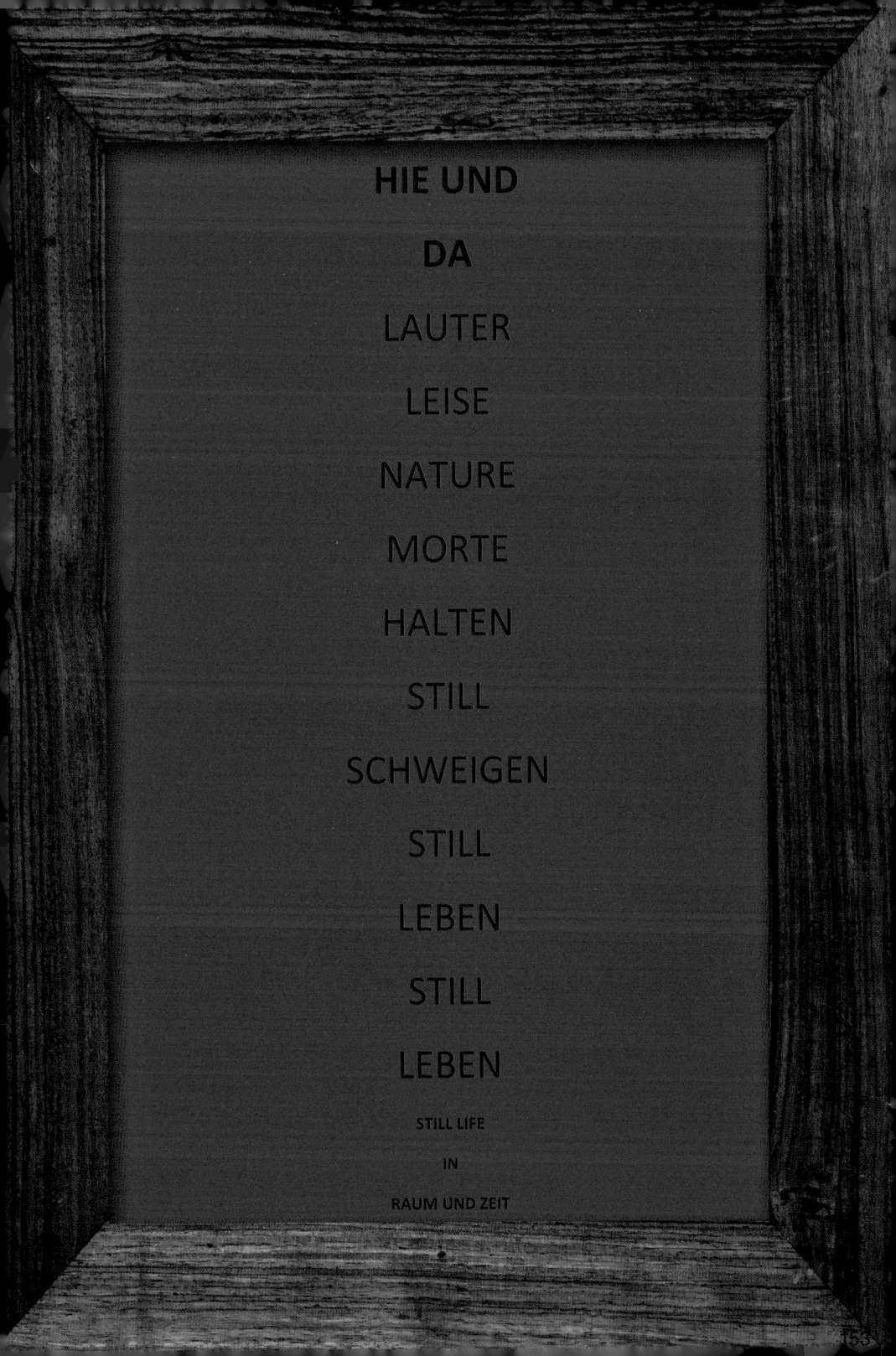

DA

LAUTER

LEISE

NATURE

MORTE

HALTEN

STILL

SCHWEIGEN

STILL

LEBEN

STILL

LEBEN

STILL LIFE

IN

RAUM UND ZEIT

MUTTERS GROSSVATER
MÜTTERLICHERSEITS

VATERS VATER

Gebr Ratschiller · MERAN

WAND
BILDER
WAND
BILDER
WAND
BILDER
WAND
BILDER
WAND
BILDER
WAND

...

MAGENTA
SIENA
ULTRAMARIN
GOLD & SILBER
FLIEDER
MOOS
TÜRKIS
LAPISLAZULI
REGENBOGEN

...

UNTITLED

TITLED

159

A LUNGA DURATA

UNBEGRENZT HALTBAR

WER ZU SPÄT KOMMT

DEN BESTRAFT DAS LEBEN

MARKT
KUNST
MARKT
KUNST
MARKT
KUNST
MARKT
KUNST
MARKT
KUNST
MARKT

FRUCHT FLEISCH

IST GEGESSEN

SPECIAL GUESTS

LEO & RUDI

MIT PUTZ UND STINGEL

MEINE BÜCHER

FIMALER MAI FREI

MALER

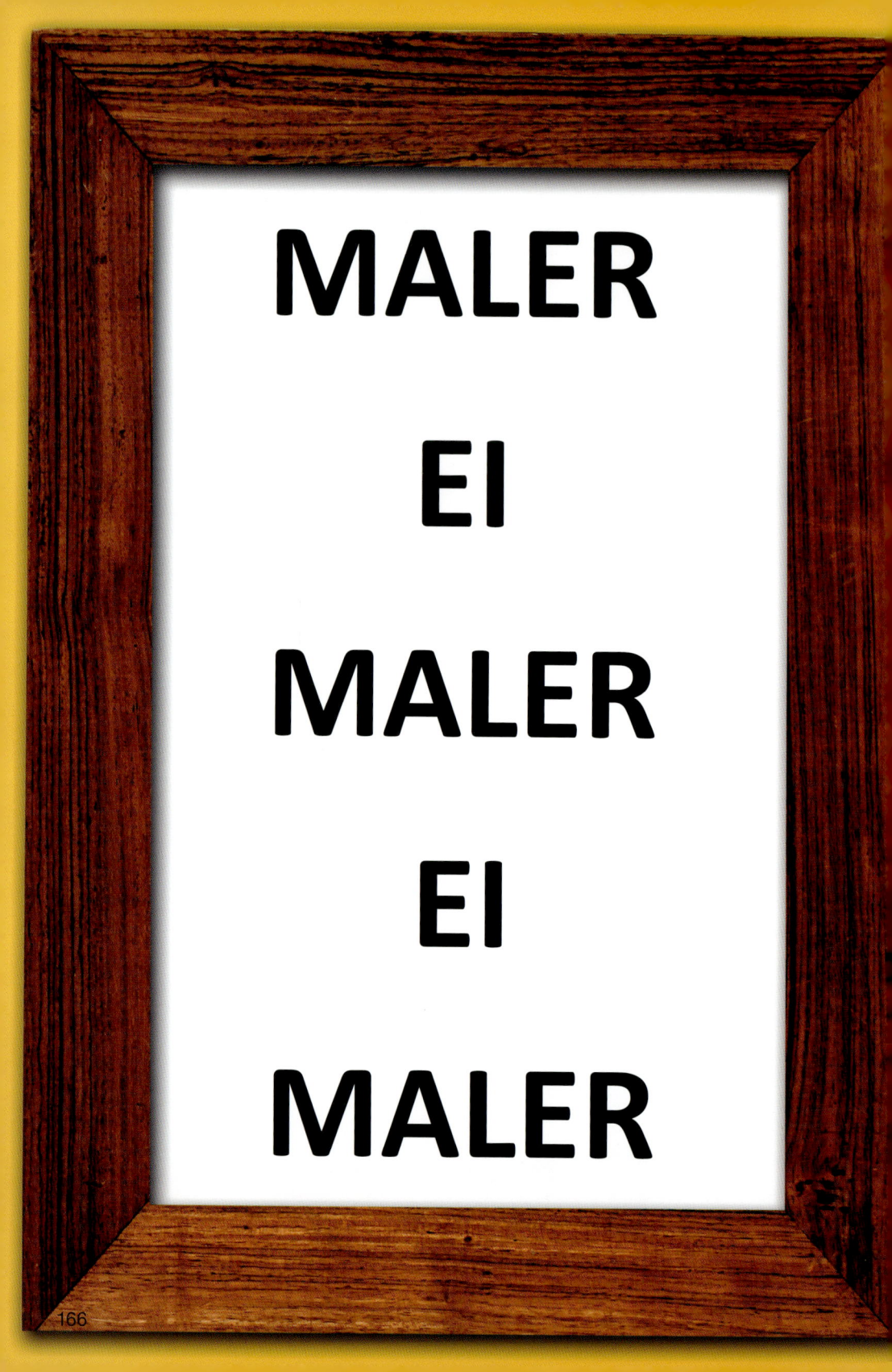

EI

MALER

EI

MALER

À LA MINUTE

168

169

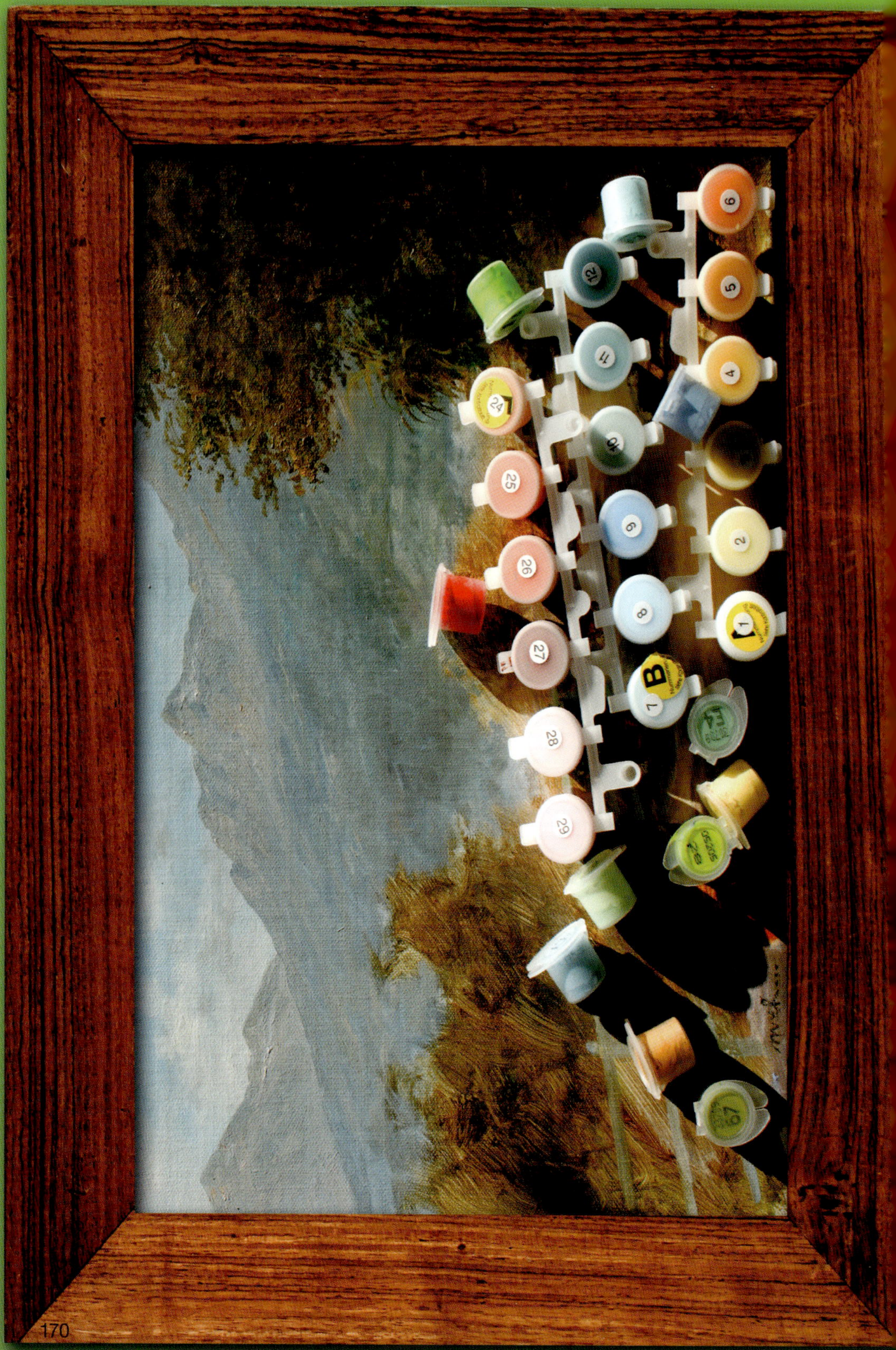

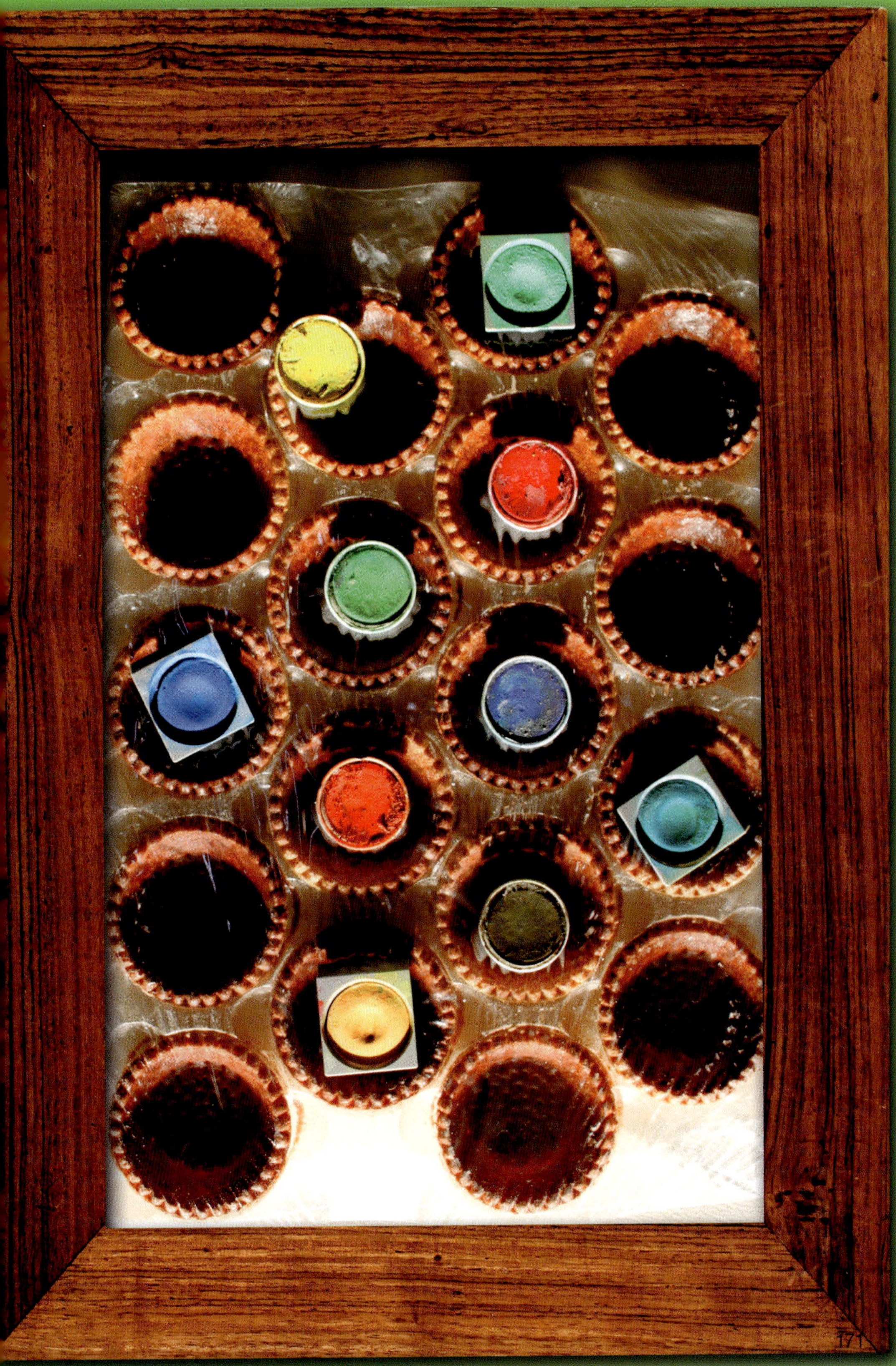

172

173

174

TEILE MEINE KUNST MIT

ANDEREN

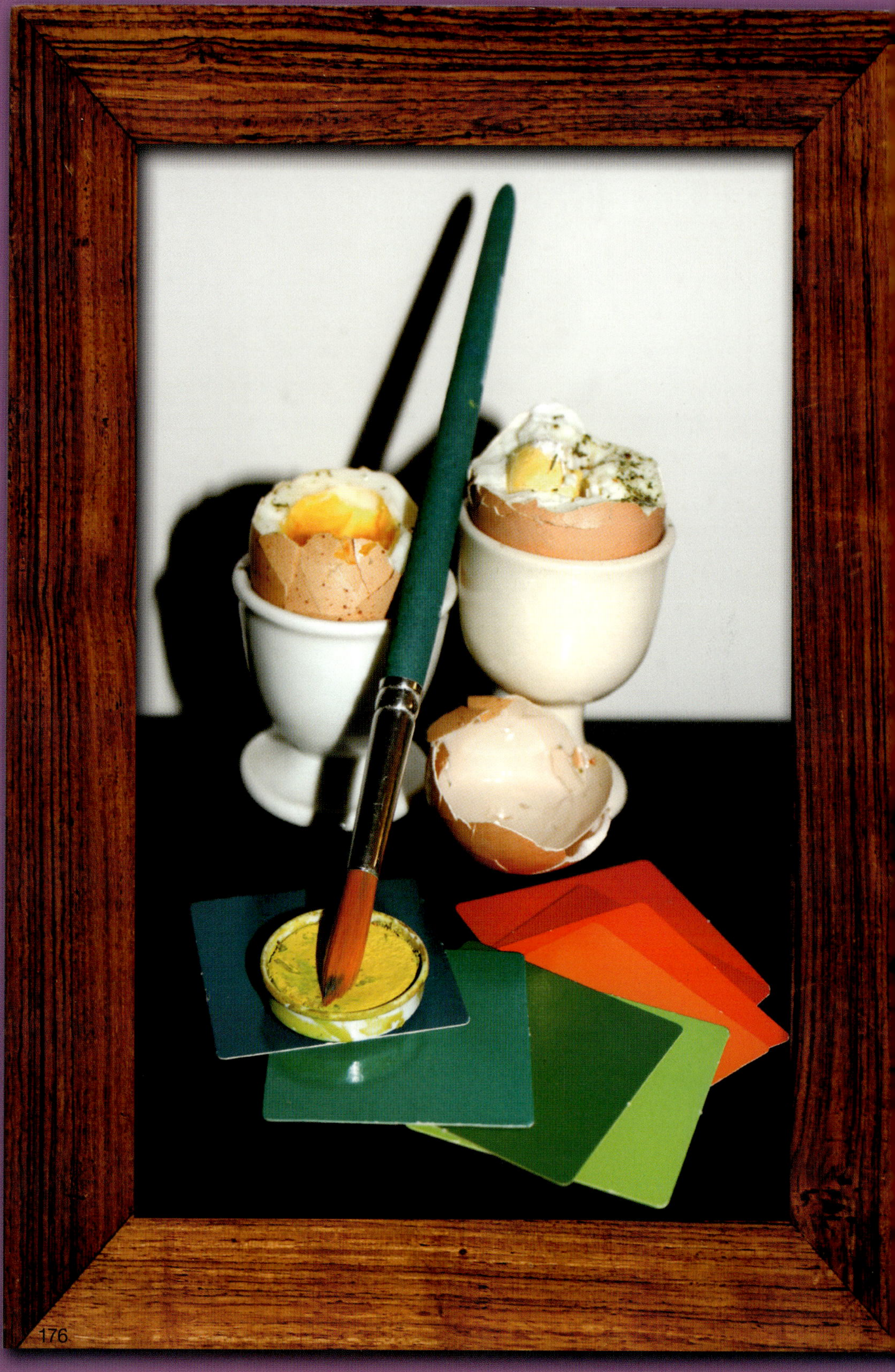

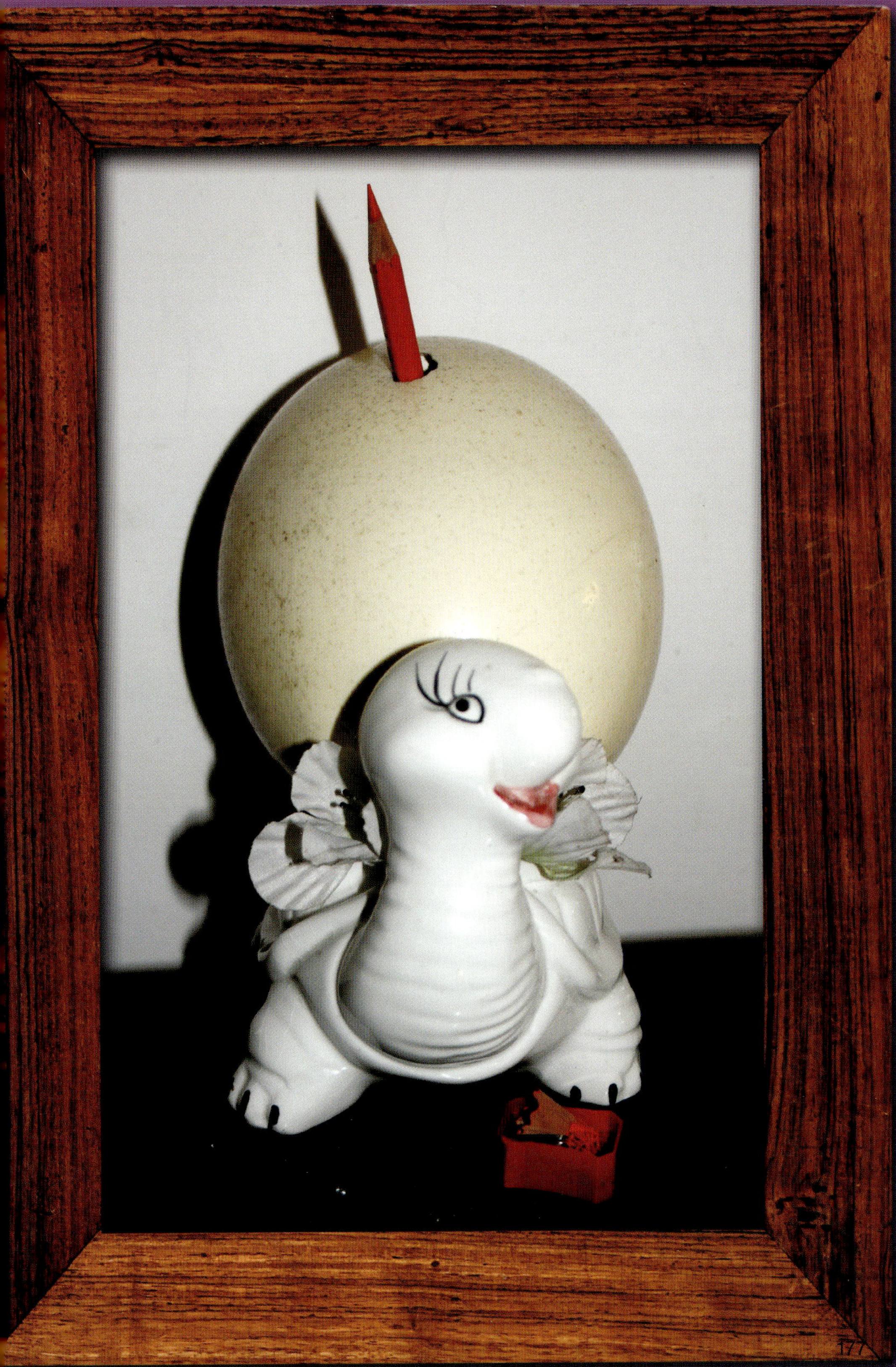

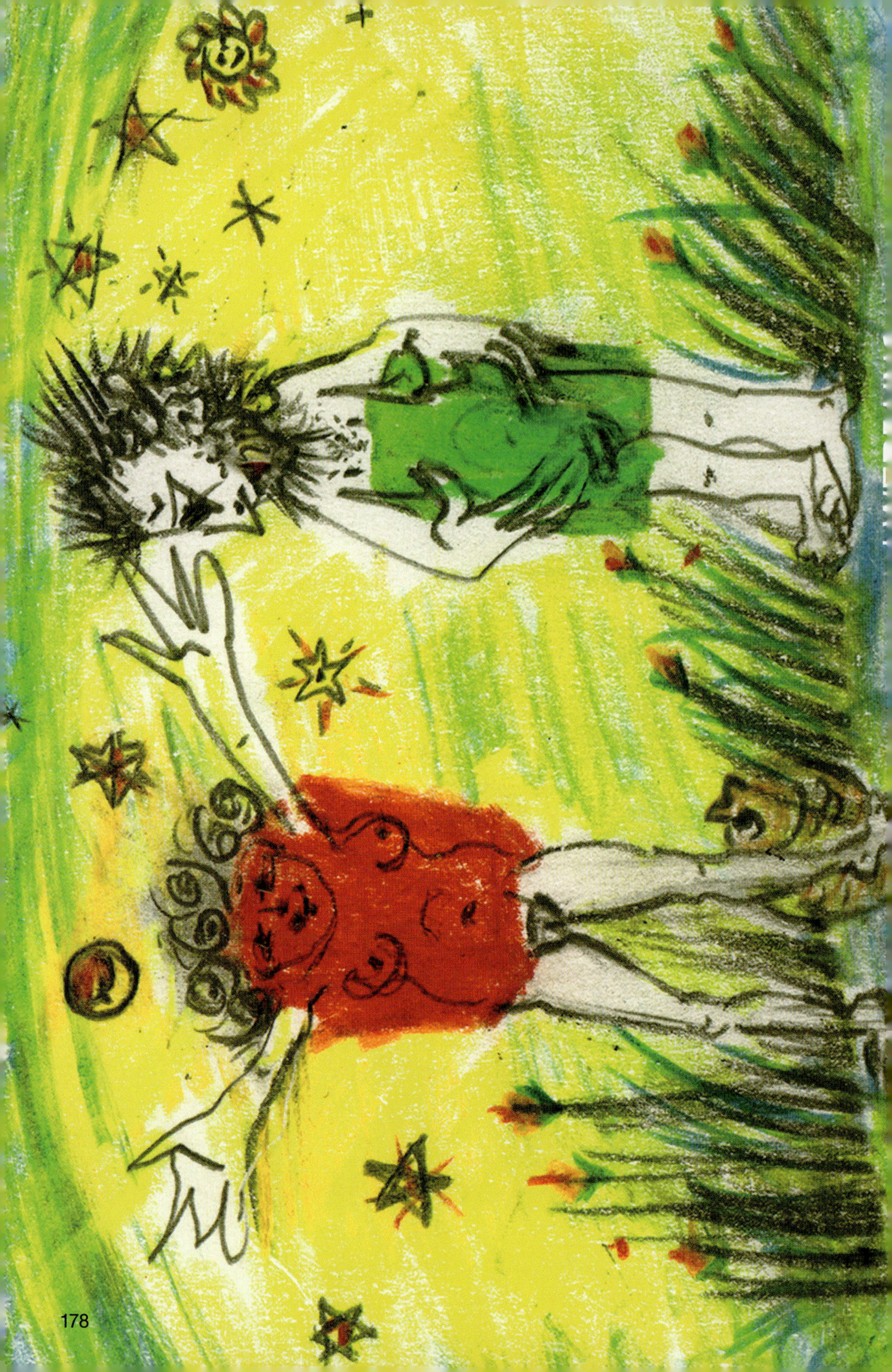

PERSONEN
KULT
PERSONEN
KULT
PERSONEN
KULT
PERSONEN
KULT
PERSONEN
KULT
PERSONEN
KULT
PERSONEN
KULT
PERSONEN
KULT
PERSONEN

DAS EGO
IM ALTER

DAS ALTER
IM EGO

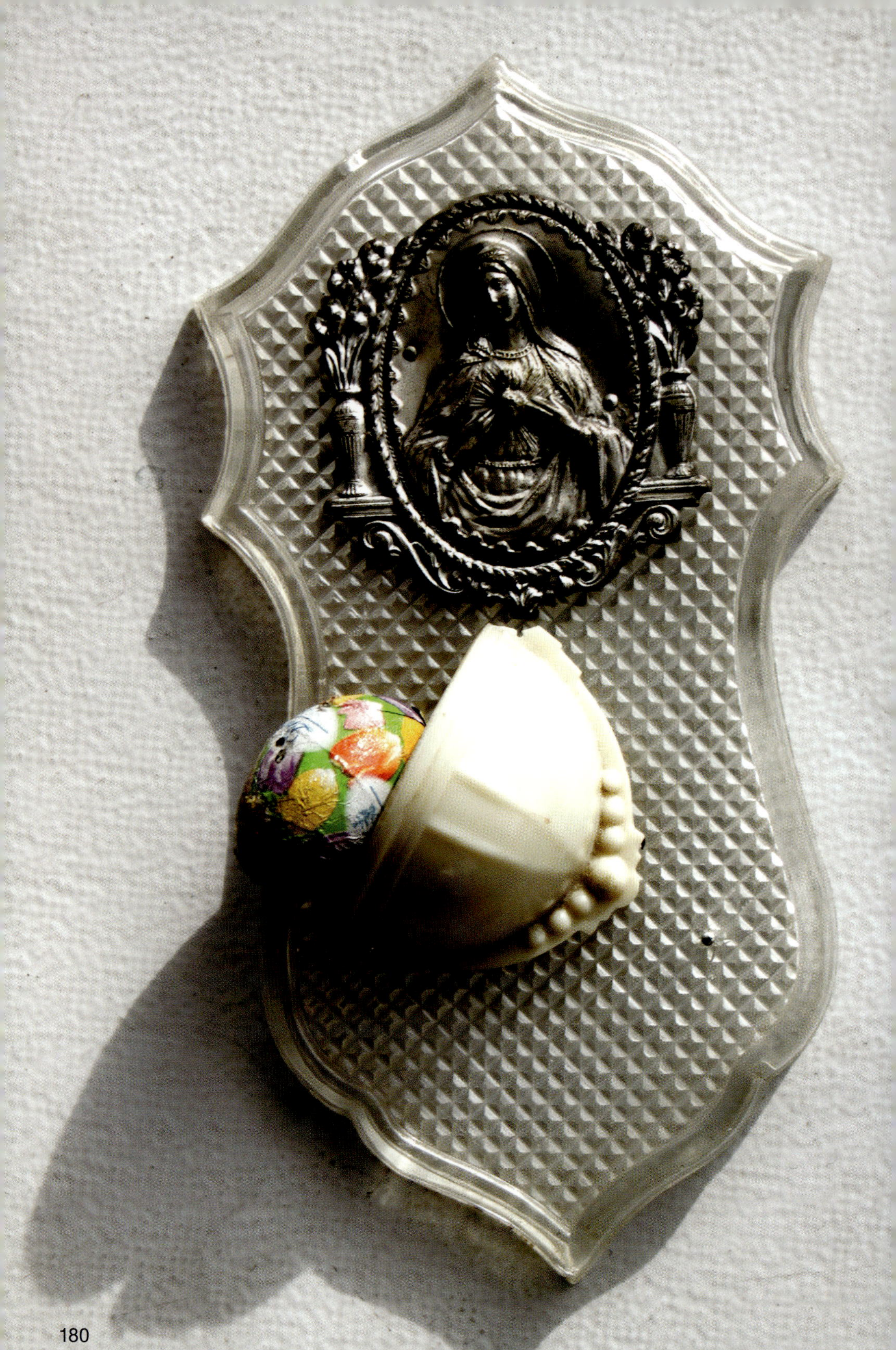

ERKLÄRE

MICH NICHT

MEINE

KUNST

ERKLÄRE

MICH

NICHT MEINE

KUNST

ERKLÄRE

MICH

NICHT

MEINE

KUNST

SEH UNS DIFFERENZIERT

AMATEURE DER

ARS AMANDI

ALLES

KÜNSTLER

ODER

WAS

WENN NICHT

ALLES

KUNST

ARS VIVENDI

DER DILETTANTEN

TRENTINO · SUDTIROL

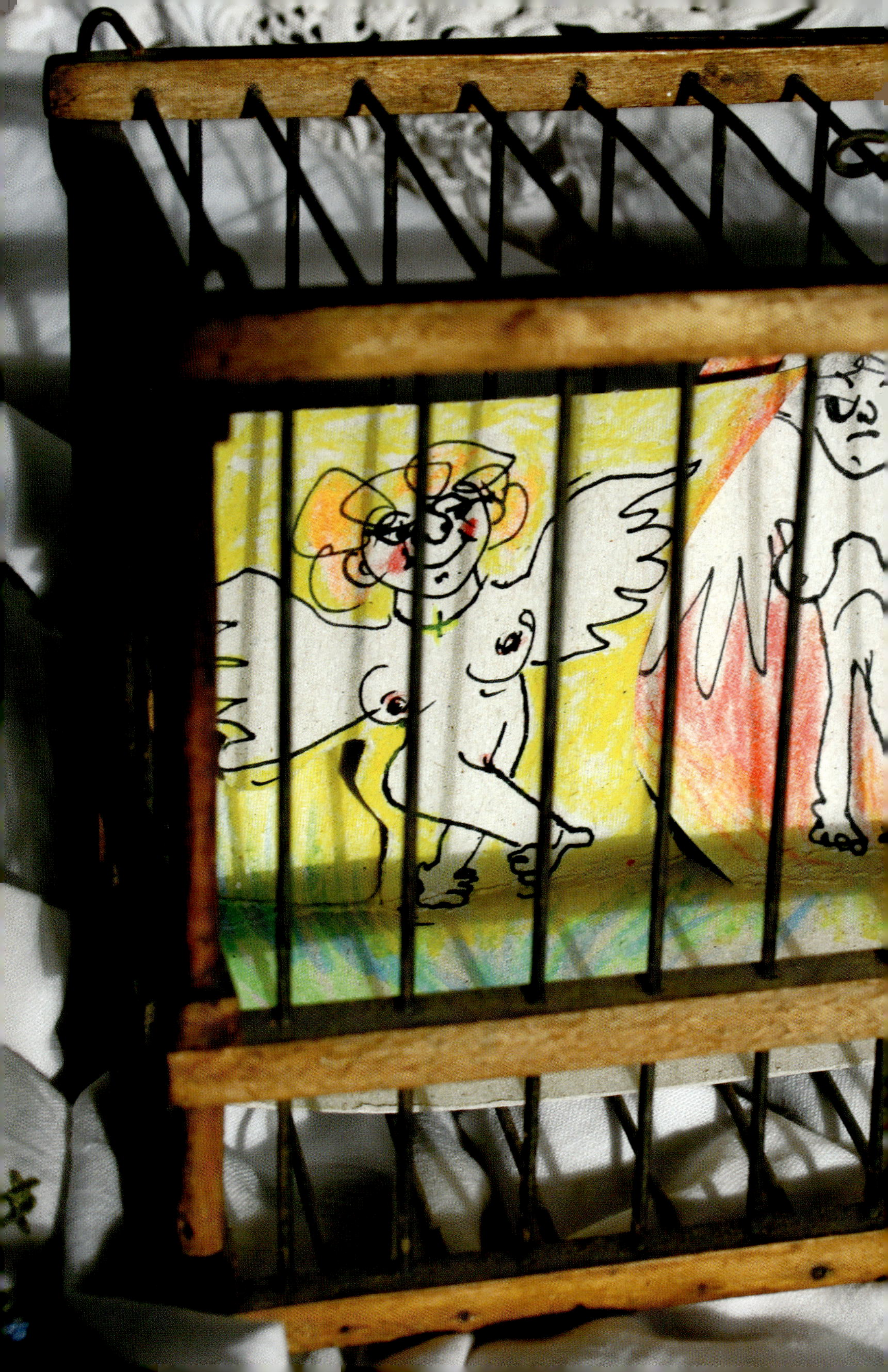

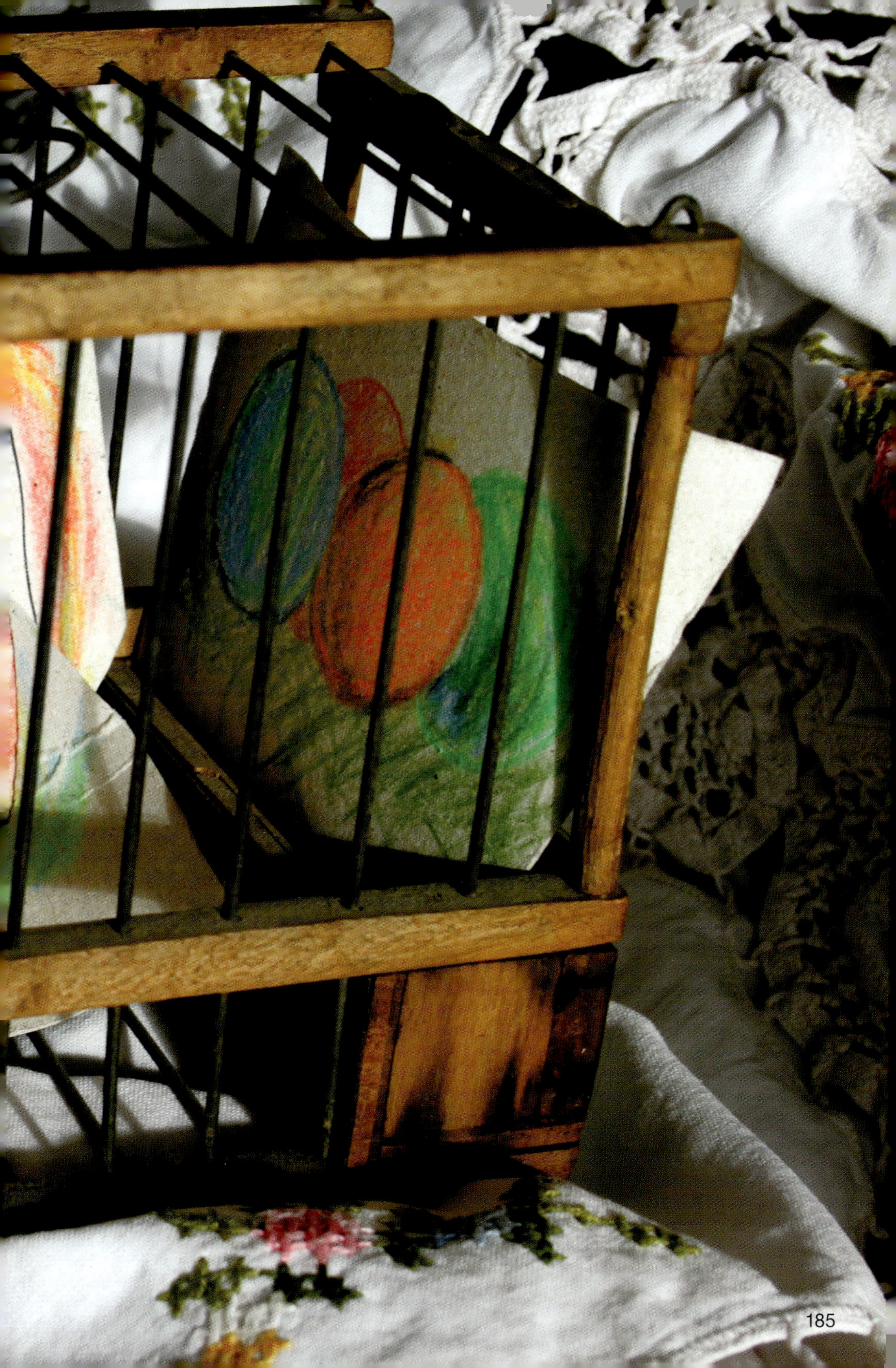

TRIXIE
Softgeschirr
Kaninchen-Garnitur
TRIXIE
Aus Freude am Tier
Leine voll-elastisch
Rabbit Set
Harness with expanding lead
Parure pour lapins
Harnais avec laisse extensible
Parure per conigli
Farbe / Colour
25–32 cm
BABY BUNNY

ACHTUNG

FERTIG

LOS

ZEIT

LOS

ZEIT

LOS

ZEIT

LOS

WAS MIR NICHT
IN DEN SINN
KOMMT
KOMMT
KOMMT
KOMMT
KOMMT
KOMMT
KOMMT
KOMMT
KOMMT
KOMMT
MIR NICHT
IN DAS BUCH

DIE ABWERTUNG
DES FREMDEN
IN DER KUNST

FEINDSELIGKEITEN
GAR

DEN KÜNSTLERN
GEGENÜBER

ENTSPRECHEN
DEM „FREMMEN"
VON KLEINKINDERN

FREMDEN
GEGENÜBER

MATRIMONIO

PATRIMONIO

ERBE

DIE NACHKOMMEN
DIE NACHKOMMEN
DIE NACHKOMMEN
DIE NACHKOMMEN
DIE NACHKOMMEN
DIE NACHKOMMEN
DIE NACHKOMMEN
DIE NACHKOMMEN
DIE NACHKOMMEN

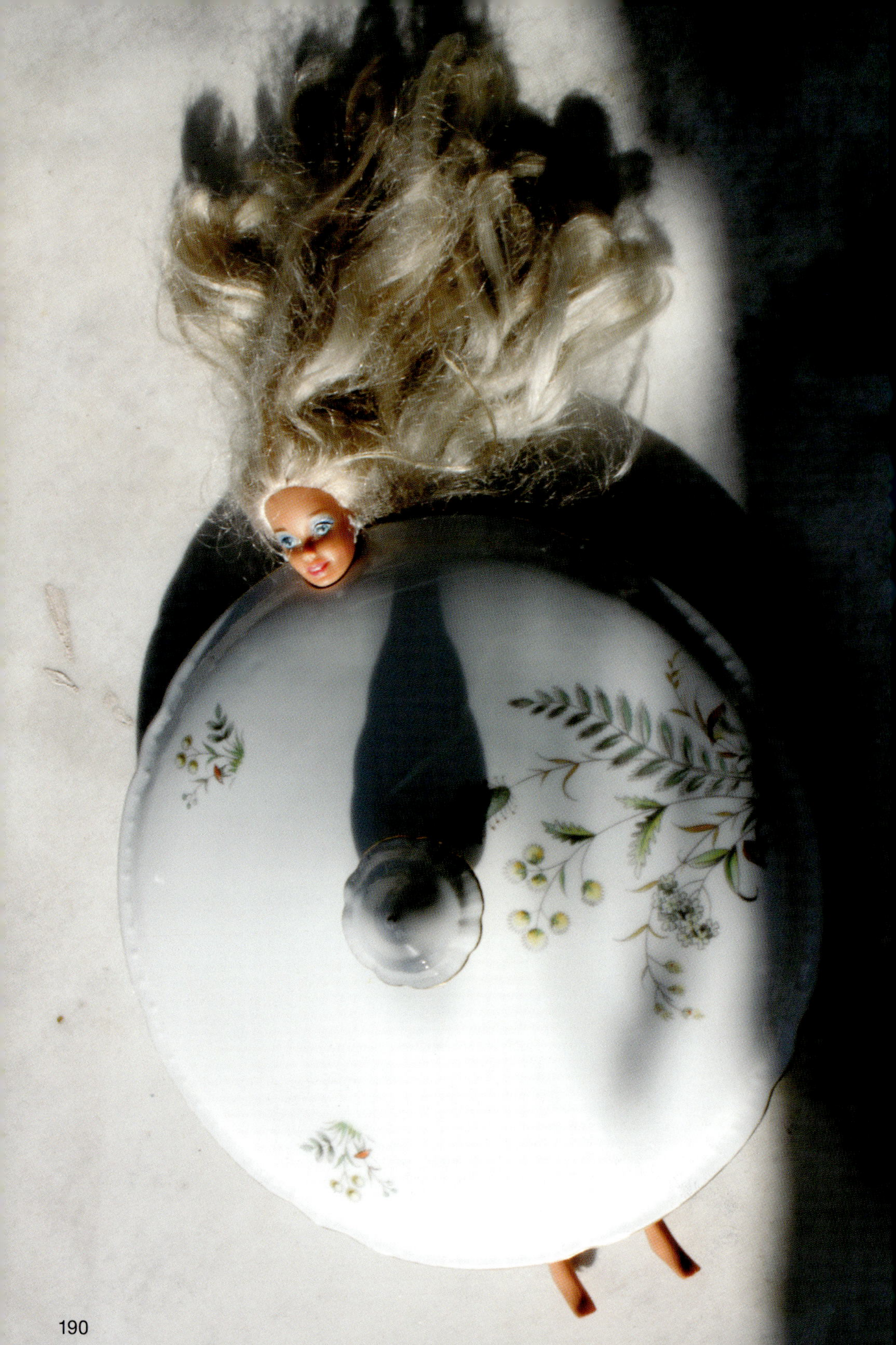

191

WOLLTE
NIE
KÜNSTLER
WERDEN

WAR ES SCHON
IMMER

UND WAS MAN IST

KANN MAN
NICHT WERDEN

SPIELE
COMPUTER
SPIELE
COMPUTER
SPIELE
COMPUTER
SPIELE
COMPUTER
SPIELE
COMPUTER
SPIELE
COMPUTER
SPIELE
COMPUTER
SPIELE
COMPUTER
SPIELE
COMPUTER
SPIELE
COMPUTER
SPIELE

SCHLECKEN
HONIG
SCHLECKEN
HONIG
SCHLECKEN
HONIG
SCHLECKEN
HONIG
SCHLECKEN
HONIG
SCHLECKEN
HONIG
SCHLECKEN
HONIG
SCHLECKEN
HONIG
SCHLECKEN
HONIG
SCHLECKEN

HAB MEINEN
STIL
NIE
GEFUNDEN
NIE
GESUCHT
NIE
VERLOREN

194

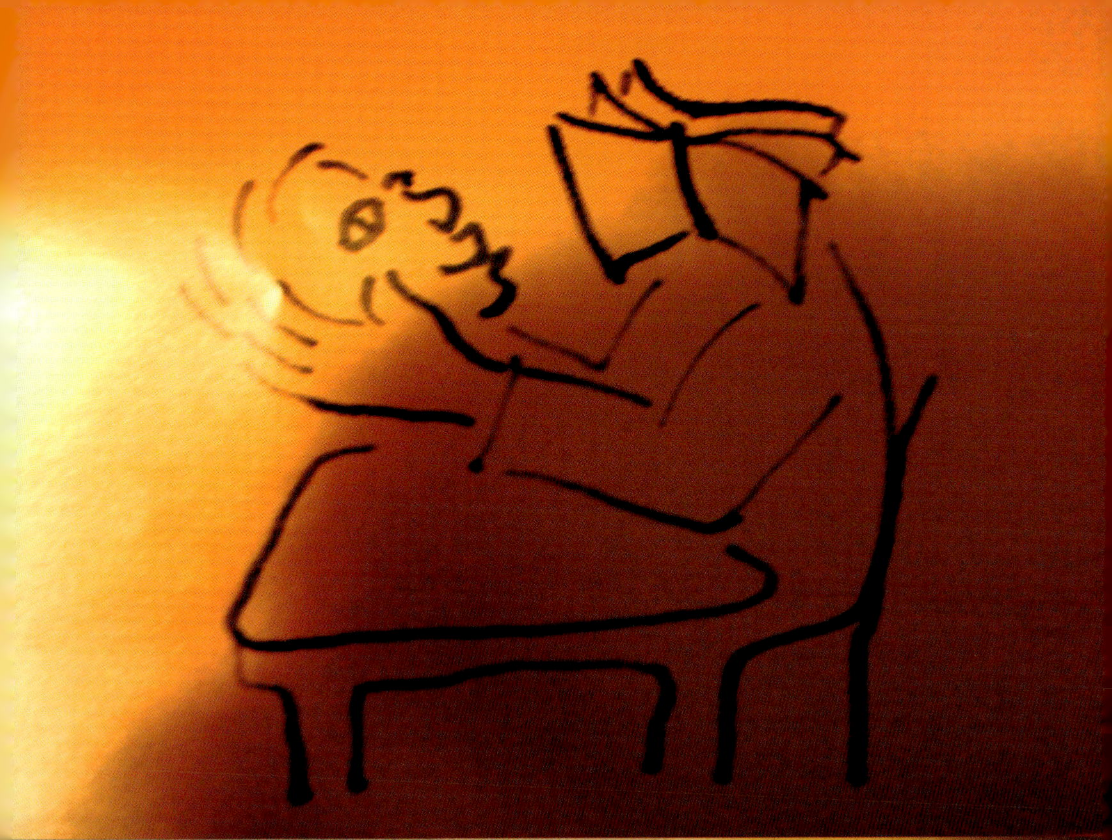

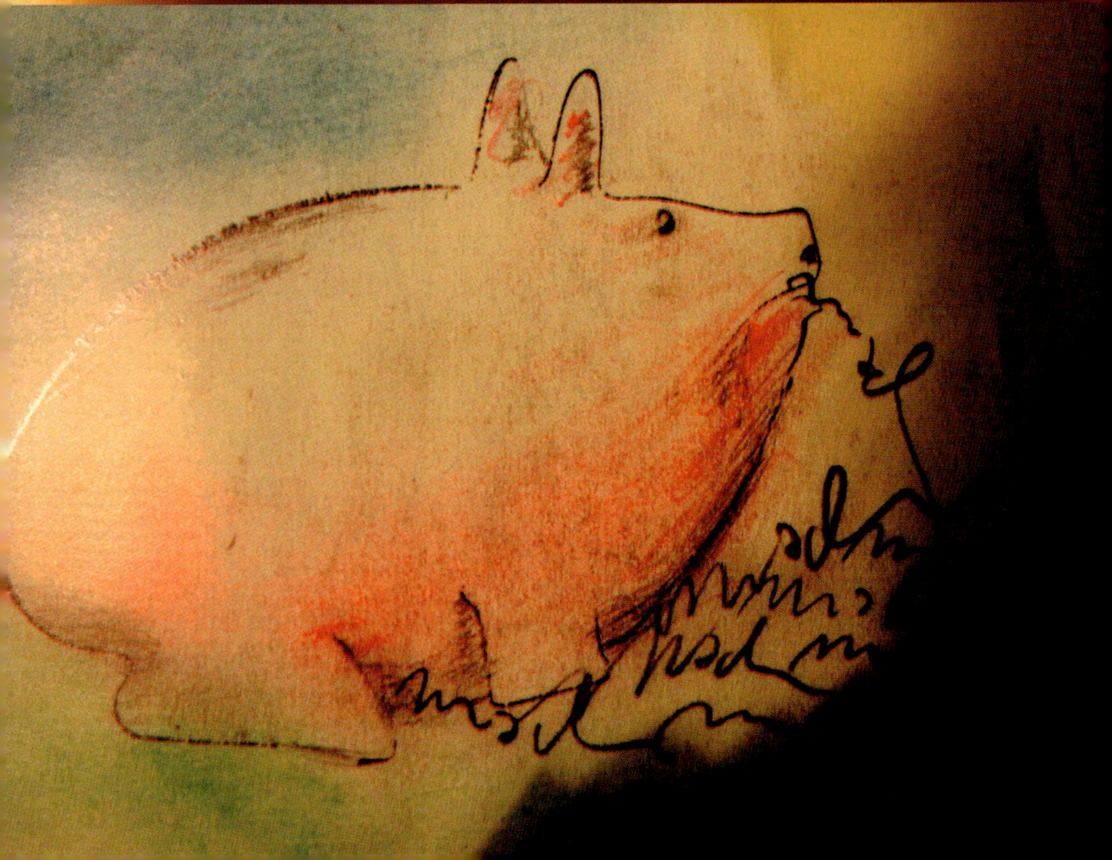

FATTI
FATTI
FATTI
FATTI
FATTI
FATTI
FATTI
FATTI
FATTI
FATTI
AVANTI

HERREN
HAUS
HERREN
HAUS
HERREN
HAUS
HERREN
HAUS
HERREN
HAUS
HERREN
HAUS
HERREN
HAUS
HERREN

HAUS
FRAUEN
HAUS
FRAUEN
HAUS
FRAUEN
HAUS
FRAUEN
HAUS
FRAUEN
HAUS
FRAUEN
HAUS
FRAUEN
HAUS

OKOKOKOKOKOKOKOKOKOK

OKOKOKOKOKOKOKOKOKOK

OKOKOKOKOKOKOKOKOKOK

OKOKOKOKOKOKOKOKOKOK

OKOKOKOKOKOKOKOKOKOK

OKOKOKOKOKOKOKOKOKOK

OKOKOKOKOKOKOKOKOKOK

OKOKOKOKOKOKOKOKOKOK

OKOKOKOKOKOKOKOKOKOK

OKOKOKOKOKOKOKOKOKOK

OKOKOKOKOKOKOKOKOKOK

OKOKOKOKOKOKOKOKOKO KO

EINES MEINER
VIELEN VIELEN
BILDER
ANDERER

ART TROUVÉ

RELIQUIEN EINER LEBENDEN LEGENDE

SAMENSAMENSAMENNAMEN
SAMENNAMENSAMENSAMEN
SAMENSAMENSAMENNAMEN
SAMENNAMENSAMENSAMEN
SAMENSAMENNAMENSAMEN
SAMENSAMENSAMENNAMEN
SAMENNAMENSAMENSAMEN
SAMENSAMENNAMENSAMEN
SAMENSAMENSAMENNAMEN
SAMENNAMENSAMENSAMEN
SAMENSAMENNAMENSAMEN
SAMENSAMENSAMEN   AMEN
S

MEINE

BILDER

DER ANDEREN ART

MEINE

BÜCHER

SCHÖN

ER

LEBEN

BILDER

URKULTURKULTURKULT
URKULTURKULTURKULT
URKULTURKULTURKULT
URKULTURKULTURKULT
URKULTURKULTURKULT
URKULTURKULTURKULT
URKULTURKULTURKULT
URKULTURKULTURKULT
URKULTURKULTURKULT
URKULTURKULTURKULT
URKULTURKULTURKULT
URKULTURKULTUR

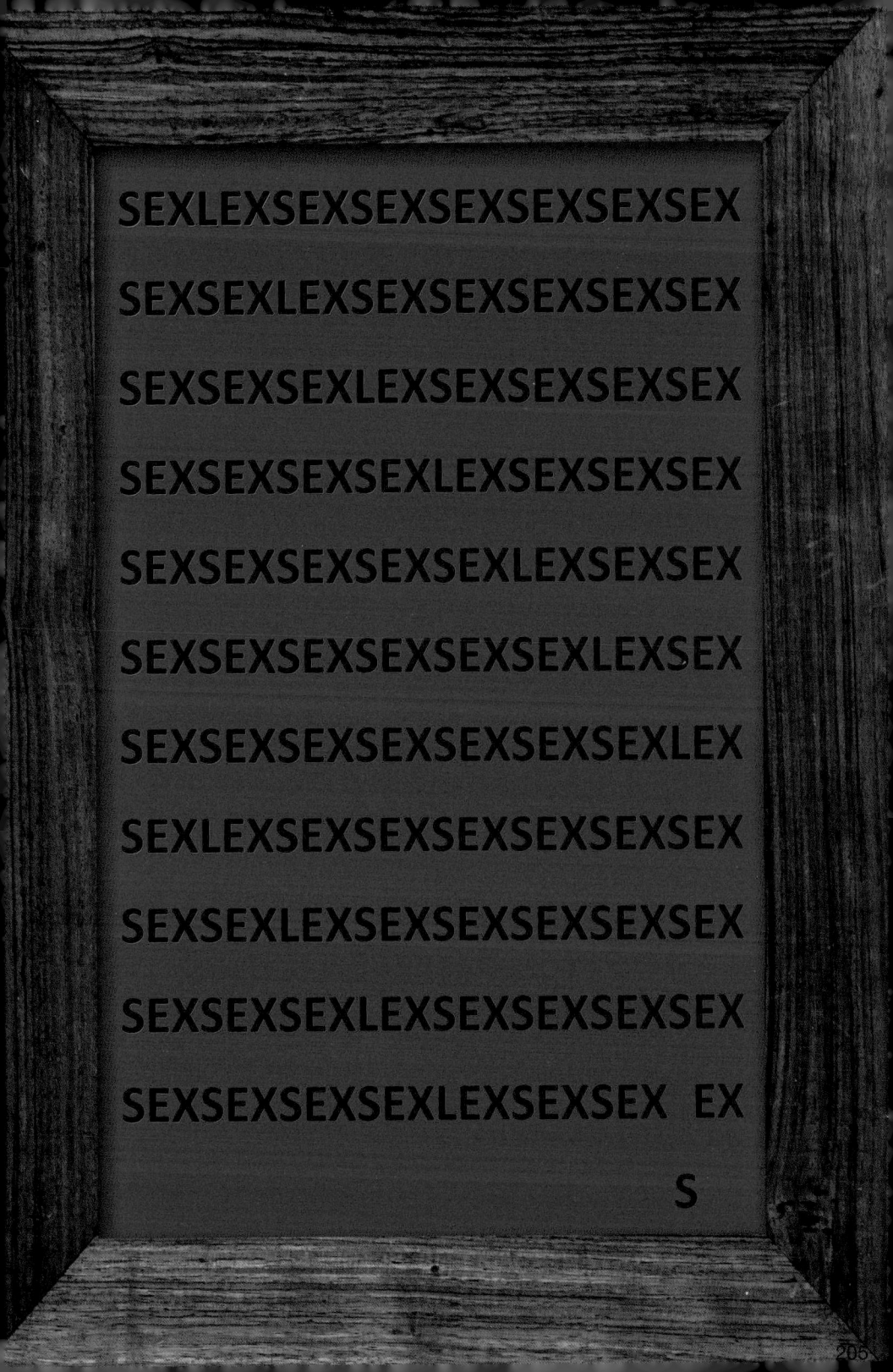

SEXLEXSEXSEXSEXSEXSEX
SEXSEXLEXSEXSEXSEXSEX
SEXSEXSEXLEXSEXSEXSEX
SEXSEXSEXSEXLEXSEXSEX
SEXSEXSEXSEXSEXLEXSEX
SEXSEXSEXSEXSEXSEXLEX
SEXLEXSEXSEXSEXSEXSEX
SEXSEXLEXSEXSEXSEXSEX
SEXSEXSEXLEXSEXSEXSEX
SEXSEXSEXSEXLEXSEX EX
S

BILDER

DIE

BEWEGEN

BILDER

DIE

BEWEGEN

BILDER

MORGEN

GESCHLOSSEN

MACH KÖPFE MIT NÄGELN

POESIE ALBUM: EIN TEXTILES FLECHTWERK

TÖNE IN LEISEN UND LAUTEN FARBEN

MUHTIERE

WIE DER / GUTE HIRTE

GEGENWÄRTIG ALPENLYRISCH

WIEDER

/

DER LEHNE SICH

AN UND AB

AUF

DER PETRUS / IM STUHL

WIDER DEN STAND DER HEILIGKEIT

WEISE / DIE TÜR

ZUM EILAND / HIN

WO DER PFEFFER WACHSE

IM EDEN GARTEN DRÜBEN / VON HÜBEN

LASS ER TRAGEN / VOM SALZ

IN DER SEELE / BAUCHÜBER

WAS LEIBT / UND LEBT

TREIBEN / DER SONNE ZU

DAS VON DER REDE / GEWENDETE GUT

DAS WUNDER VON PARTSCHINS

SCHREITE / ÜBER DAS WASSER / AUF DEM SEE

WEHE / BEI KNIRSCHENDER KÄLTE / GEHE

DEM DER ARSCH / AUF GRUND EIS

BRRR

DIE

DA

SCHWÄCHEN

STÄRKEN

STÄRKEN

STÄRKEN

SCHWÄCHEN

SCHWÄCHEN

STÄRKEN

STÄRKEN

SCHWÄCHEN

SCHWÄCHEN

SCHWÄCHEN

STÄRKEN

DORT

AUCH

/

BÜHNE FREI FÜR

EIN SCHWACHES STÜCK / IN

DER

THEATERWELT

EIN STARKES / AUS

DEM

WELTTHEATER

DER VORHANG FÄLLT / NICHT

WEIT VON HIER UND HEUTE

ANZI

211

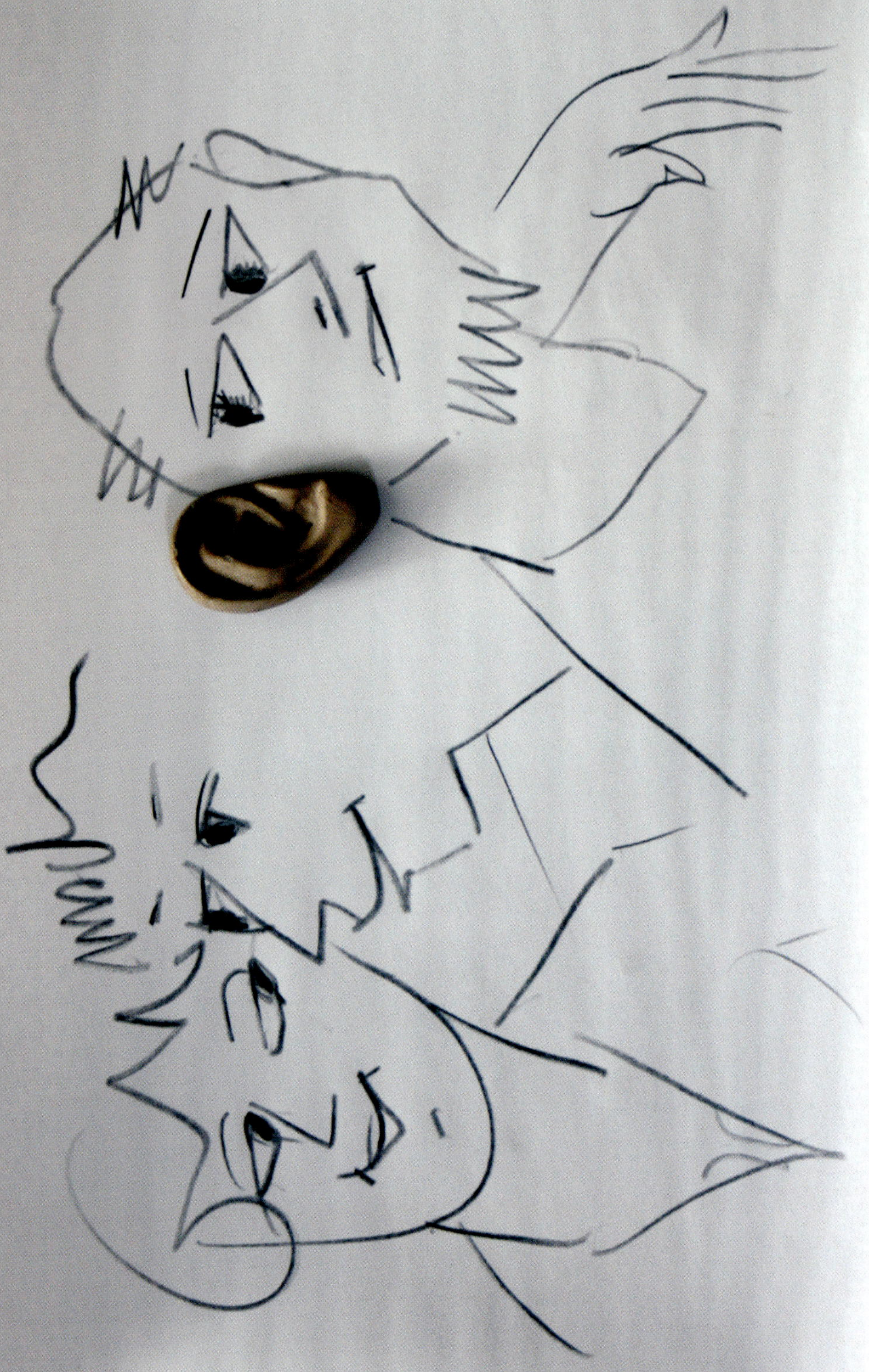

///////

SCHÖN

WIE MERAN / IST

ADDIS ABEBA

UND GOTT SAH / DASS

ES GUT WAR

SEIN / EDEN BILD

GLEICH WOHL / ÜBEL

HÄTT ER SICH / UNS

WIE DEM REST DER SCHÖPFUNG

SIEBEN PARADIESE IM HIMMEL

PLUS MINUS / DAS

HÖLLISCHE INFERNO

SCHENKEN KÖNNEN

GESAGT / GETAN

/

ERGO

ES

LOBE DEN HERRN / UND

EVA SEI DANK

SUM

EGO

EST

ADAMUS / ET

LET YOUR PEOPLE

GO

ttttttttttttttttttttttttttttttttttttttttttt

BALBULUS

BLACK ON WHITE ON BLACK

TAG FÜR TAG

NACHT UM NACHT

FÜR WEN / UM WAS DENN SONST / WENN

NICHT

/

DEM RA / GLORIA IN EXCELSIS / UND

FRIEDE DEN MENSCHEN AUF ERDEN

BIN KOST KIND / BEI

NAHEN VERWANDTEN / FERN

GROLLT DER DONNER / AUS

UND VORBEI

/

DAS LEBEN IST KEIN KINDERSPIEL NICHT

DEM ZORN DES ZEUS

/

BIN ICH ENTWACHSEN

DER KÖCHER GOTT LOB GELEERT

SEIN PULVER VERSCHOSSEN

/

ANGENOMMEN

DER TEUFEL STECKE IM DETAIL / DANN

JA DANN STÜNDE / DER

SCHÖPFER HINTER DEM GANZEN

/

ABGELEHNT

215

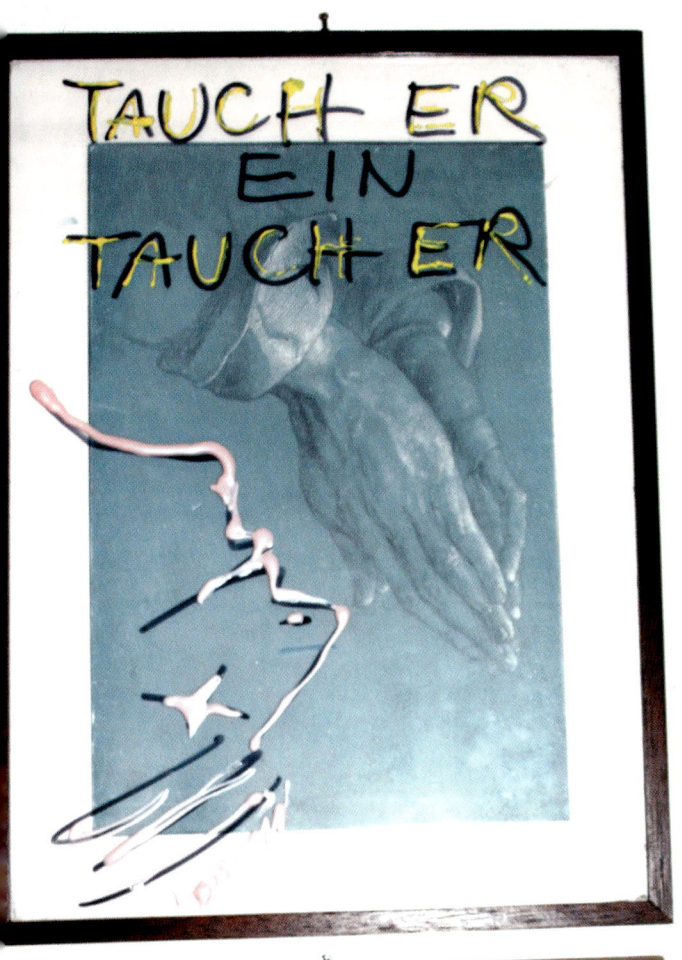

2

/

FUMO

RAUCH WIRBELT / AUF

/

ALS MEIN GEDICHT

VERLODERT / STEHT

DER AUTOR

NICHT ABSEITS / FÜHRT

SELBER DEN BRAND STIFT

POCO ARROSTO

VORWEGGENOMMEN

ASCHE ZU ASCHE

/

POETA POETA / TU

WAS

DU NICHT LASSEN

KANNST / BOHR

BESSER NICHT / IN

DER NASE / NACH

DEM FATUM

PINOCCHIO / UND

NICHT EINEN

DEUT / LIEBER

SIND MIR MEINE

SIEBENMEILENSTIEFEL / ALS

VON DIR DIE KURZEN BEINE

/

DER LANGEN REDE

WIR

MALAKTEURE

PINSELN / WAS VERDICHTER SCHREIBEN / IN DIE STILLE

DER EDLEN GRÖSSE

VOKATIVE

EINFALT / DIE

EINFÄLLT MIT WORT UND BILD / IN

DIE BLAUEN HIMMEL LÜCKEN

/

WANDERWOLKEN

/

ZIEHEN ZEICHEN UND WUNDER

DARÜBER

HINWEG

MIT MIR

WIE GLEICH ICH / DEM

WASSER GLEICH / STEIG

AUF / SCHAU

DAS ABLAUFDATUM / VOM

GESTRIGEN JAHRHUNDERT

IM LETZTEN JAHRTAUSEND

GILT / DEM

OPUS MEA / CULPA / NA

UND DER FELSFORMATION GENAUSO

AUF GLANZ PAPIER

OHNE TITEL / OHNE JAHR

219

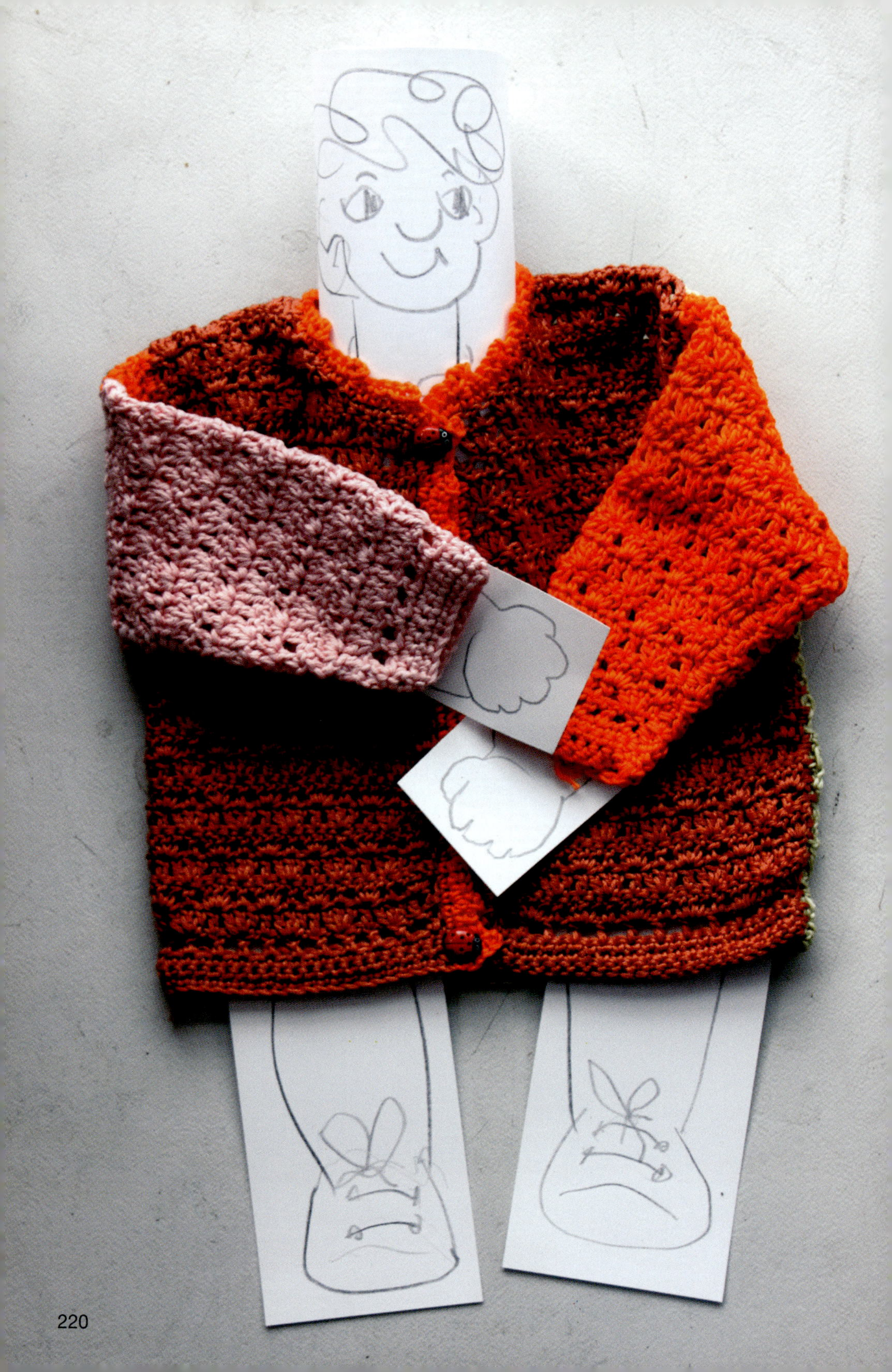

UND DEO GRATIAS

ES

KOMM / UNERWARTET ERWARTET / GELIEBT

DAHER / DILETTO / DA

INVASORE DI CAMPO TERRESTRE / DILETTANTISCH

VOM HIMMEL GEFALLEN

NACH ALLEN

REGELN DER SPIELKUNST / IN MIR

GEWECKTE BEGEHRLICHKEIT

ERLEB ICH / LEARNING

BY DOING / TU

NICHT IMMER

WAS ICH KANN / KANN

NICHT IMMER / WAS

ICH TU

/

DAHIN GEHEN

DIE LIEBENDEN / SIND

AMATEURE / SCHEIDEN / GOLD AUS

DEM MUND DER MÜTTER / DIE IM KÄMMERLEIN

DINGS DINGSBUMS DINGSDA

/

THE BEATLES NANNTEN SICH / LOS

PARANOIAS

JAHVE

MEIN GOTT

WAS SOLLS / AUSSER IRDISCH

SCHAU

SCHPÜR

DIE SCHRAMMEN / VERNARBEN / IM SPIEGEL

ICH BIN

DER / PYRRHUS SIEGER WIDER DEN TOD / EIN

VITA KURZES LEBEN LANG / DANACH

/

DANN ACH / UND WEH

KÖPF / DIE

SENSE DEN JANUS

/

DIR / PIERRE DE COUBERTIN / IST

DABEIZUSEIN ALLES / UM

VIELES MEHR IST MIR

DABEI ZU SEIN

TO BE OR NOT TO BE

KEINE FRAGE

/

DEN VIELEN GÄSTEN IST / DEM

TAPPEINER SEIN PANORAMA WEG

EIN MUSS / ES

GIBT NICHT WENIGE MERANER / DIE

SIND IHN NIE GEGANGEN

AB GEHT ER MIR / AUCH

WENN

WIR IHN NICHT ÜBERLAUFEN

DIE MILCH IST BEIM KOCHEN

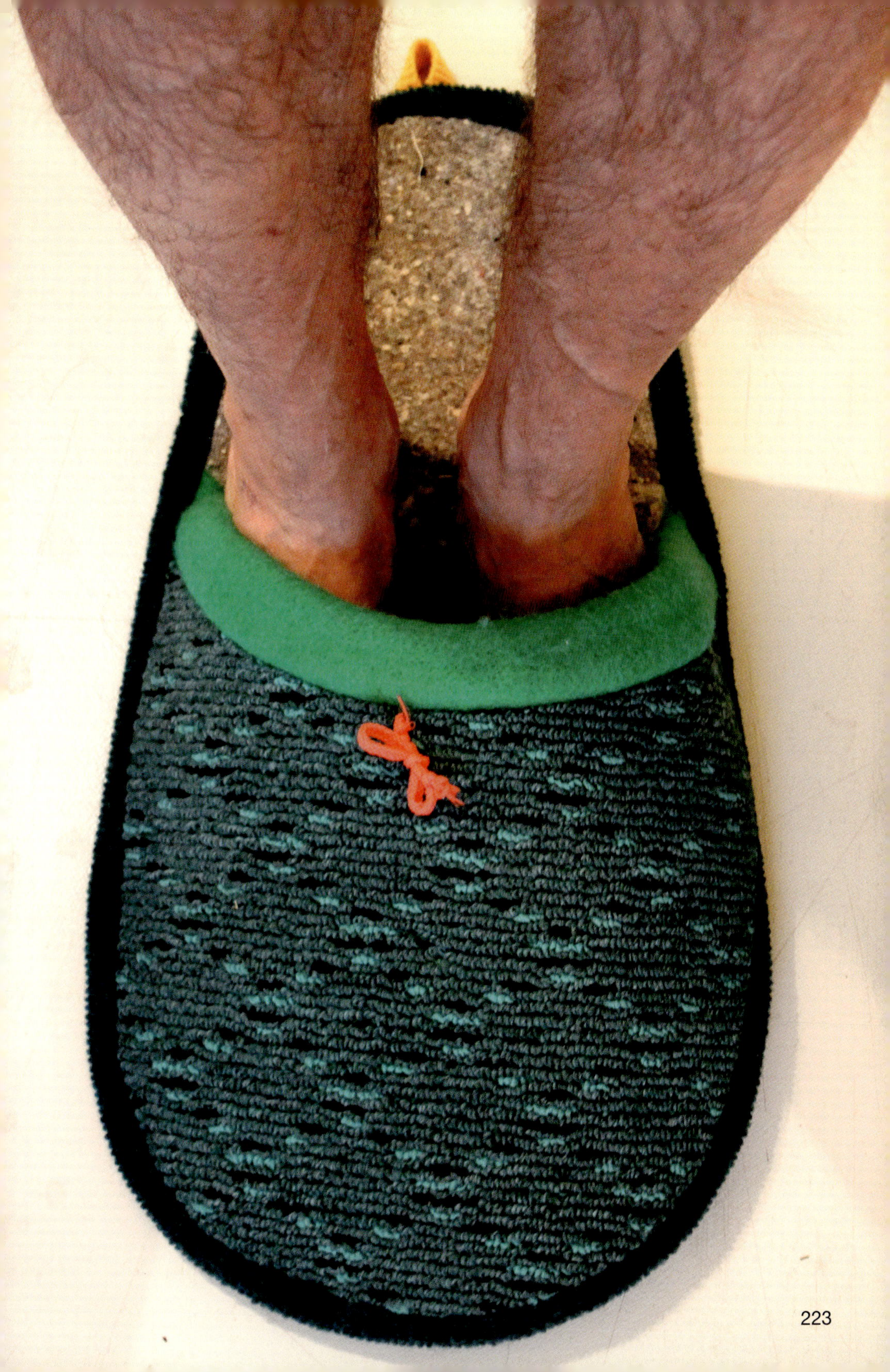

WEIHNACHTS BAUM

GIAMER MASCHGGRA GIAN

IL TRUCCO C'È / DIE SCHMINKE

BEI DEM MIT DER SCHLEUDER

FÄLLT DER HÜHNE DER PHILISTER / AUF

DIE NASE / UND

IM GESCHLECHT DER NIBELUNGEN

VERKAPPT SICH DER STAR

ZUM CHAMÄLEON

/

WÄREN GÖTTER NICHT UNBEKANNTE GRÖSSEN

KÖNNTE / WER

WOLLE

MIT IHNEN RECHNEN

SENDE

BEWUSST

SEIN

SENDEBEWUSSTSEIN

/

IL DADO È TRATTO

DER LIEGT / GEBETTET AUF SAMT IM SAFE

E LO TRATTO COME SI MERITA

BENE O MALE

ANCHE DOMANI

/

ALLE KRANKHEITEN / HEILE

DER SCHWARZE KÜMMEL

AUSSER DEN TOD UND DIE DUMMHEIT

SCHICK

MICH ZUM TEUFEL / UND

DEN / HEIM INS VÄTERLICHE / HIMMELIN

DRINNEN SIN

MÖG DER / FÜR

IMMER GUT AUFGEHOBEN / DORT SEIN

WESEN TREIBEN

IN GOTTSNOMMEN

DIE FOSSILE ERINNERUNG / DER

STAMMVÄTERLICHEN ABKÖMMLINGE / LASS

MATER NATURA / KATHEDERWEISE

BIBELFETT / TIEF UND FEST GEFROREN

RUHEN IN FRIEDEN

/

GEREIMSEL / WAS DIE ZEILEN ENDE

DASSELBE / MIT DEN ZEITEN WENDE

/

ERDICHTET / UND ZU DEM

ZUDEM ERDACHT

IST / WAS

DEN QUANTENSPRUNG / ZUM

SPRINGER MACHT

/

ZU DIR / DER MIR

DIE FLÜGEL SENDE

FALT ICH / ALS

FALTER DANN / DIE HÄNDE

su per le monta

Alpenblumen

ALLES IN BUTTER

GEWEHR-HAHN-GEWÄHR

228

JUSTITIA / HALT

DIE WAAGE FEST

BLINDLINGS / DI

MARMO DI LASA / LETTERE IN BRONZO

POLIMATERICO E MULTIFUNZIONALE

MIT DER RECHTEN / DEIN SCHWERT

MULTIMATERICO E POLIFUNZIONALE

NE CARNE NE OSSA

ANÄMISCHES GLEICHNIS / FÜR

DEN HIEB WIDER DIE FAUST / RICHT DICH

DIR NICHT NICHT / MIR NICHT NICHT / GEWOGEN

SELBER / WIE KANT ES EMPFIEHLT / DANACH

SEI ES ZU SPÄT / ZU

FRÜH ZUVOR

RECHTSCHAFFEN

RECHT SCHAFFEN

/

VERHALTEN UNS VERHALTEN / ACH

NEICHE DU / SCHMERZENSREICHE

MIR DIE ZÜGEL VON EINEM FERD

UND ZWÖLF PUND VON SEINEN ÄPPELN

SCHENK ICH DIR / DANACH

SEHEN WIR WEITER / WEIL

WIEDER TAG IST

/

DEIN ANTLITZ GNÄDICH

ZU

INSUBORDINATION

MIT DER FAUST / IM

HOSENSACK

IST DIE MEINE / NICHT

HAU MIT DER AUF / DEN

STAMM TISCH

/

GELASSENHEIT IST GLEICH MUT

IST GLEICH / DOCH

NICHT SOFORT

MUTIG GELASSEN / DIE

WINDE IM STILLEN

KÄMMERLEIN MEINER PRIVACY / MIT

NOTEN DUFT / DUFT NOTEN

VON / NA JA BIS GÖTTLICH

HÄTT ICH DIE / VOM

FILIUS DIVINUS / ICH

WÜRD SIE ZUM KUNSTWERK ERKLÄREN

DER CHRISTENHEIT / IHRE

RELIQUIAE SACERRIMAE

/

KINDER GOTTES

/

CONTESTO / CON

TESTO E SENZA PAROLE / IL

MODO DI DIRE / TANTA

FORTUNA E FIGLI MASCHI

PRIVAT

SCHEIN HEILIGEN SCHEIN

IERI

STRINGEVO LE MENINGI

DIE FESTPLATTE MAG DAS NICHT

/

INNERHALB DER NATURGESETZE

UND NACH ALLEN REGELN / DER KUNST

GEH

BIS ANS ENDE / DER WELT

EWIG RUND / UM DIE ERDE

SEH

MICH WEDER ALS TEIL / DER FRAGE

DES PROBLEMS / NOCH

DER LÖSUNG

EINER ANTWORT

/

BEI

UNS IST DAS

KIRCHEN / DIE

HEILIGE MESSE / IN

DER KIRCHE / NICHT AUS

/

VOLUPTAS / ORGIASTISCH / DIVINO E CELESTE

DAS GÖTTLICH HIMMLISCHE GETAUMEL / IM

HERZEN DES ORGASMUS

BINDE GLIED

LEGAMI

LEGAMILEGAMILEGAMI

MI / TI / CI

AUGURO / STRADA FACCENDO

UNA FINE / MOLTO FINE DI VITA FINISSIMA / COME

FINE DEL CURRICULUM

/

ENTNEHM

DER BUNDESLADE / AARONS

GRÜNENDE RUTE

STELL

SIE JUDEN / CHRISTEN UND MOHAMMEDANERN

INS FENSTER

ÖFFNE

DIE FLÜGEL / DAS DIPTYCHON

DER GESETZESTAFELN AUS STEIN

SIEHE / DA

WÄCHST / AUS DER ASCHE DES SCHREINS

FRISCHES MANNA

KANT MAG ES

MÖGEN

MAG ICH KANT AUCH / UND

HANDLE

SO SO / LA LA

IMPERATIV

KATEGORISCH

KATHARTISCH

IM SCHAUM BAD

AM KAMIN FEUER

CHRISTUS ALS ORGANSPENDER
FÜR RELIQUIEN-SCHREINE

NICHTS DARUNTER
DAHINTER NICHTS

DAS GEMÄCHT DES HERRN
BLEIBT UNAUFFINDBAR

NICHT SO SEIN HERZ

236

FRIED / FERTIG

STUND

ICH DIE NULL / KRIEG

NACH WIE VOR

POST UND

ANTE CHRISTUM NATUM

VON GENÜGEND BIS

ZUFRIEDENSTELLEND

UND DARÜBER HINAUS / NACH OBEN

UNTEN / BRING

DAS UNTERNEHMEN MILLIONEN

VOM ERSTEN SÜNDENFALL DER FÄLLE / BIS

ZUM ALLER LETZTEN / DEM LETZTEN ALLER

KNIE / FALL / NIEDER

FLECTAMUS GENUA

LEVATE

HERZRÜHREND / DIE AUFERSTEHUNG VON DEM

/

SCHLEMM

DEN EINHEITSBREI AUF / IM KESSEL DER HEX

ALS LÖS WER VOM KREUZ

WORT / DAS RÄTSEL / EIN

/

MATTHIAS

DADEOTATUS

WIE DER SOHN VON GOTT

DEM LIEBEN AUGUSTIN

GÄB

ES IHN NICHT / DEN

FRISCHFROMMFRÖHLICHFREIEN

WILLEN / WO ER

DA EIN WEG

MAN MÜSST IHN ERFINDEN

SE NON / È VERO

È BEN TROVATO / SI DICE / MA NON CI CREDO / ADDIO

PENSO / SE MANDO QUALCUNO IN PARADISO

PLATZ HIRSCH / STAMM UND PLATZ HALTER / HALT

ER

DEN MUND

OFFEN UND STAUNE / ÜBER IRDISCHE

PLATZANWEISER IM LICHT SPIEL HAUS HERNIEDEN

DIE STANGE / DIE FAHNE HOCH / HOMINES ERECTI

AUFRECHT SIND WIR / AM GRÖSSTEN

GESTANDENE MANNSBILDER / STEHENDE

OVATIONEN

/

DER BETON IST ANGERÜHRT / IN STELLUNG UND FORM

GEBRACHT / DER MÖRTEL / HÄRTET

WIE LEHM / IN

DER HITZE DER GEFECHTE / BRÖCKELT DANN UND WANN

IST DER WILLE GOTT VATER DES GEDANKENS / EINMAL EINS

IST / KAINS MAHL

SIND WIR SEINE WERKKUNST / IST ER UNSER KUNSTWERK

/

Segler ahoi!

B 27

HOI
A SEGLER

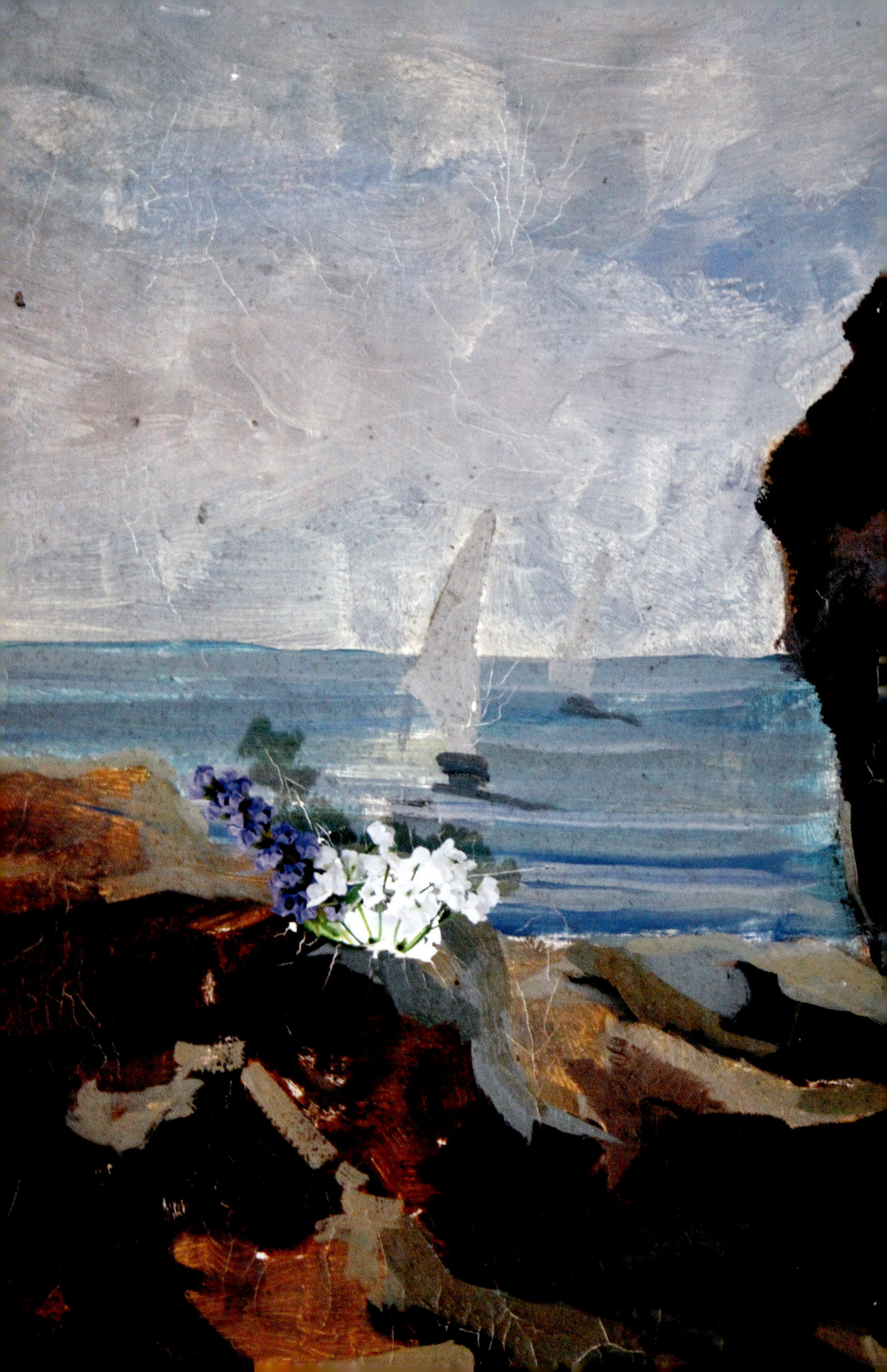

FÄRB

HAAR UND HIRN / RISSE

AUF LEINEN / IN HOLZ UND STEIN / AUS

GLAS UND ERZ / IN DEN LUFTLEEREN RAUM

ANÄMONISCH

ANAEROBE IMAGUNCULAE

EIN TAFELEMALER / DER TUIFELEMOLER

WARTE NOCH / EIN WEILCHEN

MIT GODOT

WO BLEIBT DIE KUNST

DOMANDA PLEONASTICA

SIE WARTE / WARTE SIE

/

HABITAT UND HABITUS

È COSTUME DEL SIGNORE / COMPORTARSI

DA DIO

/

BEDIEN

MICH / DES TANKAVORHANGS / VOR DEM

THALAMUS

DEM BISSCHEN HIRN

DAZWISCHEN

SIAMO IN TEMPI CUPI

DI NOTTE PIOVOSA

E BUI

AUF DAUER

SIEBEN FUSS UNTER

KOMM

ERZ / GIB

DIE SCHLACKE DEM VOLK / DEM

KAISER WAS / DES

DES KAISERS IST / UND DEM / WAS

DESSEN

/

FÜLL / HORN UM HORN / MIT

DER HOFFNUNG IHREM SCHIMMER / DER

FREUDE SCHÖNER GÖTTER

FUNKE

/

KAUF / DAS

FELL DES BÄREN

SOLANG ER LEBT / LASS

IHM SEIN GNADENBROT

/

BIN FROH / KEINE

LÄRCHE ZU SEIN / MÜSST

MICH WIEGEN UND BIEGEN IM WIND

/

DIE LARCH ISCH ZAACH WIA WIED

DIE LARCH SAIN / LAI

IN LANGES UND IN SUMMER GRIAN / GRIAN UND

GEEL IN HERBSCHT

NOCKET

IN WINTER

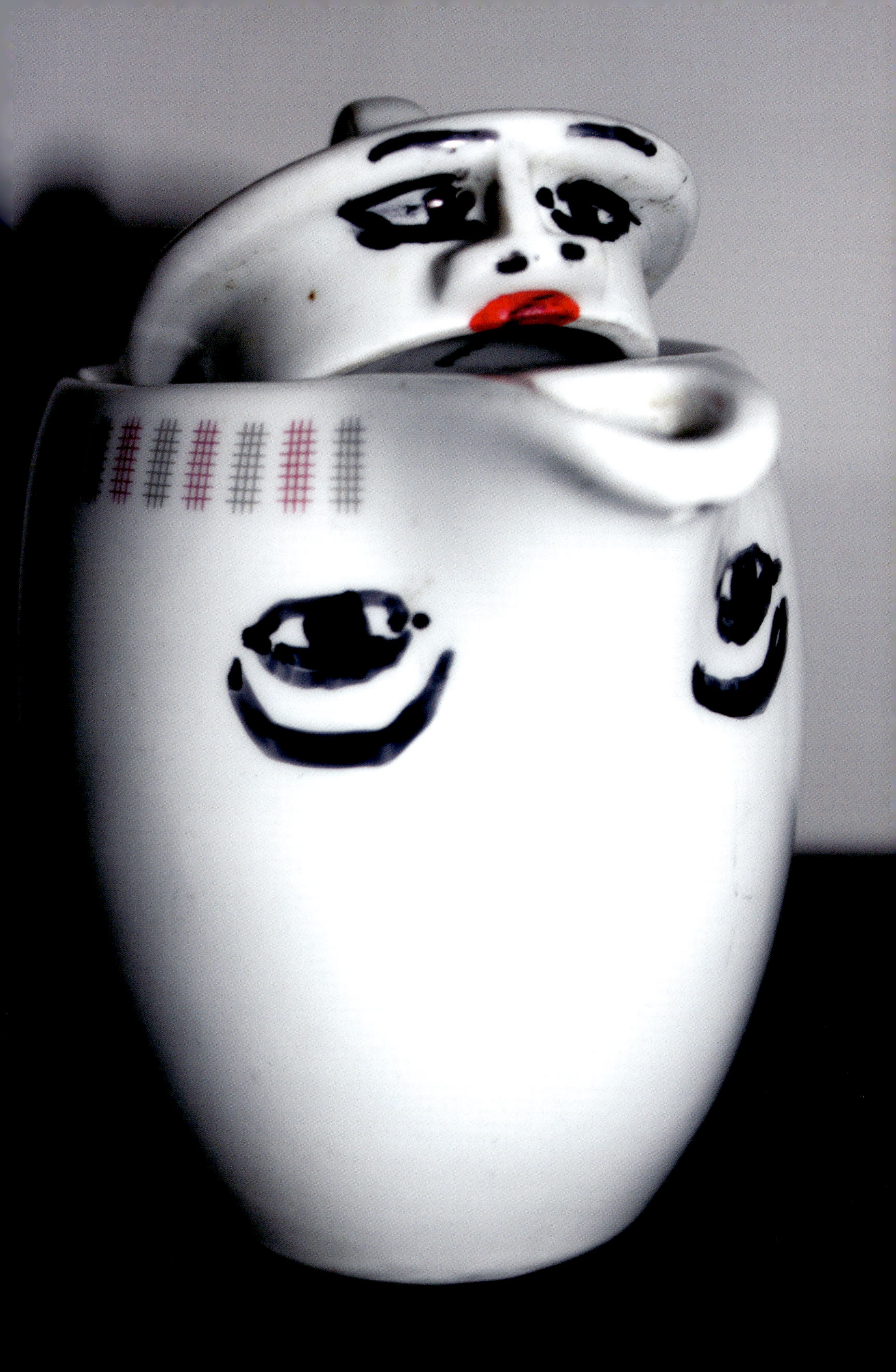

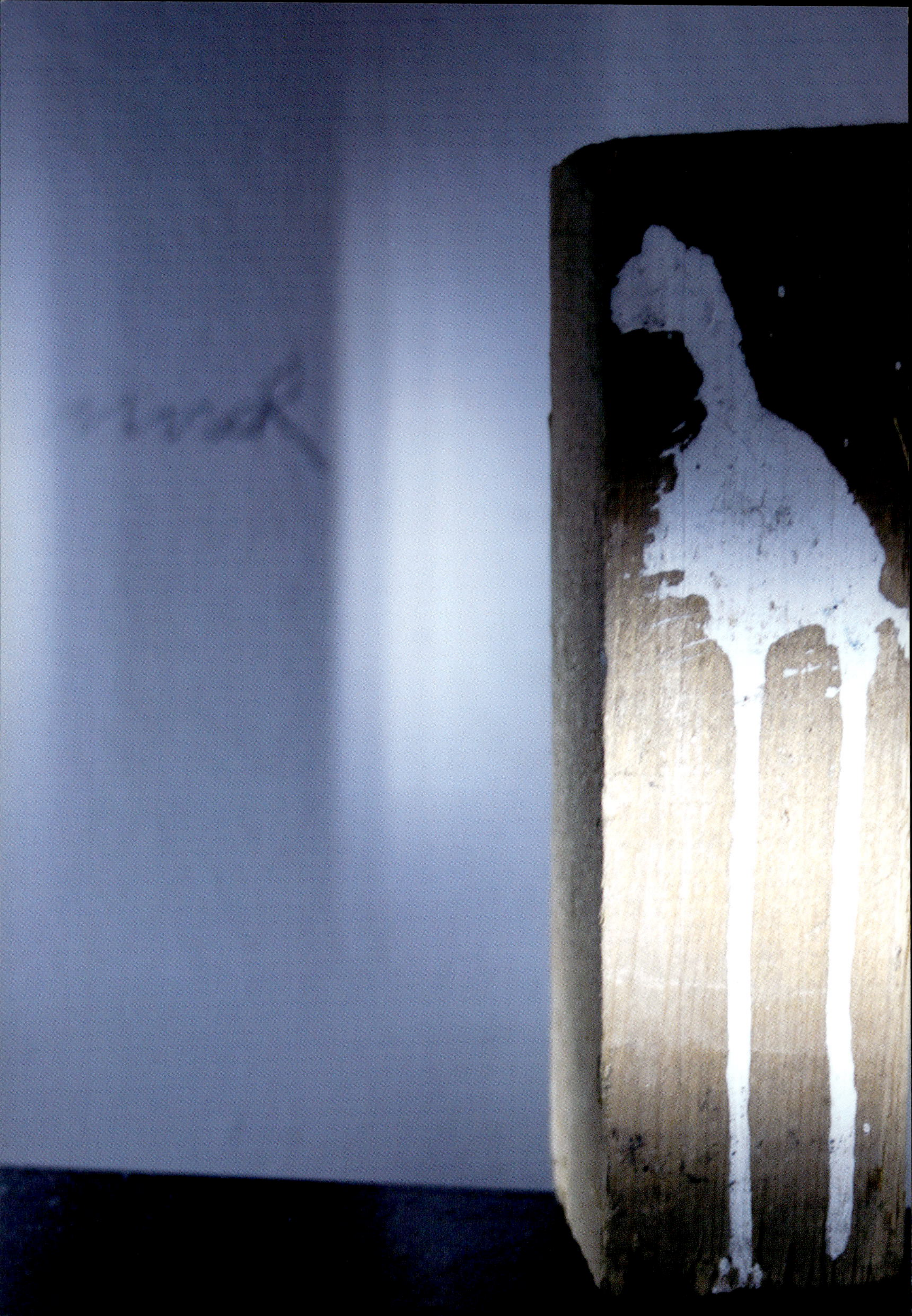

DER WELTEN HÖCHSTER MEISTER NIMMT

VON SEINEM FLEISS DIE NAHRUNG AN

/

OK CHEF

/

PER FAVOREGGIAMENTO DELLA SPECIE UMANA

STAI PUNITO / IN FIN

DEI CONTI / IMPERATORI / PAPI / DITTATORI / I

SIGNORI / SIND JENE HERREN DER

SCHÖPFUNG / DIE SEIN WOLLEN WIE DU / DA

ESSI STESSO / DURCH DIE

BIST DU DIE MACHT / LOS

MACHT EUCH DIE ERDE UNTERTAN / DANN

MACHT EUCH DIE ERDE UNTERTAN / DANN

MACHT EUCH VOM ACKER

MACHTLOS / UND

AM ENDE MUSS ALLES UND JEDER / DRAN

GLAUBEN / SELBST / DIE

SCHÖPFUNG DER HERREN

/

ZELEBRIER DAS GANZE

NICHT ALS KLEINER MINISTRANT / NOCH

ALS HOHER PRIESTER

/

WAS WÄR

DER KNECHT OHNE HERR

EIN HERR OHNE KNECHT

WOLLT

MICH / ÜBERHOLEN

STAND MIR IM WEG

GIB A RUAH / SEI STAAT / STAATL AMOLL

BIN ICH DER / STAAT

IM STAAT IM STAAT / DIE

KLEINSTE IN DER RUSSEN PUPPE

IN MEINEM BREVIER / FÜR GUTES

BENEHMEN

DIE KEHRLEISTE

IN DIESEM TREPPENHAUS

IST BRILLANTE ÖLFARBE / WEIL

WASCHBAR / UND

LINDGRÜN / GEH

LEICHT INS BLÄULICHE

/

LICHT

AUS / HOLZ FÄLLER

IM BUSCH WALD / DER WALD BUSCH

WISS

KEIN REHLEIN SPRINGT / SPOT

AN / DIE SONNE

SING

HEILIGER FRANZ VON ASSISI

EIN LIED / MIR

GRÜN SO GRÜN DER DÄUMLING / DEM

IST KEIN UNKRAUT GEWACHSEN

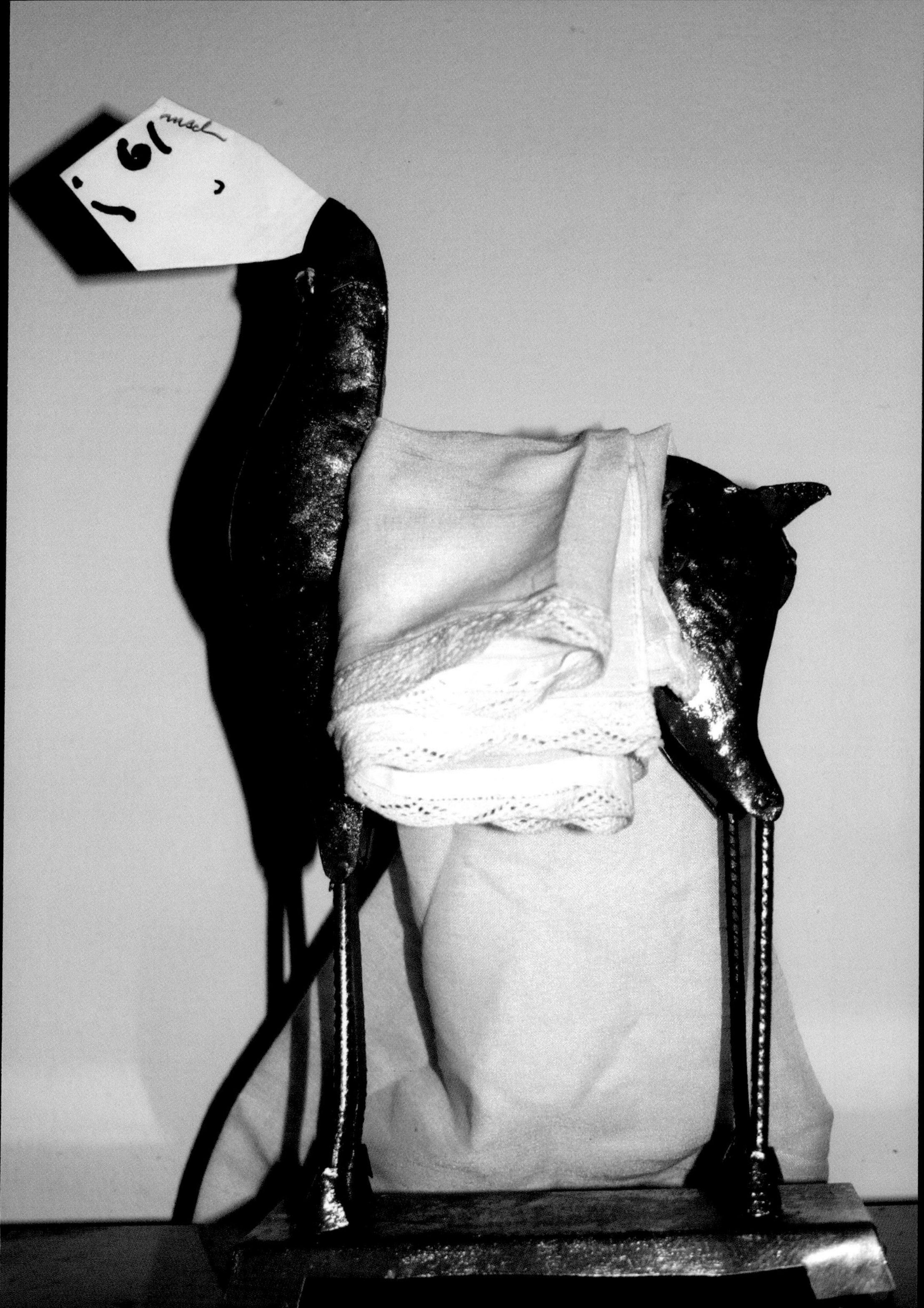

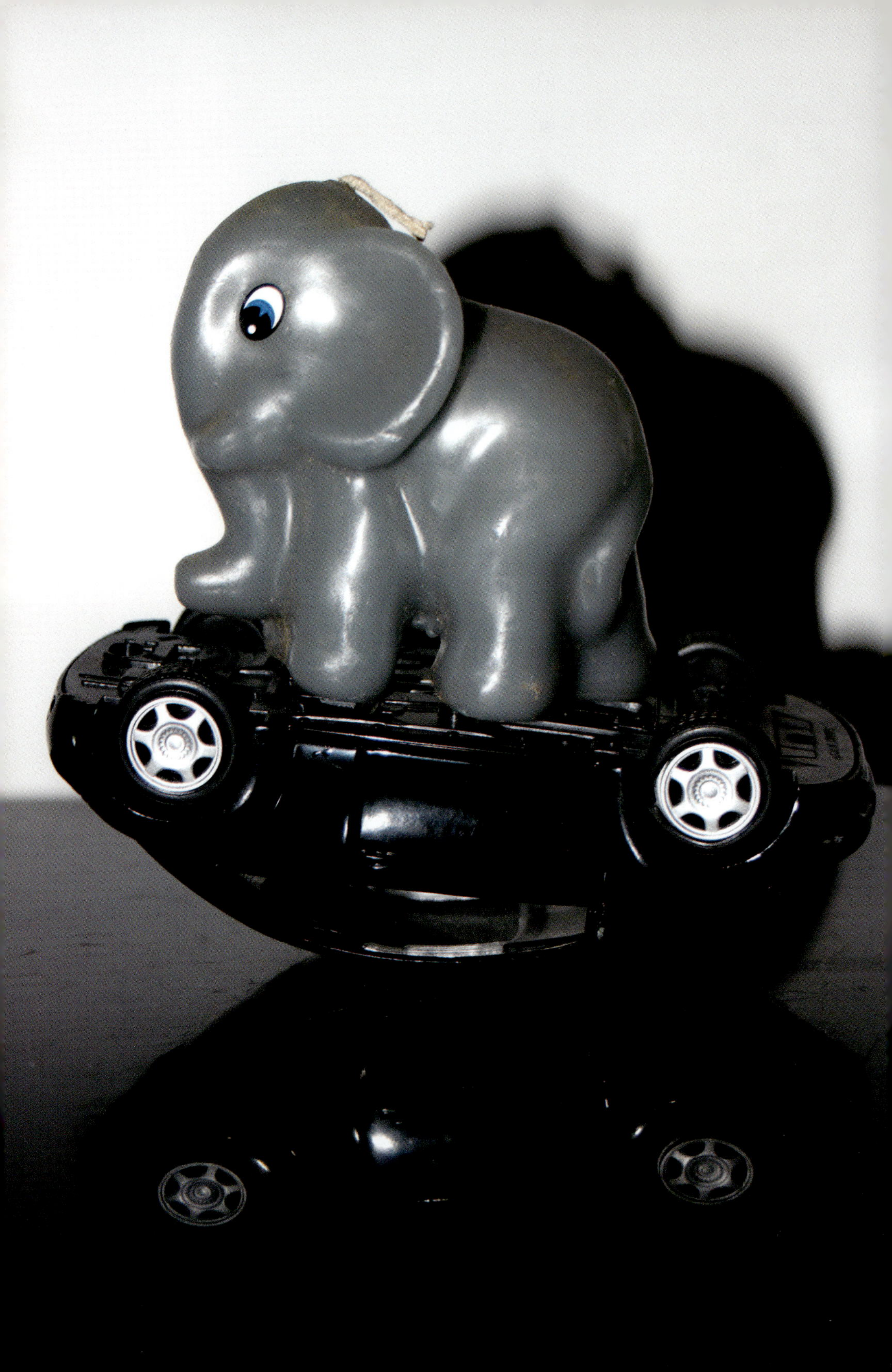

HAUCH

DAS LEBEN / EIN

ATME / AUS

HAUCH / DAS

LEBEN

/

AUF DEN PUNKT / GEBRACHT

HAT DER SATZ

EIN END

/

DER KASPAR

SCHRAMMEL GEIGT MUSIK

MIT SEINEN SÖHNEN / DIE

KLINGT / VORWEG

WIE EH / DIE

SCHRAMMELMUSI

/

SCHNEUZ

INS MENTA TASCHENTUSCH / TEMPO

È DENARO

ZIEH

AN DER ROLLE KLOPAPIER UND DAS WASSER

SCHNEEERHELLT / DIE

STERNENKLARE NACHT ROMANZE / GENIESS

ER / KOSTE ES / WAS

ER SIE ES KOSTE / AUS

/

SEH

HELL / BEI TAG

DIE SONNE LACHEN

UND SCHWARZ SEH ICH

NACHTS ÜBER / ALLE

KATZEN GRAU

/

DER ZARTE FETTEINSCHLUSS

IM SPECK DER TIROLER

SCHMECK

DEN MÄUSEN

/

DIE DICKE SCHICHT TRAUER

LEG

SICH / TAU NASS / AUF

DIE GÖTTER ÄCKER NIEDER

DARAUS DER NEBEL

STEIG

/

KALAUER

NICHT SONDERLICH GEISTREICH

WIE ES DAS WORT SPIEL

AUS CALAU BEI KOTTBUS

GEBIET

DAS HOCH ÜBER REGENS BURG / IST

VON DAUER

/

Auguri

252

FÜHR

UNS / NICHT IN

VERSUCHUNG / DURCH

MINEN FELD

UND

SELBST DER ACKER IST ATTRAPPE / WEIL

HINTERS LICHT GEFÜHRT

TAPP ICH IM DUNKELN

FREMD / GESTEUERT / AN DER NASE

HERUM / GEZOGEN / BIN ICH ZUDEM

DIESEM MEINEM CICERONE DANKBAR / DER

LACHT SICH IN DIE HOSEN

/

GEH / ATLAS / TRAG

DIE WELT / AUF DEN SCHULTERN

DAS KIND / STOFFEL / AUF HÄNDEN / DANN

TRET ICH / DUMMER / WEISE

DIE ERDE NICHT MIT FÜSSEN

/

AUF DIE FRAGE

NACH MEINEM GRÖSSTEN WERK / MAL

ÜBER DEN HIC ET NUNC RAHMEN HINAUS

ZURECHT / MIR EIN SINNSCHÖNES LEBEN / ZURECHT

EIN GUTES UND AUS

DEM HERAUS

KOMM HER / GEH HIN IN FRIEDEN / CAPUT

MEDUSAE / MORTUUM

RED

MICH / AN

DER GRENZE ZU CHINA / MEHR

ODER WENIGER GUT UND GERN

AUCH NICHT

UM KOPF UND KRAGEN

AUF DIE FRAGE / WIE

LANG ICH BLEIBEN MÖCHT / BIS

ZUM NIMMERLEINSTAG / AUF

DIESEM ERDENRUND

TJING / BITT UM

DIE CONDITIO SINE

QUA NON / SETZ GLAS FENSTER

IN DIE PANZERMAUER / UND

FENSTER GLAS / IN

DIE BRILLEN DER IDEOLOGIEN

ROSA ROTES / AI

WEIWEI

ERKENN / DEN

KÜNSTLER / AN

DER KUNST

/

MUT

MICH DER

MUT

MIR DIE

ÖFFENTLICHKEIT ZU

AVE EVA

FRANZ PICHLER … IN FORTSETZUNG

ER

WERB / IN EIGENER SACHE / UM

SIE / ES

LEIST / EINER WIE UNSER

HEB / AMMEN / DIENSTE

DEN SCHÖNEN UND DICHTENDEN KÜNSTEN

IST GUT / FÜR DIE KATZ / WER

SCHIMPF / DER KAUF / SICH

DIE MÄUSE MIT DEM KÄSE

/

SCHLEICH DICH / BUNTE HAUT / SCHWARZE

WEISSE / AUF LEISEN SOHLEN FORT / LAUFEND

NIMM HEFT UND STEUER / DIE BEINE IN DIE HAND

TRAG / DAS EIGEN

FLEISCH UND BLUT / IM RAHMEN

DER ZEIT/ ÜBER

DIE GRÜNEN GRENZEN / ZUM

VOLLEN FUTTER NAPF / DEM TROG

AUF SCHUSTERS RAPPEN / IN JESUS' SCHLAPPEN

IM JAHRE DES HERRN / IM STRENGEN GALOPP

/

VERDING

ER SICH / ALS

MOBILE PERPETUUM / UND

MIGRIERENDE

SUKKULENTE

NOCH X MAL SCHLAFEN / BIS

PARTE

LA SECONDA

TEIL

PETER HIGG'S TEILCHEN / IN PARTIKEL

UND DIESE WIEDER UND WIEDER / UND

WEITER

SPALT

DAS HAAR IN DER SUPPE

DEN KERN DER WAHRHEIT

GÖNN

LASS DER SCHILDKRÖTE DEN KLEINEN VORSPRUNG / DER

LAHMEN SCHNECKE UND ACHILLES VERLIER IM RENNEN

SEIN GESICHT

TEORICAMENTE

MENTE TEORICA

SPIEL

BAU KÄSTEN

DAS STEINBAUSPIEL RÜCKWÄRTS

VOM LETZTEN BAU STEIN HIN ZUM ERSTEN

/

BÄUME WACHSEN IN DEN HIMMEL / UND WIE

WEISS GOTT NICHT

ALLEIN / DEN

NEID MUSS ER SICH VERDIENEN / DER MENSCH / MIT

ALL DEN ECKEN / KANTEN / KURVEN

NICHT AUSGENOMMEN / UND

LAST BUT NOT LEAST / ENDEN

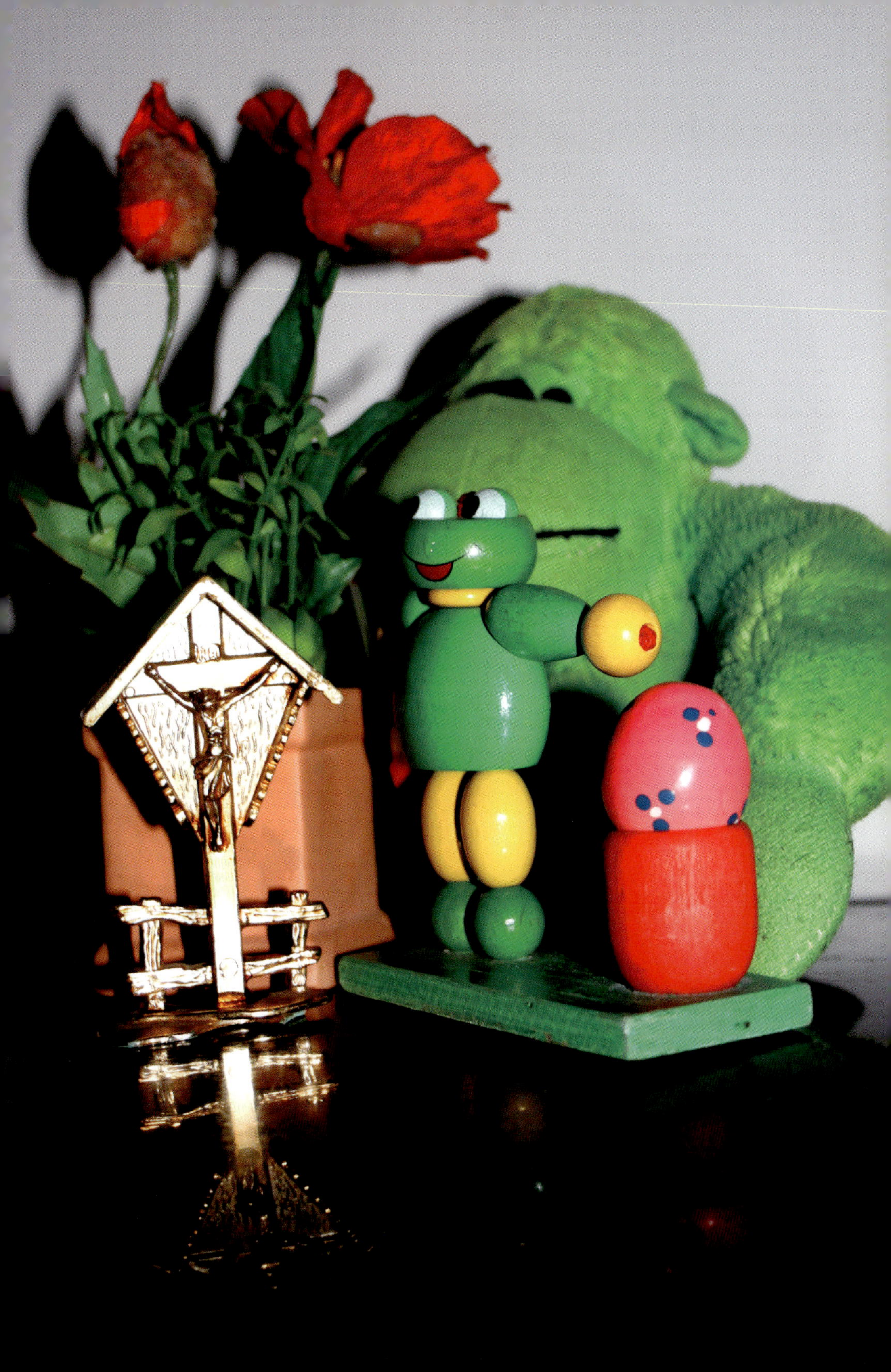

DÉJÀ-VU

LERN

IN MEINEM KINDERDORF KRABBELN / STEHEN

GEHEN UND LAUFEN / ALS

EINES NUR / EINES

DER ABERVIELEN DORFKINDER / VOR ORT

IN PARTSCHINS AM SONNENBERG

NEAR MERANO UND AM EINGANG ZUM VINSCHGAU / JA

DA SIND DIE ALTEN / WENIGER IST MEHR

ALS DIE JUNGEN UND SIE UNSER NICHT HERR / WENN / GLEICH

WENN / SCHON / DAS KIND DESSEN KNECHT SEIN MUSS / WAS

SEIN MUSS

EIN HUND KÖNNT / GEBISSLOS / NICHT BEISSEN

DER BAUER WIRFT

ZAHNLOS

MIR FLÜCHE UND MIST GABEL NACH / MIR

HAB SEINE WUT NICHT GESCHADET

NEHM ICH AN

/

THESE

PRO

THESE

/

LÜCKEN

LOS

/

NON OCCORRE ANDARE NEL SECOLO DECIMO NONO

BASTA ANDARE INDIETRO / AVANTI

HÜT HEUT

EMPATISCH

MEIN WISSEN UND KÖNNEN / DAS

VERMÖGEN LIEG IN DEN SYNAPTISCHEN

VERBINDUNGEN BEI / DIR UND MIR / UNS

UND DEN ANDEREN / IN

SYMPATHIE

/

LERN

VERSTÄRKT LERNEN

GIUSTO SBAGLIANDO

AUS DEN VORZÜGEN UND SCHWÄCHEN

BAU / WER

MAG / DER KANN

AUF SAND / EIN

SEETAUGLICHES ÜBERWASSERSCHIFF / FÜR

DIE NÄCHSTE GENERATION / EINER

SINTFLUT

E GIOVA RICORDARE / CHE

LE LEGGI SONO FATTE / PER

RILEGGERLE

/

ZÜND

MEINER WELT

ZUM RUNDEN GEBURTSTAG / FLAMMENDE

NEBEL KERZEN / REDEN

HALT

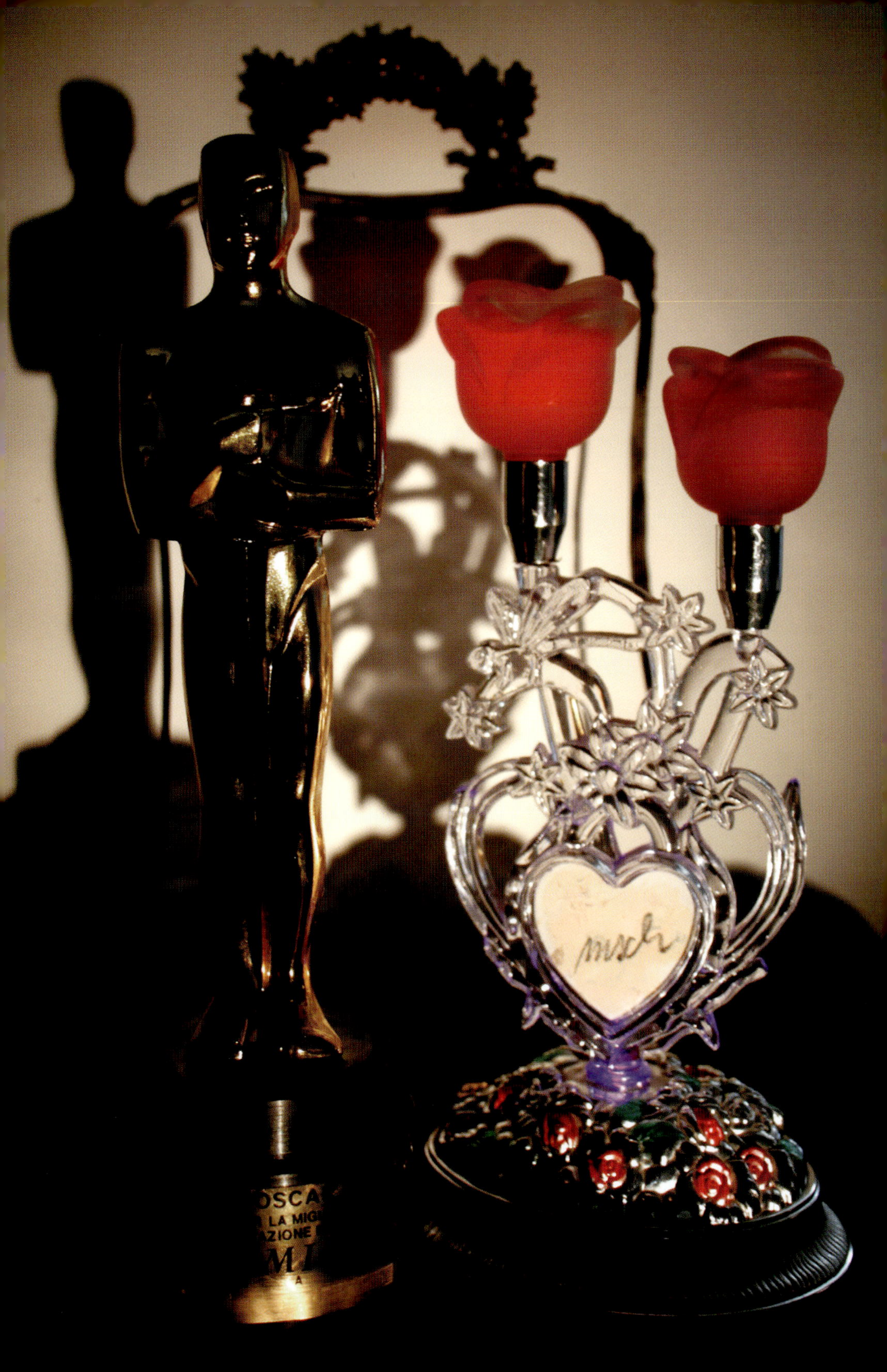

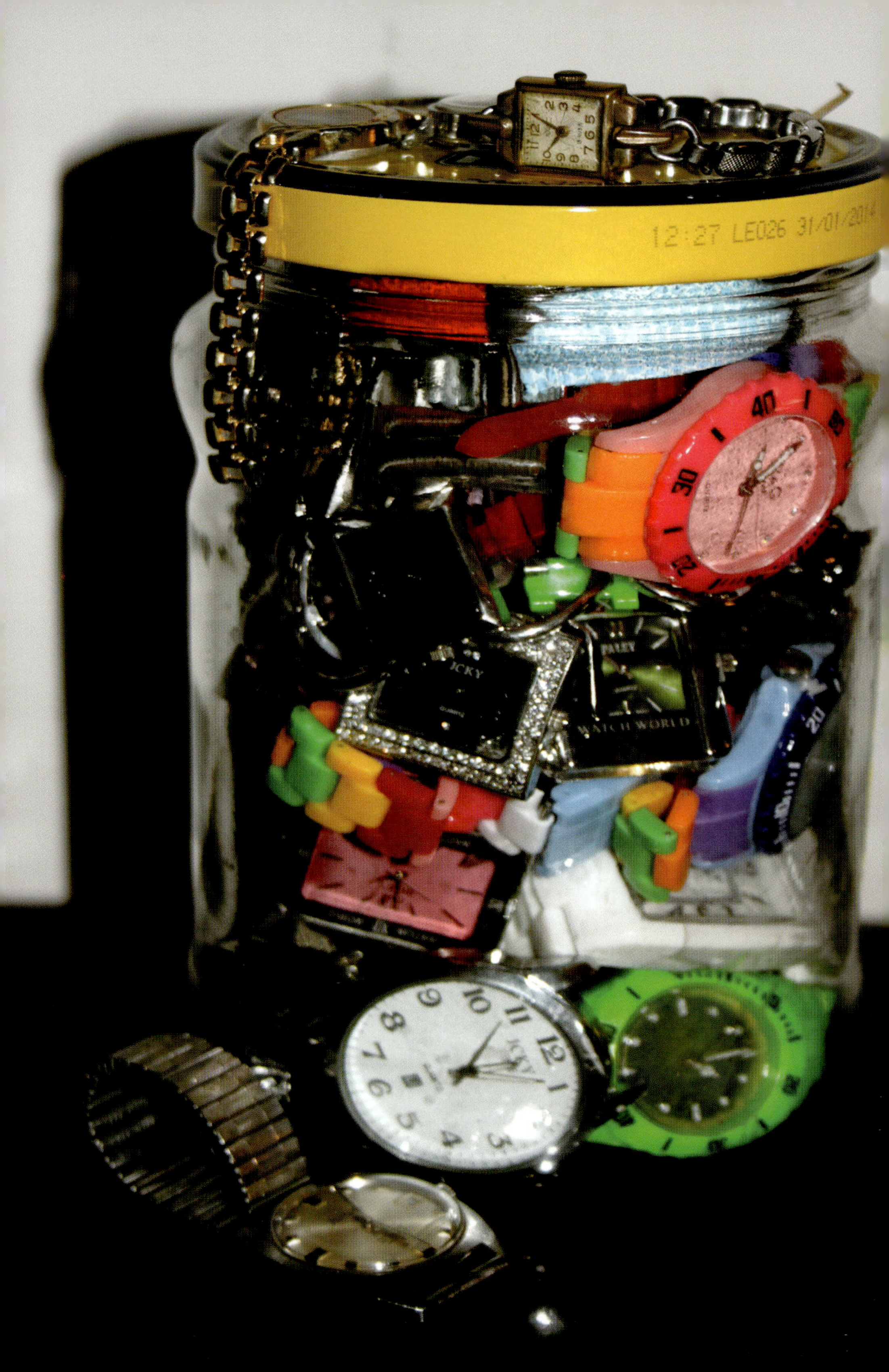
12:27 LE026 31/01/2014
WATCH WORLD

PFLEG

DIE KUNST / ZU LEBEN

IST TECHNIK / IST DAS WORT

FÜR KUNST BEI DEN ALTEN GRIECHEN

DEN RÖMERN AUCH / BIN

ERGO SUM / ALSO

TECHNIKER

ALLWEIL / SEIT ANBEGINN

VERSUCH

DER VERSUCHUNG NICHT ZU WIDERSTEHEN

WIDERSAG

IHR NICHT / EINEN

TEUFEL WERD ICH TUN / NOCH LASSEN

/

VIVAT FORTUNA / CRESCAT

FLOREAT / ALS HÄTT DAS GLÜCK HORMONE

/

AM ANFANG / DA

HÖRT / HÖRT / SICH ALLES / AUF

WAS WAR / IST

ZUVOR GEWESEN / LASS

EINSICHT WALTEN UND

SCHALT

HINÜBER ZUR VORSEHUNG

SEH / MICH

VOR / SCHAU

SCHIFF ÜBER DEN SPIEGEL BORD HINAUS

TEST

ALS PERSONA NON

NON GRATA / VERNEINE DOPPELT

BEJAHE MICH ALS PROBAND / VERSUCHS

KANINCHEN / ZU ÜBERLEBEN / HEIL

DAVONZUKOMMEN

DER MOTOR KLOPFT

IM KARDIOTAKT / MEIN PRÄPUTIUM MOBILE

VERWALT DIE VORSEHUNG

SEH MICH VOR

MIR

VOR

ZEUGEN

ZEIT

ZEUGE

ZEIT

ZEUG

JEHOVA

SHOWDOWN

ALLERENGEL / STURZ

AUS ALLEN WOLKEN

ALL

DAS

ALL

ES

WERDE

SEIN

267

TRICOLORE

KOMBI NATIONEN

REIT

PUGGENAGGA / AUF

VATERS SCHULTERN / DEN

MAULTIERSTEIG SÄUMEND / HINAUF

ZUR KÖNIGSSPITZE / HOCH

OBEN / AUF DEN BERGEN

BIN ICH / HUCKEPACK / HÖHER

ALS DIESE UND GRÖSSER ALS DER TATTA

/

CRESCIUTO VERSO L'ALTO / DENTRO NEL CIELO

ÜBER DIE WIEGE / DAS DORF / ÜBER MICH / HINAUS

GEWACHSEN

AUF AUF

GEGANGEN / GEBLÜHT / SCHMUTZWEISS / EDEL

SEIDERMENSCHHILFREICHUNDGUT

IN DER SCHIEFEN EBENE

AN DEN HÄNGEN HALT GESUCHT

GEFUNDEN / GROSS

GEWORDEN

AUFRECHT BIN ICH

AM GRÖSSTEN / PROTZT DAS POETISCHE ICH

SOTTO TOCCANO TUTTI / SOPRA NESSUNO

EIN GROSSER SOHN UNSERER HEIMAT

WAR DER MITTERHOFER

PETER / AUCH / VIELEN

AUSGENOMMEN KINDER EINGENOMMEN

EIN SCHRÄGER VOGEL

DICH

LADEN / LEBEN UND STERBEN

EINMALIG / EIN

ZUR WELTURAUFFÜHRUNG

DEINER PERFORMANCES / JEDE

VON DENEN IST EINE SOLCHE UND

UNAUSLÖSCHBAR / GEWESEN / SIND DEINE

DARBIETUNGEN / MIMEN / GESTEN

SCHRITTE / STANDBILDER

JAUCHZER / SEUFZER / ED

OGNI LACRIMA DI SOFFERENZA O GIOIA

NE FA DI TE UN ARTISTA

DEL ALDI

QUA E LÀ

/

PARTE

INTEGRANTE DEL PIANETA / GIRO

CON LA TERRA PER IL MONDO

A MODO MIO

/

WEB

AM TEPPICH / AUF DEM / ICH SCHNEIDER

SITZ

NOLENS VOLANDO VOLENS

SCHIESS / DAS SCHIFFCHEN / VOM EINEN

ZUM ANDEREN UFER

SITZ AUF DEM / SITZ DEM AUF

Alpine Life
"A Mountain Story"

A. HOFER DENKMAL
MERAN
DANKT CHRISTO UND
JEANNE-CLAUDE
2013

HAB

IM KÜHLSCHRANK

RESERVELADE

UND GUT / IST

SO EIN WURSTSALAT / C' È

LUCE NEL TUNNEL

/

NIMM UND LIES

IST MEIN ERSTES BUCH IN DER SCHULE

SO NEHM ICH UND LES

VON DER HAUT

DAS VERFALLSDATUM / DAS DATUM VERFALL

AM SOUNDSOVIELTEN

LÄUFT DIE UHR / AB

DEM MOMENT / LAUF SIE

RICHTIG GEHEND

FALSCH / STEH DANN / UND WANN

FÜR IMMER / LEB AUF

GEDEIH UND VERDERB

IST FATUM

/

KANN DEM / NICHT OFT / GENUG

DANKEN / FÜR MEIN EINKOMMEN

UND AUSKOMMEN / MIT MIR

IST EINFACH

KOMPLIZIERT

VIELFACH

MATTHIAS SCHÖNWEGER

GLAUBT ZU WISSEN

ER

MACHE

SEIT MENSCHEN (SEINER) GEDENKEN

ALLER ART

FUG UND KUNST

MACHE

SICH EIN BILD VON DER WELT

DER

WELTBILDER BILDERWELT

MACHE

PRODUKTIONEN DOC

IN DIVERSITÄTEN, THEATER, PERFORMANCES, ENVIRONMENTS

INSTALLATIONEN, AKTIONEN, LAND-, POP-, SUBJEKT-, OBJEKTARTS

MACHE

KONKRETE UND VISUELLE POESIE

IM

KUNSTNETZ NETZKUNST

UND

NOCH IMMER SEI LICHT IM TUNNEL

AKTION
OFFERTA

ALICI RIZZOLINE PICCANTI G 2X26
SARDELLEN RIZZOLINE SCHARF 2X24G

Invece di 1,89 EUR
SCONTO **0,00%**

al Pezzo 52 g
36,35 EUR/kg
M8, m1, R9, P2, F1

1,89

Sell Out: 30/09/2013 - 14/10/2013

EU

28/09/

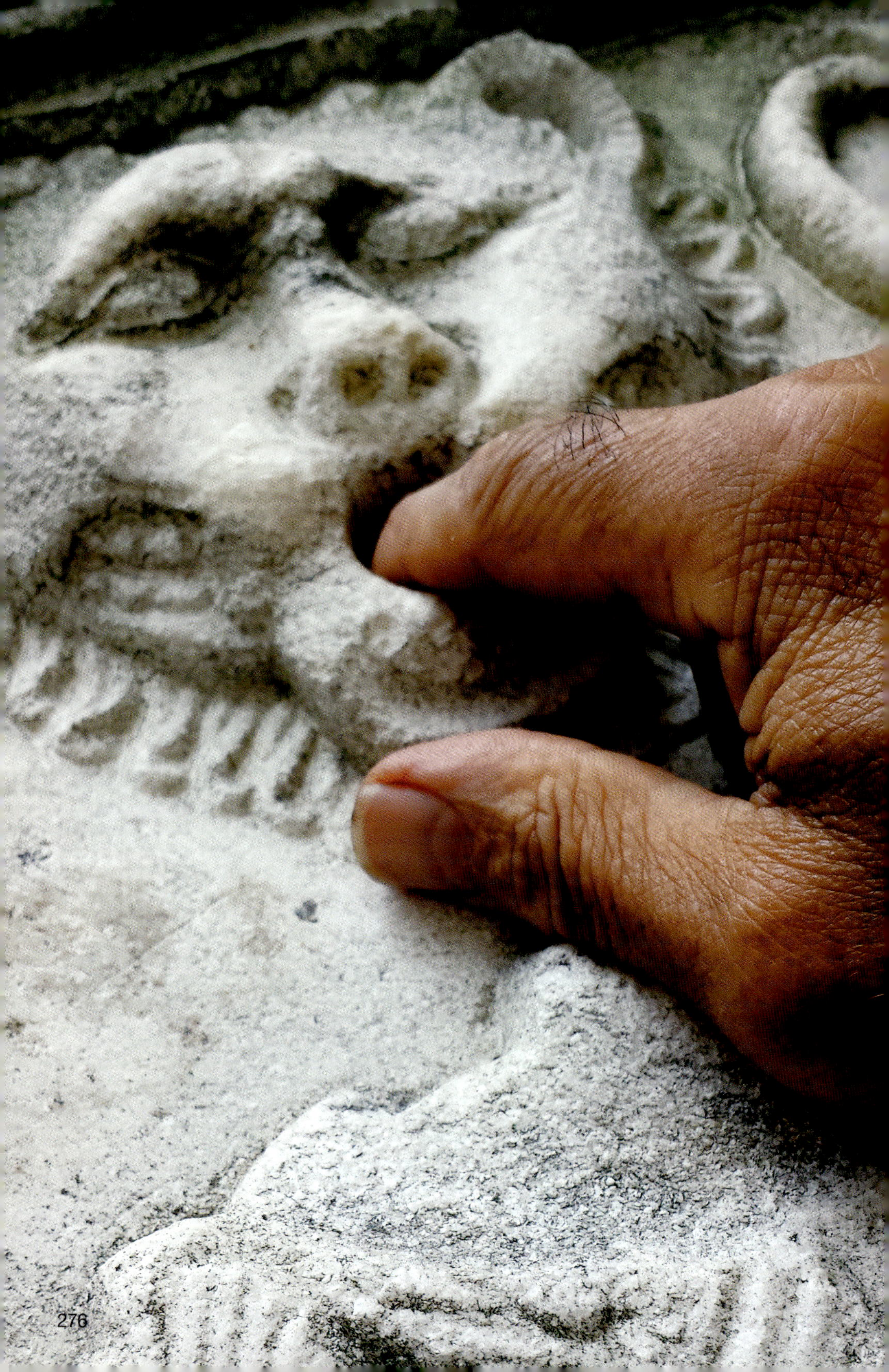

MATTHIAS SCHÖNWEGER

VERDINGLICHT / VERDICHTET

IM MEDIUM BUCH / IN AUSSTELLUNGEN

ZEIT UND RAUM UND

WAS IN DENEN SICH ZUTRÄGT

SO UND SO

SUBJEKTIV

ER NIMMT DARIN

DAS WORT WÖRTLICH

UND BILDLICH DAS BILD

DA TANZEN

UNTER DACH UND FACH GEBRACHT

LOSE ZYKLEN

BUNTE REIGEN

TARANTELLA UND WALZER

MIX-XL

ÜBERALL IST ARTILAND IST ÜBERALL

MEINE REDE

MERAN, DEN SOUNDSOVIELTEN

WER WAS

SEHEN

MAG

SUCHT

FINDE

MICH

EIN

IN DER

IMMORTALITÀ IMMENSA

O

NELL'IMMENSITÀ IMMORTALE

/

BIS OBEN HIN UND ZURÜCK / GERADEWEGS

NACH UNTEN / SOWEIT DIE LUNTE / REICH

DER ARIADNE IHR FADEN

ESS

BUCHSTABENSUPPENBUCHSTABEN

ZUM AUSGANG HIN

EIN ABGANG MIT FOLGEN

VADO / CON SPIRITO

DI CORPO

UMANO

È

TANTO QUANTO TANTO

SIA

BO

/

FOLKLORE IN DER TRADITION

TRADITION IN DER FOLKLORE

BAD

IN DER SONNE / IN DEN LESEMONATEN

IM GOLD ROTEN LICHT MILIEU

DER SÜDFASSADE / DIE

IM ALTELEUTESOMMER

WÄRMEND LEUCHTEND GLÄNZT / WIE

DIE BAROCKEN HOCHALTÄRE / AUS DER KINDHEIT

EINES MINISTRANTEN

IM SPIRALEN STRAHLENKRANZ DER KERZEN LICHTER

BEIM ALLFEIERTÄGLICHEN HOCHAMT / OHNE

DEM CONFITEOR / DER ALLEIN SELIG MACHENDEN

KIRCHEN VERTRETER UND GOTTES

/

FÄRB

VON SIEBEN ÜBER ACHT

SEPTEMBER OKTOBER

DEN SOMMER AUS UND DEN HERBST EIN

NOVEMBER DEZEMBER

DURCH NEUN HINDURCH / HINEIN

IN DIE ZEHN / E LODE

/

BENE MECUM AGITUR

BITTE EUCH / BITT DICH WEITER

UM DIE NACHFRAGE / DANKE

DERSELBEN

UNS GEHT'S / GUT

GEHT'S MIR

DANKE

ES

GEHT

ANS

EINGEMACHTE

CURRICULUM VITAE

Hier ruhet die irdische Hülle
des Herrn
...rich Christian Carl Brater,
...Bayr. Oberappellationsgericht...
...Rathes zu München,
...Erlangen am 15.ten Sept: 1785.
...zu Meran am 16. Dec. 1834.

...einen ferne von seinem Grabe,
...ne tiefgebeugte Gattinn
...fünf unerzogenen Kindern
...ruder und eine Schwester.

...t nicht todt: er geht zum Vater.

284

ARBEIT

AM FLIESSBAND

/

LASS

MICH BEFÖRDERN / WENN ES

LÄUFT ES LÄUFT ES LÄUFT

IN DIE FALSCHE RICHTUNG

IN MASSEN / RICHTIGGEHEND

/

BEDIEN / IN MASSEN

DIE MATRIX / WIE ICH MEINE

MIT GROBSCHLÄCHTIGER WIE

FEINSTOFFLICHER MATERIE

FÜR POST

KOMMUNISTISCHE / KAPITALISTISCHE

ANSICHTS SACHEN SIND DAS / SIND

VISIONEN

SPIEL / ART / AN UND FÜR MICH / ARTIG

IN MEINE TASCHE / MIT DEM FAUSTGROSSEN LOCH

/

SCHUF

MIR EINE WELT / UND

ICH LIEBTE / WAS ICH SAH

DA DIE SCHEMEN WERTE / UND DORT

DER WERTE SCHEMEN

NOW IS / GOOD / IS NOW / DEROFTER / WOASS I NITT

LIEBER

GOTT

ALS DEN TEUFEL OHNE

/

IM SCHWEISSE MEINES ANGESICHTS

MACH

HART NÄCKIG / BROT

FÜR DICH / KEINEN

KRUMM

ERST RECHT NICHT / DEN

ZEIGEFINGER / AM ABZUG

/

FÖRDER

BAND UM BAND

STOFF / ZUTAGE

STOFF / AUS DEM DIE BÄUME

SIND / BÜCHER

STEH

LAUFEND / CUMCURRO / AM

LAUFENDEN BAND

/

FISCHLEIN / DECK

DICH DECK / EIN

FISCHLEIN / DECK

DEN TISCH / DEM

KURIOSEN PANOPTIKER

IN MEINEM ARTISTAN

DEAR

CALDER

I

LOVE

MOBILI

LIKE

YOU

SOPRA

MOBILE

MARIA

MATER / KÖNIGIN

KINDS MUTTER

DU

FRONT / FRAU

ALLER HEILIGEN / FÜRBITTERIN

IM KATHOLISCHEN GLAUBEN

BEI GOTT

/

FAHR / SCHUTZ / BEFOHLEN / RAD

SENZA

PEDALARE

IM LEERLAUF / HANG

ABWÄRTS / IM FAHRTWIND / DER

ALPEN KONVENTION / DEN

BERG HINUNTER

BERG AUF

BERG

WITZIG

ABER

WITZIG

ABER

WITZIG

ABER

WITZIG

ABER

WITZ

WANDEL / ALTÄRE / FLÜGEL LAHME

ANLEIHEN

OBLIGATIONEN / SCHULD / VERSCHREIBUNG / IN

GUT / HABEN

APRIL APRIL

ZWÖLF MAL JÄHRLICH

WANDEL / MOND / MONAT

STAND / ORT / WECHSEL

UM ZÜGE / GEH ES

GEH GEFINKELT ZU / IM

LABYRINTH / DEM

SPIEL DER KÖNIGE

ZUG UM ZUG

/

COTTO / MÜDE / DER

KÖNIG / ZUM

UMFALLEN / MATT

/

UMZUG DER EITELKEIT / DIE

HAUTE COUTURE / LAUF AUF

DEM LAUFSTEG

/

AUSGEZOGEN / IST

DIE WEINBERGSCHNECKE

NACKT

UND DAS HAUS

VERWAIST / VERWEIST

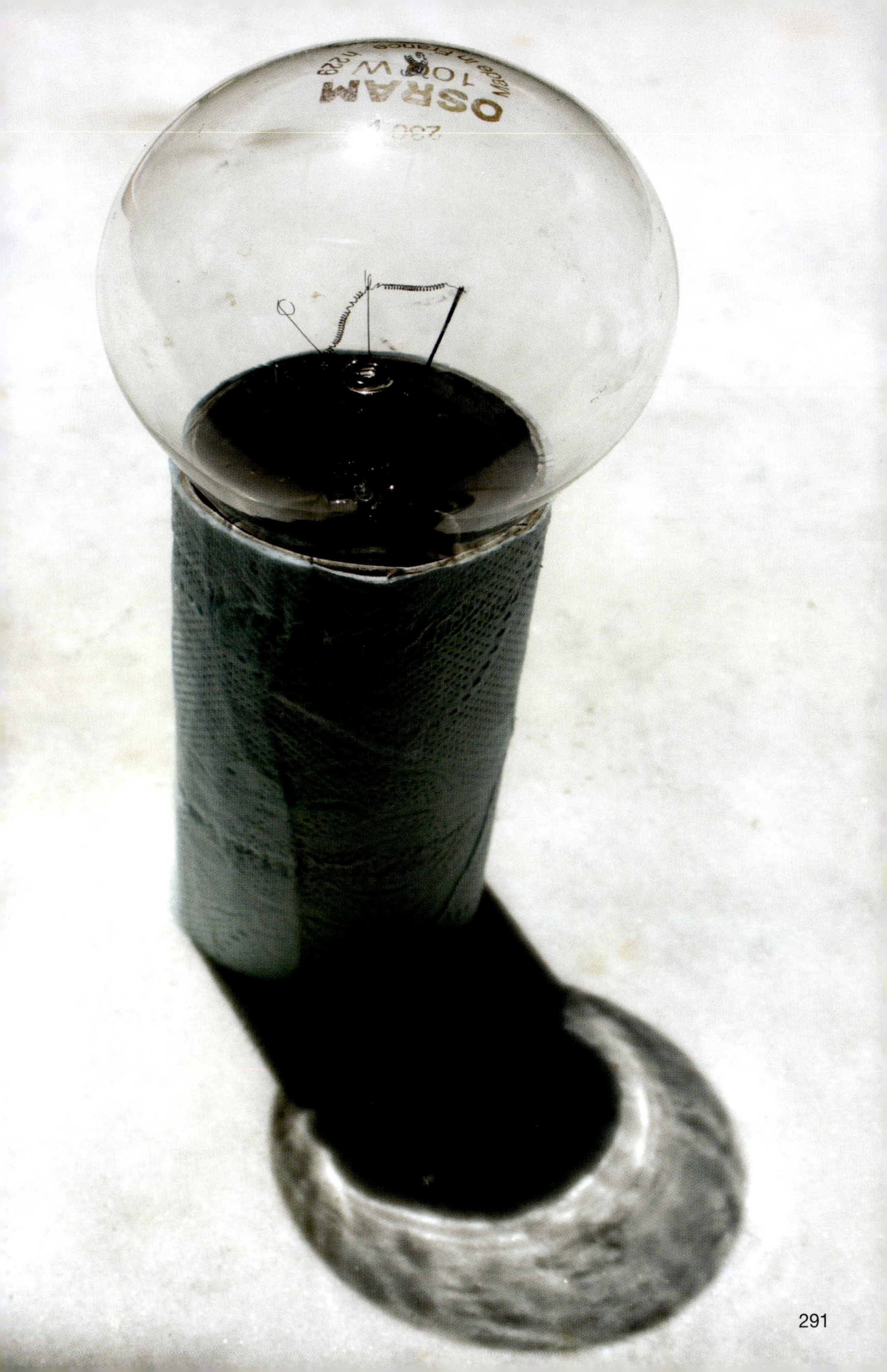
OSRAM

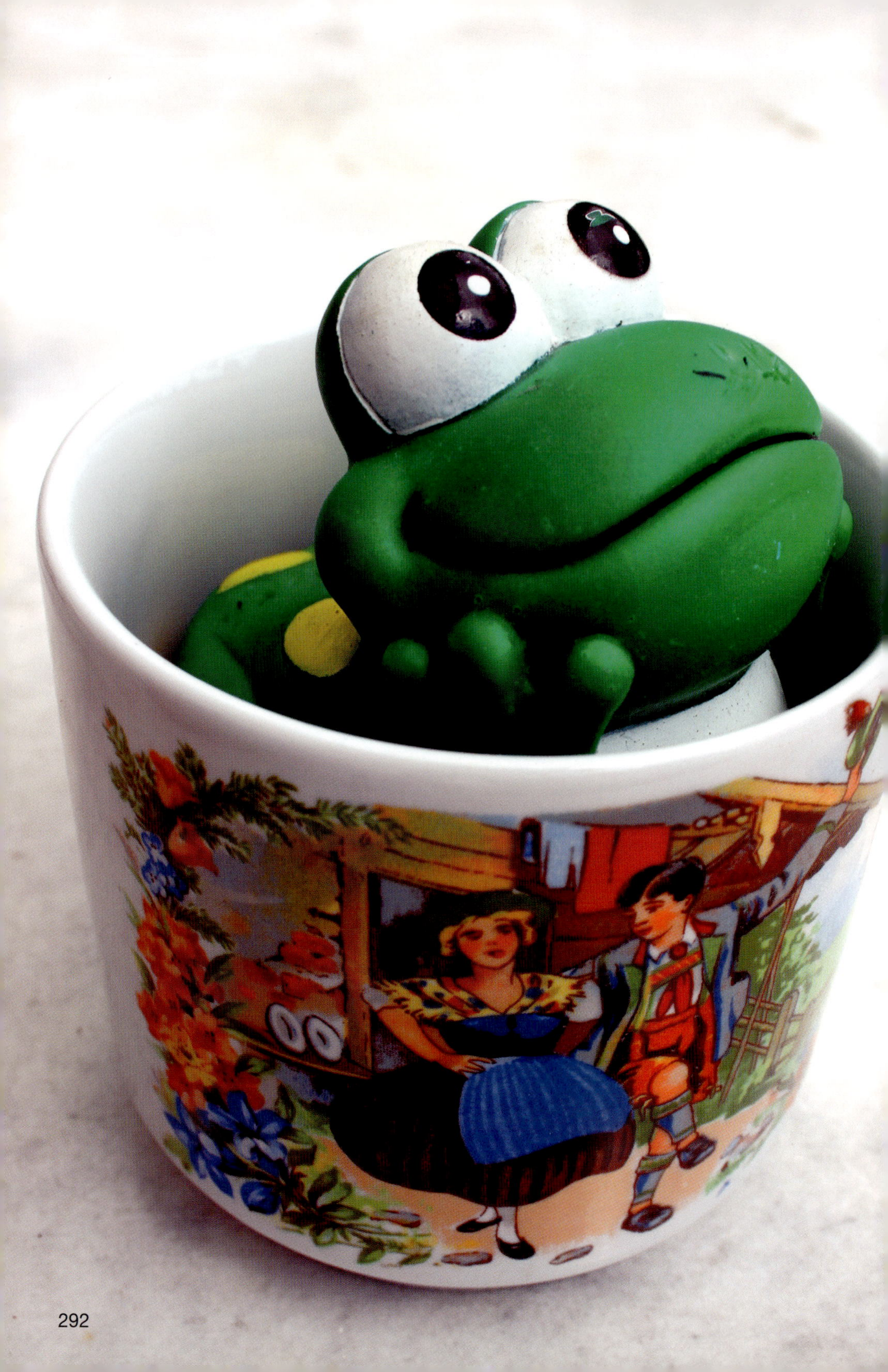

ETWAS SILBER

SCHMELZ

AUF GLAS

SPIEGEL

RICHTIG VERKEHRT HERUM

SEIN UMFELD

/

EIN BILD

MACH / DIR

IN DER HÖHLE / NACH

PLATON

/

BEDIEN

DIE / SCHERE IM KOPF / DER

VORAUS EILENDE

GEHORSAM

/

DER MOND / IST AUFGEGANGEN / DIE

SAAT

IM / REALISTISCHEN SOZIALISMUS / DER

SOZIALISTISCHE REALISMUS

SCHIESS

ALLORA

OGGI COME

ALLORA

EINEN KAPITALBOCK / NACH

UND NACH / DEM ANDERN

KAMPF / FIND STATT / KAMPF

IN DER ARENA / DER

TAUSCH / GESCHÄFTE

GELD / WECHSEL / GELD

BESITZ DEN BESITZ / ER

/

SHIT / DRAUF / UND

GELD STINK

/

BILD MIR / EIN

BILD

TUPF

MACCHIOLO

KUNTER BUNTE PUNKTE

AUF

DAS HAUTNETZ DRINNEN / IM

AUG APFEL / HINTEN

DORT

SIEH

DIE VOGELSCHAU / UND

MEIN ALTER EGO / QUAKT IM EINKLANG / MIT

DEM SANG DA OBEN / IN

DEN NIEDERUNGEN DER TÜMPEL / DIE

PERSPEKTIVE / VON

MEINER WARTE AUS / GEH

ICH

DAZWISCHEN

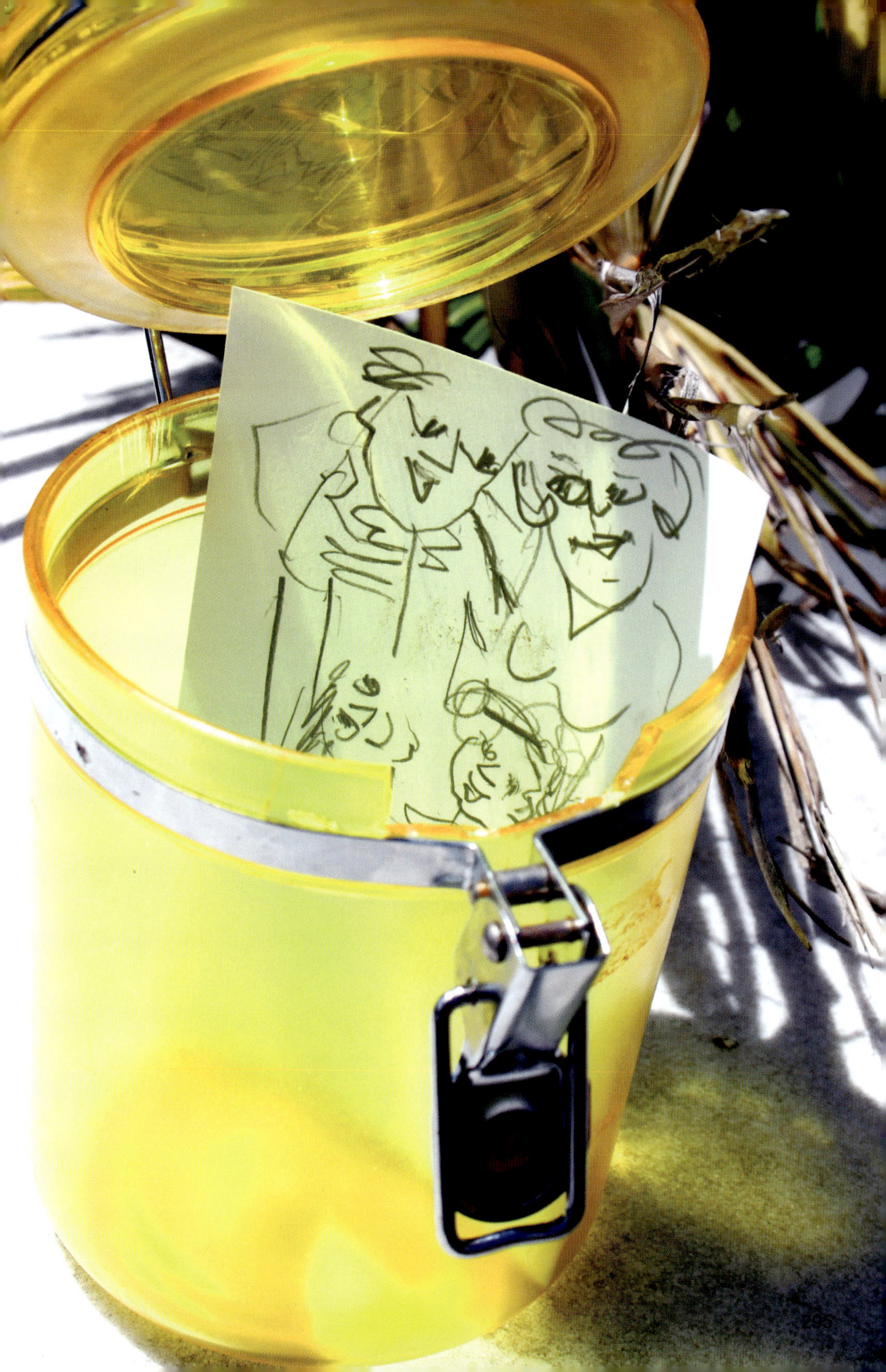

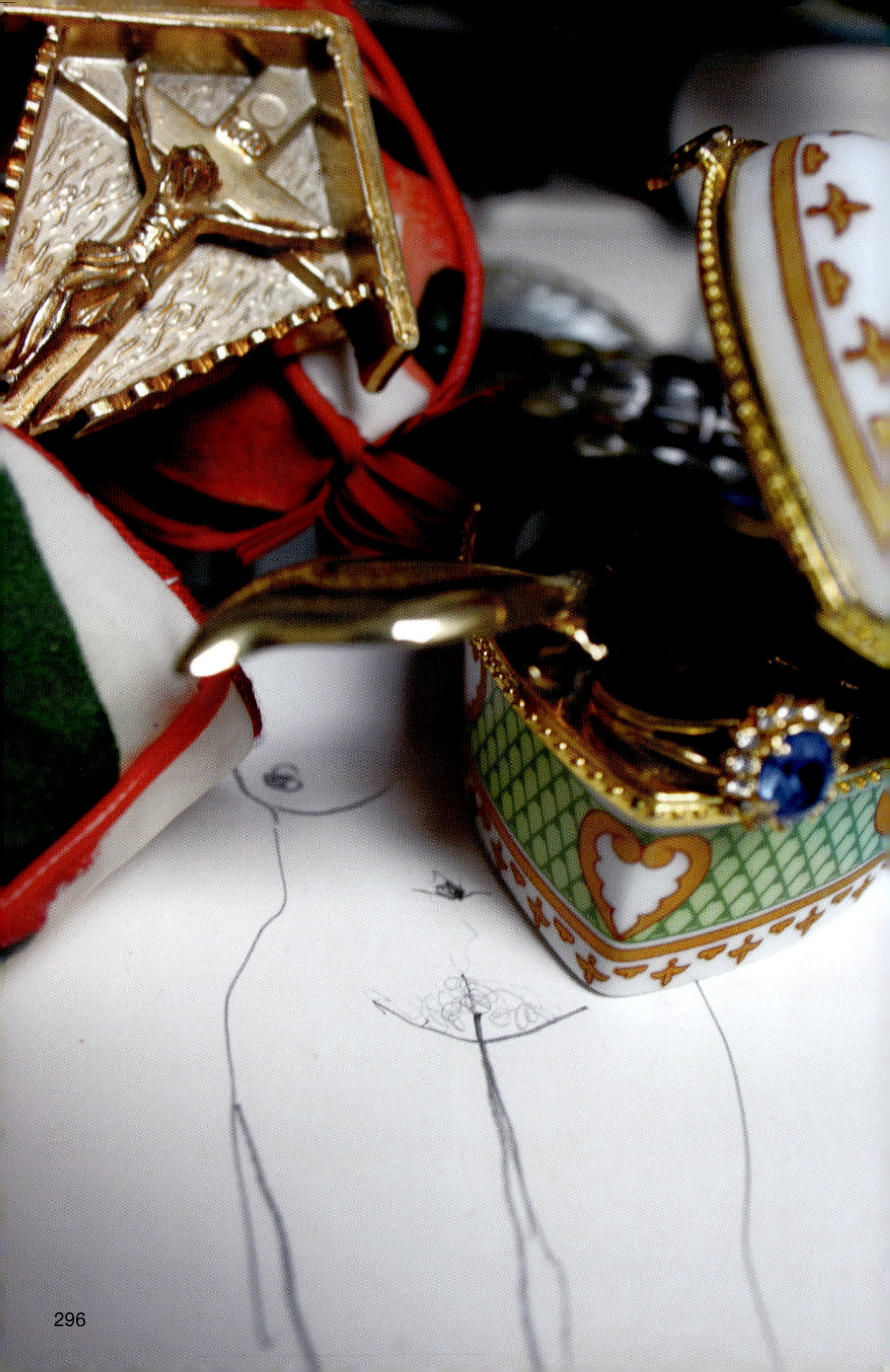

BALL

DIE EINE HAND / ZUR

FAUST / DIE

ZWEITE / LASS ALLE

FÜNFE GERADE EBEN GERADE SEIN

/

LÄRM LAUT

MUSIK / VERKANNTE BELIEBIGKEIT

BELIEBIGE ERKENNTNIS / RAUSCH

LAUT LÄRM

RED / BLECHSILBERGOLD

KONSONANT / MIT UND SELBST / VOKAL

LAUTE / DIE DEVISE

PAROLEPAROLEPAROLE

DER LALLI IST EIN LULLATSCH / DER

SCHNULLER / DIE LULLA

DIEN / DEM

EINLULLEN / IM

LALLALTER / IN

DER / SÄUGLINGSPHASE / VOM

VIERTEN BIS SECHSTEN MONAT

LALL / ALTER / LALLI / I

LALL

/

DER GLAUBE ÜBERHÖH

BANALES / BANALES

ENTZAUBER DEN HEILIGEN ANSCHEIN

KOCH

IN TEUFELS KÜCHE

IST WAS / BARBAR / EI

WIE LUSTIG / LISTIG / DAS

ELIXIER / EINGEMACHT / IM

VEXIER

BILD FÜR BILD

HÜBSCHER MEHRWERT

FÜR DIE MENSCHLEIN / DA

OBEN UND UNTEN / SINNE

DIE SINNE SCHULE / MACHT

LERNEN / MACHT SCHULE / MEHR

WERT

/

KLEINIGKEITEN ZUHAUF

SCHWÄRM

VON KLEINEN FISCHEN

KLEINVIEH / MACHT AUCH

MIST

ALS HÄTT NICHT JEDE MEDAILLE / ZWEI

KEHRSEITEN / HIMMEL UND HÖLLE

GOTT HOL DEN TEUFEL / HEIM

INS / REICH

DEM / UNENDLICHE GÜTE / DIE

HAND / WER

LUZIFER / EST LUMEN UND / ES WARD LICHT

BRINGT MIR / NACH DEINER ÄRA / DEN SCHEIN

299

300

WÜNSCH

DIR / EINTAGSFLIEGE

EINEN GUTEN MORGEN

/

DEN NEUHINTEREN / UNS

EUCH EREIL DAS SCHICKSAL

DER ALTVORDEREN

ZWECK

LOS

È IL VOSTRO / NOSTRO

DESTINO

/

HERZ

SCHLAG

HERZ

SCHLAG

HERZ

PRUNZ / FOCKNGEFETZE / KREUZ / QUER DEN STRICH DURCH DIE RECHNUNG

HERZ

SCHLAG

HERZ

SCHLAG

SCHLAG

DANKE

/

POMPA POMPA

PUMPE PUMPE

VERTRAU

DEM MIR VERTRAUTEN / DIR

IN LIEBE / DEIN

SEI DAS REICH UND DIE HERRLICHKEIT

/

DU SCHMECKSCH GUAT

DI KONN I RIACHN

RIACHN KONN I DI

I KONN DI RIACHN

KONN I DI RIACHN

ÜBER DIE NASENS PITZE HINAUS / HINEIN

IN DEN HIMMEL / BIS

IN DIE HÖLLE HINUNTER / MEIN

MÄUSEDORN

PUNGI

TOPO

E COSÌ ARTEGGIO ANCH'IO / POSTMODERNAMENTE

SUI CODICI DEL MAL GUSTO / DA

MAL GUSTAIO

/

NON VOLENDO DILUNGARMI / ULTERIORMENTE

FACCIO NOTARE

UNA COSA SOLA / ANCORA

BASILARE

ANCORA / UNA SOLA COSA

E POI E

POI

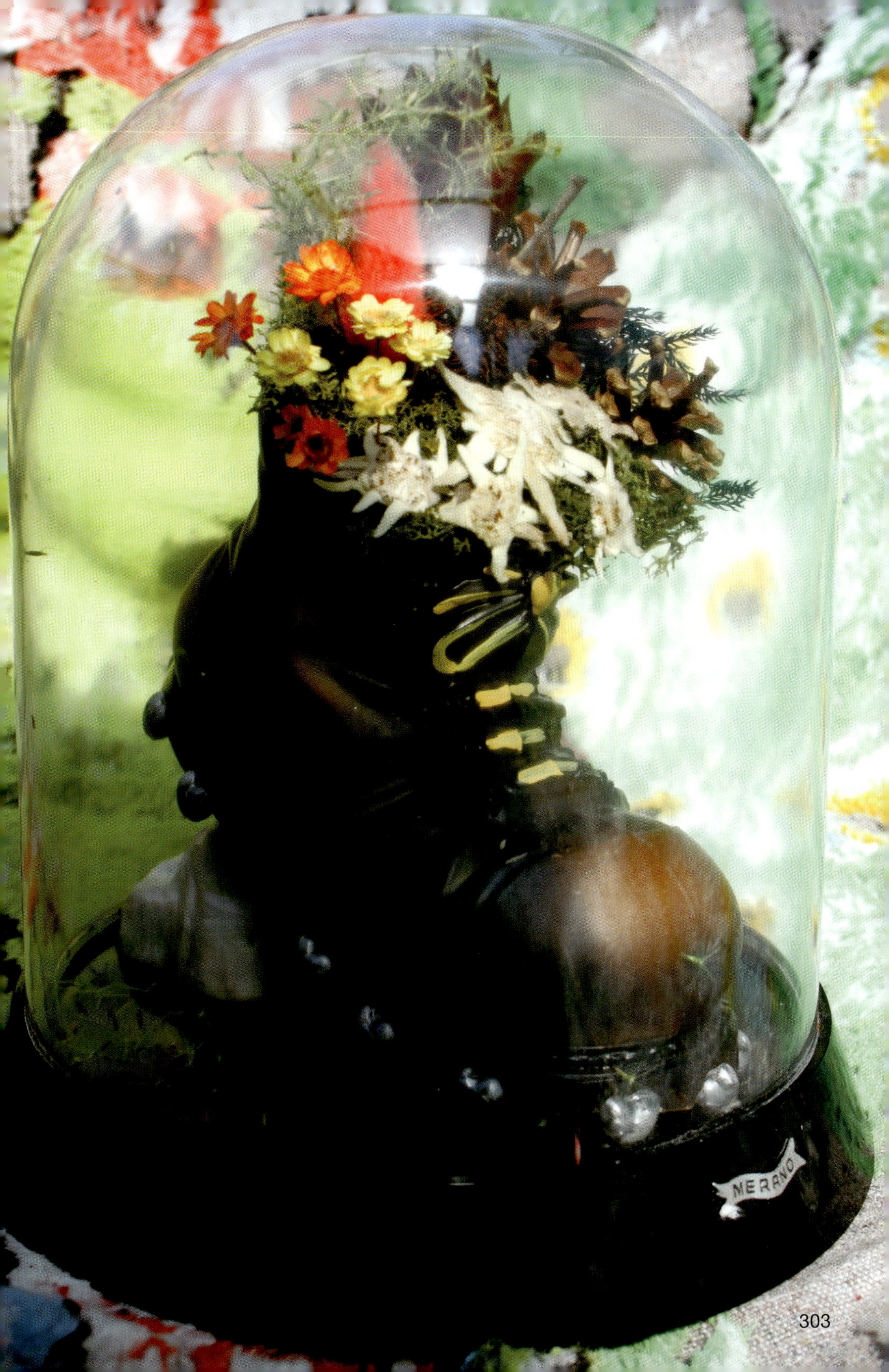
MERANO

ALMENRAUSCH ENZIAN EDELWEISS

GEIST REICHER GEIST

ORA / LABORA / ORA

DU / GESCHEITER / DU

GSCHEIDER

/

GSCHEIDER

TASCH

ORBETN

ORBETN

ORBETN

ORBETN

ORBETN

ORBETN

ORBETN

ORBETN

ORBETN

ORBETN

OR

BETN

LITANEIEN OILEIERN

ROUSNKRÄNZ

UAN GSATZL / NOCHN ONDERN

UND NITT REARN

KUAN GSATZL

/

PISCH A PUA / ODER PISCH

A FETZTASCH

LA GAZZETTA DELLO SPORT

È ROSA / COME TUTTE LE ROSE ROSE

SONO ROSE / È ROSA

IL SOLE 24 ORE

ROSA È / IL ROMANZO D'AMORE

VISSUTO TRA TE E ME

CHE MI FA GIRAR / COME

FOSSI UNA BAMBOLA

/

E NOI ALPINI

ÄLPLER VON GEBLÜT

MÖGEN ES / MYSTISCH / DAS MÄRCHEN

VON DEN GÄMSEN EIERN / IST

KEINE MÄR / ESS

VON DEN BÖCKEN / IHRE WEISSE LEBER / MIT

SALBEI IN CHAMOIS / GOLDBRAUNER GEISSENBUTTER

AUF DEM PRÄSENTIERTELLER / OBEN

AUF DEM HOCHPLATEAU / TSCHÖGGLBERG

INPOSED

IN DER DIASPORA / EINGESTELLT / AUF DEN GAST DER GEBER

DIE DEUTSCHE SIPPE / AUSGESTELLT / IN LÄNDLICHER SITTE UND TRACHT

EXPOSED

/

WIEVIELE / LEIDEN NICHT CHRONISCH / WIE VIELE

AN MULTIPLER BEFINDLICHKEIT

DAS KÖNNE ER UNTERSCHREIBEN

SIGNIERESIGNIERESIGNIERESIGNIE / RESIGNIERE

HIMMEL
BLAU

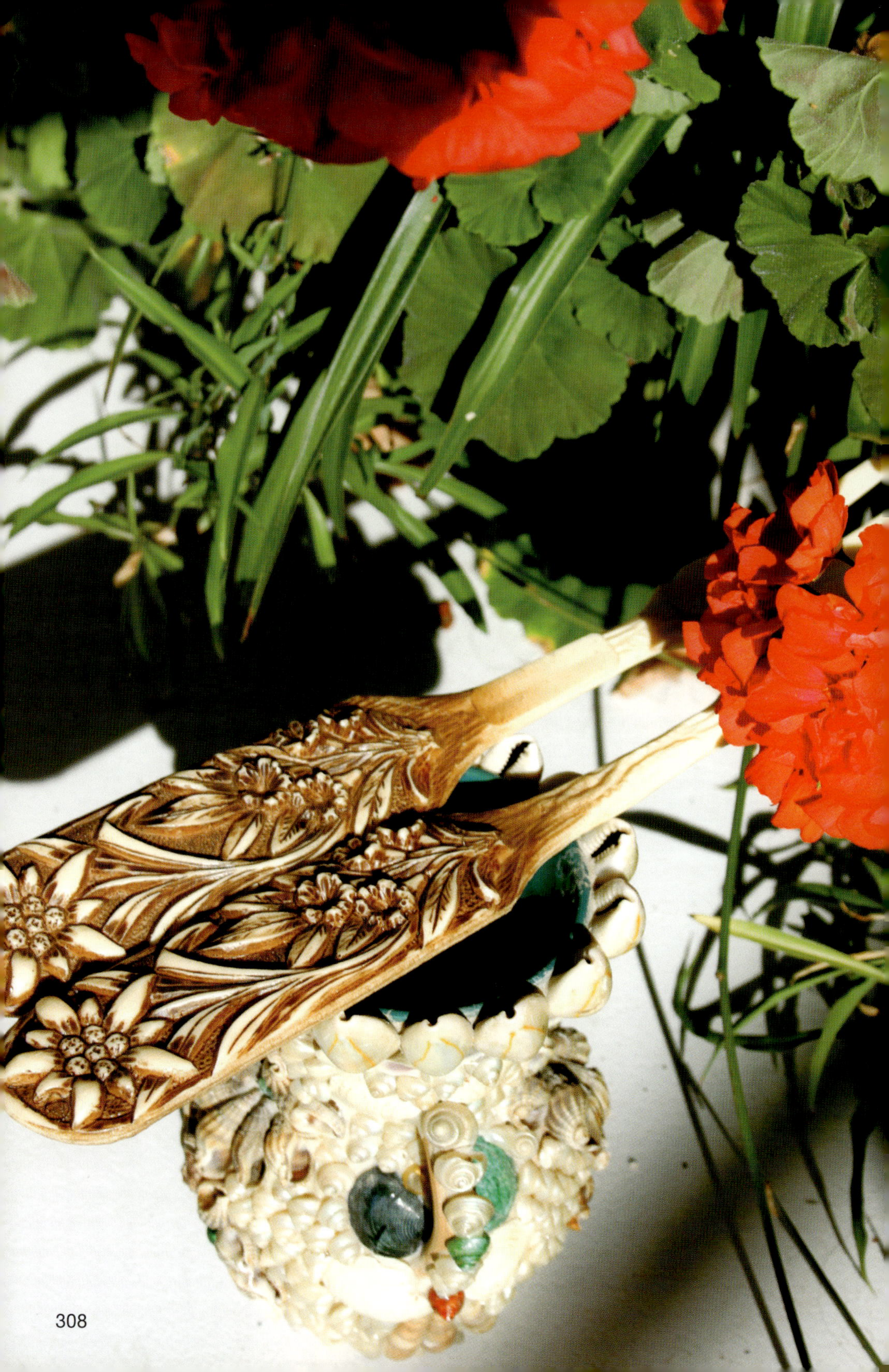

ZUR GEGEBENEN ZEIT

DER GENOMMENEN

FINDET

AUF DEM ZUTIEFST UREIGENEN

PARCOURS DES CURRICULUMS

UNTER DER ALLERHÖCHST PERSÖNLICHEN

TEILNAHME

DAS RENNEN MEINES LEBENS

STATT

STATT

IMMER UND EWIG

GESTALTEN ZU GESTALTEN ZU GESTALTEN

GEST

ALT

GEST

ALT

GEST

HALT

VERBET MICH / VERBITT MIR

HÖLLE UND HIMMEL

BLEIBEN

DEM ATHEISTEN HÄRETISCH VERSCHLOSSEN / UND

ERSPART

DIE UNENDLICHE FINSTERNIS / DAS EWIGE LICHT

HAB ZU SEHR / DIE ROCHADE LIEB

GEWONNEN

WANN IMMER WANN

ERBLICK

DAS LICHT DER WELT

ALS WÄRE ES AUSGEMACHT

/

ERFOLG

VOM LIED DAS ENDE

/

WIE DER DAVID

SCHLÄUDER

TRAUMEN

WIDER GOLIATH

/

BISOGNA SAPER VINCERE

PIUTTOSTO

PIÙ

TOSTO

PIÙ TOSTO PIÙ

CHE MAI

KRAFT DER SEHER

DIVINATIO

NATIO

IST DIE GEBURT / DIE NATION / IST

DIE ART UND WEISE

LEBENSKUNST

DIE GÖTTLICHE

DIVINA

VAI / DAI

Zur Erinnerung

DIE WELT

GEWOGEN

GEWOGEN

GEWOGEN

GEWOGEN

GEWOGEN

DER WELT

AMORE

/

VIENI

KOMM

ENDLICH

ZUR SACHE

KOMM

SCHLUSS

ENDLICH

SCHLUSS

VADO

/

D'ACCORDO

ACCOLGO DACCAPO

LA PROPOSTA DI

VITA E MORTE

/

MAL DAS ZEITBILD / FARBENFROH

EIN KUNTERBUNTES TREIBEN

STRÖMEN

/

ZÄHL

MICH

ZU DEN ZEITGENOSSEN / SOLANGE

WIR LEBEN

/

IST KEINER TOT

SCHEU

KLAPPEN

/

BETRUG

ABERVIELE

MILLIARDEN

DIE GOTTHEIT DIE

MENSCHHEIT

/

AFTER

SHAVE

/

CINEASTISCH / POMPÖS / DER ABGESANG

AN DIE FREUDE

TOLL

KIRSCHE / UND EISEN

HUT / AB

BLAUBLAU ANGELAUFEN / NACH

UND NACHFORSCHUNGEN

HAB WER

ANGESTELLT

WAR DERDIEDAS BEI

TIARAS HYBRIS

FÜNFUNDSIEBZIG EDELSTEINE / PLUS

MINUS / DREI KILOGRAMM GOLD

DIE FEHDE MÜNDE IM KAMPF

MUSST DRAN GLAUBEN / PER LA FEDE

DER

JUGEND

STIL

IST

TOT

ES

LEBE

DER **STIL** DER

JUGEND

316

COSÌ O COSÀ / NON È / CHE

L'OPERA D'ARTE / SIA

DI PER SÉ / UN

FATTO

BEN O MAL

FATTO

POSITIVO O NEGATIVO

MAGARI

/

UN BRINDISI DA

BRINDISI

PRO / MILLE

/

MAL BILDER / MIT

LINKS

BIN

RECHTSHÄNDER

UND

SCHMIED / DAS EISEN

SOLANGE ES HEISS IST / GEH

ICH / INS SCHWIMMBAD

/

ZAUBER HÜTE

AUS DEM ZYLINDER

ZAUBERHÜTE

/

GOTT GEFÄLLIGST

C'È

TANTO / DI ANIMALESCO / NEL UOMO

QUANTO / DI UMANO C'È / NELLA BESTIA

O BIANCANEVE O

LEDA

ADEL

VERPFLICHTE

ZU NICHTS

/

NON STÀ

NÉ IN CIELO / NÉ IN TERRA

C'È ANCORA / IL PURGATORIO / C'È ANCORA

NATIO DIVINA

DIVINATIO

SEH ER / DER BLINDE / WAS

ER SCHAU ER

SOTTO / IL CAPELVENERE / SI

ENTRA / SI ESCE / VIA

HIMMEL TOR UND HÖLLEN PFORTE

SPENDO UN SACCO DI TEMPO

VUOTO IL SACCO

DI TEMPO IN TEMPO

ALLORA / OGNISSANTI / ALLORA

QUOTIDIANAMENTE

SETZ HIER MIT DUFT MARKEN / MARKEN DUFT

/

DER BLICK IN DEN SPIEGEL / IST EINER ZURÜCK

319

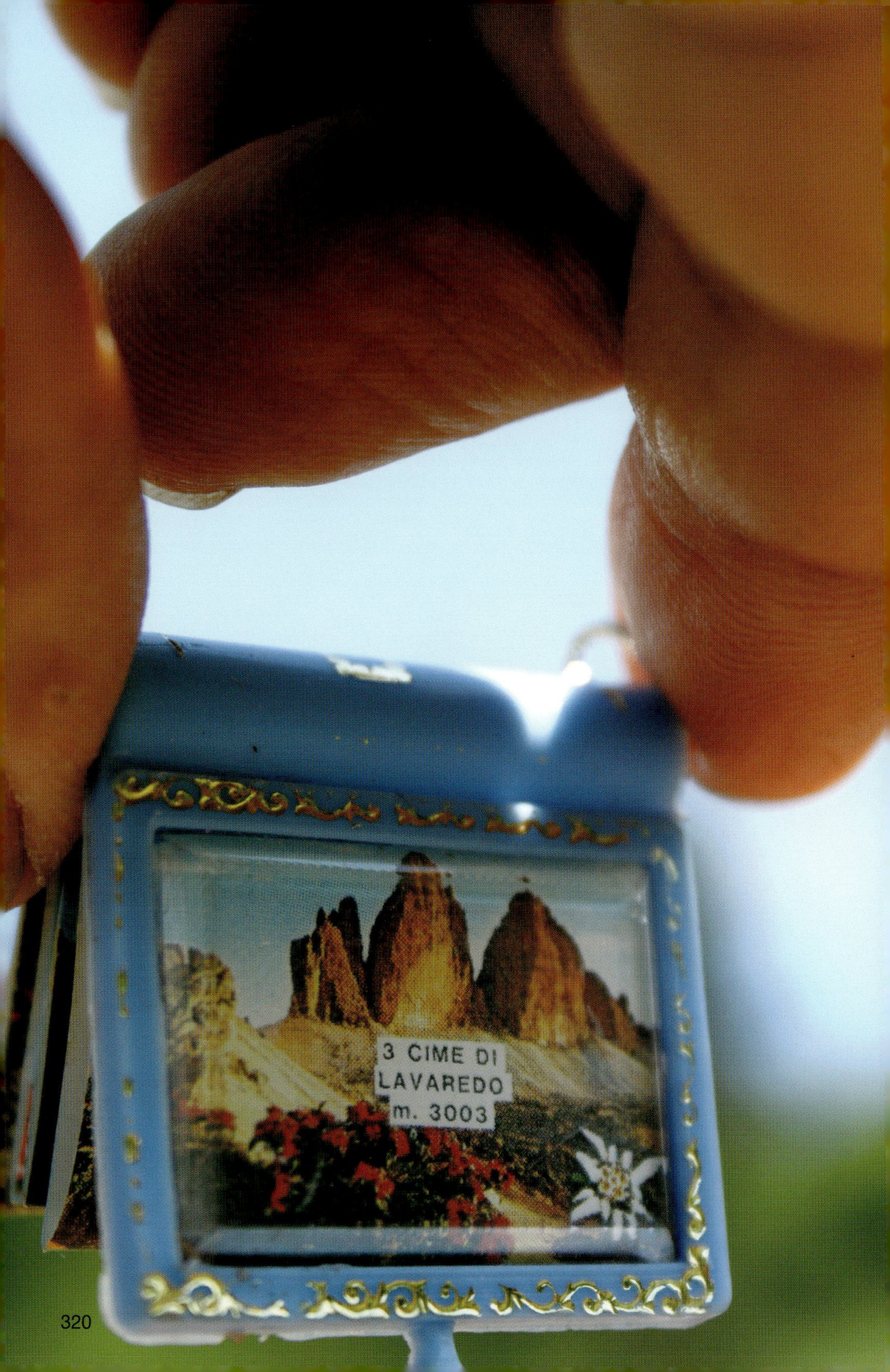
3 CIME DI
LAVAREDO
m. 3003

/

BILD

LUNGEN / LEBER / NIEREN / GALLE

AUS / WAS

WENN NICHT

PARALLEL ZUM KLEINEN ZEH

/

DEM HÄRCHEN IN DER NASE

ZUR

HERZENSBILDUNG

/

TRAG

TÄGLICH / BEI TAGES

ANBRUCH UND ENDE

ALL ABENDLICH / ALSO

DEN MORGEN MANTEL / MIT

DEM DRACHEN DRAUF / ZUM

ZEICHEN / SIGNUM / IN

SIGNO

FORTITUDINIS

/

BORG

MIR DEN SPEER

VOM GEORG / DEM

LINDWURM KILLER UND SIEGFRIED / DEM BURGUNDER / IM

WOLLSCHWARZEN KLEID SCHAFSPELZ / ALPHA / WÖLFE / O MEGA

/

DIE GANZE WELT

EIN DORF / SCHREIB

ZUR POSSE

EIN DREHBUCH

TONINTON

/

EX

GETRUNKEN / GEGESSEN

/

SCHWÄRME

VON GIFTGRÜNEN HEUSCHRECKEN

DEN FINGERDICKEN / DIE

GRILL / BRAT SIE

HOCHSOMMERLICH UND

IN FREIER WILDBAHN

AUF OFFENEM FEUER / KNUSPRIG

IN DER KASTANIEN PFANNE

/

WERTVOLLWERT

/

STEH

WO DER HIMMEL WALD UND WIESE SÄUMT

MIT BEIDEN FÜSSEN / GEERDET / IM

HEUTE

MORGEN

HEUTE

NOCH

323

SIC

ACH / GEH

/

ZUR SACHE

KOMMEN

ZUR SACHE

GEH

MACH

SCHLUSS

ENDLICH

SCHLUSS

/

GOTT / VATER

LEG

DAS ZEPTER / AUS DER WARMEN / HAND

IN DIE / DES SOHNES

/

STEH

WIE ER / IN DER WARTESCHLEIFE

HARR

DER DINGE / DIE DA

WERDEN

/

QUOD LICET JOVI / LICET OVI

QUI MEUS AMOR IN TE EST

ZUM LAMM / DAS HINWEGNIMMT / BEIM HINWEG / DIE SÜNDEN

DER WELT / SEINE NICHT UND MEINE

BEI ALLER LIEBE

NIMM

FANTASTICA MENTE FANTASTICA

VON DER BUNTEN PALETTE

HAUTGELBES

ELFEN BEIN

/

BEDECK DAMIT

DER

ELFEN BEIN

LASS DAS FÜSSLEIN UNBESCHUHT / SETZ

IHR AUF / DEN FINGERHUT

AM DAUMEN SITZT EIN ZWEITER / AUF

DIESEM MAL ICH WEITER

DAS GEFÄLLT DEN KINDERN / GUT

/

PUNKT PUNKT

STRICH / ZIEH

DIE MUNDWINKEL NACH

OBEN

UNTEN

OBEN

FLÜGELN DIE FEEN KINDER / FEDERLEICHT

LUFTIG / IN

BRAVEN TÜLL STÖFFCHEN / AUS

ROSAROT UND HIMMELBLAU

ATTRAVERSO

L'IMMAGINE FAVOLOSA

RÜCKSICHT

VORSICHT

328

HEIL IST

GANZ EINFACH / EINFACH GANZ

IST HEIL

SALUTE / GESUNDHEIT / PRO SIT SIS SIM

HEB / HEIMATTREU / TIROLERLAND / IM GLAUBEN FEST

DIE RECHTE AUF / HOCH / HERZ UND HAND

/

DIE HEILIGEN KRIEGE / KRIEGE HEILIGEN DIE

DIE FÜR GOTTKAISERVATERLAND DEN HELDEN MACHEN / FÜHR

ER

UNS NICHT IN VERSUCHUNG / SONDERN ERLÖS ER / UNS

VON DEM BÖSEN / ÜBEL / AM EN / DE

KÄMPFN UND FOLLN

DÜRFEN / DIE DRAN GLAUBEN / MÜSSEN

DIE ZEIT NIMMT SICH

DIE ZEIT / LÄSST SICH ZEIT / MIR

AUCH UND DIR GENAUSO

SO GENAU / WISSE ES

CHI LO SA

SAG ZUR FLIEGE / FLIEGE / UND / SIE TUT / ES

SOBALD ICH IHR MIT MEINER KLATSCHE

ZU NAHE KOMM / ODER

SIE MACHT ES

NIMMER WIEDER

SCHMEISS FLIEGEN

DIE TOTEN / INS SCHEISSHAISL / TIRO

L'ACQUA

GIOCO UN GIOCO UN GIOCO

GIOCO

CENTRO

/

BAD IN DER WANNE

SING A TEMPO / MEIN CAPRICCIO

WOHL GELAUNT UND NICHT ÜBEL

WENN DIE BUNTEN FAHNEN WEHN

GEHT DIE FAHRT WEIT ÜBER'S MEER

WOLLN WIR FERNE LANDE SEHN

FÄLLT DER ABSCHIED UNS NICHT SCHWER

/

WÄHL ZWISCHEN TÜR UND ANGEL / DIE

RUTE

FISCH IM TRÜBEN / NACH

DER PLASTIKENTE / QUIETSCH FIDEL

/

TEMPO

FÀ

TEMPO

FÀ

TEMPO

/

WIESO ZÖGERN / WENN

GLEICH

UND GLEICH SICH GESELLEN

MIT DEM MEISTER MESSEN

331

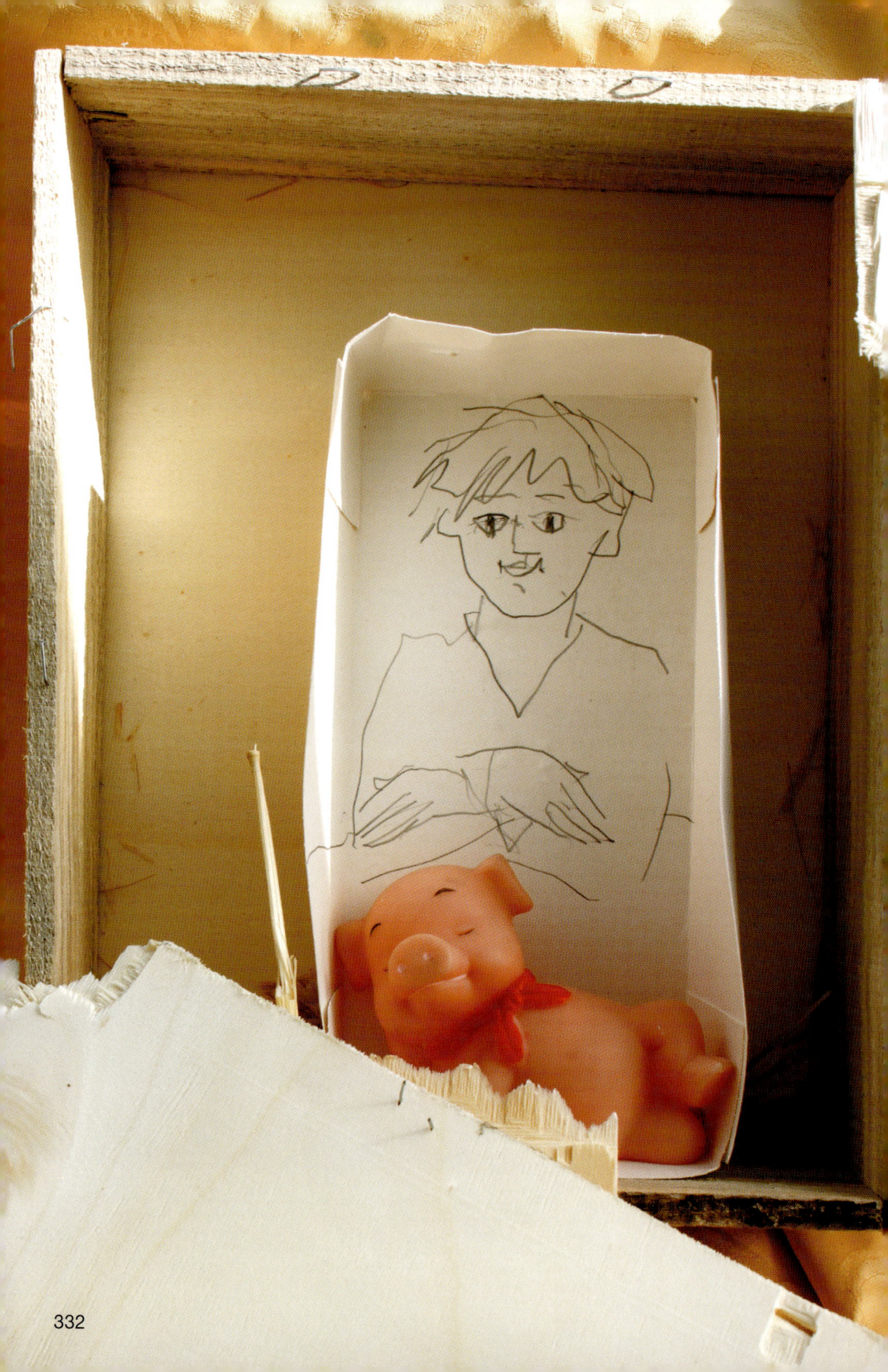

WECHSEL

TAPETEN

WECHSEL

TAPETEN

WECHSEL

TAPETEN

WECHSEL

TAPETEN

WECHSEL

WILD

METHODE

LOSS OLLE NEINE UNGROD SEIN

MAL SO / MAL SO

DRÜBER

/

WARUM ERST / DANACH / TRACHTEN

BRÄUCHE / USANZE E COSTUMI / HINTERFRAGEN

UND NICHT VORHER

/

GEH / ANTE PORTAS

A PORTATA DI MANO

IN MEINEN GELIEBTEN BERGEN

IN MICH / OHNE RISIKEN UND NEBENWIRKUNGEN

FRAGEN SIE DEN ARZT

/

STEH / GERADE / EBEN / KOPF

ÜBER HALS / IM DASEIN

LA RIVOLUZIONE

ROMPE

IL GHIACCIO

L'EVOLUZIONE

LO SCIOGLIE

/

IN DEN EISZEITEN / LASS DIE KÄLTE / DAS BLUT

IN DEN ADERN / GEFRIEREN

/

WILL WÄRME

LIEBEND GERN

GERN LIEBEND

IST DOCH NAHELIEGEND / DURCH REIBUNG / ENTSTEH

VERGEHEN

TAG UND NACHT

/

SCHLIESS

HINTER MIR DIE TÜR

NICHT

AB

NEHM / LETTERN / WORTE / SÄTZE

SECONDHAND

BENUTZ / NOCH HEUT / GEBRAUCHTES

WASSER

GEBRAUCH / HEUT NOCH

BENUTZTE

LUFT

ES WAR 1X

EVER GREENS

ÜBER MEINEM HAUPT / KOMM MIR

KEIN SCHLUSS STEIN

NIENTE / LAPIDE / CON

DATE / NOME E COGNOME

/

STECK / VOLENS / IM AUFTRITT / DRIN

SUCH NICHT DIE LETZTE RUH

NUR DA / WO ICH IMMER / BIN

AUCH NICHT IN GRAB UND TRUH

FIND / NOLENS / IM ABGANG / SINN

/

LASS

ALL MEIN VERGEHN

TUNLICHST

VERSTAUBEN

MAG MIR ERLAUBEN

DEM INS AUG ZU SEHN

/

MENTE / PATETICA / MENTE

O CO / SCIENZA O SENZA

TANZ / SCHNEE / WALZER / TANZ / MIT MIR / WEISS

RÖCKCHEN / WANN / KOMMST DU / GESCHNEIT

/

FAHR / SCHLITTEN / NICHT

OHNE MICH / IM MONTANEN FREILICHT

MUSEUM / AM BERG / HANG DER WELT / HINAN / ZIEH MICH

LICHTFREI / MEIN SCHWARZES LOCH

ERBEN

ERBEN

WAS WIR

ERBEN

ERBEN

WIR WAS

ERBEN

ERBEN

/

LIEBESKNOCHEN / ESSEN

TRINKEN / AQUAVIT

/

KURBELN MOTOREN / WERFEN PROPELLER

AN

DREHEN AM ZÜNDSCHLÜSSEL

DRÜCKEN AUF DEN START KNOPF / DEN

WER MORGEN GEDANKLICH BEDIEN

/

FISCH IM TRÜBEN KEINEN MEHR

/

WAS WEISS / ICH NICHT / DASS ICH WÜSSTE

WAS ZU TUN UND WAS ZU LASSEN WÄR

/

L'ANTEFATTO CI DA IN MANO L'ELASTICO

PER MISURARE / TUTTO E NIENTE

/

HEILIGE DIE SCHRIFT / DA SIEHE DA / DIE HEILIGE SCHRIFT

smART GALLERY
STEINACHPASSAGE MERAN

msch RELIQUIEN

MENSCH VORSICHT

VORSICHT MENSCH

MENSCH VORSICHT

/

HOL / LANG UND BREIT / AUS

VON WEIT HER / DIE KRONE

DER SCHÖPFUNG

JEHOVAS

ZEUGEN

JEHOVAS

ZEUGEN

JEHOVAS

VARIATIONEN

ALLER LÄNDER

VEREINIGT EUCH

DIE AHNEN / MIT DENEN / DIE AHNEN

NUMINOS

NANOTEILCHEN VOM GROSSEN UND GANZEN

/

IM TIEFEN AFRIKA / BRING

DER SCHWARZE STORCH / VOM HIMMEL HER

DIE KINDER / ZUR WELT

ELI ELI / MEIN GOTT / WARUM

HAST DU MICH

/

ELIXIER UND ELITE / ELISION / ANS EW'GE GLAUB / IM

LYRISCHEN ELYSIUM

ERHEB

DIE REGELFAUST ZUR FAUSTREGEL / DER

MATRILINEAREN KÜNSTE / DER

SCHÖNEN BIS HÄSSLICHEN / GUTEN BIS SCHLECHTEN / DER

BÖSEN AUCH / DENN

IHNEN DANK ICH / DIE

MUSEN

KÜSSE

KÜSSE

KÜSSE

KÜSSE

KÜSSE

KÜSSE

KÜSSE

KÜSSE

KÜSSE

MUSEN

WIDER UND WIEDER

WENN DER TAG SICH NEIGT / HINUNTER

ZUR SCHIEFEN EBENE / DER

ACHSE HIN / VOM MUTTERPLANETEN / GEH

SAMT DEM MOND UND SONDERS DEN STERNEN

DEM MILCHMÄDCHEN DIE RECHNUNG AUF

/

ZÄHL DAZU

DAS WELTKULTURERBE WELT / ALL DAS / ALLES

SIE / IHN UND MICH DAZU

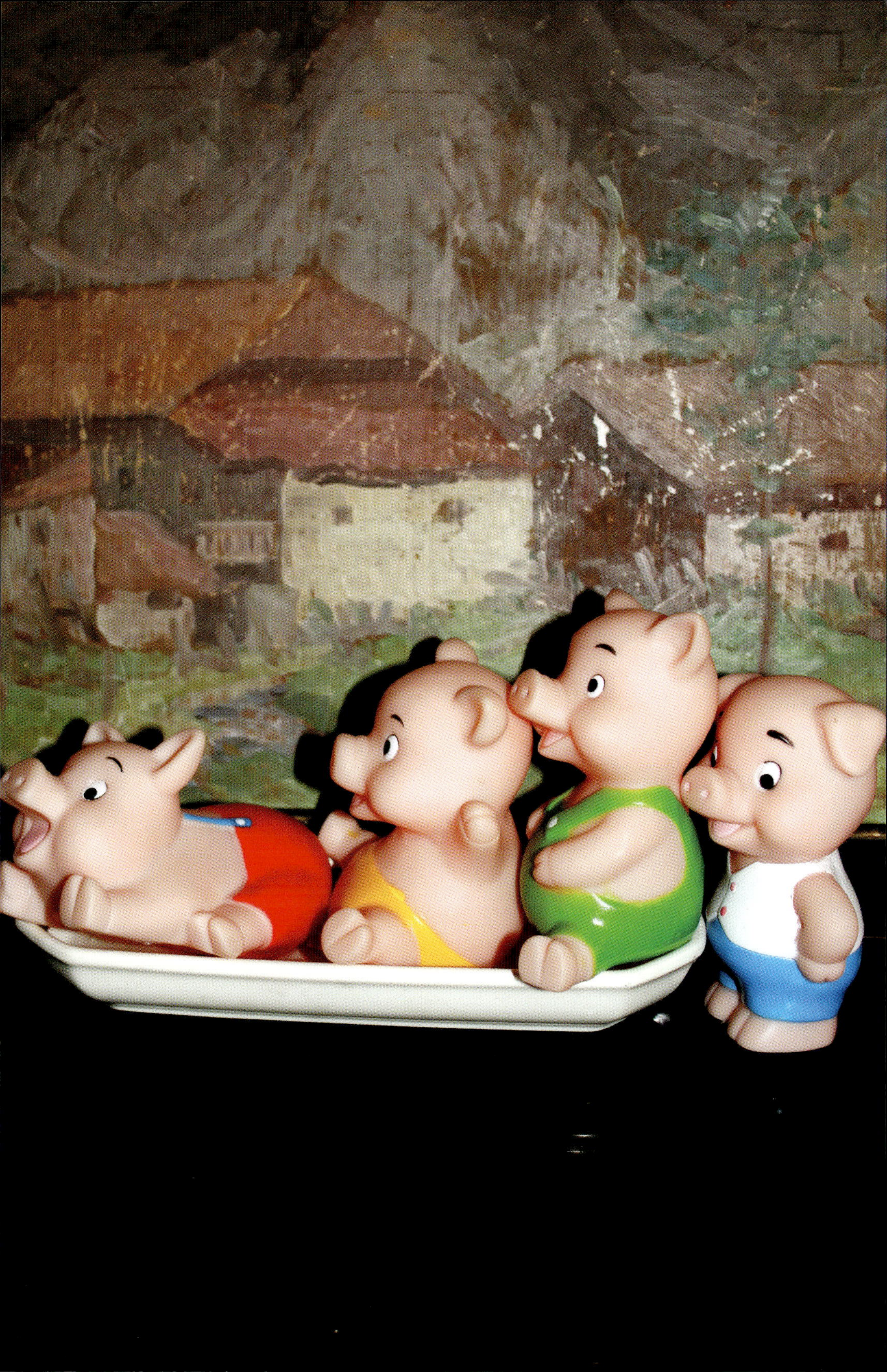

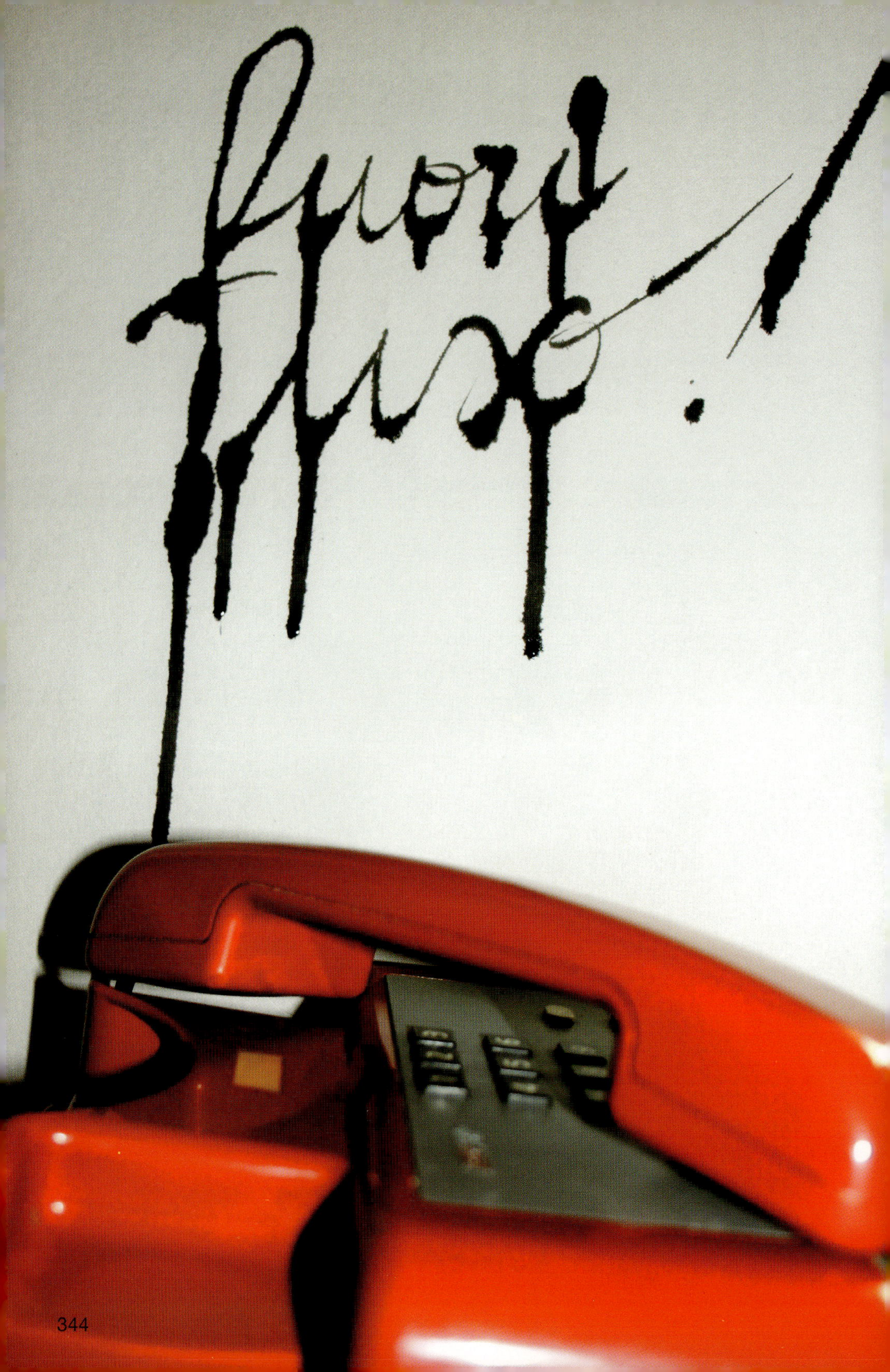
fuori fuso!

BRAUCH

WAS ICH HAB

/

WEIDE / KÄTZCHEN / ENTLANG

DEM WILD / BACH / RÄUSPERN

DEM SPÄT / WINTERLICHEN / DEN APEREN

FRÜH / JÄHRLICHEN / SAUM ENTLANG

/

ZIEH DEN HUT

IM LETZTEN SCHNEE / GEPLÄNKEL

INS GESICHT / HALB

SO WILD

/

HAB WAS ICH

BRAUCH

/

LEX NATURAE / AD PERSONAM

ET

JE LÄNGER WER LEBT

DESTO KÜRZER IST DER TOT

ET

SO VIEL ZEIT MUSS SEIN

NACH DEM ABGESANG UND DAVOR

FÜRCHTE SICH WER KANN

/

END

LOS

ZAPPEL

BEI PHILIPPI / HIBBELIG

IN UNRAST UND RUH NICHT

IN DIR SELBER

/

A SETTA NERVÖSER PINGGL / DER ZOPFN

SOGG DI MAMMA

HIMML / TATTA PUSS SI / BUSSI

/

OB ICH MIT KINDERN KÖNNE

WAR SELBER MAL EINS / MIT

EINEM

GING

VOR

HER

/

HER

VOR

UND ZURÜCK GEBLIEBEN / IST VIELES

VERKLÄRT

/

ELEVEN LEHREN UNS / SCHÜLER

LEHRER SCHULEN / LEHRLINGE

/

SPIEL

HOCH / MEIN PIANO / FORTE

GIOCO

WEIL AUSGEZOGEN - NACKT

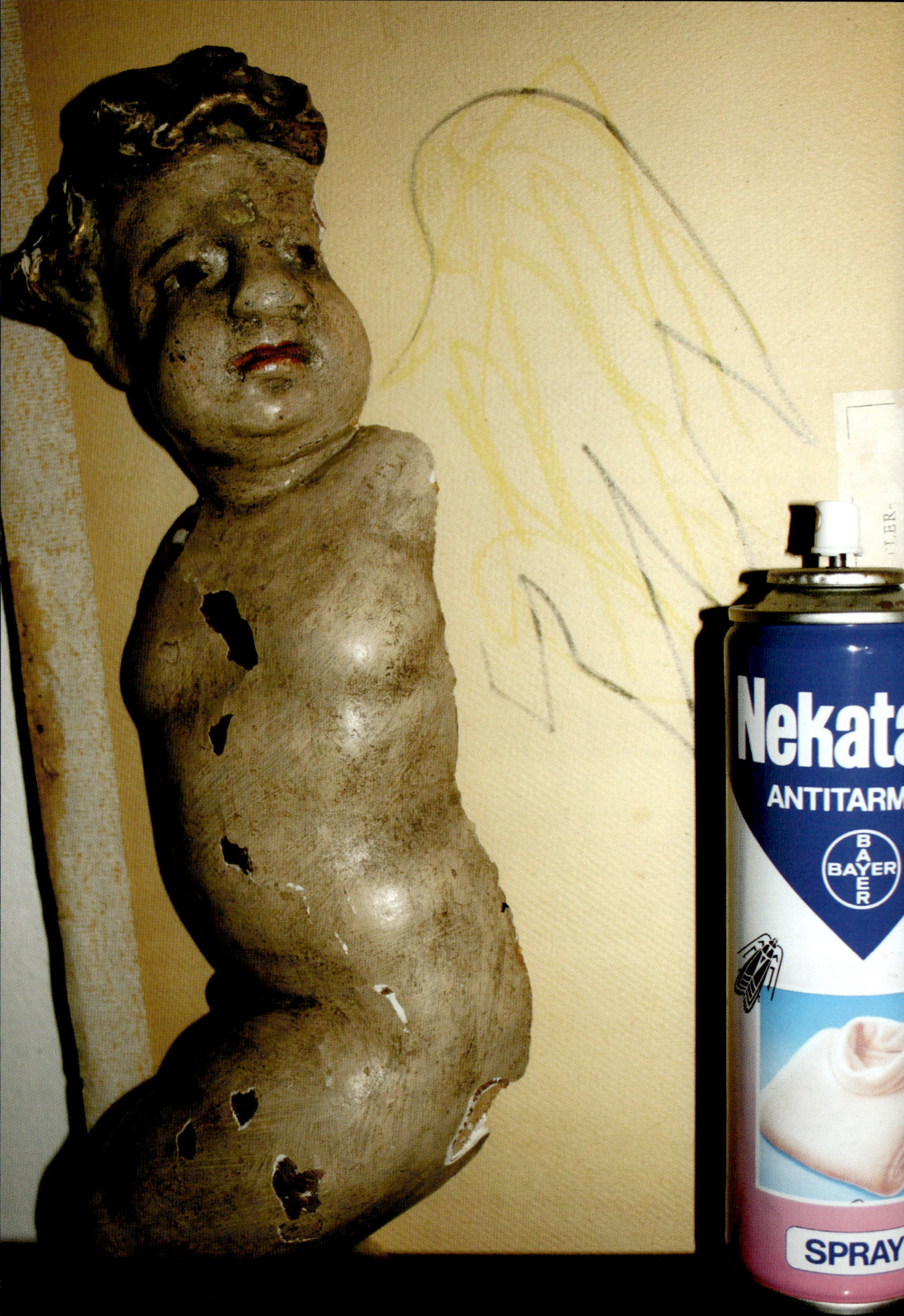
Nekata
ANTITARM
BAYER
SPRAY

È

PATERNO / L'AMORE / DICONO

NON SOLO I CRISTIANI

E

CHE SIA LA MATRICE

DI TUTTO DI

PIÙ

WESTERN

OSTERN

FUCK / ON / OFF

SCHAU SCHAU

HAU DEN / LUKAS

DER MARKUS / DEN JOHANNES / DER MATTHÄUS

/

STREICH / WÄHLER / LISTEN

KREUZ UND QUER

QUENGEL NICHT

LOB MIR

DIE DURCH / UND DURCH

LAUTEREN / FESTEN

DICKEN FREUNDE

/

DENN KURZ / ZEITIG STEUER / BEI

DEM RIFF / DA / DER KLIPPE

MANN UND FRAU / INSIEME / CI SIAMO

SELL UANE / WOS I IATZ

A

TIAN GIAN

KANNT / MOG I NORR LAI

GIAN TIAN

/

KAPRIOLE

TEXTE

WIE

WETTERWECHSELWETTERWECHSELWETTERWECHSELWETTER

REGEN / SOMMER / OHNE SCHAUER

BRINGT SEGEN / DICHTET DER BAUER

/

LINNEN / WEISSE WINTER / PRACHT

FÄLLT VOM HIMMEL / WOLKEN / FRACHT

/

UND / WAS FRAU HOLLE SCHÜTTELN TUT

DAS KOMM / DEM LAND / WIRT AUCH ZUGUT

/

HITCHCOCKS RABEN

SCHWARZE NACHT / BLUT

IST IM SCHUH

MACH / ER

BLEIB

BEI DEINEM / SCHLAG ALLES / ÜBER EINEN

LEISTEN / KANNST ES DIR

WER MIR DEN VOGEL ZEIGT

VERWEIST AUF SEINEN

UCELLO

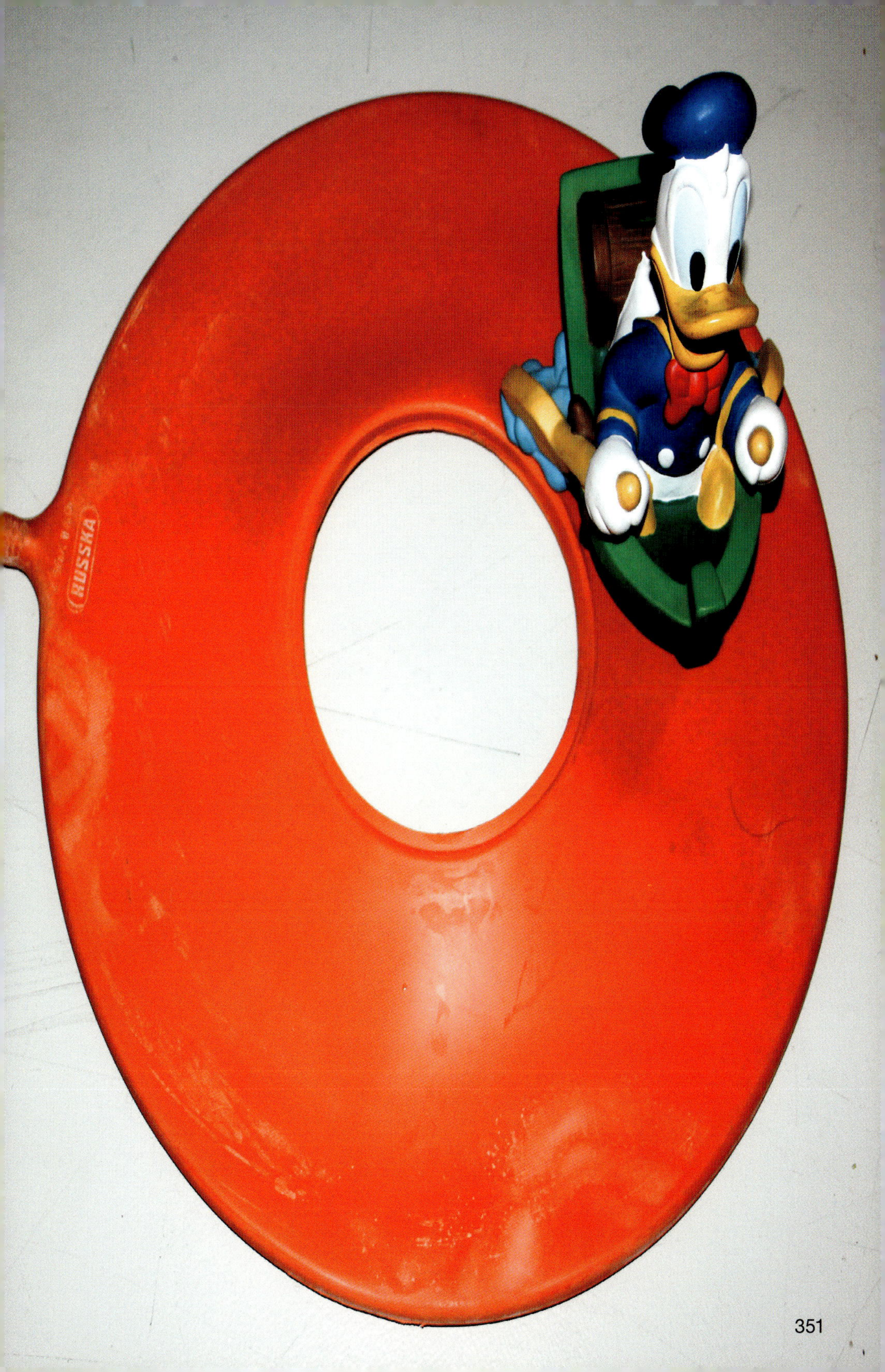
RUSSKA

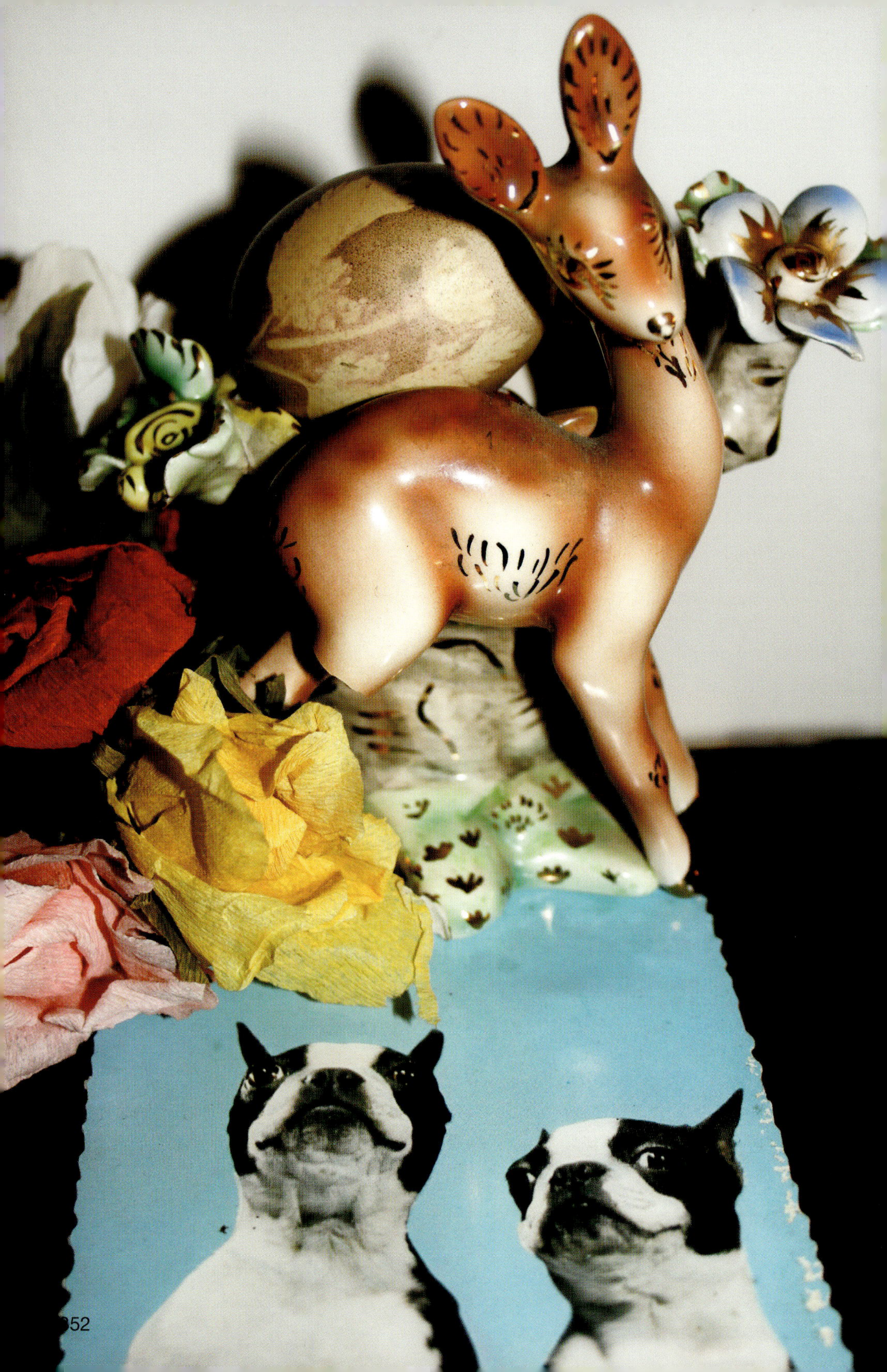

GIB

DEM ONKEL / DER TANTE / DIE

SCHÖNE HAND / NICHT

FAUSTISCH / LINKISCH / DER LINKE

DIE LINKE

MY FIRST HAND

IST SO OFT GEGEBEN / ZUR

SECOND HAND

GEWORDEN

/

MA CHE COS'È

DI BUONO O MALE

IN UNA POESIA COME QUESTA / O

QUELL'ALTRA

FUORI LA FORMA / E

IL CONTENUTO SPOGLIO

È QUELLO

CHE È / ALDILÀ / DI

OGNI SOSPETTO LIRICO

E NON C'È NESSUN

DIVIETO

D'ACCESSO

AI NON ADDETTI AI

LAVORI

/

WO FÄNGT DER ORIENT AN / WO

DER OKZIDENT AUFHÖRT

WO EIN

AUS / SCHUSS / LOCH

FEDERN / HAARE

WACHSEN

LASSEN

HAARE / FEDERN

/

WERK MEISTER

SEIEN OHNE

MEISTER WERK

KEINE

WERK MEISTER

/

BLEIBT

DIE VERGANGENHEIT AUS

IST ES KÜNFTIG

SCHLECHT BESTELLT

UM DIE GEGENWART

/

LASS / JONGLEUR DER SPRACHEN / DAS WORT

LINGUA / IN DEN MUND GENOMMEN / AUF

DER ZUNGE / ZERGEHEN

/

DER JUX VOM MAX UND VOM MORITZ DIE TOLLEREI / DAS

EXEMPEL / AUF PROBE

SITZ

PLATZ

355

MERAN

SCHALLENDE OHRFEIGEN

INS KINDERGESICHT

HALLEN WIDER / HILDERN NOOCH

/

BITTE

EIN BINDEN / EIN SCHLEIFEN / EIN SCHENKEN

DANKE

FÜR DEN REINEN WEIN

BITTE BITTE

/

CONTRATTOCONTRATTOCONTRATTOCONTRATTOCON

WASSERLEITUNGSWASSERLEITUNGSWASSERLEITUNGSWASSER

/

SUCH

ERST DEN HEUHAUFEN UND DANN / DIE NADEL

AN DEINER STATT UND STATT MEINER

/

SOLE / LUNA

/

STELLE

MICH DIR / DIR MICH

MIR DICH / DICH MIR

VOR / UND

ZURÜCK / GEBLIEBEN

SIND ERINNERUNGEN

REINIGE DAS WASSER REINIGE

FAC

SIMILE

DAS FEUER REINIGE DAS FEUER

MATER DOLOROSA TERRA

AMATA

/

ERA

ORA

ERA

/

WILL / ÜBER STOCK UND STEIN / ETWAS

KLUGES SCHREIBEN

WILL / IM RAHMEN BLEIBEN / WILL

SAGEN / ARTIG SEIN

MIR DIE AUGEN REIBEN / DENN

DER MITTELWEG / DER

GEH ALLEMAL GUT / FÜR

DEN / DER RECHTES TUT

/

WAS DAS GEREIME / SOLL

ES / MACH DIE SEITE VOLL

/

WENIGER IST / MEHR

NICHT

/

A SOU / ISCH ES / SOU A

PARALLEL LAUF

/

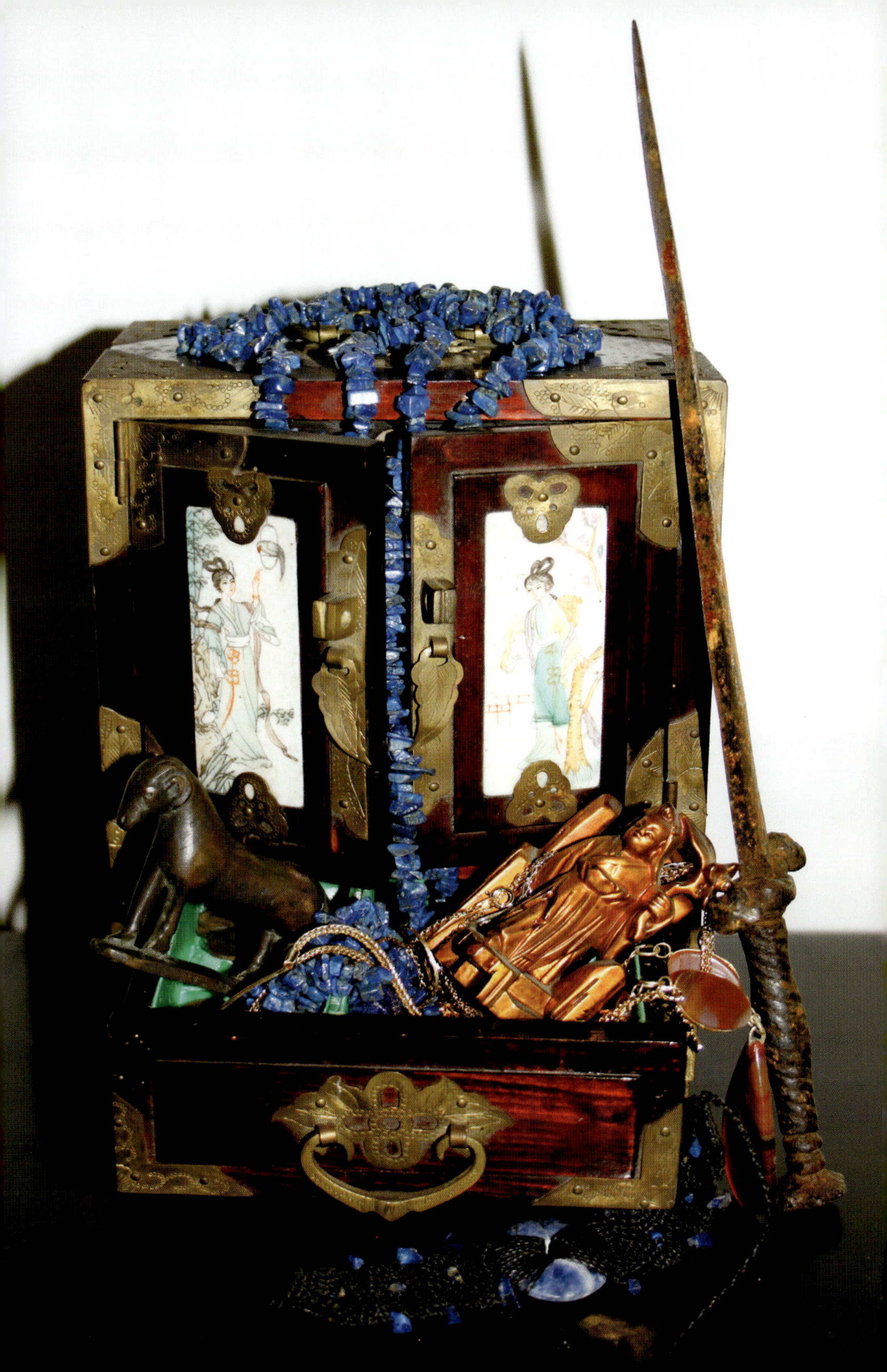

TON IN TON

DER SCHÄFER STÜNDCHEN

SCHLÄGT / COITUS INTERRUPTUS / BEIM

AUSBRUCH / DAMALS

ERUPTIONI VESUVII / PRESSO LE PROSTITUTE / BEI DEN LUPE / IN

DEN SECHSUNDZWANZIG FREUDEN HÄUSERN / A

POMPEI / IN / BOCCA AL LUPO / AUGEN ZU / MUND AUF / GLÜCK AUF / IN

WORT UND TAT / CAZZO / IN DEN MUND GENOMMEN / IN

ALLER MUNDE / L'ESCLAMAZIONE BESTEMMIATA / OLTRE IL

COMMERCIABILE COMUNE POMPINO COMMESSO

COME FANNO / PER I CAZZI LORO / LE DONNE

WIE IM ALTEN ROM / GEHÖR

BEI AMOR UND WINKEL MANN / DIE

EROTISCHE

GESCHLECHTLICHKEIT / DORT / ZUM

ALLZEIT SCHÖNEN UND GUTEN / DER

MENSCHEN / KINDER

/

KREIS / KONZEPTUELL / IM

VAGINALRAUM

DER MATHEMATISCHEN NULL / UM

NICHTS / IN DER WELT

EWIGLICH / ZUM

GOTTESBILD

/

LAUF PARALLEL

LE / STELLE / AN / STELLE

FEST

NICHT ICH KOCH / DIE SUPPE

DIE SUPPE KOCH / NICHT ICH

/

EIN HÄNDCHEN / IM KOCHEN BEWEIS

DAS NÄSCHEN / GESELL SICH DAZU

WES KUNST ICH IN DER KÜCHE TU

SCHAU / DEM BLUBBERN BEIM KÖCHELN ZU

ZU POLENTA / WERDE / DER MAIS

/

UND ZUSAMMEN / BRAUT SICH WEITER

DAS DA / VON SCHAURIG BIS HEITER

/

DAS SÜPPCHEN IM TOPF / LINDER DEN SCHMERZ

EIN YANG WÄRM DAS HERZ / DAS YIN KÜHL DEN KOPF

/

ÜBER EIN KUNST WERK / ZU REDEN / IST

DER VERSUCH / IHM

MIT WORTEN / ZU BEGEGNEN

/

REIH / EIN PAAR WÖRTER ANEINANDER

VORBEI / IST DIE MAHLZEIT / WENN

DER GROSSBAUER / DEN LÖFFEL / IN

DIE MUSPFANNE LEGT / ODER

ABER / EINER / VON UNS / ANDEREN

GIBT IHN AB

/

AB

BRIEF-TASCHEN-MUSEUM

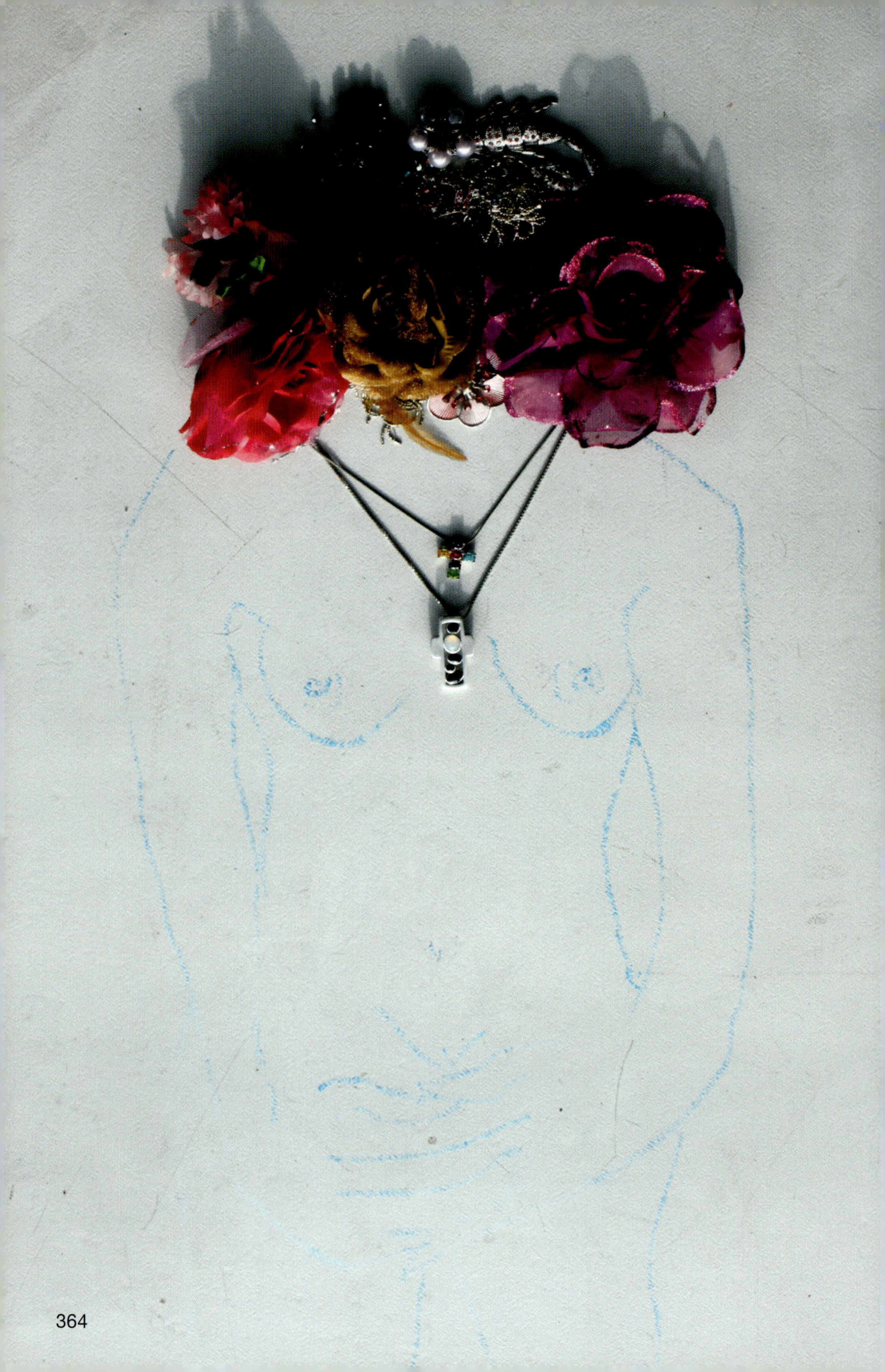

ADESSO

È

ORA

/

NENN ROSS UND REITER

DON QUIXOTE DE LA MANCHA / EL INGENIOSO HILDALGO

ROCINANTE

/

ORA

È

ADESSO

/

LO PRENDO / CON IL SACCO / IN MANO / E

SUO AMICO IN ALTO / CON LE MANI / NEL SACCO

FACCIO

UN SERVIZIO COMPLETO / DI

BARBA E CAPELLI

KALKÜL

HUT AB / KOPF AB / HUT AB

KAHL / KÜHL

/

THEO / LOGISCH / THEO

GEH

DEN GÖTTINNEN UND IHREN MÄNNLICHEN KOLLEGEN

ENTGEGEN

JEDER LOGIK

BAR

MACH

DEM PHILOSOPHEN BEINE / UND

AUCH DEM BERG

SIND

DOCH KEINE KÖNIGSKINDER / DIE

NICHT ZUSAMMEN KOMMEN / KÖNNEN

/

DIE RESERVE DER

RESSOURCEN

HÄLT

VOR / NACH

HÄLT

DIE RESSOURCE DER

RESERVEN

/

SCHLAF / KINDCHEN / SCHLAF

HÜTBUB / WOHLIG

WÄRMST / EMPFOHLEN

BEI DEN KÜHEN / IM STALL

TRINK

BEIM ERSTEN VOGELSANG / DEM

HAHNENSCHREI

VOM EUTER WEG / WAS

DIE ZITZE HERGIBT / UND

DIE GIBT WAS HER / DIE

KUH / VON EINMALIGER GÜTE / SEI

UNSER VATER IM HIMMEL / SO DER PASTOR

KONZERTIERTE AKTION

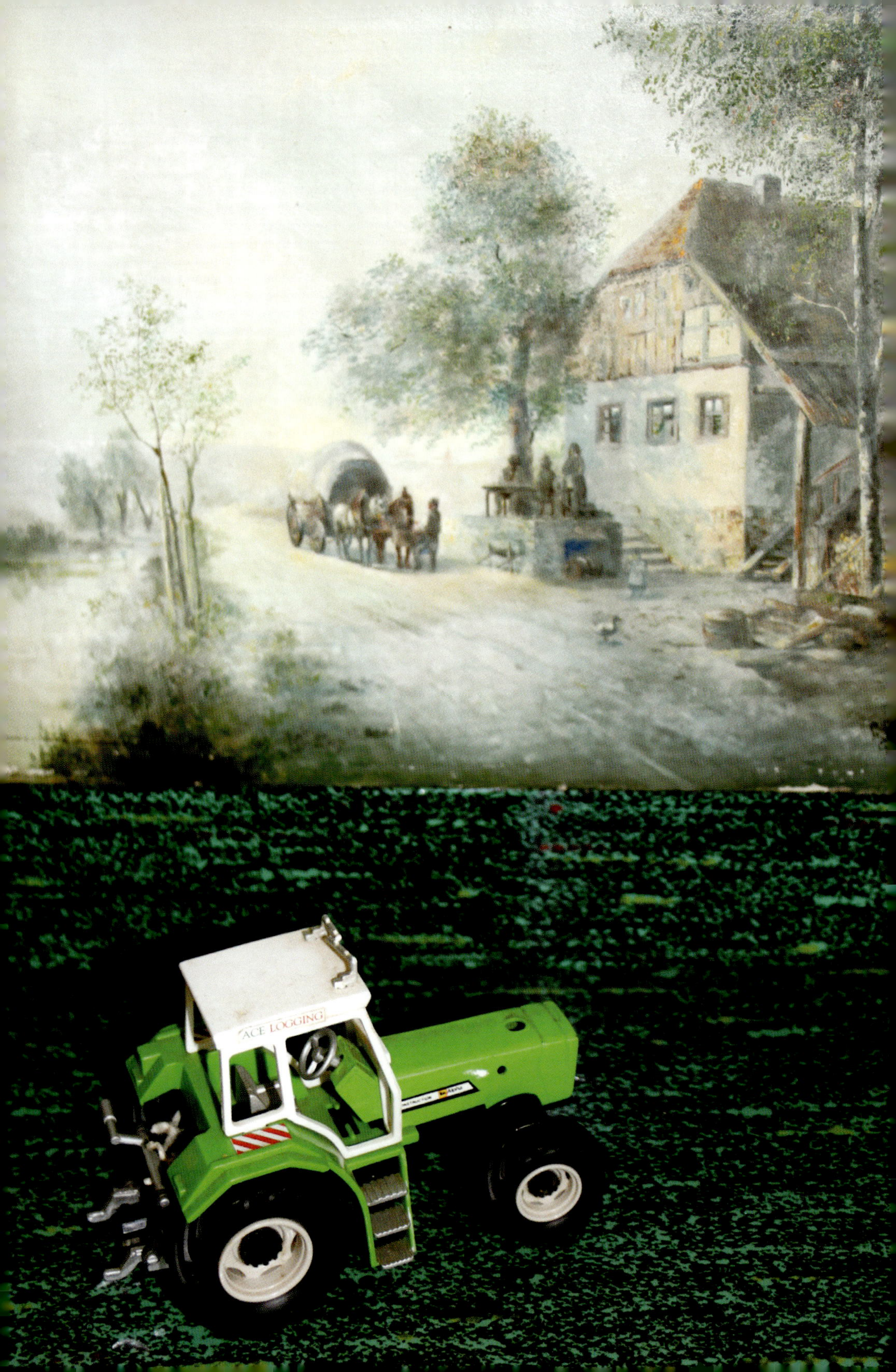
ACE LOGGING

DEM INGENIEUR SEI

NICHTS ZU / SCHWÖR / BEI

JUPITER

NELLA ANTICA ROMA / ROMANTICA ROMA

/

ET HIC EST

CLOACA MAXIMA / DIE

MÜND IN DEN TIBER UND / DER

INS MARE NOSTRUM / DAS

WIE JESUS / IN DEN HIMMEL AUFFÄHRT / WIEDER

NIEDER / KOMMT

E

TORNA / BAMBINO / TORNA

COME NUOVO / SORGE DALLA FONTE UN

RUSCELLO / CHE CRESCE / RUSCELLANDO

VERSO L'ETERNA CITTÀ

/

DENN

ALLE WEGE FÜHREN

NACH ROM

WEISS

ICH

WEISS

WEITER

DIE PAAR HÜGEL

DEN BERG / DEN BACH

HINUNTER

/

MARIA / FALL

AUS ALLEN WOLKEN

DAS GLÜCK IN DEN SCHOSS / SIE

TRAG ES

MODUS OPERANDI

/

AUS

NEL GREMBO DELLA MADRE BAMBINA

AUS

WELCHEM BEWEGGRUND IMMER

DAS KIND DER VERHEISSUNG

AUS

DEM ALTEN TESTAMENT

HERAUS

/

HINEIN

IN EIN NEUES

PERPETUUM MOBILE

/

RIP

AETERNA

BLEIB

DIE MIRIAM IN ROSA

FOR EVER YOUNG

IHR ERSTGEBORENER

CELESTE

371

SCHMUCKDESIGNER

DEN STEILEN AUFSTIEG

SÄUM

ALLE PAAR MINUTEN / FLACH

GEDUCKT / DIE ZWERGKIEFER

DEN SAUMSTEIG

HOCH BIS ZUM OLYMP

SÄUM

AUF STARKEM MAULTIER

RÜCKEN / DAS ALLER

NÖTIGSTE ALLER / UM

DEN TAG ZU ÜBERLEBEN

DENN

ESSEN UND TRINKEN MÜSSEN

AUCH / ZEUS UND DIE SEINEN / AUCH

DIE DÜRSTE NACH LIEBE / UND

HUNGERS STERBEN SOLL / VON DENEN IN DER HÖH / BITTE KEINER

/

MIT DER NOTDURFT WACHSEN

HÄUFCHEN FÜR HÄUFCHEN / DIE

BERGSPITZEN IN DEN HIMMEL

WO HEUTE GIPFEL KREUZE

DIE WOLKEN KRATZEN

/

WAS DIE OBEN WASSER LASSEN

RAUSCH / WEITER

UNTEN STÜRZ DER WILDBACH

ZU TAL

READY

MADE / IN WORLD

SITZ

DER ERDE AUF

DER ERDE UND

SCHIESS

DEM MÜNCHHAUSEN / GLEICH / DURCH DIE LÜFTE

E VIA

DICENDO

E VIA

VADO / PIANO / ORA

È ORA / CHE MI

FERMO / QUI

MI RIFERISCO AL

VOLGARE / MI RECO

A CHI / MI CHIAMA / PORCA

MISERIA

SCHÄM DICH / DRECK SAU

SPUCKT DIE OBEN / DREIN / IN IHR HANDY

NATO / SPUTA / NATO

COME / SE

LA SANTA SEDE

OCCUPASSE

UNO / PIÙ

PAPALE DEL PAPA

OCCUPASSE

IL MINISTERO PETRINO

DESIGNERSCHMUCK

PICASSO

SCHÖNER

SCHEIN

DIE SONNE / NUR

IM WINKEL / BLICK HIN

ZU IKARUS' FAHRT / IN DEN ÄTHER / HINEIN

IN DIE LEUCHTENDE / BRENNENDE / GLÜHENDE

EISKALTE BLÄUE

/

LICHT / BRING / ER

IM / STURZ / FLUG / DER

LUZIDE MEPHISTO / DER

STETS DAS BÖSE WILL

HIER STEHT'S

DAS GUTE SCHAFFT

PERCHÉ

DIO LO MANDA A QUEL PAESE

NEL PROFONDO ETERNO INFERNO ARDENTE

PERCHÉ

PUÒ CADERE / COSÌ / TANTO / IN BASSO

DALL'ALTO / AL / DI / LÀ / NEL CENTRO DELLA TERRA

/

DAS LICHT GEH AUS / IM

KONDITIONALEN FALL / SO

SEI AUCH DER GELD

SCHEIN

SCHÖNER

SCHEIN

PAAR SICH / DAS PAAR DAS / SICH PAAR

/

TOR

WART

TOR

WART

TOR

/

BALLSPIEL / DER REICHEN

SPIELBALL / DER ARMEN

TOR / TOR

I WERR NARRISCH

/

AN JENE STELLE

GEH DIE FRAGE

DIE ICH

AN DIESE STELLE

GEH DIE FRAGE

DIE ICH

AN JENE STELLE

/

TRAG STOLZ DER BLUMEN KRÄNZCHEN

AUF DEM LANG / BEHAARTEN HAUPT

/

WAS DEN SCHLAF DEM MÄDCHEN RAUB

BEWEG DES BUBEN SCHWÄNZCHEN

PROFAN / SAKRAL

IN JEDEM PICASSO STECKT EIN KÜNSTLER

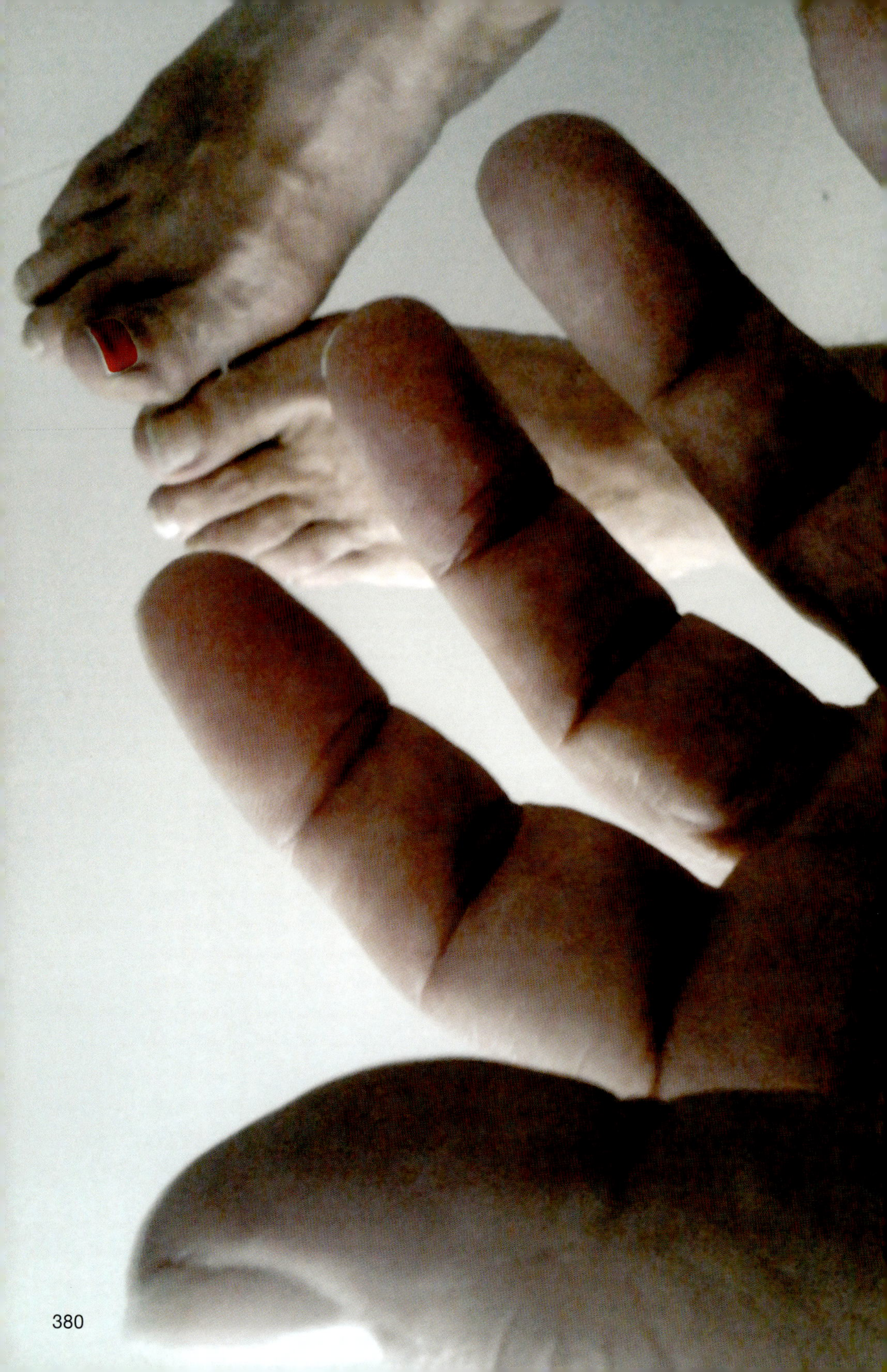

È MORTA DAL FREDDO

LA LUMACA / SENZA TETTO E FISSA DIMORA

WEIL AUSGEZOGEN / NACKT

VENDESI CASA

/

SHOP

A

WORK

SHOP

A

WORK

IN

PROGRESS

/

VERKAUF

VON HERZEN

MEINE SEELE / EX PETTO / UM GOTTES LOHN

ODER

ES BIETE WER MEHR / ALS EBEN JENEN / NUR

DAS GEBOT DER STUNDE

HÄLT DER TEUFEL

/

ZUM ERSTEN UND ZWEITEN

WER BIETET / MEHR / MEHR / MEHR / ALS DIESES / EBEN

RUF

ICH

AN

POESIA

CASERECCIA

/

UN'IMMAGINE / FATTA IN CASA

/

BILD

MIR EIN BILD / EIN

BILD FÜR GÖTTER

/

SUCH / DIE PERFEKTE TARNUNG

FIND SIE / IN DER TRANSPARENZ

/

GUCK

SCHÖN / BILD SCHAUER

IN DAS KALEIDOSKOP / DER

ISLAMISCHEN ORNAMENTIK / UND

SIEHE DA / EIN

MEKKA FÜR MOHAMMEDANER

/

DAS SEI / DICHTUNG ODER WAHRHEIT / SEI DAS

UND

/

SIMONIDES / DER

LYRIKER AUS KEOS / SCHAU

IN DER MALEREI / STUMME

POESIE UND HÖR IN SOLCHER

BEREDTE MALEREI

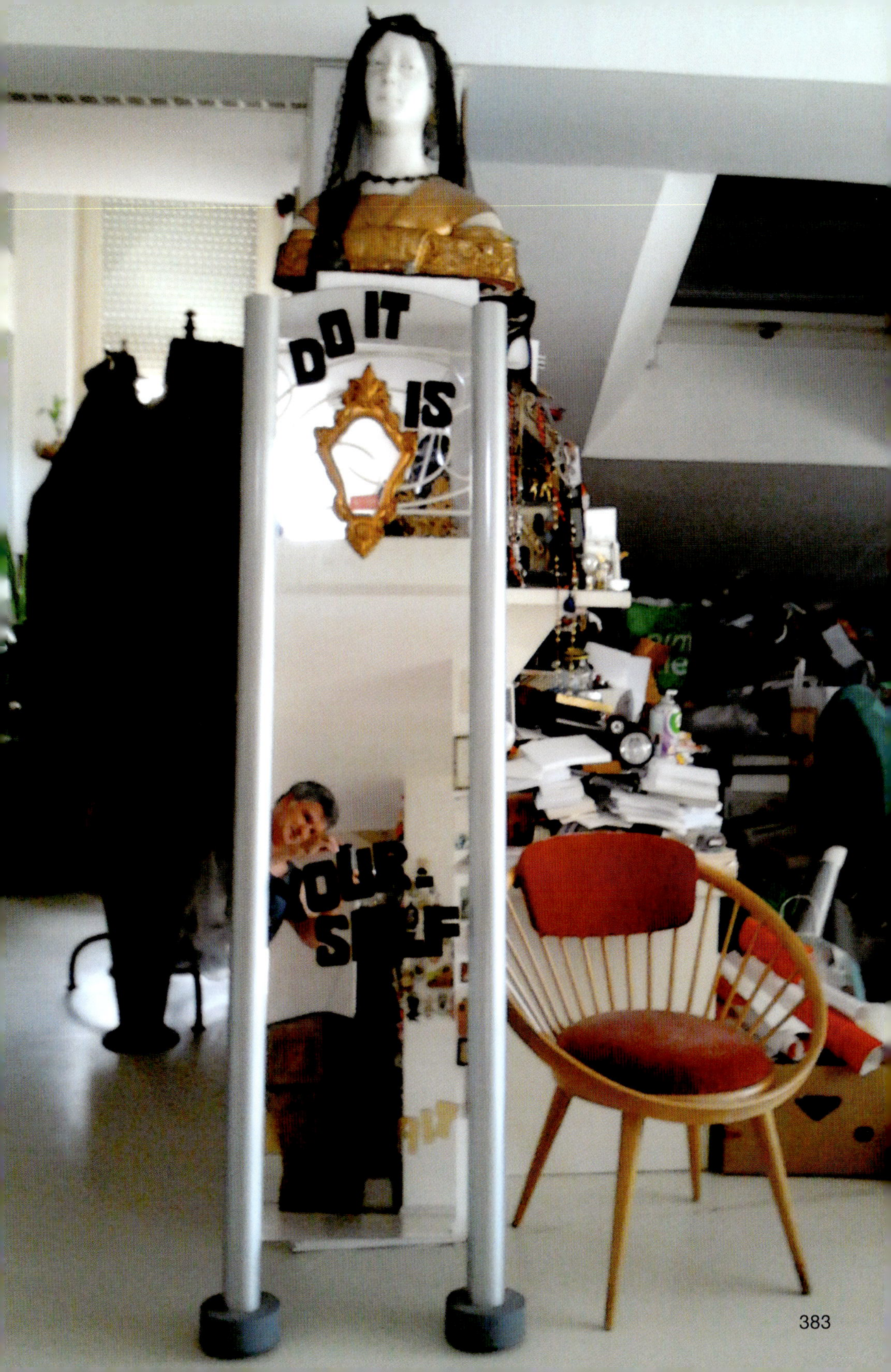
DO IT
IS
OUR-

€4,80.-

Mozzarella Caprese – Roastbeef
Remouladensauce)

EINES

HEIMWERKERS

HAUS / GEMACHTES / HAUS

/

NACH HÄLT

COSA CHE

A ME / PIACE / A ME

CHE COSA

PIACE

HÄLT VOR

/

HEUTE NOCH HEUTE

FLIEGEN DIE FETZEN

VERBA

VOLANT

/

TRA AZIONI PASSIVE / E / ATTIVE PASSIONI

MI MONTO LA TESTA

PERSA E RITROVATA

TRA LE NUVOLE

/

GÖNN IHM / DEM FREUND

REINHOLD / DEN

MOUNT

/

EVER / EST / EVER / EST / EVER

FOR

C'È

TANTO PROFUMO / NEL

LEZZO DEL TARTUFFO / QUANTO

C'È

DI BUONO NELL'ANIMA / DELLA

PECORA NERA

/

DICK / FEST / WARM

MOLTO MOLTO

BENE / TI VOGLIO

IMBACUCCATO / EINGEMUMMELT

IN MEINER LIEBE / ZU

UNS

UNBEWEINTE / ILLACRIMATA

ILLAZIONE

SCHLUSS

FOLGE / RICHTIG

/

SPOSI

PROMESSI DA MARINAIO

PASSEGGIANO / SULLA

PASSEGGIATA / DA

VENDERE

COMPRARE

SCHATTEN

KUR

SCHATTEN

HERBST/FRÜHLING

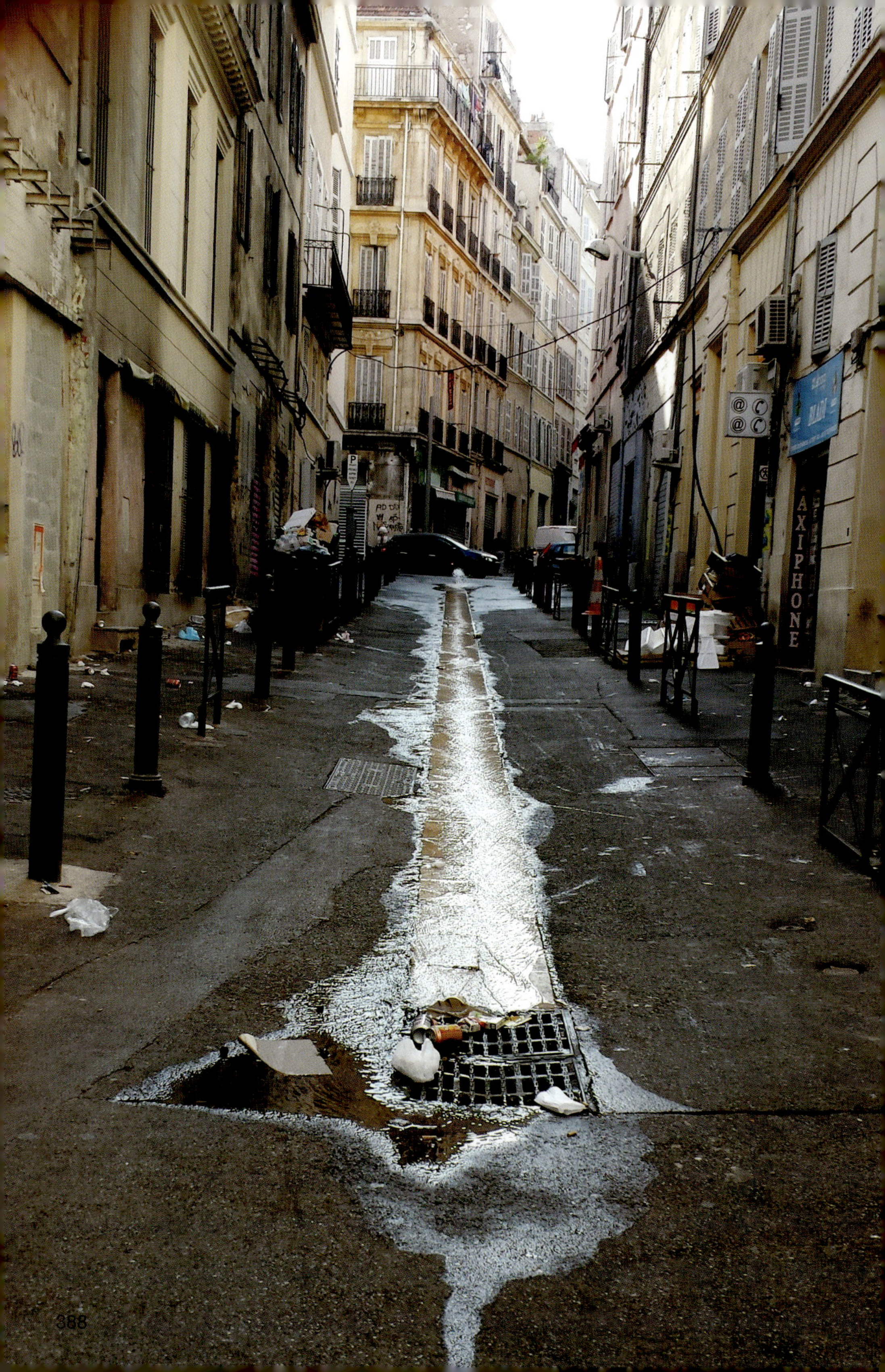
AXIPHONE

PACKEN

AUS

ANNO DOMINI

PACKEN

AB UND AN

ZU

/

MIRIAM / ERSCHEIN / MIR

ALLER EHREN WERT

NUR NICHT NUR

DER HIMMEL MAMA KIND

WEGEN / WEGEN

DERER VIERZEHN LENZE

ANTE CHRISTUM NATUM

/

KONZERNE / KÖNNEN

IN AFRIKA BLEIBEN / BIS

DIE SCHWARZ WERDEN / UND

DIE KÜHE HEIMKOMMEN

/

GEMOLKEN WIRD / WO

MILCH UND HONIG FLIESSEN

DULCIS / IN FUNDO

GIOIOSA PENETRANZA PROSPEROSA

/

DIE MORAL / SEI

ETHISCH / VERTRETBAR

ALS ELTERN / TEIL

GOTT / VATER

LEID UND FREUDEN SEINER KINDER

/

LA VITA

È UNA SIGNORA ARTE

LA MIA

MEIN LEBEN

WIEGT NICHT MEHR / ALS ES

AUF DIE WAAGE BRINGT

/

SCHWIMM

SETZ ÜBER / DEN

REDEFLUSS

/

LOT DIE TIEFE / MESS DIE BREITE / MIT

DER LÄNGE

MEINES KÖRPERS

/

ÜBERSETZ FLIESSEND NOVALIS / INS

DEUTSCHE

/

STRÖM FORT / TREIB / IM

UFERLOSEN / GERADE

WEIL

ES IM HÜHNERSTALL ZUGEHT / WIE

DORT

391

msch
AUF DER BIENNALE VON VENEDIG

ZIEH

TOMATEN / AUF

DEM SÜDBALKON

SCHEIN / DEN GANZEN TAG / DIE SONNE

/

ET ET

UM MEIN / ET / WILLEN UND DEIN / ET / WILLEN

/

DAS FATUM SPIEL SCHICKSAL UND DAS SCHICKSAL SPIEL FATUM

/

SCHÜTT

DAS BAD AUS / OHNE

KIND

TOGLIENDO

L'ACQUA AL PESCE MORTO

UCCIDO IL VIVO

/

ZUCK MIT DEN SCHULTERN / EIN

TICK

KÖPFCHEN IN DAS WASSER / KOPF IN DEN SAND / DA CAPO

IN GIÙ

UNTER / TAG / UNTER

SIND ALLE KATZEN GRAU

SCHLAF SÜSS E SOGNI D'ORO / WER

SCHLÄFT / DER SÜNDIG NICHT / NON

PIGLIA PESCI

CHI DORME

ROSEN

DUFT

ROSEN

DUFT

ROSEN

/

SING / VOGEL / SING

/

DER FEDER TRIEB / DIES FEST

ZU HALTEN / SEI

TRIEB UND FEDER / IN EINEM

WORT

FLÜGGE IST / ALLES

VIEH IN DER LUFT

GEFLÜGEL / ENGEL ANGELI / VOLATILI

SCHAU

FENSTER

VETRINA IN ALLESTIMENTO

NACH WEIHNACHTEN / IST / VOR WEIHNACHTEN

TAGAUS TAGEIN

JAHREIN JAHRAUS

/

BILD

SINN

BILD

SINN

BILD

GREITERHOF PARTSCHINS 2013

GEIZ

MIT SUPERLATIVEN

ES

GEBE NUR EINEN

GOTT

DEM GÖTZEN DIEN / WER

DEN HEILIGEN STUHL

VEREHRT / DAS

GOLDENE KALB / DIE

SANCTA SIMPLICITAS

/

WIA DES

HIATPIABELE / UMMERKUGLT

UMMERGSCHTOASSN / IN

GOTT'S NOMMEN

/

BLUFF

MEIN ER / MOKANT / DER

SPÖTTER / IRONISCH

FÜHR / IRRE

PARABEL / FELD

ZÜGE IN DEN ABGRUND

TIEFEN / STURZ

FLUG

SCHIESS / DEN UND

DEN VOGEL / AB UND / AN

RUNTER KOMMEN / DIE IMMER

MACHT WISSEN MACHT

FRAGE

SPIEL

ANTWORT

WISSEN MACHT WISSEN

/

PER / IL

FUTURO

USO / IL

CONDIZIONALE

/

PROVARE PER CREDERE / E

SE DIO FOSSE IL MIO GRANDE AMORE

PROVASSI TANTO PER LUI

QUANTO CODESTO PER ME

NON SI SA

FINO A PROVA CONTRARIA / È

INNOCENTE

/

DIES / DENEN / INS

GEDICHTEALBUM

DIE / GUTEN WILLENS SIND / DEN

MENSCHEN

HOMINIBUS

BONAE VOLUNTATIS

DIALEKT / ISCH / DIALEKT

SELL WOASS I A / I A / I A

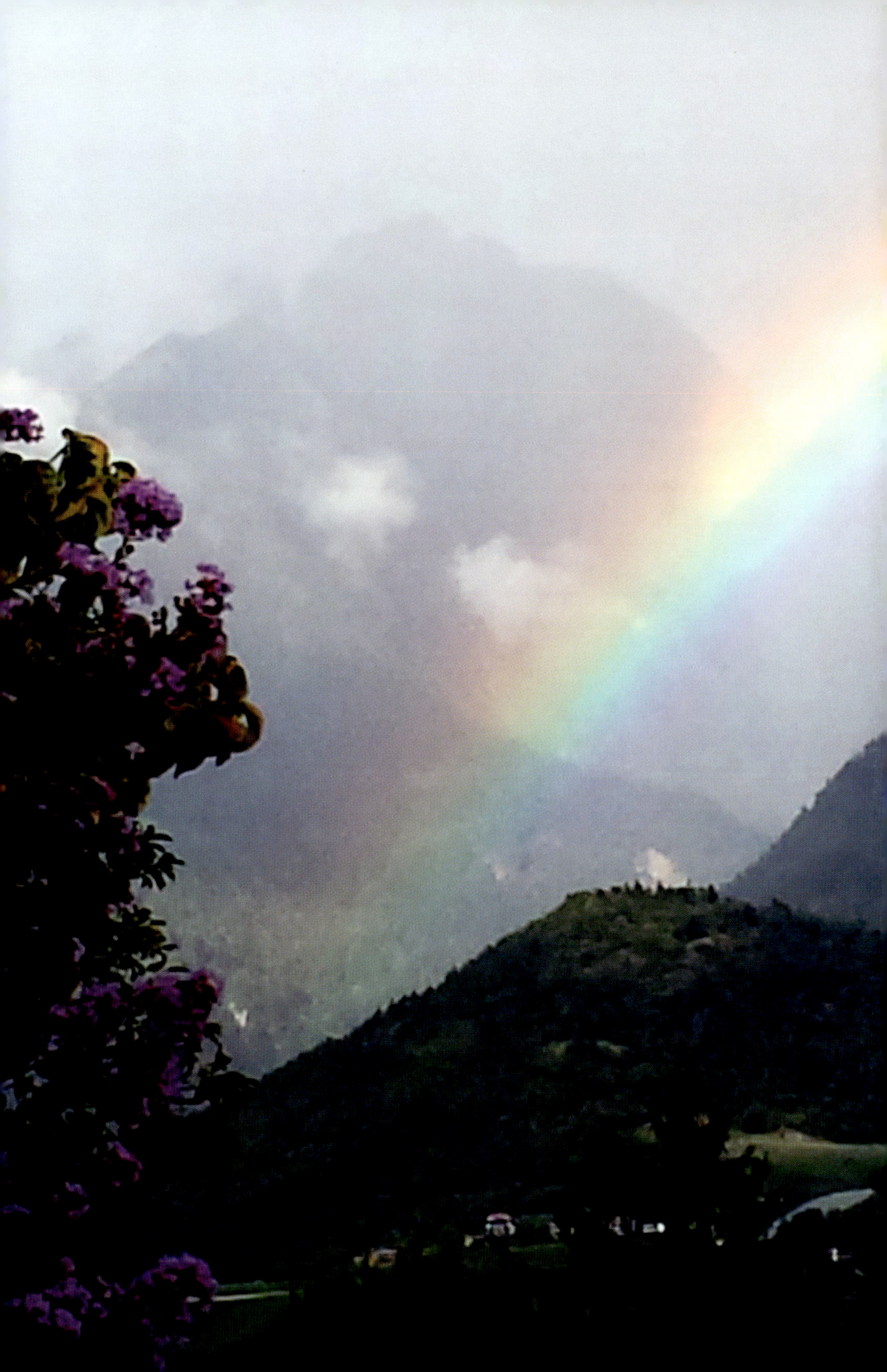

400

DIE / DIE

GELEGENHEITSARBEITEN

SUCHEN / FINDEN

WO / MÖGLICH

ARBEITSGELEGENHEITEN

IN

SOMMA

NE VALE LA

PENA

/

CHI NON LAVORA / NON FA L'AMORE

O / PEGGIO / O

MEGLIO

CHI FA L'AMORE / NON LAVORA

FUORI LE PROSTITUTE

DALLE TENEBRI OMBRE OSCURE / DEL

VERGONIOSO OSCURO

/

ARBEITSGELEGENHEITEN

MÖGEN

DIE / FINDEN / DIE

GELEGENHEITSARBEITEN

SUCHEN

INSOMMA

SI

VA AVANTI / SE

VA / COSÌ O COSÀ

DER DICHTER

FÜRST

DER DICHTER

VERLEIH

DEM AUGENBLICK DAUER / DIE

DAUER DEM AUGENBLICK

/

È

IN ANTEPRIMA / UNA

SCOMMESSA DELLA TECNICA / QUELLA

DEL LINGUAGGIO

/

DER TEUFEL SCHEISS / AUF

DEN GRÖSSEN

HAUFEN

GLAUBE / ICH / GLAUBE

AN GOTT DEN ALLMÄCHTIGEN / SCHÖPFER

DES HIMMELS UND DER ERDE / BEKENNEN

ABER / MILLIONEN / ABER

HOFFEN UND LIEBEN

WIE / ICH

GLAUBE

AUCH

/

VERKAUF

AUS DEM BAUCH / LADEN

EMOTIONEN

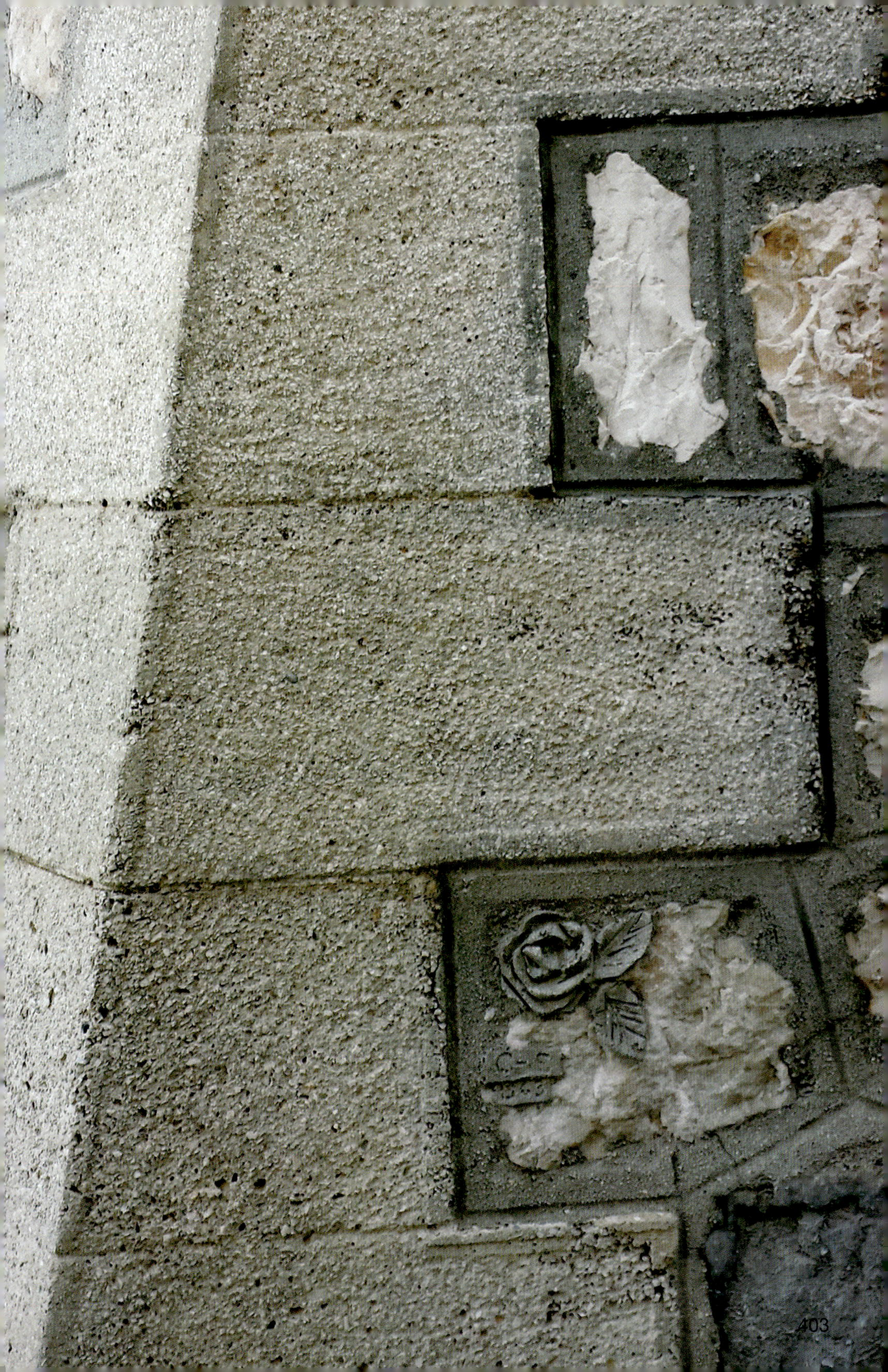

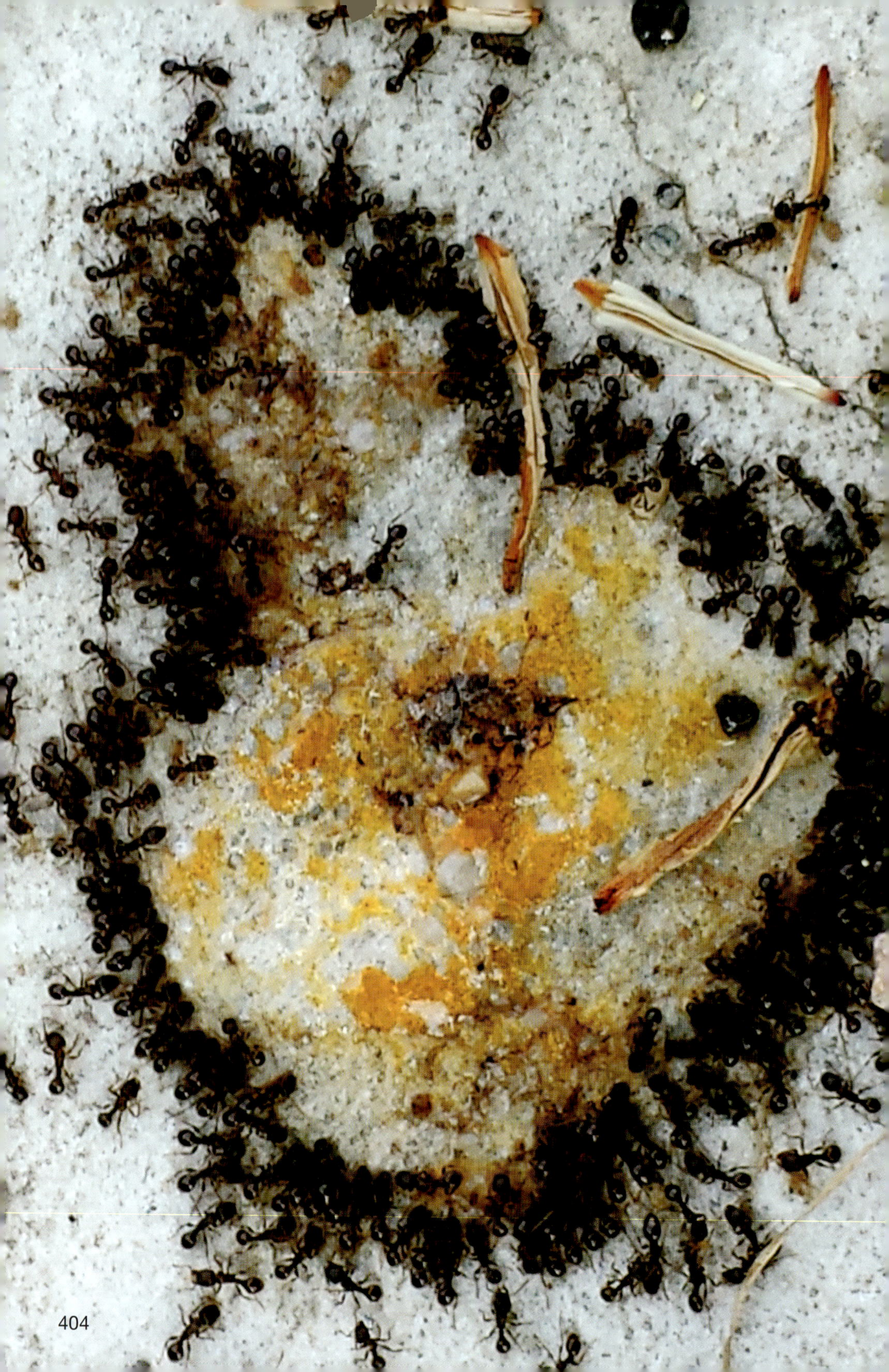

POTSCHOCHTER

SOG I

FLIAG / MITT'N RADL / VN

TATTA / DES

HOT AN OCHTER UND AN POTSCH

POTSCHOCHTER

SCHIMPFT DI MAMMA

ALS WÄR'S EIN STÜCK VON MIR

/

A WHITE CUBE IN A BLACK BOX

WITH A BLACK BOX IN A WHITE CUB

BEMÜH / SCHACHTELEN / MIT NICHTELEN DRIN

/

ALL YOU NEED IS ALL

E DIO

SI FA / A PEZZI / IN TRE

NON C'È DUE SENZA

/

IO

OSO

DIRE

OSO

DIRE

IO

POPOLO

NOI

CONTESTATI / QUANTO / OSANNATI

FÜLL

VORVERGANGENHEIT / MIT

GEISTES GEGENWART

/

ALTO

RILIEVO

BASSO

/

LEUCHTE / IM

LICHT / HELLER

BATZEN

LEHM / EIN

KLARER FALL / VON

VINTAGE / MIT

NICHTEN / UND

NEFFEN

/

LEICHTE / MÄDCHEN / LEICHTE / BEUTE

SCHEMA

NON È SCEMA NON È

IN PUNCTO MORAL / DAS

VORBILD / NACHGEBILDET

VORBILDLICH / DIE NACHBILDUNG

/

UNSICHER IST UNSICHER

SEKUNDIER

WIN / WIN

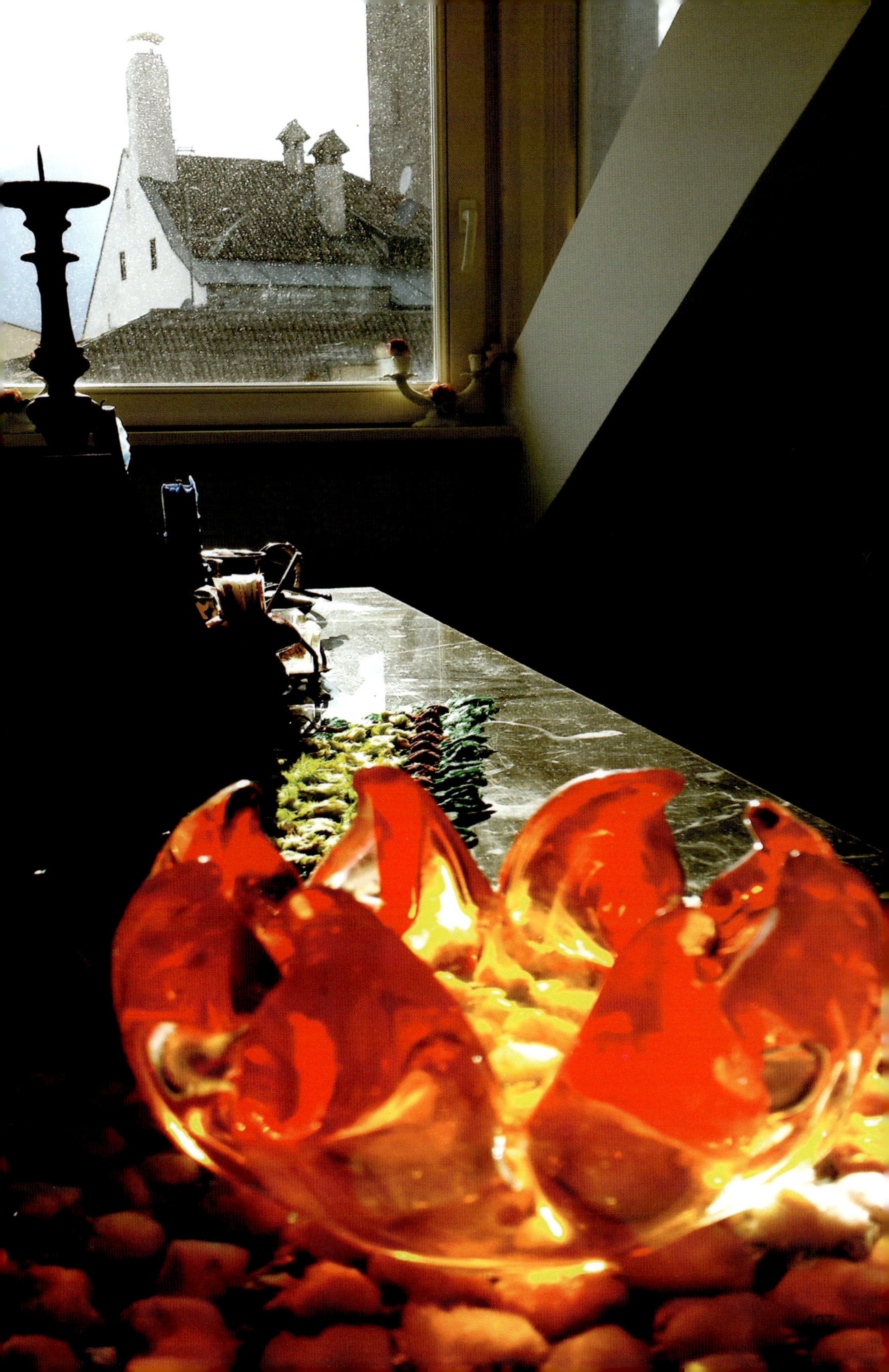

BUCHPROJEKT - AUSGEHÄNGT

HEUT GEHT ES DEN VENEZIANERN AN DIE WÄSCHE - MORGEN …

SCHAFF

PROMEMORIA

DEN SPAGAT / DIE

SCHERE / KLAFF

AUSEINANDER

TRA

LÌ E LÀ

/

FIUTO

CHIUDO IL BECCO / A

BOCCA APERTA

RIFIUTO

FALL / AB / FALL

VON

/

LESE / FEST

GEFAHREN

IN ILLO TEMPORE

ABENDBRILLEBUCHECKEEXEMPLARFERTIGKEITFRUCHTFUTTERGERÄTHALLEHUNGERKARTELAMPELUPEMAPPEPROBEPULTRATTERAUMRINGSAALSCHWÄCHESTOFFSTÜCKZEICHENZIMMERZIRKEL

/

SPIEL

ZITTER / PARTIE

HONN

DIE / KNIALATTER UND IN / HOUSNSCHLOTTERER / IN

DER NOCHT / PRUNZ I IN DIE TSCHILLN

DENK

WÜRDIG

IN WAHRHEIT / RECHT / UND

BILLIG / WAS TEUER / IST

AN / STÄNDIG / AN

ALLE / MAL / ALLE

MEMORABILIEN

KÖNNEN MICH

ERINNERN

/

MEID DAS DURCHEINANDER

SCHWIERIGER UMSTÄNDE

MACH KEINE

MENKENKE / SPIELE

MIT / MENGEN / REGEL

KONFORM

MENDEL / VON

GENE RATION ZU GENE RATION

MERK

MAL / WORT / MAL

SATZ / SPRUCH / HILFE

ULFILA / ATTA

UNSAR THU IN HIMINAM

PASCIÀ PASCIUTO / WIE

DER IN FRANKREICH

WOHL

GENÄHRT

Bitter

411

412

SORTIER UND / FÜG

ZUSAMMEN / EIN

WORT / GEB DAS ANDERE

DEM REST DER

GATTUNG / MENSCH

TEILE / MIT / TEILE

/

DENK

IN GÄNGEN

PROFUNDES

ÜBER / UND / ÜBER

LAUF

DIE MILCH

/

INGANNATO SUL FONDO

FONDATO SULL'INGANNO

CI SONO / ANCH'IO / CI SONO

E

COME / VENGO

VADO

DI CORPO E DI SPIRITO

/

FLIEH / DER

TODESKÄMPFER

AGONIE

/

CHIUDO COL SACCO / LE SACCHE NEL SACCO

TRAG / WEITE

WEITE / WELT

HUCKE / DAS

PACK

POSSESSIV / PRO / NOMEN

POSSEN / SPIELER

PAN / FLÖT / DEN

HIRTEN UND JÄGERN

PFEIF / WAS / DIE

ZWEI HERGEBEN

/

GRUND / MOTIV

SAMMEL / BEISPIELE / BÄNDE

BEGRIFFE UND BÜCHSEN

PLÄTZE / TASSEN / TRIEBE

WÜTIG / WERKE / WESSEN

HERRSCHAFT / DESSEN / RELIGION

WILL ES SO

FORMULIEREN

WIEWENNWASWANNWO

WEM

GENÜGE

GESCHEH / DEM / RECHT / GESCHEH

GENÜGE

/

PAUSE

/

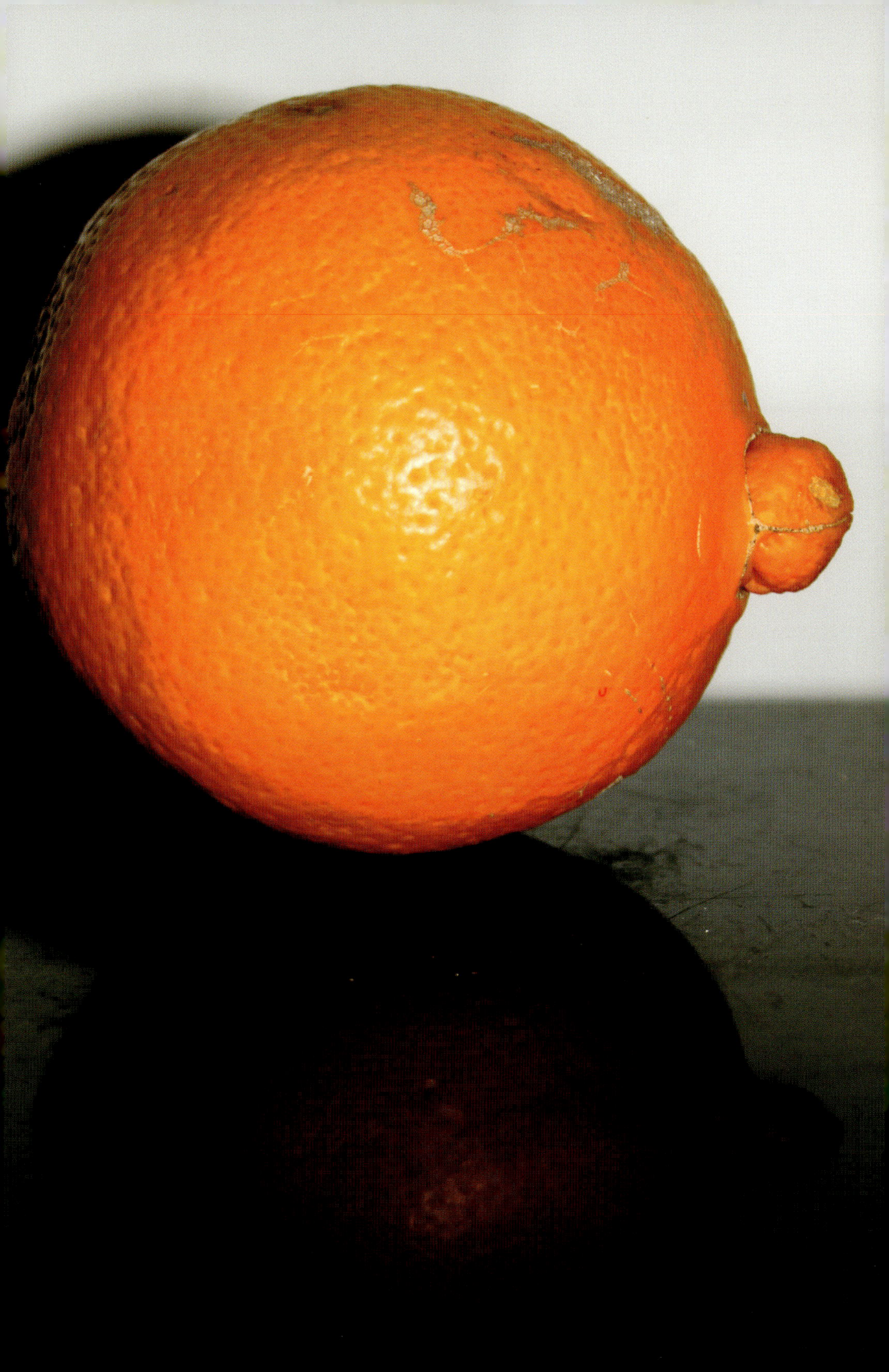

DIE HEILIGE FAMILIE

MATTHIAS
HERBERT
MAMMA ERNA
RICHARD
DOLORES

DIE HEILIGE FAMILIE

DIE BLAUE SCHÜRZE

UMFRIEDET

IHREM NESCHTGOGG

DIE MUTTER ERNA

STATT

MIT

EINEM EINFACHEN SAUM

MIT

BILLIGER BORTE

MIT

EINEM ALPENGRÜNEN POSAMENT / AUS

ALMEN / RAUSCH UND EDELWEISS

HÄNDISCH HINGEZAUBERT

MIT

AFFEN LIEBE

MIR

ZUGEDACHT

/

POSAUNE

HINAUS / IN DIE WELT / HINEIN

SEHT HER

EIN MENSCH

IST KEIN SCHAF

DER ERDE

MEINE REDE

/

SCHON GELESEN

LEG / DEN

NACHLASS AD ACTA

LASS NACH

DANKE / ES

GEH

LANGSAM

ABER SICHER

LANGSAM

VOM

ANFANG AN / DEM

ENDE

ZU

ENDE

ZU

ENDE

FATTO / TUTTO / FATTO

MERK

AN

LÄSSLICH

IST EINE SÜNDE / DIE

KEINE

SCHWERE / IST

CIÒ

CHE CI GUSTA

/

CHEMISCH GEREINIGT

DEO FRESH / ECO / QUALITY CLEAN

VKE UND KUNST MERAN - JANUS
HERBST 1914

HAUFEN
SAND
HAUFEN

AM SANDPLATZ/PIAZZA DELLA RENA ZU MERAN
KINDER SPIELEN … BAUEN AUF SAND

KUNST IM ÖFFENTLICHEN RAUM

CANDIDO

COME SONO

PER / IL

MINISTERO PETRINO

PROPOSE / ALLORA / LA CLAUDIA

CARDINALE

/

E / ALL'ORA CINGUETTAVA / A

SAN REMO

CILIOLA CINGUETTI

COME UN

CARDELLINO

E COME

/

SCHWATZ

LAUTER

GESCHWÄTZE

/

SPARARE / COSÌ

NON È / UNA

STRATEGIA PROFONDA

/

HARR

HERR

DER DINGE / DIE / DA

BLEIBEN

KOMMEN UND GEHEN

WAS MICH VON

ANDEREN

UNTERSCHEIDE

ÄHNEL KEINEM

NICHT / EINMAL / MIR

SONDERN

IMMER

ALLEN

/

SCHWIMM / IM / DENKFLUSS

WIEDER UND WIDER

DEN STROM

HINAUF / HINUNTER

/

MALZ UND HOPFEN

BEIDE VERLOREN

DUMM GEBOREN

SÄUFER SAUFEN

DUMM GELAUFEN

SCHREIB DEN TOPFEN

ICH SCHMIER SOGAR

IHN MIR INS HAAR

/

HERR ZEBOTH

LANGES LEBEN

VIEL MUT IN NOT

DU MIR GEBEN

BEGANGEN 2014 ZUM 65-JÄHRIGEN BESTEHEN

WINDRAD

KUNST GEFÄLLIG

GEFÄLLIG KUNST

/

LICHT

AUS

LICHT

AUS

LICHT

AUS

LICHT

/

GESCHLECHTER / ROLLEN

MYSTISCH

GEFEIT

FUNKTIONIER DIE LIEBE / NICHT

REIBUNGSLOS

PLATONISCH

/

SICHT

WEISSE

SICHT

WEISSE

SICHT

/

STOSS

AN

STOSS

IN DER NACHT

EWIGKEIT

DIE LICHTE

MORGENZEIT

EINE MACHT

/

SPIEL / BLINDE

KUH / BEIM

AUGEN / FASTEN

/

PRUNZT / UANER

MIASSN OLLE / DE A

A PIPPELE HOBM

PA DER HEGG ZUI

I

PACHL IN POCH OI

I

BIN MIT MEIN PRUNZER / KUEN

LETZER FETZER MEAR / DIE

GROASSN SOACHN / MIT

IHMENE / SOACHER

FOHRN DE HONDWAGELE / UND

TUPFN / UANE

WENN'S GEAT

A

ZWOA

A

VITA

USA E/O GETTA

THAT'S ART

FUTTER
LESE
FUTTER
LESE
FUTTER
LESE
FUTTER
LESE
FUTTER
LESE
FUTTER

HO

TUTTO / TUTTO

COMPRESO

/

BEIM UPCYCLING

ALTBACKENER KOLLEGINNEN / UND

DEREN MITSTREITER IN SACHEN

POESIE / WIE

SIEHE DA / VON

EINEM EDUARD MÖRIKE / AUS

SEINEM LYRIKKRANZ / EIN

WELKES LORBEERBLATT

SPRÜH

IN MIR

GLÜH

IN DIR

/

WENN HIRTEN FLÖTEN

AM WUNDER TAG

HAND GEMENGE

LUST GESÄNGE

WER SOLCHE MAG

BIS MORGEN RÖTEN

/

DER TOTEN STILLE

IN DER GRUFT

BLUMEN / DUFT

SAAT

GUT

GUT

GUT

GENUG

/

REICHEN WÜRD ES REICHEN

NIE

/

RESTO

/

IRR

LICHT

BLEIB ÜBER

VERSTÖRTES SEELCHEN

HEIL / AUS

GUTEM HAUS

/

AUF

DER MÜTTER MUND / UND AB

IN DIE GRUBE / IL

RESTO

RIMANE

POCO O NIENTE / MA

SCHERZI

ESAGERATO

SAG / KURZ / DAS LEBEN IST / KURZ / GESAGT

NO

PERCHÉ

TANTO C'È TANTO

SAPORE DI SABBIA

/

BAGNATO

DAL / MARE

DAVANTI / L'INDIETRO / E LÀ / SU

PER LE MONTAGNE / TRA

BOSCHI E VALLI D'OR

C'È

L'ITALIA

BEI

SÜDTIROL

/

HEIMAT

VOSTRA ET NOSTRA

TERRA

/

STAI

BUONO COME IL PANE

STAI

/

RIDO COSÍ RIDO

PERCHÉ

NO

CHEMIE / WAFFEN / EIN / SATZ

OHNE SUBJEKT UND PRÄDIKAT

WERTVOLL

/

ALLES NAI / MACH / DER MAI

REMAKE

ANDREAS / GRYPHIUS

/

MORGEN / SO / NETT

/

13 MICH VERSCHLIESSEN

12 ER LACHT

12 ERWACHT

13 DICH ZU GRÜSSEN

/

13 UNS ZU KÜSSEN

12 DIE PRACHT

12 ALLMACHT

13 DIR ZU FÜSSEN

/

12 UMGIBT

12 BETRÜBT

13 DIR VERTRAUEN

/

12 ALLEIN

12 BRICHT EIN

13 EWIG SCHAUEN

WELTFERN

/

SIEBEN SILBEN GARANTIER

FÜNF SIND ZWO UND DREI

NIMM DIE DREI / DAZU / DIE VIER

RAUB DER SIEBEN ZWEI

IST DER MASSVERS FREI

/

WELTWEIT

/

NEHMEN TEIL / HABEN

TEIL

GENOMMEN

WERDEN TEIL / SIND

TEIL

GEWORDEN

/

NO MICE PLEASE / MOCH KUANE MAIS

/

SCHLECHT DENKBAR

SIND

ALL DIE KULTUREN OHNE DIE MENSCHEN

ALL DIE MENSCHEN OHNE DIE KULTUREN

SIND

DENKBAR SCHLECHT

/

WELTNAH

ERKENN

DEN CAPPUCCINO / AM

KLEINEN CAPPUCCIO / AN

DER MACCHIA / DEN

MACCHIATO / E

IL CAPPUCCETTO / PERCHÉ È ROSSO

FAVOLOSO / IM

GRÜNEN WALD / EIN BÖSER

ATTENTI AL LUPO

/

EITEL WONNE

DONNA SONNE O HERR SOLE

SCHEIN ZUM WOHLE

LADY SUNSHINE AND MISTER MOON

KANN NICHTS DAGEGEN TUN

WENN SIE AUFSTEHT

GEHT ER SCHLAFEN / EIN

PÄRCHEN WERDEN DIE NIE

/

GESCHIRR

SPÜL

MASCHINE

SPÜL

GESCHIRR

/

UND SCHWENZ / IN EINEM

ABWASCH

ENTBIND

DEN DRACHEN / VON DER SCHNUR / DER

FLIEG

VON MIR AUS

IN DEN HIMMEL / HINEIN

/

HERNIEDEN

TANZ

SEIL

TANZ

FREUDEN

TANZ

/

VERSTEH

VON DEM / DORT OBEN

DA UNTEN / BAHN HOF

NITT MEAR / ALS

DIE HENN / VN SUNNTI

/

DETTO

TRA DI NOI

/

NON C'È TRE / SENZA

DUE

/

PIÙ UNO / CHE

MANCA

REGISTRANDO CAMBIO

CAMBIANDO REGISTRO

/

HÜT

SICH DAS FEDERVIEH

RUPFTIERE / IN

GÄNSE FÜSSCHEN / BEIM NÄCHTIGEN / VOR

DEN FÜCHSEN / DIE

GUTE NACHT / SAGEN

/

SCHNATTER / SCHREIB / GEREDE

UM DEN HEISSEN BREI

/

MEID

BEIM WERKLN / IN

MEINER ALLERGIE / KARENZ / DEN

KONTAKT MIT KRITIKASTERN

UNO BASTA UNO

E AVANZA / SONO COSTUI CHE

OGNI TANTO BRONTOLA

/

NÖRGELIG

NEIG ICH NEIG

SELTEN / IST OFT / GENUG

ZUR NÖRGELEI

BRUMM MURREND / MURR BRUMMEND

AUS MIR HERAUS / IN MICH HINEIN

HAB

JETZT SCHON JETZT

ZAHL / LOSE SCHLACHTEN GEWONNEN / IM

HIE UND DA / SEIN

ONE AFTER ONE

VERLIER

TROTZ DEM TROTZ

DEM KRIEG

WIDER DEN TOD

E

SAPPI / MI DICO / CHE TU POSSA

PERDERE / LE STAFFE / NON

SEMPRE SI PUÒ VINCERE / DI

MISURA / PYRRHUS

/

GENAU / BEMESSEN / BETRACHTE

/

FEIER

AN DER QUELLE / AM BACH / DEM

FLUSS ENTLANG / HIN

ZUM MEER

RAUSCHENDE

FESTE

/

HEIM

KEHR

HEIM

SCHAFF

DEN SALTO / VON

HÖCHST BEFRIEDIGEND / BIS

ZUR TIEFSTEN BEFRIEDIGUNG

STÜRZ

IN DER LIEBE

ABENTEUER

/

GAME / BOY

FIND WER SUCH

GIRL / GAME

OVER / TOTAL / ERSCHÖPFT

SCHACH / DEM KÖNIG / MATT

GESETZT / DER

FALL

/

MATTO IN ITALIANO

È IL PAZZO / E

TRISTE A MORTE / CADE CON LUI / SUA

MOGLIE / LA REGINA

/

DAS MATTE LÄCHELN / IM

MATTEN / LICHT / SCHEIN / DIE

TOD / TRÜBEN / AUGEN / DIE

TRÜBEN / SIND DEN GLANZ

LOS

GELASSEN

FOTOGRAFO

DA SCRITTORE / LA

ROSA

DEI

PAPABILI / TRA

DÌ / NOTTE / E

NOI

PAROLA PER PAROLA

NASCE IL VIDEO

/

MODUS OPERANDI / SCRITTORE / MI

FACCIO

AVANTI

/

SCRIVO

PASSO LA NOTTE IN BIANCO

SCRIVENDO

CIÒ

/

TESTIMONIO

DA TESTIMONE / LA

TESTIMONIANZA

SCRITTA

IN

REAL TIME

SCHWARZ

AUF

SE

REGALO COME REGALO

IL MIO CUORE

/

RIMANGO SENZA / WILL

SAGEN

/

BIN HERZ / LOS / WENN

ICH MEINES

VERSCHENK

/

LÜG

MIR / SEIT ICH KANN / IN

DIE EIGENE TASCHE / STÄNDIG

VOM EWIGEN LEBEN / BIS

HIN ZUM LETZTEN HEMD / DAS

HAB

KEINE

/

SOU A KOAT

DR NERO / DE MUINZ

ISCH A A SOU A KOAT

A

SETTE KEATER / SEIN

TIAN SI WIA

HUND UND KOTZ / DES

TUAT MENSCHELEN

SETZ MICH

ZUR RUH

DAZU

AUF DIE LANGE BANK / UM DORT

WIE IM WALDE / GEMEINSAM ZU SCHWEIGEN / DIE

ZEIT / LANG

NICHT / BIS

BIS ZUR NIMMERLEINSNACHT

/

BLUT

DRUCK

HUNDERT ZWANZIG ZU ACHTZIG

/

APPUNTO

MANI E PIEDI / CONTRO

LA TERRA / CAMMINANDO

SU QUATTRO ZAMPE

APPUNTO

OCCHI E CANNONI / SUL

PASSERO SOLITARIO / E

LI SPARO A SALVE / AUF

DAS SPATZEN / HIRN / IM

SPIEGEL / BILD

MICH

APPUNTO

ANCORA LA MATTITA / E NOTO BENE

APPUNTO

VERKOPF

HERZ

HAND UND FUSS

/

MESCOLO

LE CARTE DEL MAZZO DI CARTE

COME

I FIORI DEL MAZZO DI FIORI

/

CI SARÀ

LA CARTA DI FIORE

VINCENTE

/

PARTECIPE

RECEPISCO

SUGGERIMENTI / DA

PARTE A PARTE

/

CREDO

GUARDANDO CON FEDE INTORNO / CHE

CONOSCO DIO / DI

VISTA / UND

IST ES / EIN SPATZ / IST ES

EIN SPERLING

FLIEG / KEINE REDE / DAVON

SCHNELL / GEH / SCHNELL

IN DIE LUFT

LISTEN WELL / GUAT LOUSN

HORCHEN / AUF / HORCHEN

ASCOLTATE

LITERATE

LIBERI

DU BACCHUS DU

DIONYSOS

/

VATER GOTT

GEBOREN AUS / DEM

GÖTTERVATER

/

EX

DEUS

IN

MACHINA

/

CUM LITTERAM / ANGESCHMIERT

VON

AN / FANG / AN

MIT / SCHREIBE / MIT

UTENSILIEN

/

LA LETTURA CHE DÒ AL PROBLEMA / È

IL PROBLEMA CHE DÒ ALLA LETTURA / SU

GIOVE

DEMIURGO DI ROMA / IMPERUM MUNDI

HORT

MUND

STUND

WORT

/

FANG DEN FISCH IM SEICHTEN

SCHAR / ADE

FISCH IM SEICHTEN DEN FANG

/

SUCHEN FINDEN

FAND GEFUNDEN

FÜHLEN AB DA

SICH GEBUNDEN

/

WAS TUT SICH DA TUT SICH WAS

DULCIS IN FUNDO

/

TIMBRO

UN FORTE BACIO / DI

DOLCI INTESE

SULLA BOCCA / CHE

RISPECCHIO

/

NARCISO SI È SCELTO

LO SPECCHIO SBAGLIATO

L'ACQUA DOLCE L'ACQUA

CHIARA

RIMBOCCO LE MANICHE

SCHREIB / MIT / AUF

HOCH / GEKREMPELTEN ÄRMELN

GESCHICHTE

IN WORT / UND TAT

BIS / HER UND SO WEITER / NICHTS

ANDERES

/

ZÄHL

ERBSEN

WARUM NICHT UND NICHT WARUM

ZUR BEIGABE / FÜR

MANCHEN HAUPTGANG

GAR / IM

MÄRCHEN

/

LASS MICH

GUT UND GERN / MIT

HOFFNUNG / GLAUB

UND LIEB MICH

GERN

VERFÜHREN

/

ES WIRD SCHON

KLAPPEN

SCHEU

KLAPPEN

GEBROCHEN

IN BERLIN

SICH DORT HIN

VERKROCHEN

/

WACHT

STERNE

NACHT

FERNE

NACHT

STERNE

WACHT

/

AUF

SAUF

LUST

BRUST

STILL

SCHENK

MICH

SENK

DICH

WILL ICH WILL

BIS DASS GOTT

EUCH / UNS

NICHT AM KREUZ

VEREND

GEISTES

ZUNGEN

PREIST

GESUNGEN

/

SCHÄRFEN

TIEFE

SCHÄRFEN

/

COME DIRE / DIRE COME

/

JA ODER NEIN

JEIN

NA JA

/

REKLAMIER

FÜR JEGLICHE ANSPRÜCHE

WERBUNG

IN EIGENER SACHE

ICH

MARKIER

JETZT UND HIER

DAS

REVIER

/

SEIN EGO STÄRK

WERK / REGEL / WERK

BIET

NÄGEL MIT KÖPFEN

MEHR NICHT / BEI

MEINER PERFORMANCE / IN

DER EISEN / HANDLUNG

/

SCHAU

BILDER

SCHAU

BILDER

SCHAU

HAB

DAS ZEPTER / IN

DER HAND

DER

KAISER

GESEHEN / AUS

ÖL AUF LEINEN

/

REISE

ZEIT

REISE

ZEIT

REISE

VERFEMTER KÜNSTLER

AUF

HOCHTOUREN

KLOPF

MIR / NICHTS / VON

DEN SCHULTERN / KEIN

SÄGEMEHL / NOCH / HOBELSPÄNE / AUS

DEM TIROLER SCHÄDEL / NIENTE

FUORI / LO SCHERZO / DA PRETE

HALT

VON DER IDEE NICHTS

KONKRETES / NOCH

GEFERTIGTES / IN

MEINEN HÄNDEN

FIND

SIE AUSGEZEICHNET / DIE

KONZEPTKUNST / IST

FLEISCH UND FISCH / IST

SCHWARZ UND WEISS / IN

EINEM

KUNSTKONZEPT

GRAU

SEI ALLE THEORIE UND MANCHE ZELLE / IM

STÜBCHEN

STATO / NASCOSTO / PER MESI / NASCO / STO

BENE / PARTO / BENE

SU QUATTRO ZAMPE

E

CAMMINO

DOPO TEMPO DOPO

LÀ

/

/

/

/

/

/

/

/

/

/

/

/

/

/

/

/

/

/

/

/

/

/

/

SU

VEXIER / BILD

SUPER PARTES SUPER

SUCHE / GOTT / SUCHE

AVE

FEMME

FATALE

EVA

ADAM

EGOQUE / TE

SALUTANT

/

UNS ERSCHEIN

AUGEN KLAR

WUNDER BAR

EDEL STEIN

DER

AFTER

HINTERHER

DEROFTER / DER

RAUSWURF AUS DEM PARADIES

FIX IST NICHTS IST FIX

LEG

LEBENS

ZEIT

ZEUGE

ZEIT

LEBENS

ZEUGNIS AB / MIT

DEM MANTEL / DES

SCHWEIGENS

WAS BEWEGT

ERREGT WAS

/

WAS ERREGT

BEWEGT WAS

/

JÄGER JAGT

LUNTE BRENNT

INCIDENT

NIMMER RENNT

LIEGT DA STUMM

NUR HERUM

ALL DAS HIER

SCHNABULIER

/

PER IL GOLOSO

APPETITOSO

/

LANG

BIS

LANG

BIS

LANG

/

BIS

LANG

BIS

TANTO IN TANTO

UNTER

DESSEN

/

STAND

AB

STAND

/

SO

GLAUB

ER SICH

GEWISS

WÄHN

ER SICH SO

SICHER

WIE IN ABRAHAMS SCHOSS

BEIM SITZEN / IN DER

DURCH DEN / UNTERLEIB

UND DIE / OBERSCHENKEL / GEBILDETEN

VERTIEFUNG

GOTT MIT / UNS GOTT

SIND WIR SACER

IN DER / UND DIE

MUTTER KIRCHE

FETZGEEL

SCHEIN DER SCHEIN

HEILIG

HAB ICH / EIN GLÜCK

ES IST / NICHT ZU FASSEN

/

PER ALCUNI ISTANTI

NON C'È PIÙ

RELIGIONE

/

KAUF / ALLORA / AUF

DEM JAHR / MARKT

EITEL / KEITEN / E LI

VENDO / NELLA

MIA BOUTIQUE

DI MODA

/

ES GEHT DAHIN / EN VOGUE / DAHIN IST ES

CON TUTTA LA DELICATEZZA

MI AUSPICO / CHE

UNA SOLUZIONE SI TROVI / O

L'ALTRA

BEN VENGA / LA

TERZA

/

SPRINGE / TANZE

FIRLE / FANZE

/

AUF UND NIEDER

OLLE / WEIL / WIEDER

GEFUNDENES

FRESSEN / SAUFEN

TIER UND MENSCH

SAUFEN / FRESSEN

GEFUNDENES

/

HAB DICH

NICHT SO / SO NICHT

GERN

WÜRD

ICH'S

KINIG GOTT

ANDERS

MÖGEN

ALS GLEICH WIE

ALLE

ANDEREN

/

PFLANZ

IM EDEN / GARTEN / DORT

WO AUS DER QUELLE LEBEN SPRUDELT / DEN

FICUS CARICA

TRINK / DARAUS UND ISS / DAVON

SEI GENUG

DA

DA

DA

DIE SCHOTTEN DICHT

ABGESCHOTTET / DIE

SCHOTTEN / BEI

STEIFER BRISE / STARKEM WIND

ÜBER DEM MEER UND AN DER KÜSTE / EIN

LAUES LÜFTCHEN

/

KLAR / SCHIFF / KLAR

/

VERHANGENDIESIGVERSCHLEIERT

LÜFT

DEN HUT ZUM GRUSS

HEB

DEN VORHANG / AUF

FÜR MORGEN

THINK

MORE ABOUT

ST

ART

MACHE

KUNST

MACHE

KUNST

MACHE

NUR

/

NICHT AUS LIEBE WEINEN

MI

RENDO / CONTO

PIÙ

INTERPRETE

PER IL DOLORE

IMMINENTE O IMMEDIATO

IMMENSO E INFINITO

DI TUTTE LE

VITTIME

DELLA TERZA GUERRA MONDIALE

/

A TUTTI I

REDUCI

WELCOME

BACK HOME

/

LOGORRRRRRRRREA / TORRENTE DI LACRIME

PIANTE

ANNAFFIATE

GESPRENGTER

RASEN

/

THANKS

FOR YOUR

ATTENTION

/

SPEAKER'S SPEECH

WAS NICHT ALLES / NICHT

PASSIERT

IM NAHVERHÄLTNIS / GENIE

UND WAHN / FÄLLT AUS

DEM RASTER / AUS

DEM RAHMEN

ROMANTISCHER

TOPOI

/

GENIESS

INNIGLICH

DIE SPEISEN / FOLGE

VOM ERSTEN BIS ZUM LETZTEN

GANG / DEM

INS STILLE ÖRTCHEN

/

NÄCHSTER / HALT

IM SCHWELLENLAND

DER LANDSCHWELLEN

FÜLLEN RESTE

URNEN / HÜLLEN

/

ES IST FATAL IST ES

WENN WEHREN SICH UMS WASSER STREITEN

WÄRME PLATTE

DER RECHAUD / ODER

DAS

ICH BIN

BLÖD

BIN ICH

STOSS / VOR

DEN KOPF / VOR

DIE STIRN / DIE

FINGER MEINER FLACHEN HAND

UND / FÜHL

MICH ENTSCHULDIGT

GLEICH / BESSER

/

WIDERLICH / ICH

WIDERL

ERKENN / E

VEDO

NEL MUSSOLINISMO DIE

HITLEREI

CHE NON STANNO

NE IN CIELO / NE IN TERRA

I

LOIOLESCHI

/

DIE WÄLZEN SICH / IN DER

SUHLE / SUHLE

MICH

NELLA MIA LOIA

UND FÜHL / MICH / AUSGELASSEN / SAU RRR AUS / GELASSEN / WOHL

HIRTEN / GEDICHT

/

JUNGE

HIRTEN

JUNGE

HIRTEN

JUNGE

HIRTEN

JUNGE

HIRTEN

JUNGE

HIRTEN

JUNGE

WAR ICH AUCH ICH WAR

AUF DER ALM / KRAFT

MEINES AMTES / ALS

BILLIGE / BILLIGE SOLCHES EIN GESETZ DER NATUR

A

KLUANER

HIATPUA

/

SPUCK

ÜBER DEN TELLER / RAND

HINEIN / ZURÜCK / IN

DIE SCHMIERIGE

LAARE BRENNSUPP

INNI

SCHEIN / KERZEN

LEUCHTEN / ELEKTRISCH

VOM

LUSTER AN DER DECKE

/

KERZEN / SCHEIN

SUGGERIERT

STIMMUNG

/

PUSSN

ISCH GSUND UND TUAT A NITT WEA

/

IN

HALT

IN

/

AFFITTASI

/

LA RIGA SOPRA / FÜR

WERBUNG

/

SEH

IN DER SCHWANGEREN

ÄFFIN / MUTTER / LIEBE

/

NEHM / MICH / AUF / MEIN RECHT / BEDACHT

IN DIE PFLICHT

TOP

ALTO

HAUT

OBEN

/

ERÖFFNE / DER WELT

ERSTES

KLATSCH KAFFEE

DIE WÄNDE DORT / KLEIDEN

BILDER

SPIEGEL

BILDER

SPIEGEL

BILDER

UND DIE DECKE AUCH / IM

KLATSCH KAFFEE

IST

KAFFEE KLATSCH

EIN MUSS

DER VOGELFLIEGE DIEN / DIE

KESSEL FALLEN BLUME

ALS

LIEBES NEST UND BRUT STÄTTE

IN EINEM

ABWASCH / BEI

TAGE / LANGEM

NIESEL REGEN

È STATO

TESSUTO

DA / NOI / IL

TESSUTO

POLITICO

STATO È

/

LES

/

DIE LEVITEN

/

HAB ICH GELESEN

GESAMMELT / HAB ICH

MEINE GEDANKEN / UND

VIELES ANDERE

MEHR

/

HÖR / HÖRT

MEIN WORT

IN GOTTES OHR / DEN FLOH / GESETZT

DER / FALL / DIE

WÜRMER / WATTE

/

DAS / EINE / NUR / SEI

MIR / GELIEHEN / MIR

GESCHENKT / DAS MEINE

STRAHL / VON DEM / ZUM ANDERN

DER

TRUHEN SCHATZ

DER

SCHATZ TRUHEN

TRUHEN SCHATZ

DER

SCHATZ TRUHEN

GIBT ES

VIELE

VIELE

VIELE

SIND

LEER

/

LADE / BUNDES / LADE

EIN UND AUS

DEN / IN REINEM / ZIER / GOLD / PUREN

KASTEN / FÜR

DIE / TAFELN / DER / GESETZE / ZEHN

SIND GEBOTEN / WER

BIETET MEHR BIETET

MEHR BIETET MEHR

DAZU

SAGE UND SCHREIBE

WER

ANARCH IST

IST ANARCH

FASS

GOTTES LAMM / DAS / LAMM GOTTES

IN GOLD / SO WIE / EIN KALB

AUF DEM WEG / IN

DAS GELOBTE LAND / DER

VERHEISSUNG

VERHIMMEL

AUCH / SILBER

LIEB ICH SEHR / KANN ES GUT

GEBRAUCHEN / HÄTT ICH / DOCH

EIN GANZES MEER / MICH

HINEIN ZU TAUCHEN / IN

DEN / FLIESS TEXT FLUSS / MEHRWÄRTS

ENTGEGEN / DER BIBLISCHEN DEJÀ VU GESCHICHTE / ENTGEGEN

TANTO / MI DIVERTO / TANTO

AVANTI / HÜ

ARRI / HOTT

GEHEN / MIT MIR / DIE GÄULE

DURCH

EIN / NADELÖHR / STATT

DES / EINEN / KAMELS / DAS

EINGEH / ZUSAMMEN

MIT DEM REICHEN TOTEN / IN

DER / TOTEN REICH

SIND WIR ALLE

GLEICH

HINÜBER

AUS DEM

KORB WAREN KORB

DAS

BÜNDEL

WINTER SPARGEL

SCHWARZ BITTER WURZEL GEMÜSE

LEG

ÜBER NACHT / GESCHÄLT / IN

DIE FRISCHE

KUH / MILCH

/

KOMM / ZUM

TROG FUTTER TROG

BET

VOR UND NACH

EINE / NOVENE / EINE

NACH UND VOR

VERKLATSCH

MICH / SO

NIMMER BEIM ESSEN

/

FACCIA / ILARE

LA MIA / DI BRONZO

ERZÄHL

MIR / VON / DEN / ROSEN HECKEN

HECKEN ROSEN / IM / DISTELWALD

MIT / DEN STECHENDEN / BLICKEN

WECHSEL SPIELER WECHSEL

FLIEDER FARBEN

VON WEISS BIS

DUNKEL VIOLETT

OSCHPELE MUGGN

PFIAT ENK / SERVUS / UND

TSCHÜSS

/

SICH ZUSAMMEN

SETZEN

SICH ZUSAMMEN

EINE JEDE MÜHLE

IST SO LANGSAM

WIE IHR MÜLLER

/

GOTTES MÜHLEN

MAHLEN LANGSAM

/

GOTT IST / EIN

LANGSAMER MÜLLER

/

UND BILD MIR EIN

BILD VON EINEM MANN / EIN

MANNSBILD / EIN

GESTANDENES / HAT

HIER HERUNTEN / SEINE

FESTSCHREIBUNG

SCHREIB

WIE DER DICHTER

IM SCHWARZEN ROCK

WIDER

DEN IM BRAUNEN

/

DAS ERSTE

GLAUB ICH / RELIGION

DAS ZWEITE

HEIMAT / NICHT

NATION

DAS LETZTE

NUR

DIE ICH PERSON

SO

STEH DER MENSCH

IM GLAUBEN

FEST

NICHT SIEG / NOCH

HEIL / DER

BRING

DIE PEST

/

UNA PRIMAVERA / AL

POLO / NORD O SUD

NON

FA RONDINE

MA DAI / DA

INELEGGIBILE / PER

ALTRO ED ALTRI

ELEGGO

PER QUESTA LEGISLATURA / E

NON PIÙ / IN

SEGRETO

ME

CAPO DELLO STATO

D'ANIMO

MIO

MIT DIR / VERBUNDEN

AN DIR / GESUNDEN

/

HAB DICH SELBER GERN

SEI DEIN AUGENSTERN

/

UND EINER LEHR / SEI ALLEN LIEB

ES IST / DER SELBSTERHALTUNGSTRIEB

/

VERLOREN HATTEN

MIT DEM BLÄTTERDACH

EDEN / FUG UND FACH

SCHIRM UND / DEN SCHATTEN

MAG ES / DAS

MUND WERK

SOEBEN SCHRIFTLICH EBENSO

ERWART

POST

MORTEM / EINE

WÜSTE DER RUHE

DER / ZEIT LEBENS ZEIT / DAS

TEMPO

LIMIT

/

VOUGL SCHISS

SAIN

SUMMER SPROSSEN

SAIN

VOUGL SCHISS

DEM

LAND EI / SEIN / EI LAND

DIRE COSÌ / PER / COSÌ DIRE

IST

SO ODER SO

COSÀ

DAS LAMM / IM

UNTER / STAND / UNTER

DEM / BAUCH / DER

HAMMEL FRAU HAMMEL

IN SCHERM IN

SCHUTZ UND SCHIRM

WEIL / VOR HUNGER / DER

LÄMMER GEIER / VOM HIMMEL FÄLLT

AB IST

DER MÄNNER / ZOPF / DER MÄNNER

IST AB

LA TRECCIA

DONA

LA DONNA

DONA

LA TRECCIA

/

ER

STEIG / AM

HAAR GEFLECHT

DER

RAPUNZEL

BALDRIAN GEWÄCHS UND FELD SALAT

DIE / STRICK / LEITER / DEN

KARZER TURM

HINAN

ZIEH / UNS

BAMBOLOTTI

DAS EWIG WEIBLICHE

/

DOPO

PASSO

DOPO

PASSO

DOPO

N N UND KAIN

WORT

ZU VIEL

SPIEL FARBEN SPIEL

/

BÖGEN REGEN

SICH / SIND

REGEN BÖGEN

/

FARBEN SPIEL FARBEN

ZIEH

DAS GROSSE LOS

DEN

STECKER

KOMM ZU DIR

IN DEN HIMMEL HINEIN

IN DEN HIMMEL DER LIEBE

DENK

KLAPPEN SCHEU

/

IMMER / AN DICH / IMMER

/

SCHEU KLAPPEN

WIRD ES / GEWISS

BIN ICH MIR SICHER / WENN

NICHT / HEUTE

DANN MORGEN

ZEICHNE

VERANTWORTLICH

MAL

BILD SINN INS SINN BILD

/

BETRIEB KUNST

IN / FETTEN JAHREN / FÜR / MAGERE ZEITEN / IM

KUNST BETRIEB

/

WEISE LÄCHLE

BUDDHAHAHA

LÄCHLE WEISE

/

HERZ

WAS WILLST DU

MEHR

MEHR

MEHR

/

COR

COR

RICORDI

RI   DI

RI   DI

/

/

/

LEUTE MACHEN

KLEIDER

KLEIDER

KLEIDER

MACHEN LEUTE

/

DAS / TICKET / DAS

KOST

MICH KEINEN CENT

KÖNN

ICH MIR / FÜR DEN

HEIM GANG

SPAREN

/

È

UNA PISCIATA DI CANE

QUELLA / MARCA / IL

SUO TERRITORIO SUO

IDRANTI E ALBERI

FIRMATI

DOCG

AN MEINER STATT

EIN

GO / NO / GO

FÜR DIE

BUBEN / MÄNNER / GREISE

IN MEINER STADT

DAS RISIKO

OBEN

BERGE

UNTEN

DIE / TAL EBENE / DAS

EBENE TAL

UNTEN

BERGE

OBEN

DAS RISIKO

/

RICORDO

LA MIA GIOVENTÙ CON LITTLE TONI

UN CUORE MATTO / MATTO DA LEGARE

CHE SI È SPEZZATO

OGGI

GIORNO

È

SCOMPARSA

FRANCA RAME

DALLA / CUCINA

CASA E CHIESA

/

OLLM

SCHNELL SCHNELL

LAI RENNEN UND TIAN

ISCH A NITT FAIN UND GOR NITT SCHIAN

LEBE WESEN LEBE

AUSSPRUCH

IN / QUESTO STATO / DI

DEGRADO

GUARDO / DI

CHE MORTE MORIRE

FIGURATI E / SI FIGURI

/

EIN

TROPFEN REGEN

SEI DAS

GENERIKUM

VON EINEM

REGEN TROPFEN

NUR

BILLIG UND RECHT

BILLIG

NUR

/

KEIN

EINSPRUCH

FACH LEUTE

ALLER

LEUTE FACH

VEREINIGT

EUCH

LIEBE WESEN LIEBE

NACH WIRK

DER

BURGEN WALL

DER

WALL BURGEN

VOR / ZEIT / VOR

CHRISTUM NATUM

/

IL

GABINETTO

MUSS

PARTOUT

NICHT / EIN KABINETT / SEIN

DER

REGEN

KOMM

DEM

TROPFEN

NACH

DEM

PROPFEN

NACH

DEM

TROPFEN

KOMM

DER

REGEN

BLUMEN STRAUSS BLUMEN

AUS

BLÜTEN STERNEN BLÜTEN

EDEL WEISS / VOM / ALPEN FELS

DER / HELLE SCHIMMER / DER

DICHT BEHAARTEN STAUDE

ENTSTEH

DURCH / LICHT REFLEX / AN ABER

TAUSENDEN KLEINEN / LUFT BLÄSCHEN / IN DEN HAAREN

/

KÖPFCHEN BLÜTEN KÖPFCHEN

BLÜHEN

EINES VOR DEM NÄCHSTEN

AUF

VON AUSSEN / NACH INNEN

DER

WINTERSTEHER

WEISE / ANSATZ / WEISE

AUF

DEN / MENSCHENSCHLAG / HIN

WELCHER

IM / HEILIGEN LAND / DER

MIR SEIN MIR

FRÜHLINGS

IN EINEM

KÄLTE UND TEUFEL

AUSTREIBT

MÄRCHEN MAIDCHEN

HOLD

SPINN

RUMPELSTILZCHEN DIR

MACH

ES HEUTE HIER

DAS STROH ZU GOLD

/

FRUTTO

DI LAVORO DI

CONCERTO

/

DIE MISSIO SEI

DIE HYPERBEL DER

MACHT

WORTE

DER

WORTE

MACHT

/

SAGE / AUS / SAGE

WILL KEINE

HEILIGEN STATUEN

NOCH

STATUEN HEILIGEN

ALS MEINE / HAUS GÄSTE / IN MEINEM

GÄSTE HAUS

FUSS

AB / STREIF / ER

ISCH NITT DEIN OOTSCHATSCHER

/

IN MODO SUO

OGNI UNO / DI NOI / OGNI UNO

NE HA FACOLTÀ

DI PARLARE / IN

MODO DIVERSO O UGUALE

DI OGNI UNO / DI

NOI / OGNI UNO HA

FACOLTÀ / DI

DIRE LA SUA O DI TACERE

/

AUSGERISSEN

IST DER

SALAT KOPF

KOPF SALAT

AUF DEM

TELLER

KOMM MIR NICHT MIT JOHANNES DEM TÄUFER

AUSSICHT

/

VOR SCHWEDISCHEN GARDINEN / IST

HINTER SCHWEDISCHEN GARDINEN

/

EINSICHT

WIE ALL DIE

DIE WIE WIR

SCHWARZ FAHREN

FAHREN SCHWARZ

WEIL

WIR WIE DIE

SCHWARZ FAHREN

AUF DEM

BLAUEN PLANETEN

DURCH

DAS

ALL

DAS

ALL

DAS

ALL

DAS

ALL

DAS

INS

BLAUE

/

BILD

MIR EIN

URTEIL

BILD

MIR EIN

SCHULD

SCHEIN

UM SCHEIN UM

/

SCHICHT WECHSEL

/

LEG

SCHICHT

AUF

SCHICHT

AUF

SCHICHT

LIEG

DRUNTER UND DRÜBER

GEH ES BEI MIR

NIMMER

/

WECHSEL SCHICHT

TEIL

EIN

TEIL

EIN

TEIL

GEH

AN DIE

OBSESSION / FÜR

ALLES SCHÖNE / GUTE UND LIEBE / ALLES / GUTE UND SCHÖNE

BEIM

SPIEL FELD HÄLFTE FELD SPIEL

DRÄNG

ALLES AUF EIN TOR

STÜRM UND SCHNEI

ES

BEI DER

RANGELEI

AM

SPORT PLATZ

VORBEI

GEH

JEDES GEWITTER

/

UNBESTRITTEN

È QUESTA / LA

FOTOGRAFIA DELLA SITUAZIONE

POLITICA SOCIALE

COME

DISEGNO DAL VERO / IL

MIO

È

UN LAVORO / A

MANO / D'OPERA

/

ABITO IN PELLE

DETTO IL DETTO

HAUFEN

SCHERBEN

HAUFEN

/

SCHREIB

ROTE ZAHLEN / SCHWARZ

SCHREIB

SCHWARZE ZAHLEN / ROT

SCHREIT ÜBER SCHREIT

ALEA IACTA

EST

ALEA IACTA

DEN RUBICON WIE

ER

BETRET ICH BETRET

HEIMAT

ERDE

HEIMAT

/

IL SOLE

CHE TU MI PORTAVI

ALS STREUNE DER

SCHATTEN

HERREN / LOS

IL SOLE

NON C'È PIÙ

AMORE

EXCERPS FROM THE LAST BOOK

BASTA

NON FARE IL FURBO

BASTA

/

EINE SCHWALBE MACH DEN SOMMER / AUS

DER TROPFEN / DEM REGEN EIN ENDE

/

AMEISEN TRAGEN ZUSAMMEN TRAGEN AMEISEN

IHR

SCHICKSAL

TRAGEN ZUSAMMEN TRAGEN

AMEISEN

/

HALT HALT

IN / DEN HÄNDEN

EIGEN

HERZ

EIGEN

HER

ZEIGEN

/

CALA

LA

TENEBRE

CALA

LÀ

LEBENDIGES BEISPIEL

GELEBTER LEBEN

SEI

JEDERMANN

/

ERA L'ULTIMA CENA PER GESÙ / MA

NON PER GLI APOSTOLI

/

HAB

EIN KIND DER ALPEN

FRISCHE

SOMMER

FRISCHE

/

WILL WER WAS GUTES

BEI TAG ODER NACHTS

ENTWEDER WER MACHTS

ODER MAN TUT ES

/

WAS MACH DEN REIZ AUS

KRATZEN

UM HIMMELS WILLEN

NEIN

/

CURRICULUM VITAE / NEHM LAUFEND

MASS / AN DER WELT ZU MEINEN FÜSSEN

ZWANGSLÄUFIG

VOGEL BRUT

STOP

AND

GO

AND

STOP

BRUT VOGEL

/

NON SAREBBE / FAVOLOSA

LA VITA / SE

NON CREDESSI

NELLE FAVOLE

/

GEPLANT / WAR ICH NICHT

UND TROTZDEM / HABEN DIE BEIDEN

DAS KIND GESCHAUKELT

/

CAMBIAMO ARGOMENTO

ZÄHLEN

ERBSEN

NON CONTANO

/

IN

HÜLLE

UND

FÜLLE

SIE

SCHLACHT / FELD / SCHLACHT

/

MARSCH / MUSIK / MARSCH

AUF UND NIEDER / ALLE

WEIL / WIEDER

/

SPRENG STOFF

/

SCENA / O / SCENA

SUL RETRO / DIETRO

LE QUINTE / LE SESTE

TUTTE / QUANTE

VOLTE

/

HITLER HOL

DER TEUFEL / DER

HOL HITLER

/

GOTT SEI DER BEIDEN SEELEN GNÄDIG

/

LES

VOR / GESCHICHTE / VOR

/

ES IST / WIE / IST ES

TAGE LANG TAG

WIRD ES / WIE / ES WIRD

NÄCHTE LANG NACHT

GEHEN UND KOMMEN

HONIG SCHLECKEN

/

INDES ALS WÄHREND / UND ABER

WOHINGEGEN / DIE KIRCHE

DROH / MIT DEM JÜNGSTEN

GERICHT / IM JAMMER

TAL / MIT DEM / IM

BIBLISCHEN ALTER

/

MAL X MAL

DAS INKARNAT DES GEKREUZIGTEN

BUNT

/

WAS FÜR TÜCKE

OS ORIS / MUND

ESELS BRÜCKE

OS OSSIS / BEIN

BRICHT IN STÜCKE

DAS MAG SCHON SEIN

/

WENN DAS EIN GEDICHT IST

HEISS ICH

SCHÖNWEGER / WIE VIELE

/

SCHLECKEN HONIG

KOMMEN UND GEHEN

RICHT / MICH

AUF / AM KREUZ

DEM MEINEN

/

FÜR UND FÜR

EIN REICH / EIN FÜHRER

FÜHR / EINER

WIE KEINER WIE

DER

EIN VOLK

AD

ABSURDUM

/

POPOLO ITALIANO / MEGLIO

UN GIORNO DA LEONE / CHE

CENTO GIORNI DA PECORA

/

OH / DU LAMM GOTTES / DAS

HINWEGNIMMT / DIE / SÜNDEN DER WELT

ERBARME DICH / DEINER

FASCI

GESTALTEN

WIE

SCHÖPFER

GESTALTEN

/

IDEOLOGICA / MENTE / IDEOLOGICA

MISS

BEHAGEN / BILDUNG / BRAUCH / UND

DEUTUNG / ERFOLG / ERNTE UND

FALLEN / GEBURT / GESCHICK UND

GESTALT / GRIFF / GUNST UND

HANDLUNG / HELLIGKEIT / KLANG UND

KREDIT / MANAGEMENT / MUT UND

STAND / TON / VERHÄLTNIS UND

VERSTÄNDNIS / WAHL / WEISUNG UND

WIRTSCHAFT / WUCHS

MISS

ACHTE / BILDE / BRAUCHE UND

DEUTE / ERNTE / FALLE UND

GESTALTE / GLÜCKE / GÖNNE UND

HANDLE / RATE / TÖNE UND

TRAU / VERSTEH

MISS

GEBILDET / GELAUNT / GESTALTET UND

GESTIMMT / GÜNSTIG / LANG UND

LAUNIG / VERGNÜGT / VERSTÄNDLICH UND

SO WEITER / SO

GEBET UND NEHMET

DAVON

/

DENN MEIN IST DIE RACHE / SAGT

DER HERR / WELCHER

AUCH / IMMER

PAGANINI

NON RIPETE

/

CONTINUA

/

VATER SPIELT AUF

SEINER STEINER / SOLO

HEUT / SO SO / LA LA

ES LIEG AN DER GEIG / HAB

BÜBISCH SPITZ

DEM KORPUS DER VIOLA

DIE SEELE GENOMMEN / LAI

GLOCHT HOT DER TATTA / NICHT

ÄRGERN / NUR WUNDERN

VERSTECK / DES STECKELE

STECKT IN EINER SEINER HOSEN

TASCHEN / IN

WELLIGER

UANMOL DORF ER ROTN

KOLT / HOASS

/

PAGANINI / SON SOLDINI

PAGA E RIPETO E PAGA

O O

ES GEB / DIE WARME HAND

DER WARMEN HAND

DIE WARME HAND

INIZIO QUESTO INIZIO

CONTANDO

SU DI ME

ALLA ROVESCIA

UND

SIE DREHT SICH / DOCH / DREHT SIE SICH

UND

LANGSAM / ABER SICHER ABER / LANGSAM

UND

GALILEI SITZT

INDESSEN

EIN

VERBRECHER / IN

DEN AUGEN DER

ALLEIN

SELIG MACHENDEN

FINO A IERI

/

UMMER GSCHUPFT / HERUM GESTOSSEN

SIEGER

POSEN

IL CLIMA / FA RIMA

IN DIE HOSEN

GEMACHT / VOR ANGST

DER LEHRER FAND'S PRIMA

PARTO DOPO / FRA

POCO / PRESSA / POCO

REIME REIME

/

MIR GEWOGEN / EINGEZOGEN

LIEBE MICH LIEB / NEHME UND GIB

ZIEH NIMMER AUS / SPRICH

BLUMEN STRAUSS

/

QUESTO È POCO / MA

SICURO

PERCHÉ E PER CHI

IL MOMENTO È IL MOMENTO

OPPORTUNO ALL'ATTIMO

/

UNODUETREQUATTROCINQUESEI / A

UN BUON PUNTO / UND

ZÄHL ICH MEINE

SORGEN / TÄGLICH

NIT OLLE FORZ MINUT / DIE

SCHLÄGE

MEINES HERZENS

EINS / ZWEIDREI

GLEICHHEIT / FREIHEIT

GESCHWISTERLICHKEIT

ER / WISSE BESCHEID

VIVE LA DIFFERENCE

/

REIME REIME

RÜCKSICHT / VORSCHAU

/

DER GUTE RANGER

ABEL

DER ACHT (AUF)

ZÄUNEGRÄBENMAUERN

AM SAUM DER

KAIN'SCHEN

FARM

VADOINVADOINVADOINVADOINVADO

LA CLITORIDE È IL CLITORIDE

WIE GOTT SIE SCHUF / SCHUF SIE GOTT WIE

UNSER

VATER

BILDEBENBILD

MANNOMANN

KANN MICH / GERN HABEN

WIE SICH SELBST

/

SILVIO

BERLUSCONI NEGA DI AVER

MAI / PAGATO UNA DONNA

SILVIO

MAGNAGO STELLT IN ABREDE / JE

FÜR EINE FRAU BEZAHLT ZU HABEN

/

VORSICHT / RÜCKSCHAU

ICH BIN ES

/

LEID / AM KREUZ / NEHM

HIN / WEG / DIE

SÜNDEN

DER WELT DIE

SÜNDEN

/

MENSCHEN FISCHEN MENSCHEN

SIE HÖREN / HÖREN SIE

ZWISCHEN

INFRA UND ULTRA

SCHALLEND / LACHEN / UNTER UND

ÜBER SICH UND DIE ANDEREN

/

DIE LASSEN DIE

DEFIZITE

IN DEN GARDEROBEN / FIEBERN / SCHLOTTERN / SCHAUEN

SPUKEN / HINTER DEN KULISSEN / GLEICH GESINNTEN

ÜBER DEREN SCHULTER / SCHLUSS

GENERIEREN

DANN / IM SCHEIN / UND WANN / SYMPATHIEN

/

WÜRDE DURCH WÜRDE

WÜRDE

HÄTT DIE DES KANT / KEINEN

PREIS / KONJUNKTUR

OH

DER SCHI ISCH

OH

/

FAHR

DAS FAMOSE MOPA / DEN

CAO

MEINER ADOLESZENZ

ZU SCHROTT / DEN DICHTER

NORDWÄRTS / ÜBER DEN BRENNER / DER

NIMMT IHN ENTGEGEN / DEN

GRUSS / ZUM ABSCHIED / SINGT

ER LEISE SERVUS / DER MOTOR

RATTERT / AUFGEBOCKT

GREPITA / PRIMA

DI CREPARE

CAO CAO

/

DORT / WO ICH MEIN LEBEN LAUF

EIN BEET QUER / QUER BEET EIN

GEHT / DIE LANDSCHAFT IN SCHIEFLAGE

AUF MICH ZU / BERGAN

SCHAU / TAGHIMMELWÄRTS / TRAU

LICHTEN

SONNEN EXPONIERTEN SONNEN

ÜBER / DEN WEG

GELAUFEN / IST DAS RENNEN / OHNE MICH

BIEG

DEN REGEN ZUM BOGEN

DER TRAG / MIR

DEN KITSCH ZU GEMÜT

/

HALT

DAS WASSER / GLAS

IM STURM / WAS

DIE REDE DER WENDUNG VERSPRICHT

/

HÄMMER

IN DER SCHMIEDE / AM

WORT

FÜG

GLIED INS GLIED

ZUM SATZ

/

SETZ DIE MIEZE AN

AUF DEN KATER

/

BIN AN DER REIHE

NICHT WIRKLICH

INTERESSIERT / MICH DOCH

DAS PHÄNOMEN

/

STEH AN / STÄNDIG

AN UND AB

WER ODER WAS

IST WESSEN / REPLIK / DIE

SCHÖPFUNG IM DIVINEN / DAS

DIVINE IN DER SCHÖPFUNG

C'È / CHI

SE NE FREGA

/

WER WEM WAS GLAUB / WERD SELIG

GESPROCHEN

NOCH LANGE NICHT / SEI

AUCH EGAL

ISCH AA WURSCHT

ISS EINE WURST

ISCH A WURSCHT

O

COME LA PAROLA PAROLACCIA / PER SÉ

PER QUELLO / GIÀ FOSSE PAROLACCIA

/

WER ZÄHLT / WAS / ZÄHLT WER

DA PAROLIERE

MI FACCIO I CONTI IN TASCA

E NOTO / BENE

PARSIMONIOSO SONO / SPARSAM / BEMESSEN

SCHREIB / VON DER

EGOMANIE DES LYRISCHEN ICHS / BIS

HIN ZUR NÄCHSTEN

LIEBE

EX / IT / IS

IN / NULL KOMMA NIX / VON DA / BIS DORT

/

VIVERE È L'ATTIMO / CHE DALL'INIZIO / NASCE / MENTRE MUORE / E

MUORE / ALLA FINE / MENTRE NASCE

/

ES SCHAU / DER AUGEN

BLICK / NACH VORNE / AUCH

ZURÜCK

/

SCHLAGZUSCHLAGZUSCHLAG

DIE MASSE

MACHT

DIE MASSE

AUS

/

HEUT SCHON / IST

DER SHOOTINGSTAR

VON GESTERN

OUT

/

WIR

BLEIBEN

IM UNKLAREN

GELASSEN

BLEIBEN

WIR

KOMM

IN GOTT'S NOMMEN

IN TEUFELS KÜCHE

/

TOP TEN

SOLLST

NICHTNICHTNICHTNICHTNICHTNICHTNICHTNICHTNICHTNICHT

VERGEBEN UND VERGESSEN

SATANA / SEMBRA

IL DIAVOLO IN PERSONA

AMBEDUE SON POSESSI / DAL

DEMONE

/

DER IST / HINTER MIR

HER

WIE DER TEUFEL / BEI

MEINER SEEL

UND WENN ICH DEN AN DIE WAND MAL

FACCIO L'UCCELLO DEL MALAUGURIO

CHE VADA ALL'INFERNO

/

COCOMERO AMARO / ADONIDE / PULSATILLA ALPINA

MADRESELVA PELOSA / CUSCUTA / ORTICA BRUCIANTE

FITEUMA / BELLADONNA

FINOCCHIO

LUPUS IN FABULA

BUCH

DEN FLUG / UM DEN HEISSEN BALL / BEI

MEINEN AHNEN SELIG / PER

NON DIMENTICARE I GENITORI

/

DREH SICH UNSER

EINER / IN OVALEN KREISEN

UM DEN STERN / DER EIER

TANZ

UM DIE SONNE / DAS

GOLDIGE KALB DES SOKRATES

GEH ES / ES GEH

DANKE

/

IKARUS' KINDER / KOMMEN

DEM VATER / NACH / DEM VATER

/

DEM ECHTLICHT / IM

ULTRAMARIN DES LAPISLAZULI / LEUCHT / LICHTECHT

IVES KLEIN BLAU / INNI

IN DIE KUNST / DER GEGENWART / E L'ICARO

CONTINUA / A VOLARE / NEL

NONO CIELO / CONTINUA

A CANTARE / VO LA RE / O O

CAN TA RE / O O O O

NEL BLU / DI STARE LA SU

FELICE

NOI QUA

COME

VOI LÀ

VEDIAMO / LE

COSE DIVERSE / DIVERSE COSE

/

VOILÀ

/

A NATALE / TUTTI

CRISTIANI

DALLE STELLE / DI BETLEMME / ALLE

STALLE / DEI PRESEPI NATALIZI / DAL ASILO BAMBINI / AL

ESILIO DI PROFUGHI

/

MIT DEM

KREUZESTOD

SEI ER VON UNS GEGANGEN

WORDEN

/

AM HOLZ GEHANGEN / SO

MIT

GEFANGEN

SITZ EIN KRIEGER / MIT

SCHWER MÜT'GEM SINN

/

DIE SCHWALBEN SIND HEIMWÄRTS GEFLOGEN / ALS

OB / AM GÄNGEL BAND GEZOGEN

FINSCHTER / WIA

DER TUIFL / UMMANE HOLBE SEXE / IN

OLLER HERRGOTTS FRIAH

GIPS

SOGOR GIGS GIPS / KUAN

VORMESS

VOUR DER HOSCHTIE

/

NIMM IHN AUF / AUF

LEEREM MAGEN

DEN LAIB DES HERRN

IN BROT GESTALT

/

SOLLST DEN

UNTERM HERZEN

TRAGEN / DEN

TEMPLUM SUUM

SAUBER HALT

/

MINISTRIER

GERN

FÜR EIN FÜRSTLICHES / HIMMLISCHES

FRÜHSTÜCK

DANACH / AUF DEM

HERRSCHAFTLICHEN PFARRGUT / BEI DER

WIDNHAISERIN / DIE / BEDIEN UNS / GOTT

GEFÄLLIGST / WEIL ZUSTÄNDIG / WIE / IM ALTEN ROM

TRINK WASSER

FLUSS ENDLICH / SCHAU

ANDATA RITORNO / ONDATE

DIE SEE / DER STROM

/

FISCHLEIN

DECK DICH DECK

FISCHLEIN

/

EIER LAICH EIER LAICH EIER LAICH EIER LAICH EIER

WACHSET / UND VERMEHRET

UNS

LEHRET / ZU

WARTEN ZU

MAG WER / MIT DER RUTE

SEI LEICHT

WEDELN

/

NIMM UND GIB VOM MAHL / DEN REST

DEM KÖTER / KEINE GRÄTE ET

NOCTURNUS / SCHAU

DEM FRÖBE AUFS MAUL

DES FISCHES NACHT GESANG

/

GEFALL

CHRISTIAN / DIR / STELLA DEL MATTINO

DER BACH / RAUSCH DURCH MERAN / DIE PASSER

BAU HERR BAU

BABYLON

IN DEN HIMMEL

HINEIN / SETZ

LUFT SCHLÖSSER / IN

DEN SAND / GESETZT / DER FALL

IST ABGESCHLOSSEN

/

NICHT DER BUBEN STREICH

FISCHE

GOLD

FISCHE

GOLD

FISCHE

IM TEICH GARTEN / AUS

DEM GARTEN TEICH / DER DORFPFARRE

AM SONNENHANG / NEI PRESSI DI MERANO

MITTEN IM SCHATTIGEN BUCHS LABYRINTH

EINSEHBAR ALLEIN VON OBEN / DER OBEN

SEH ALLES / SAGT MAN / MIR NACH

BEICHT / BALDIGST DARAUF / IM STUHL / MEA CULPA

/

FREI / GELASSEN / SCHWIMM DERWEIL DES DIEBES GUT

IM BACH / ZUM FLUSS / DER STRÖMT INS MEER

/

DER PRIESTER / DIE PETZE / VON WEGEN GEHEIMNIS

DAHEIM WARTET / BISSIG / DIE RUTE

KEINE SIEBEN / KEINE ACHT

AUCH NICHT ALLE NEUNE

ZEHN

PFERDE / BRINGEN MICH / VON

HIER WEG / DORT HIN / WO

KEIN PFEFFER WÄCHST UND NIMMER GRAS

/

LEBEN

SEI MIR EIN BEDÜRFNIS / ES

ZU GENIESSEN / EINE KUNST

KUNST WÄR DER GENUSS

DAZU

BEDARF ES / DES LEBENS ERNSTES

FÜHREN / VOM MÜTTERCHEN

DIE FROHNATUR / DIE LUST ZU FABULIEREN

UPS

NAHEZU EIN PLAGIAT

ZU NAHE BEI

FRANKFURT AM MAIN

/

FEINER

PINKEL

PINKEL

FEINER

ALS DER DA / AN DEN NÄCHST / BESTEN BAUM

WIA A HUND

PISST / A MANDL

VENI / VIDI

MONTES

/

PERCEPENDO INTORNO A ME / GLI ALTI E BASSI / IL

NON PIATTO MONDO / SOTTO I MIEI PIEDI / E

SOPRA IL CAPO / LA CONCA CELESTE

VINCE

L'EMPATIA TRA DI NOI

L'APPROCCIO / L'ABRACCIO

MINDESTENS HALTBAR

BIS

BIS

DER / MOMENT / MAL

ZU

GA

BE

ZU

GA

BE

ZU

JAGD GRÜNDEN

DEN ZEITLICHEN / BEFRAG DIE INNUNG DER JÄGER / DEN

EWIGEN / KARL MAY

/

ZUR ANLEITUNG / LESEN SIE

ERHÄLTLICH IM GUT SORTIERTEN

BUCH HANDEL

SKOLASTEN DEUTSCH

GAUDEO

IGITUR / IUVENESTUM SUM

ES / EST

SUMUS

TAFEL SILBER

AM TISCH DES HERRN / WAS BESSERES / ALS

STUDIOSUS DER THEOLOGIE

BIN ICH BIN

BERUFEN UND PRIVILEGIERT

AUSERKOREN UND ERWÄHLT

GEWISS SO SICHER / WIE

BESTIMMT / ZUR

NACHFOLGE

/

DER EWIGEN STADT

BODEN PERSONAL

EINER

DER DEN HUT NIMMT / AN DEN NAGEL

HÄNGT

DER RÖMER DEN

REX IUDAEORUM

/

DNA

GEN ETHISCH

BEDINGTE MORAL / DER

KIRCHEN GESCHICHTE

HEILIGE DIE FAMILIE

POST CHRISTUM NATUM

DIE HEILIGE FAMILIE

/

VON

FALL ZU FALL

GEBRACHT

/

STEH

AUF

MÄNNCHEN

RUFE

ZEICHEN UND / O / WAS WUNDER

WENN SAMEN / NICHT

NUR AUF STEINIGE BÖDEN FALLEN

/

BILLIG UND HEILSAM / DIR

NICHT MIR NICHT

DANK ZU SAGEN

ÜBERALL

/

APPLAUS

SOLCHER

ART

SEI DER WELTEN LOHN / DENEN

DIE DIESE DEUTEN

PFEIF KONZERTE

TANTO

TANTO

TANTO

LAVORO

LAVORO

LAVORO

TANTO

TANTO

TANTO

NON HO NIENT'ALTRO

DA FARE

/

BEJAHE / DOPPELT

VERNEINEND

/

DA WIE DORT

IMMENSE

ARMUTGÜTEREICHTÜMERWÜSTE

DAZU

KOMMEN

DIE NEUEN PARAMETER DER NEUEN PARAMETER DIE NEUEN

KOMMEN

DAZU

KEIN WORT MEHR

ALS UNNÖTIG

/

AUSREDEN LASSEN / LASSEN AUSREDEN

BILLIGE ALLES BILLIGE

NICHT / NON

TAGLIATE LE GAMBE TAGLIATE

/

ICH WEISS

DIE WELT IST

UM VIELES GRÖSSER / ALS

DIE ERDE

WEISS ICH

VON MEINER

WELT SICHT

WEISE

ART UND TEXT / KÖNNEN

IM LEBEN / HÜBEN NICHT / DRÜBEN

ZUSAMMEN KOMMEN

GIULIETTA E ROMEO

/

FRÜHER

WAR ALLES BESSER

ZU / PARADIESISCHEN ZEITEN / IM

EDEN GARTEN

/

E ORA È ORA E

ORA È ORA

E ORA E

ORA

BASTA

HORCH VIVALDI HORCH

MAGNIFICAT

/

LIEBLINGS ESSEN / ZUM

FRESSEN GERN GEHABT

VADO

DI CORPO E

SPIRITO / SANTO

CIELO

HERZ / HAFT

ERLEICHTERUNG

/

SEMBRA UNA FRASE / FATTA

FRASE

PER CARITÀ / LASS

MIR NICHT / DIR NICHT / UNS NICHT

DIE BUTTER / VOM

BROT NEHMEN

SCHMIER KEINE DRAUF

IN HUNGERS ZEITEN

/

DORF MALER KINDER

WIR BUBEN / STREICHEN

NÄCHTENS DURCH DIE GASSEN

WEISS GETÜNCHTE FASSADEN / NARRENBUNT

/

DIE ELTERN MALEN / KALK WEISS / DIE GRUBE LEER

OGGI COME OGGI

È DÌ DI

MARTE

MARTEDÌ

GIORNO DI BATTAGLIA

/

HAFTKLETTEN

HÄNGEN

MINENHAFT

AM LEBEN / KLEBEN / AM LEBEN

GLEICH

HAFTMINEN

GLEICH

KLETTENHAFT

HÄNGEN / AM LEBEN / HÄNGEN

MINEN / KLETTEN

/

CONDITIO SINE QUA / NON

SI DISCUTE

/

PRÄSENTIER

DAS GEWEHR / NICHT

AUF MARMOR SOCKEL / ZIEL

AUGEN HOCH / ZWISCHEN

DIE BEIDEN / BEINE / OBEN

AUF DEM HOHEN PODEST

KNAPP DANEBEN / IST AUCH VERFEHLT

DER WELTEN / BRAND

HERDE

DER HIMMEL / HEER

SCHAR

GEISTES BLITZ / BLANK

DAS ENTSETZEN

/

SCHWUPPDIWUPP

MARSCH / MARSCH

TRUPP

FEUER / LAUF

FEUER

/

GLÜHENDE REDE / ENTFLAMM

ZUR TAT / ZEIT

LOS / LASSEN / LOS

VON ROM / KOMM

DER / SO SCHNELL

NICHT WIEDER

/

ANCORA CI STÒ / CI STÒ ANCORA

NEL LETTO DI PROCUSTE / IN

PIEDI

MI SONO ALZATO / PER

USCIRNE

PREFERISCO

ANCORA CRESCERE ANCORA

LA SORPRESA MI

STUPISCE

NON POCO

VERFÜG / ÜBER

NATÜRLICHE FÄHIGKEITEN

MI SENTO / BENE / MI SENTO

/

MACH / ART

MIT KÖPFCHEN

NÄGEL

MIT KÖPFCHEN

REPRINTS / REPLIZIERE REPLIKATE / REPRISEN

BALLO

IL VALZER DELLE

CANDELE

BALLANDO / IL

BALLO / DEL

MATTONE

PAZZO IL PAZZO

MATTO LEGATO MATTO

BALLO

SUL POSTO / GIUSTO

NEL TEMPO / IL

LENTO / E

NON

MI SORPRENDE LO

STUPORE

KEIN

TAUSENDSASSA

ALTRO / CHE / ALTRO

EINER REICH MIR REICH EINER

FEUER

MACH ICH MIR / SELBER

UNTERM HINTERN

BRENN DIE LUNTE / RIECH

NACH PECH / UND SCHWEFEL / ERST

DREI KÄSE HOCH

DAMIT SICH DIE BALKEN BIEGEN

/

ZEIT

VERSTREICH

ZÜND HÖLZER

VERZÜND

STREICH HÖLZER

OHNE TEMPO

LIMIT

/

BARARE PER GIOCARE E NON GIOCARE PER BARARE

CON LA NASCITA / SI ALZA

IL SIPARIO / SCENDE

FINE SPETTACOLO

DER MOHR KANN GEH'N

KEIN WUNDER

PUNKT

HEREIN

WAS HOSEN SEIN

UND DIE HABEN BEI UNS / EH

DIE MAMMA AN UND DER TATTA / AUCH

MEINE SCHWESTER UND WIR DREI BUBEN

TRAGEN LEDER HOSEN

EINHER

STOLZIEREN IN SOLCHEN / GAR

SONNTAGS IN DIE HAUPTMESSE / IM

WEISSEN HEMD / MIT NASSEM

SEITENSCHEITEL / ÜBER EINEN KAMM

GESCHOREN / BIS

ZU MUTTERS HANDGESTRICKTEN WOLLSOCKEN / IN

LEDER SANDALEN / VOM

DORF SCHUSTER

/

SCHLEIERWOLKENSCHLEIERWOLKENSCHLEIERWOLKENSCHLEIER

ÜBER PARTSCHINS

ANDERNORTS MEHR

DOG'S SHIT

HANS DAMPF / IN

ALLEN GASSEN

DER MERANER

ALTSTADT

MENTE RARA MENTE

FILTHY WEATHER / BUT

HUNDEHAUFENHUNDEHAUFENHUNDEHAUFENHUNDE

CHE / SARÀ SARÀ / CHE

/

HELLE FREUDE

GETEILT DURCH ZWEI / SEI DOPPELT

GLÜCK

AUF EINER BANK / DREI

WEISSE BIRKEN / IN

MEINER HEIMAT / STEH'N

DER MUTTER GLÜCK NICHT IM WEG / ANZI

FÜR EIN SOLCHES

SORG DIE CHEMIE

/

EIN PROST AUF

DU UND DU

BIS DASS DER

/

TRAUER FLOR

UND NICHT DIE HÄLFTE REICH / DEM SCHMERZ

ER GEH AUF'S GANZE

/

TRÖSTLICH ERWART / MICH

DORT OBEN / EIN TIEFSCHWARZES

LOCH / UND MEIN ZWEITES ICH

NEHM ES HIN / SPORTLICH

ALS START / ZIEL / SIEG

HEIL / ZUR GÄNZE

ANGEKOMMEN

KÖNIGS BERG

KANT I

TATT I

DI PUSSN

/

I TATT

DI PUSSN

KANT / I

TATT'S

IMMANUEL

IMPERATIV

KATHEGORISCH

OPTEMPERATIV

/

GRATTA E VINCI

SCIMMIOTTA

/

FACCIA CON FACCIA

DI PRIMA DONNA

LA PRIMA DONNA

/

SEI PURA

MITOLOGIA

PURA SEI

JUNG FRAU / MEER STERN

MORITURI TE SALUTANT

VENERE

DEN HELDEN TATEN

FÜNF GEDENKMINUTEN / GUT

/

ES GEH / KOMM

DER HERBST INS

LAND

DER VÄTER / DER

MÜTTER

/

DER HELDEN TOD / DER

HELDEN AUFERSTEHUNG

/

WER SPIELEN WILL / MUSS

AUCH GEWINNEN KÖNNEN / VERLIEREN

GEH VON ALLEINE

/

DAS GRAB SCHAUFELN

DIE SCHAUFELN

DAS GRAB

/

DIE WAHRHEIT TRÄGT / DEM TEUFEL GLEICH

NADA

/

WEB STUHL

ERLEICHTERE

DEN PARZEN / DIE

ARBEIT

DER AUTOR BIETET

BILDSPRACHLICH GESPROCHEN

MIX:XL

SPRACHBILDER

AUS KUNTERBUNTEN

MOSAIKSTEINCHEN

VON ABSTRAKT BIS KONKRET

ÜBER DAS HANDBUCH

DER BILDENDEN KUNST

DER SCHÖNEN

HINAUS / HINEIN

IN DIE VISUELLE POESIE

ARRANGIERT / COLLAGIERT / ASSEMBLIERT

EKLEKTISCH

DIE LOSEN PUZZLETEILCHEN

AVANT LA LETTRE

ZUM ERKLECKLICHEN PATCHWORK

EINEM FLIEGENDEN

FLICKENTEPPICH

EINMAL

AUF DEN MARKT GEWORFEN

AL VOLO / VERSO IL

GAUDIUM MAGNUM

HABEMUS

SI

HABEMUS

MAGNUM GAUDIUM

PARADIESISCHE ZUSTÄNDE / IM

EDEN

/

AM BAUM DER ERKENNTNIS

MÄANDERT

LASZIV

DER WURM / UM

DIE VERBOTENE FRUCHT / DES

FLEISCHES LUST / UND

VOLL DER LIEBE

SCHLÄNGELT DIE SCHLANGE / UMSCHMEICHELT

EVA DEN STAMM HALTER

/

ADAMS LENDEN

SIND / EINMAL GESCHÜRZT / UNS

TOD SÜNDEN

WERT

/

DER FEIGEN BLÄTTER BAR

FÜGE

ZUSAMMEN

FÜGE

ZUSAMMEN

FÜGE

ZUSAMMEN

MIT DIR / MICH

DEM SCHICKSAL

SCHIFF

VON EUROPA NACH ASIEN

RINDER FURT

DIE FÄHRE PFLÜGT

DIE FURCHE DURCH DEN BOSPORUS

VON BYZANZ / ÜBER

KONSTANTIN OPEL / NACH

ISTANBUL

EILE UND WEILE

LIEBE

WAS / ICH

TU

TU

TU

WAS / ICH

LIEBE

ZWISCHEN DEM ENDE / VOM

ANFANG

UND DEM ANFANG / VOM

ENDE

/

SCHICK MICH

VON PONTIUS ZU PILATUS

/

SUCHT SUCHT

DIE LUST / NON SOLUM SED ETIAM / IDEM

IN LUSTIG

DRESCH FLEGEL

ZÜGEL LOS / UNFLÄTIG

FÜRS ERSTE

/

NUR / NICHT

HYPERTROPHE PHRASEN

ÜBER / DE

FASISCHTN / DES SEIN

INSERE WALSCHN

NITT / LEI

/

AUCH DIE KOMMUNISTEN / DIE

PROTESTANTEN

JUDEN UND PARTISANEN

IM TIROLER LAND / WIE BIST DU

SCHÖN

BEKOMMEN IHR FETT / AB

IN DIE GASKAMMER

/

NUR NICHT

AUS LIEBE WEINEN

ES GIBT IM LEBEN

NICHT NUR

DEN EINEN

ALLEIN SELIG MACHENDEN

SIEG / HEIL

BRINGER

KONTROLLE ÜBER

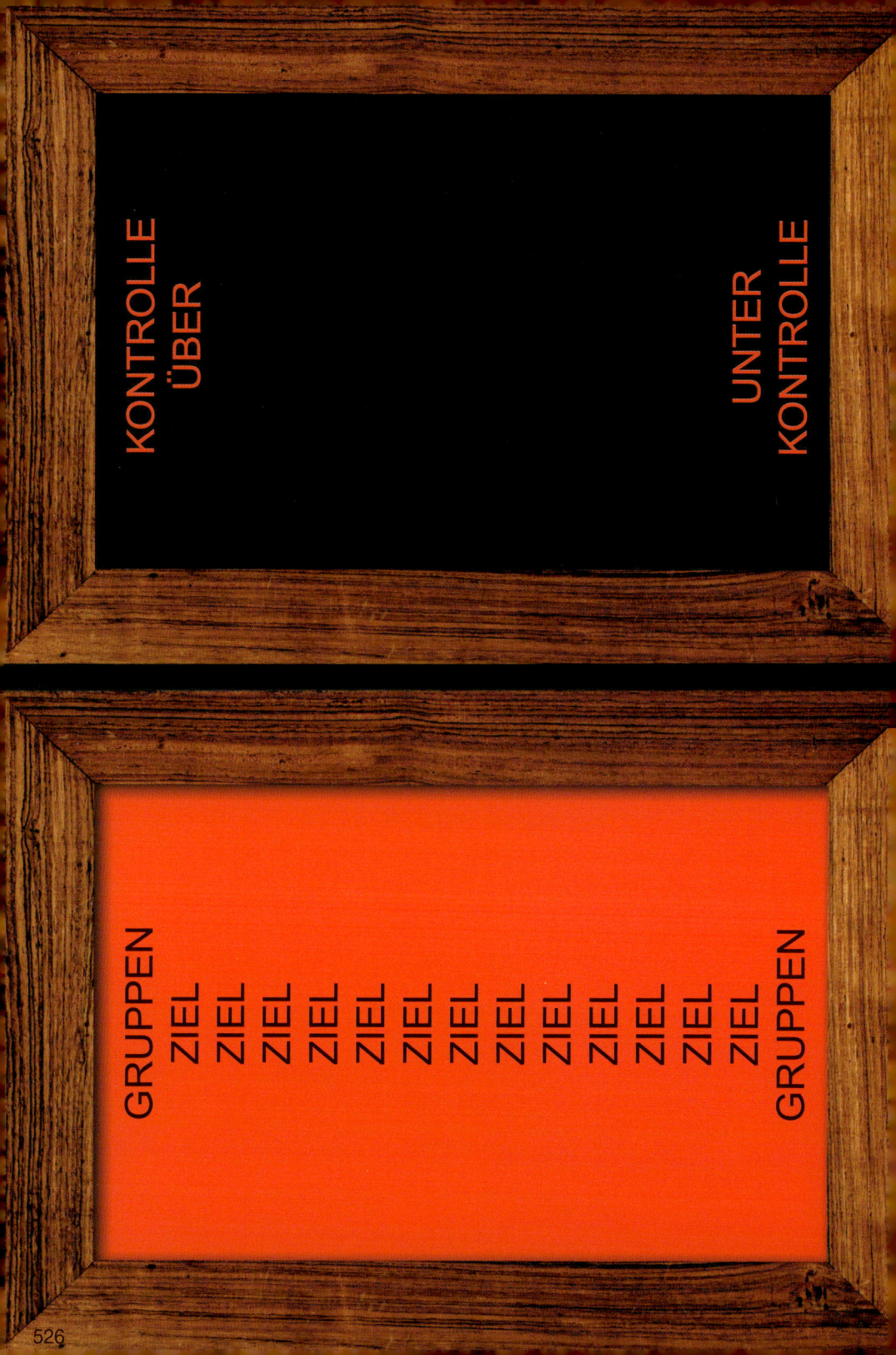

UNTER KONTROLLE

GRUPPEN ZIEL ZIEL ZIEL ZIEL ZIEL ZIEL ZIEL ZIEL ZIEL ZIEL ZIEL GRUPPEN

SORGE FÜR SORGE FÜR SORGE VOR SORGE FÜR SORGE VOR SORGE VOR SORGE VOR SORGE VOR SORGE

WEIH WASSER

SPRENGE WEIHWASSER IN DIE LUFT

SEGNE DAMIT KANONEN

si vis pacem
para bellum

DAMOKLES'

IN HOC SIGNO VINCES

SCHWERT

HEIM KINDER HEIM KINDER HEIM KINDER HEIM KINDER HEIM KINDER HEIM KINDER HEIM KINDER HEIM KINDER HEIM KINDER HEIM KINDER HEIM

DIE EINE BESSERE HÄLFTE BESSERE DIE ANDERE

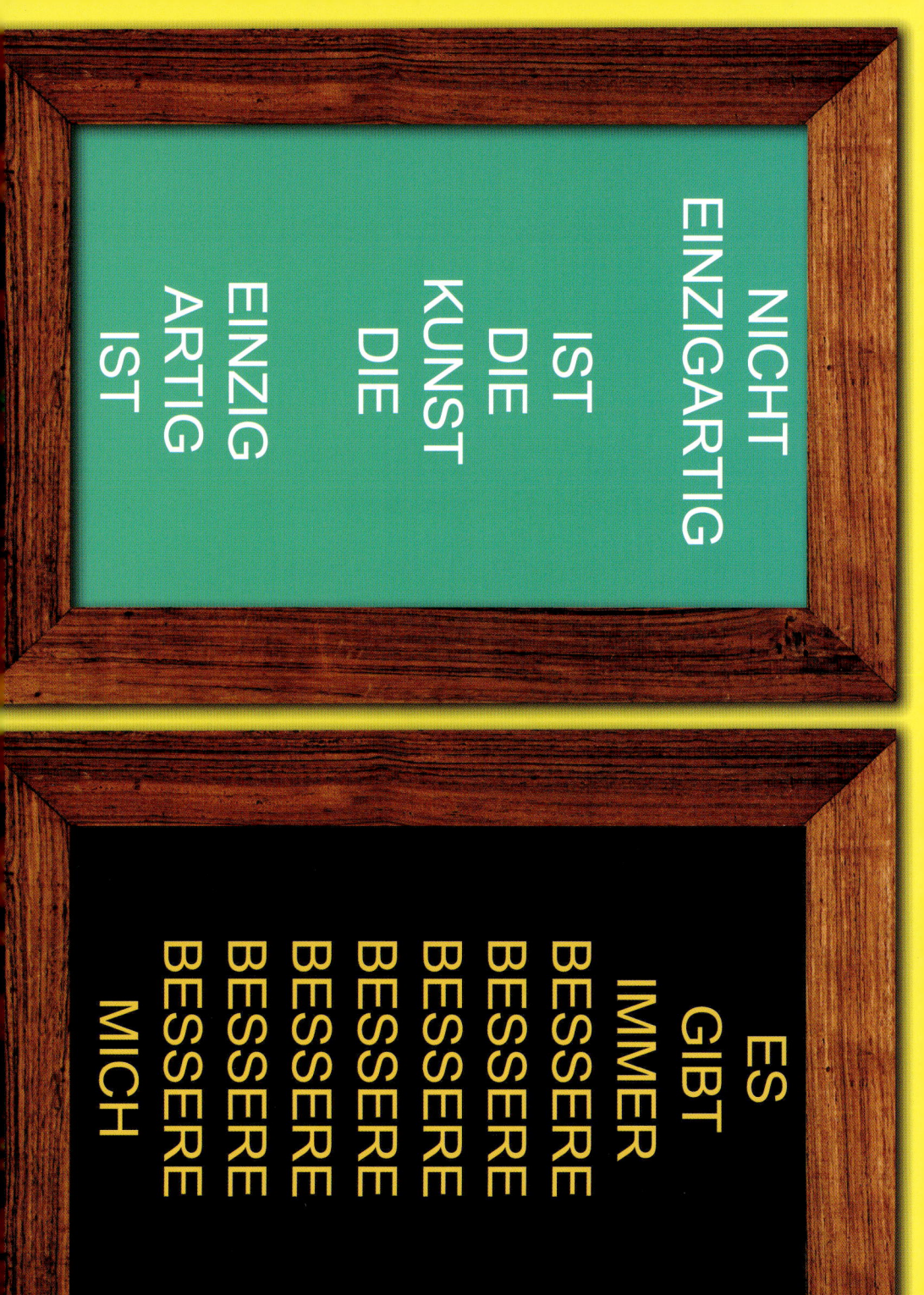

NICHT EINZIGARTIG IST DIE KUNST DIE EINZIGARTIG IST

ES GIBT IMMER BESSERE BESSERE BESSERE BESSERE BESSERE BESSERE MICH

DAS KREUZ MIT DEM KREUZ

NATURA VIVA – FROSCHPERSPEKTIVE

GOTT MIT UNS

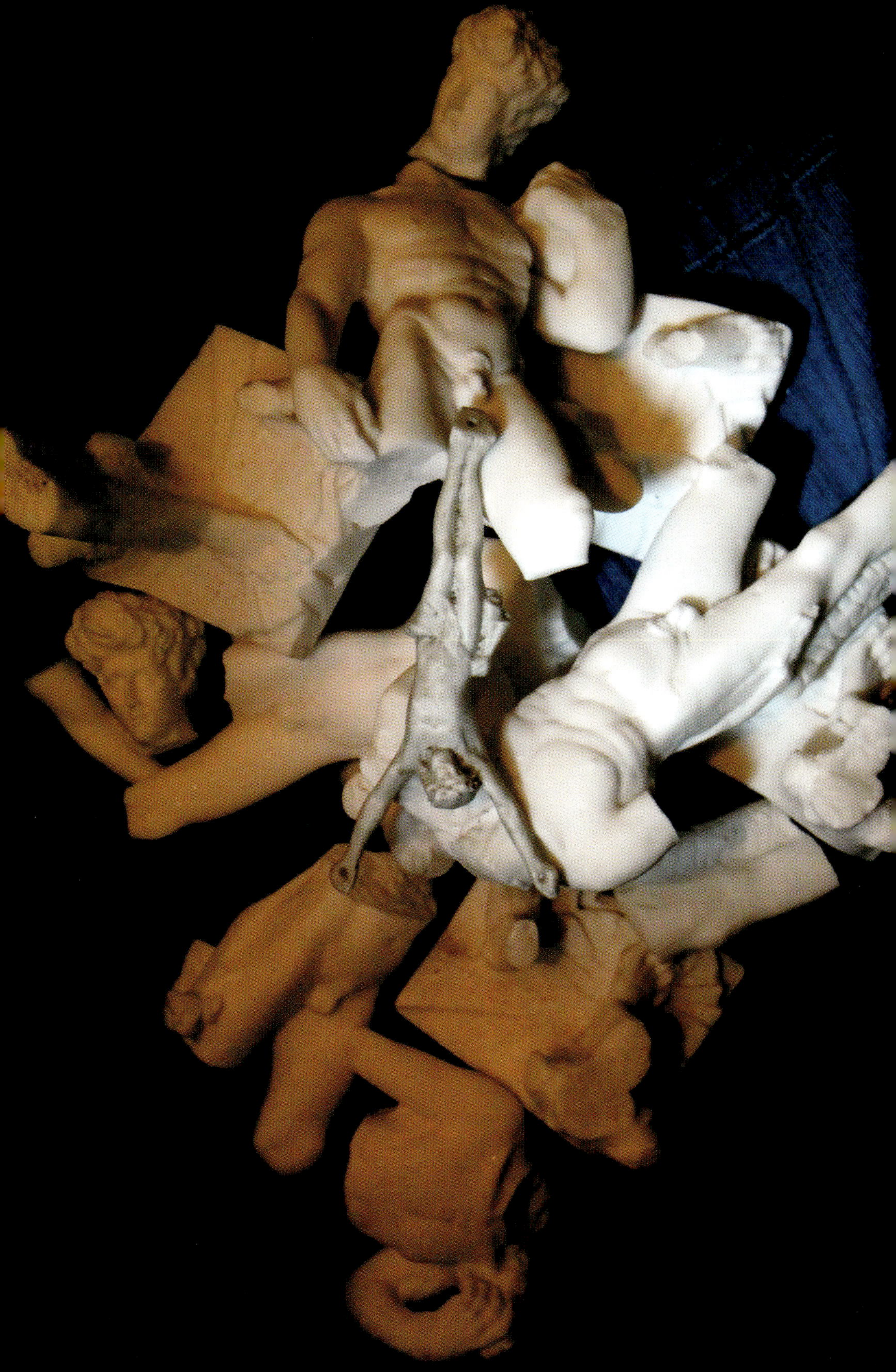

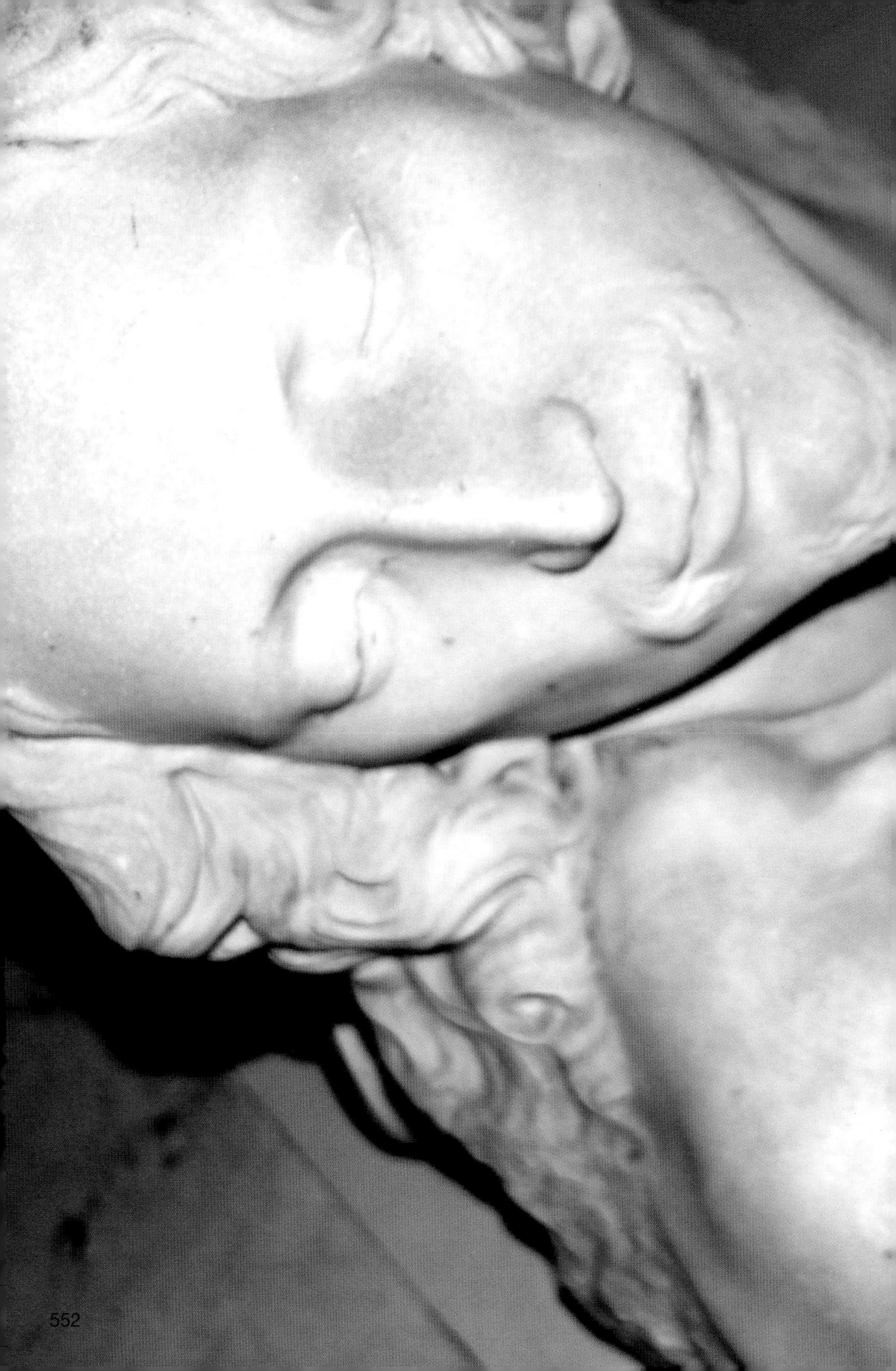

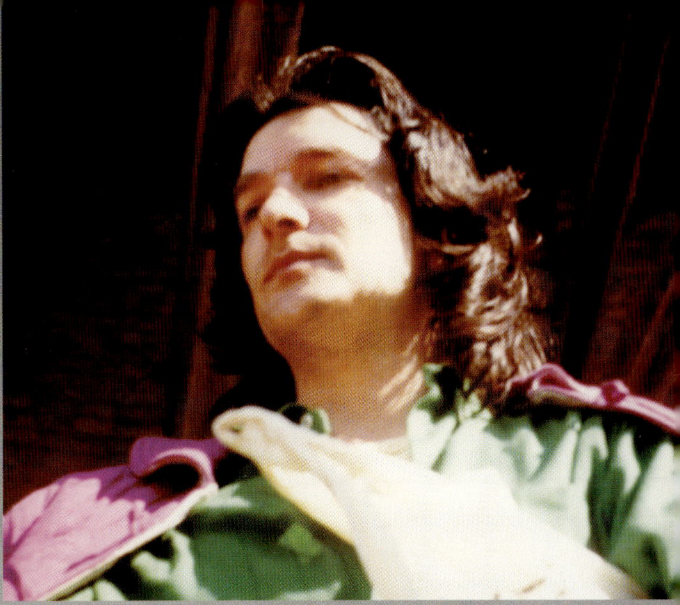
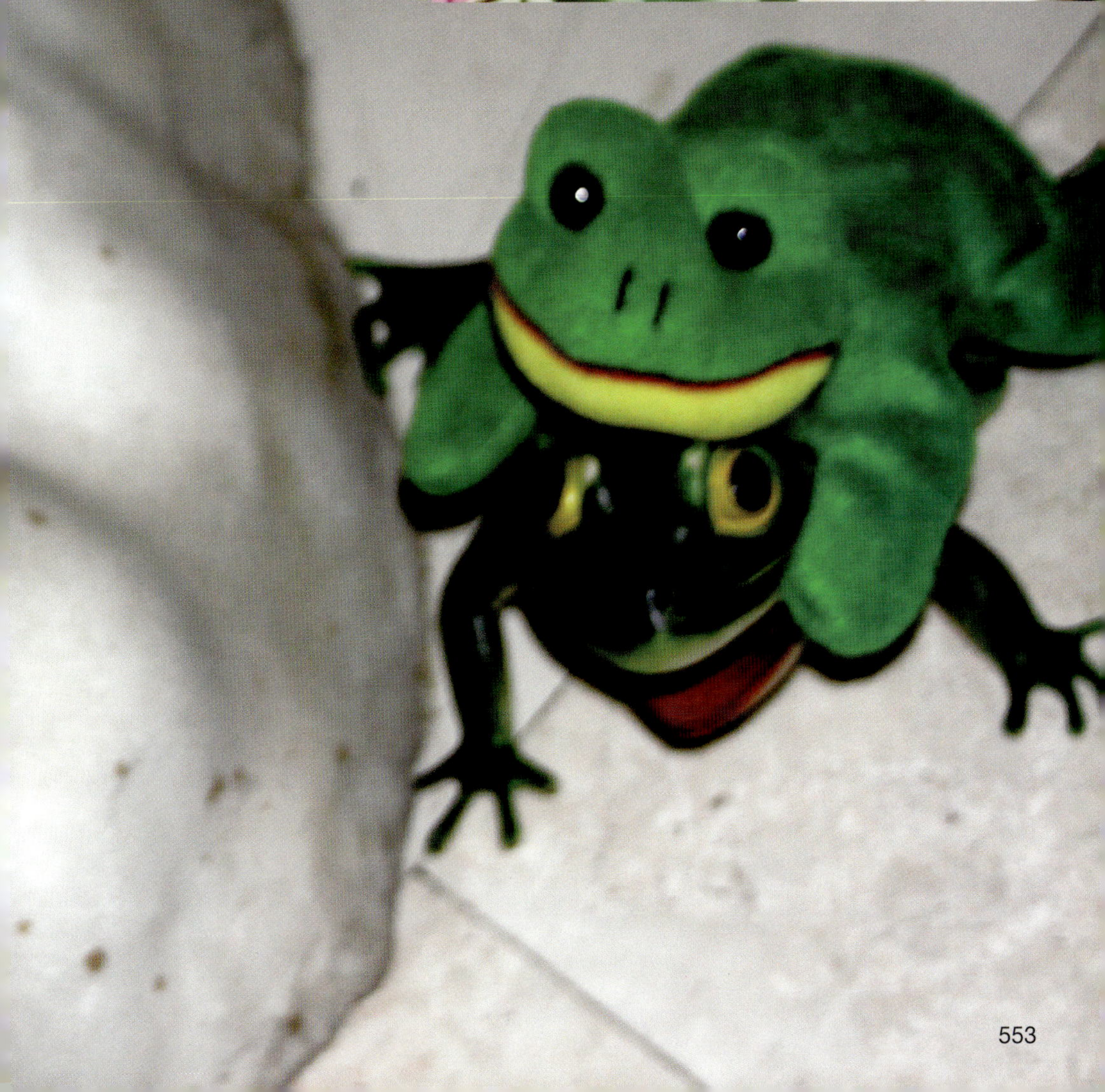

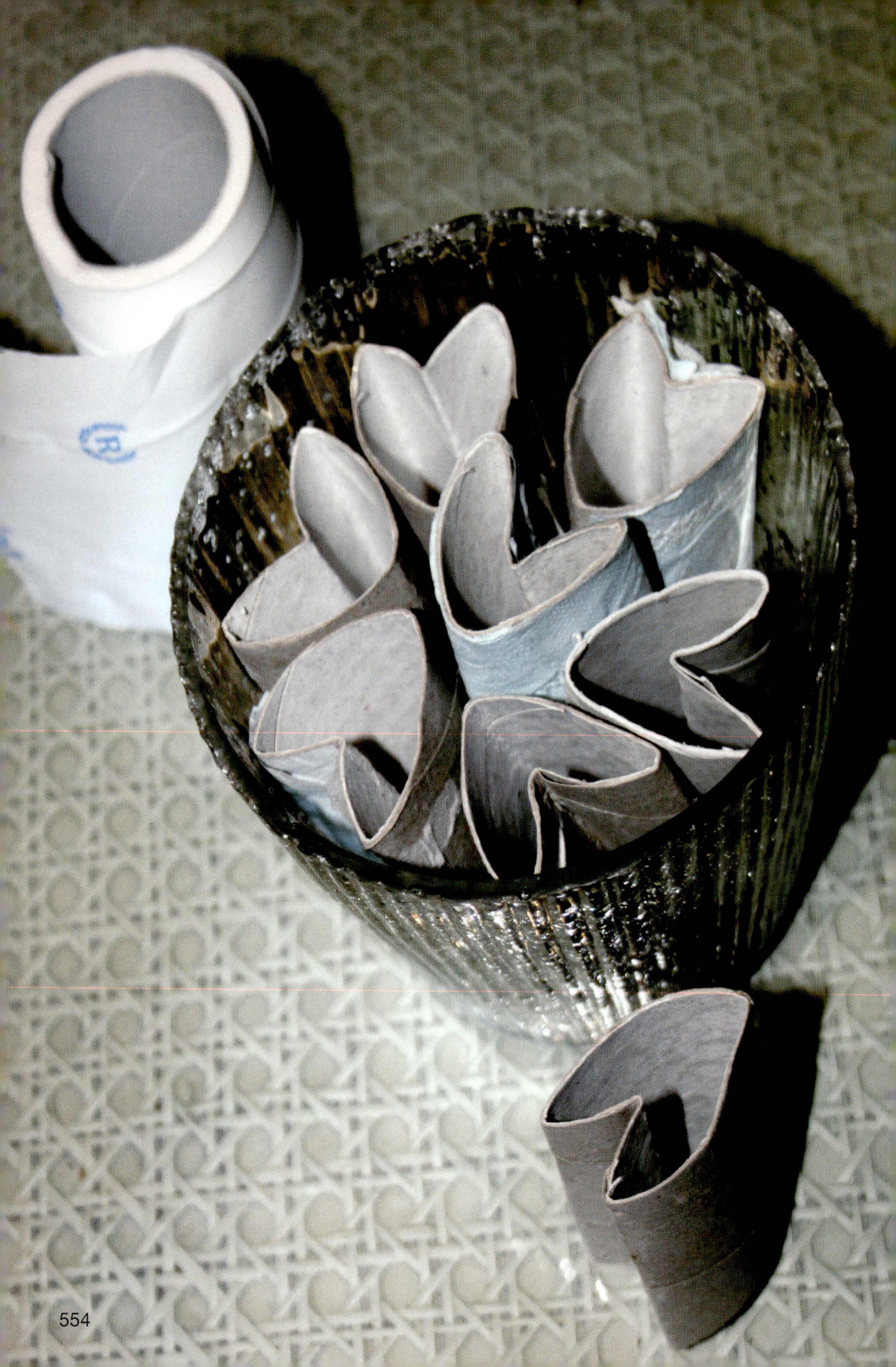

meine Rettung!

TUTTO

IL MONDO / SI SA

È PAESE

/

COME ALTRI / ALLORA

ADESSO E DOMANI

ALLORA / SÌ / ANCHE L'AUTORE

SI SENTE COMPAESANO / E

SICCOME

LA MAGGIORANZA DEGLI ARTISTI

MINORI / È

SCONOSCIUTA / SUPPONGO

CHE LO SIA / ANCHE

UNA NON MINORANZA / DEI

GRANDI

/

SICCHÉ

L'ARTE È IN STALLO

/

SANCTUS / DEUS / QUI ES IN COELI

ET IN TERRA BEATUS

SUM

SUM

SUM

BIENCHEN FLIEG HERUM

/

ENJOY

PIANGERE

NO

PERCHÉ

TANTO C'È TANTO

SAPORE DI SABBIA

/

BAGNATO

DAL / MARE

DAVANTI / L'INDIETRO / E LÀ / SU

PER LE MONTAGNE / TRA

BOSCHI E VALLI D'OR

C'È

L'ITALIA

BEI

SÜDTIROL

/

HEIMAT

VOSTRA ET NOSTRA

TERRA

/

STAI

BUONO COME IL PANE

STAI

/

RIDO COSÍ RIDO

PERCHÉ

NO

PFLÜG

GOTTES ACKER

UM

GOTTES LOHN

UM

GOTTES WILLEN

UM

SONST

WACHSEN KEINE TOTEN NACH UND NACH

NACH / NACH

MIR

FLUT DIE SINT

/

WEISS

KOHL

SCHWARZ

/

DENKBAR

BEGRENZT

SEI ZEIT SEI

BEGRENZT

DENKBAR

/

BIRNE

GLÜH

BIRNE

/

EINIGE

MICH AUF

EINIGE

NENNER

/

WAS KUNST IST

WAS IST KUNST

IST KUNST WAS

KUNST IST WAS

DAMIT

KUNST WAS IST

IST WAS KUNST

/

FACCENDO OPERE D'ARTE

A MANO / E

LAVORO IN PROPRIO / MI

SENTO BENE / MI

SENTO

OPERAIO CAPO / SE

NON CHE / SUO

MANUALE

/

NÜTZ / AUBENBLICKLICH / DIE

GUNST DER STUNDE / CARPE DIEM

È

UN ATTIMO

VIVERE

BÄR

BRUMM

BÄR

BRUMM

BÄR

BRUM

BÄR

WENN NICHT

DU

WER SONST

SONST WER

SPIELE

THEATER

SPIELE

THEATER

SPIELE

/

BORBOTTO

IL TEDESCO

MANGIANDO / MASTICANDO

LE PAROLE

/

LINGUA CHE GODE / QUESTO

MIO / NOSTRO LINGUAGGIO

/

MIT VOLLEM MUNDE SPRICHT MAN NICHT

RUTTINO

KULTUR / ALLGEMEIN

KUNST UND LITERATUR / ZUM BEISPIEL

SIND / KEIN THEMA / ABER

DEREN THEMEN / SIND

HIER UND JETZT

AKTUELLER DENN JE UND NIE ZEITLOS

/

ALL DAS

IST KULTUR IST

DAS ALL

SUMMUM

OPUS

BEGRIFFEN / IM WANDEL / BEGRIFFEN

/

ABBIAMO INVENTATO LA BILANCIA

DIAMOLE PESO

/

A NOI LA LINEA

PARLIAMONE

/

AUS DEM

STAMM BUCH

DER CHRISTENHEIT / VON

DER BITTER KALTEN HERBERGSUCHE / DEN

BITTER ARMEN VERHÄLTNISSEN / DER

HEILIGEN MIGRANTEN FAMILIE

ZUM SÜSSESTEN HERZEN JESU

JE MEHR DIE KUNST KOSTE
DESTO BESSER SEI SIE

JE BESSER DIE KUNST IST
DESTO KOSTBARER IST SIE

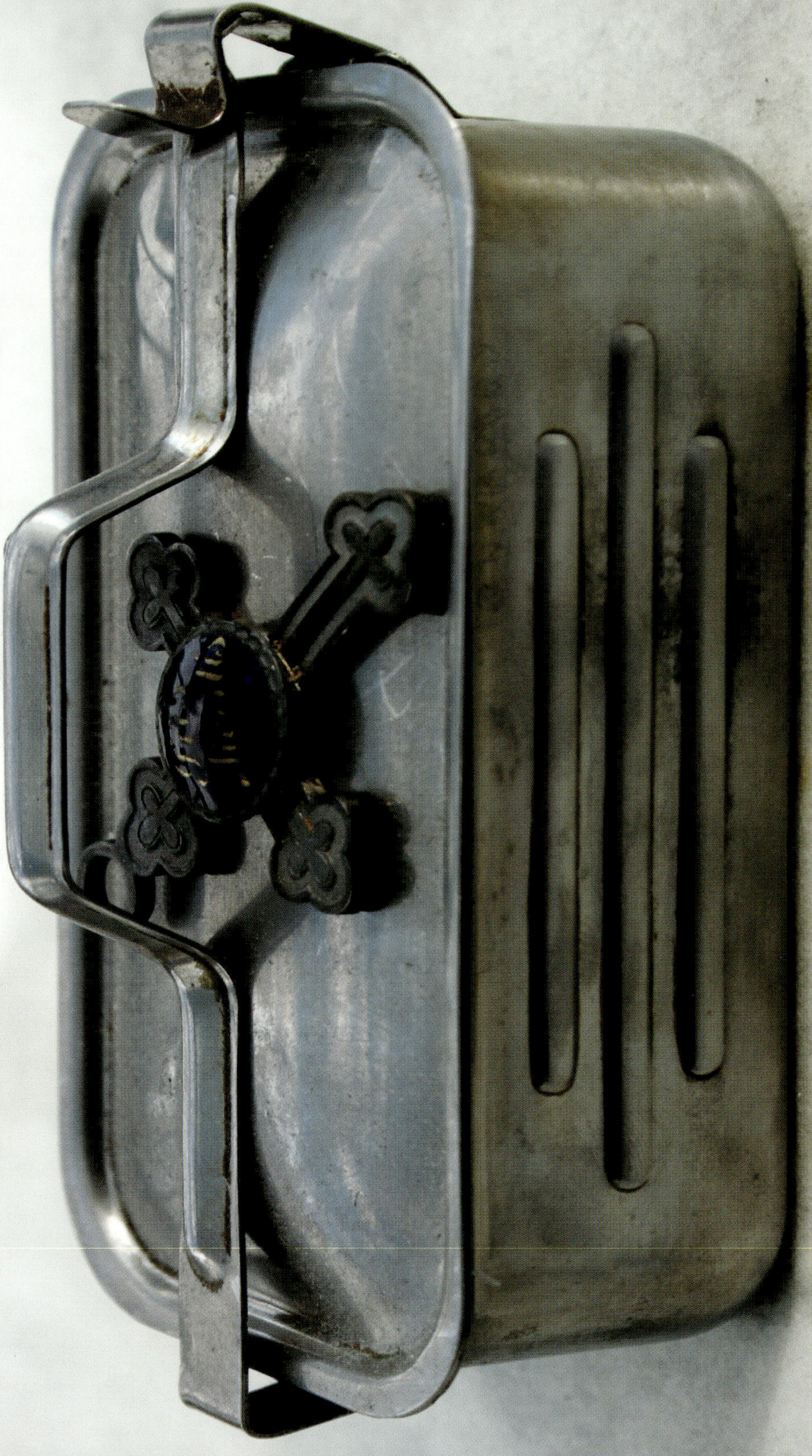

565

JANUS

mostra di Matthias Schönweger

Merano Arte, settembre 2014

Janus (Giano), il dio delle soglie che con una faccia guarda il passato e con un'altra il futuro, è il simbolo di questo progetto espositivo di Schönweger. Come le figure della Madonna rinascimentali poggiano su una gamba tesa e una flessa, la mostra si avvale del supporto di hardware e software.

In essa l'artista a) indaga le fonti storiche, il patrimonio spirituale, il rapporto genetico e pedagogico con quest'ultimo e b) presenta le proprie opere e quelle altrui.

Più precisamente, al centro della mostra vi sono – in parole e immagini - date storiche importanti, quali per esempio il 1914, inizio della Prima guerra mondiale e del suo lascito, e il 2014, anno in cui ricorre il suo centenario. Vi sono inoltre l'eredità dei nostri antenati e, non da ultimo, il tema freudiano – sempre attuale - del rapporto tra *eros* e *thanatos*, amore e odio, guerra e pace.

Attraverso fotografie autentiche della Grande Guerra (1914-1918), nonché del periodo precedente e successivo al conflitto, scattate a Merano e dintorni, proiettate su disegni realizzati sulle pareti del museo e su oggetti applicati ad esse, l'artista trasmette la sua immagine di un mondo malaticcio che affronta con una sana dose di umorismo (si ha quando, nonostante tutto, si ride). E se la guerra è padre di tutte le cose, la pace è la loro madre.

Ai pezzi in esposizione, non pochi cimeli presentati come oggetti d'arte, nature morte „dal vero", disegnate, dipinte o fotografate, si affiancano, accanto a un necrologio di eroi (continua), dei sarcofaghi in miniatura, una scelta di urne modello/modelli d'urna personalizzati ... cenere alla cenere ...

Nel contesto sopra illustrato Schönweger pone *idem* il suo *opus magnum* (opera di guerra = Kriegsbunker) che nella mostra, documentato da film in ante prima (e visitabile nell'ambito di escursioni guidate), trova uno spazio adeguato. L'artista già da diversi anni lavora ad un progetto con cui intende trasformare una serie di roccaforti alpine in un baluardo dell'arte, estraniando dalla loro funzione originaria e destinando a nuovo uso una cinquantina di opere militari dell'era fascista divenute di sua proprietà, quali bunker, casematte, caverne, ecc. Con sapiente ironia egli ne modifica le vedute esterne e gli spazi interni utilizzandoli come cornici delle sue immagini artistiche: crea in tal modo un museo d'arte totale *open end*, un *work in progress* in cui la natura, le piante, gli animali e (alla fine) l'uomo sono partecipi in una metamorfosi conforme alla loro specie.

In pendant a questo „sogno e incubo alpino" Schönweger mette a disposizione di bambini e adulti rimasti bambini un enorme mucchio di sabbia, dove si può costruire a piacere ... sulla rena. Intanto Janus ci osserva da dietro le spalle, sempre presente e – speriamo - con un compiaciuto sorriso.

P.S.: Sono inoltre in programma conferenze di insigni studiosi, letture ad alta voce, performance e altro ancora.

Zur Ausstellung, Matthias Schönweger, bei Kunst Meran

JANUS

1914 nach wie vor 2014

Der Gott auf der Türschwelle, dieser Janus, der gegenwärtig nach hinten schaut, in die Vergangenheit und mit dem zweiten Gesicht stets auch nach vorne in die Zukunft, steht sinnbildlich für diese Schönwegersche Werkschau. Jene fußt wie die Muttergottes-Figuren in/aus der Renaissance auf Stand- und Spielbein, auf Hardware und Software. Da sind a die historischen Quellen, das geistige Erbe, der genetische und pädagogische Umgang mit diesem und b die Artefakte der anderen und eigenen.

Im Konkreten geht es in der Ausstellung um historische Eckdaten, 1914 zum Beispiel, Beginn des Ersten Weltkrieges vor hundert Jahren und dessen Vermächtnis, um den Nachlass unserer Altvorderen und nicht zuletzt um das Freudsche leidige Thema Eros und Thanatos, Liebe und Hass, Krieg oder aber Frieden: in Wort und Bild. Anbei gezeigt werden NATURE MORTE, **Stillleben** in **echt** und gezeichnet, gemalt und fotografiert wie gehabt. Der Künstler vermittelt unter anderem über authentisches Bildmaterial in und um den Großen Krieg (1914-1918) in und um Meran, durch deren Projektion auf Zeichnungen und Applikationen an musealen Wänden, sein Bild von einer da und dort kränkelnden Welt, der er mit einer gesunden Portion Humor (ist wenn man trotzdem lacht) begegnet. Und ist der Krieg der Vater aller Dinge, so ist der Frieden deren Mutter.

Zu den Exponaten, nicht wenige in Kunst gefasste Memorabilien, gesellen sich neben einem Heroen-Nekrolog in Fortsetzung, Sarkophage in Kleinformat, eine Auswahl kunstvoller individueller Musterurnen/Urnenmuster ... Asche zu Asche ... Phönix lässt grüßen.

Im obigen Kontext sieht er idem sein Opus magnum (opera di guerra = Kriegsbunker), das in der Ausstellung, zum ersten Mal filmisch dokumentiert (und in Exkursionen erlebbar), einen ihm entsprechenden Platz findet. Schönweger konzipiert und gestaltet nämlich über Jahre schon, durch Verfremdung und Umnutzung seiner ca. 50 unterschiedlichen Kriegs-Areale aus der Faschisten-Ära, Bunker, Kasematten, Kavernen etc., ein alpines Bollwerk zum Kunstwall. In dieser Assemblage modifiziert er, gekonnt ironisch, die einzelnen Rahmen-Geschichten, ihre Außenansichten und Innenräume zu einem open end Gesamtkunst-Museum, einem Work-in-Progress, in dem sich Natur, Pflanzen und Tiere und (zu guter Letzt) der Mensch, ihrer Art entsprechend, metamorphisch einbringen können.

Als Pendant zu diesem „Alptraum" überlässt Schönweger auf dem Meraner Sandplatz Kindern und Kind gebliebenen Erwachsenen, dem Homo ludens und Faber, einen ergiebigen Sandhaufen, auf dem nach Herzenslust gebaut werden kann ... auf Sand. Da schaut Janus uns über die Schultern, immer dabei, schmunzelnd, wollen wir hoffen. Geplant sind ferner Vorträge bedeutender Wissenschaftler zum Thema sowie Lesungen, Performances und anderes mehr. Zur Ausstellung erscheint ein Buch mit dem Titel MEINE REDE MIX:XL.

EXPOSEE

ZUR AUSSTELLUNG

IM KUNSTHAUS MERAN

AB 19. SEPTEMBER 19 UHR

2014

JANUS

IST DER GOTT MIT DEN ZWEI GESICHTERN

DAS EINE BLICKT ZURÜCK IN DIE VERGANGENHEIT

DAS „ZWEITE" SIEHT „SEHEND" IN DIE ZUKUNFT

DIESER JANUS STEHT ZWISCHEN GESTERN UND MORGEN

MIT BEIDEN FÜSSEN IN DER GEGENWART

SCHAUT

DA WIE DORT

NACH DEM GESCHEHEN UND

NICHT NUR NACH

DEM RECHTEN

LIEB

HEIMATLAND

AD

1914

IM

RÜCKSPIEGEL

Als eigen-artiger Ausstellungsmacher beruft sich im Kleid des Kulturhistorikers und Komparatisten Matthias Schönweger auf Recherchen, Materialien, Dokumente, Tatsachen und vermeintliche Begebenheiten im kriegerischen wie zivilen Umfeld von **Meran** und darüber hinaus, rund

um den **Welt- Krieg**, den Großen und Ersten.

Zur Sprache kommen zudem Anleihen aus Tirols Helden-Kriegen und -Kriegern aus **Andreas Hofers** Tagen, in denen einer der Keime für die Begeisterung bezüglich einer erneuten bewaffneten Auseinandersetzung **Für Gott, Kaiser und Vaterland** zu suchen/finden wäre. Zudem einte damals der **Ruf zu den Waffen, Brüder!** in der Passerstadt samt Anrainer-Gemeinden, die zwei zerstrittenen Parteien, **hie** die zahlreichen „Zuagroastn" plus ein paar hiesige Intellektuelle, wie die oben: liberal, deutschnational und Getreue des dt. Kaisers Wilhelm II von Preußen und **da** die eingesessenen, konservativ klerikalen Mannen ihres Kaisers Franz Joseph von Österreich. Der große Rest ist Reden über das Schweigen.

Der Künstler mache aus alledem **Kunst**.

Die Ausstellung

übt sich im Spagat zwischen der **Kunst der Kriegsführung** und jener ihrer **Aufarbeitung**, wobei letztere hineinreicht in die Gegenwart und sich hier und jetzt kreativ um zeitgeschichtliche Relevanz bemüht. Die nicht wenigen kafkaesken Notationen in den Schönwegerschen Arbeiten verweisen auf die absurden, abstrusen, obskuren Blüten, die feindlichen Auseinandersetzungen hervorbringen. Beispiel dafür sind die vielen Bunkerbauten im Lande, die der **italienische Faschismus** gegen den **deutschen**, nach der Heimholung Österreichs erstellen ließ in den Jahren 1939 bis 1942, vor der Haustür an der italienischen Nordgrenze, mit den strategisch bedeutenden Übergängen Winnebach, Brenner und Reschen, als Alpenwall, **Vallo Alpino** oder **Vallo-Non-mi-fido (del mio amico Adolf)**. Schönweger **bunkert** in solchen (und in Büch-Museen) **seine Künste** und **die anderer**. Zählige jener Kriegsareale sind fest/locker in seiner Hand und spielen in dieser Ausstellung (wie hier im Buch) mit eine Hauptrolle. Der Künstler lässt Geschichte, **100** Jahre nach damaliger **Pflicht u. Kür**, **Revue passieren** - schaut dem Geschehen **auf** und **durch die Finger**.

STANDSCHÜTZEN
ÜBEN DAS ERSCHIESSEN/EXEKUTIEREN
IN DER POSTGRANZ/MERAN 1914

571

FRAUEN-BAD IN DER LAZAG/MERAN AB 1918

PLÜNDERUNG KRIEGSDEPOTS
UND SPEDITION PRADER 1918
BÜRGER WUT BÜRGER

FÜR GOTT KAISER UND VATERLAND

RUSSISCHE GEFANGENE BURGGRAFENAMT AB 1916

LAZARETTZUG IN DER LAZARETTSTADT MERAN

JETZT SPIELT EINE ANDERE MUSI
KURPROMENADE MERAN 1918

SISI: VON ITALIENISCHEN VANDALEN MALTRAKTIERT - NACH DEM GROSSEN KRIEG

DIE ERSTEN ITALIENISCHEN OKKUPANTEN 1918 IN MERAN

AUF ÖSTERREICHISCHEM TERRITORIUM

ORTSCHILDER IN ITALIENISCHER SPRACHE MONTAGE AB 1918

ALBERT STOLZ MALT BENITO MUSSOLINI ALS SCHMIED DER GESCHICKE SÜDTIROLS

VON FRANZ LENHART NACH DEM 2. WELTKRIEG ÜBERMALT MIT DER „FORTUNA"

SITZUNGSSAAL MERANER RATHAUS 1931

MIT ARGUS' AUGEN

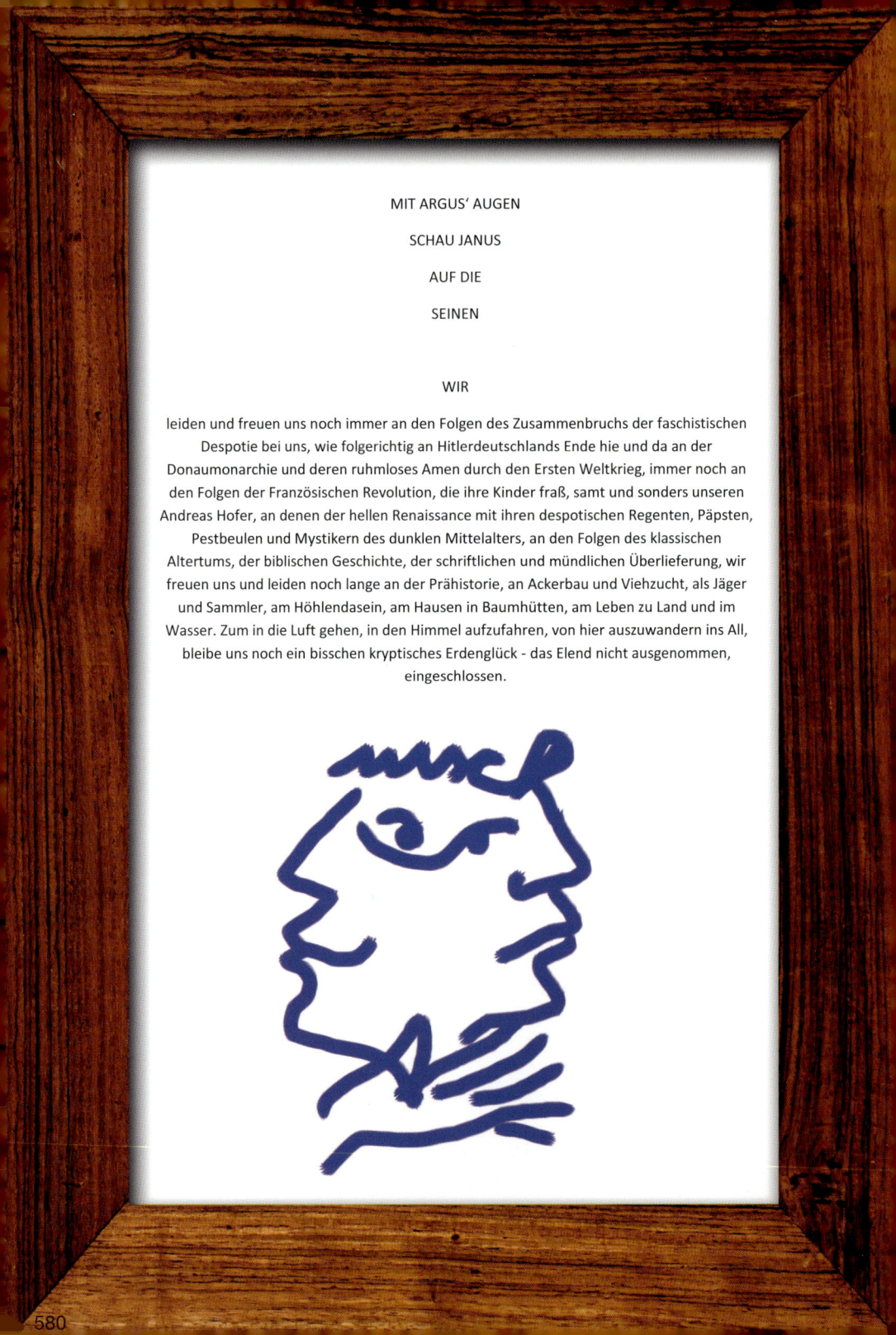

SCHAU JANUS

AUF DIE

SEINEN

WIR

leiden und freuen uns noch immer an den Folgen des Zusammenbruchs der faschistischen Despotie bei uns, wie folgerichtig an Hitlerdeutschlands Ende hie und da an der Donaumonarchie und deren ruhmloses Amen durch den Ersten Weltkrieg, immer noch an den Folgen der Französischen Revolution, die ihre Kinder fraß, samt und sonders unseren Andreas Hofer, an denen der hellen Renaissance mit ihren despotischen Regenten, Päpsten, Pestbeulen und Mystikern des dunklen Mittelalters, an den Folgen des klassischen Altertums, der biblischen Geschichte, der schriftlichen und mündlichen Überlieferung, wir freuen uns und leiden noch lange an der Prähistorie, an Ackerbau und Viehzucht, als Jäger und Sammler, am Höhlendasein, am Hausen in Baumhütten, am Leben zu Land und im Wasser. Zum in die Luft gehen, in den Himmel aufzufahren, von hier auszuwandern ins All, bleibe uns noch ein bisschen kryptisches Erdenglück - das Elend nicht ausgenommen, eingeschlossen.

DENKEN

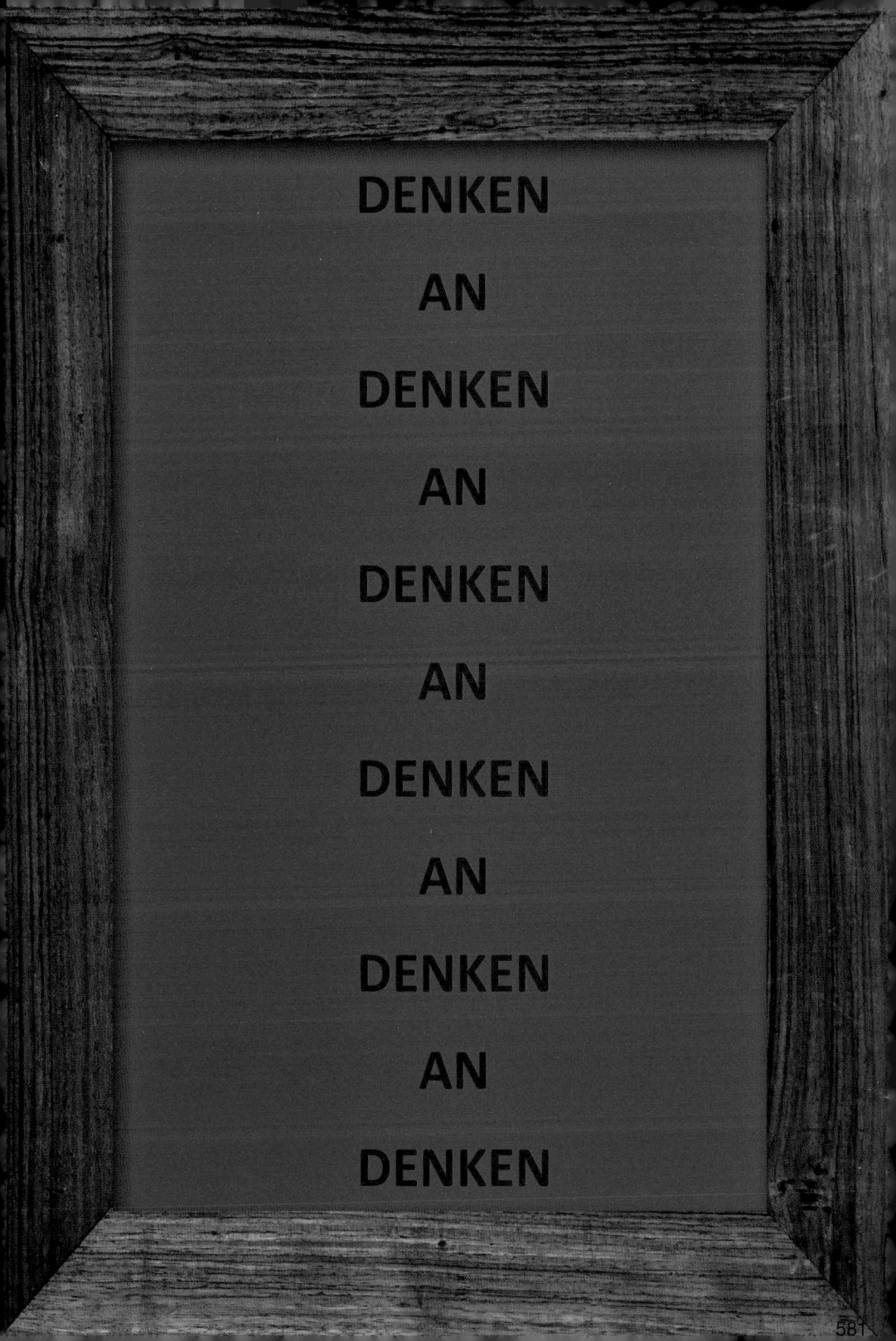

AN

DENKEN

AN

DENKEN

AN

DENKEN

AN

DENKEN

AN

DENKEN

EXERZIERÜBUNGEN IN DER POSTGRANZ
MERAN 1918

UND 2014 BEI UNS IM WOHNZIMMER

AUF UND AUF TAUGLICH

RENDEZVOUS MIT DEM TOD

MERANER FLOTTENVEREIN

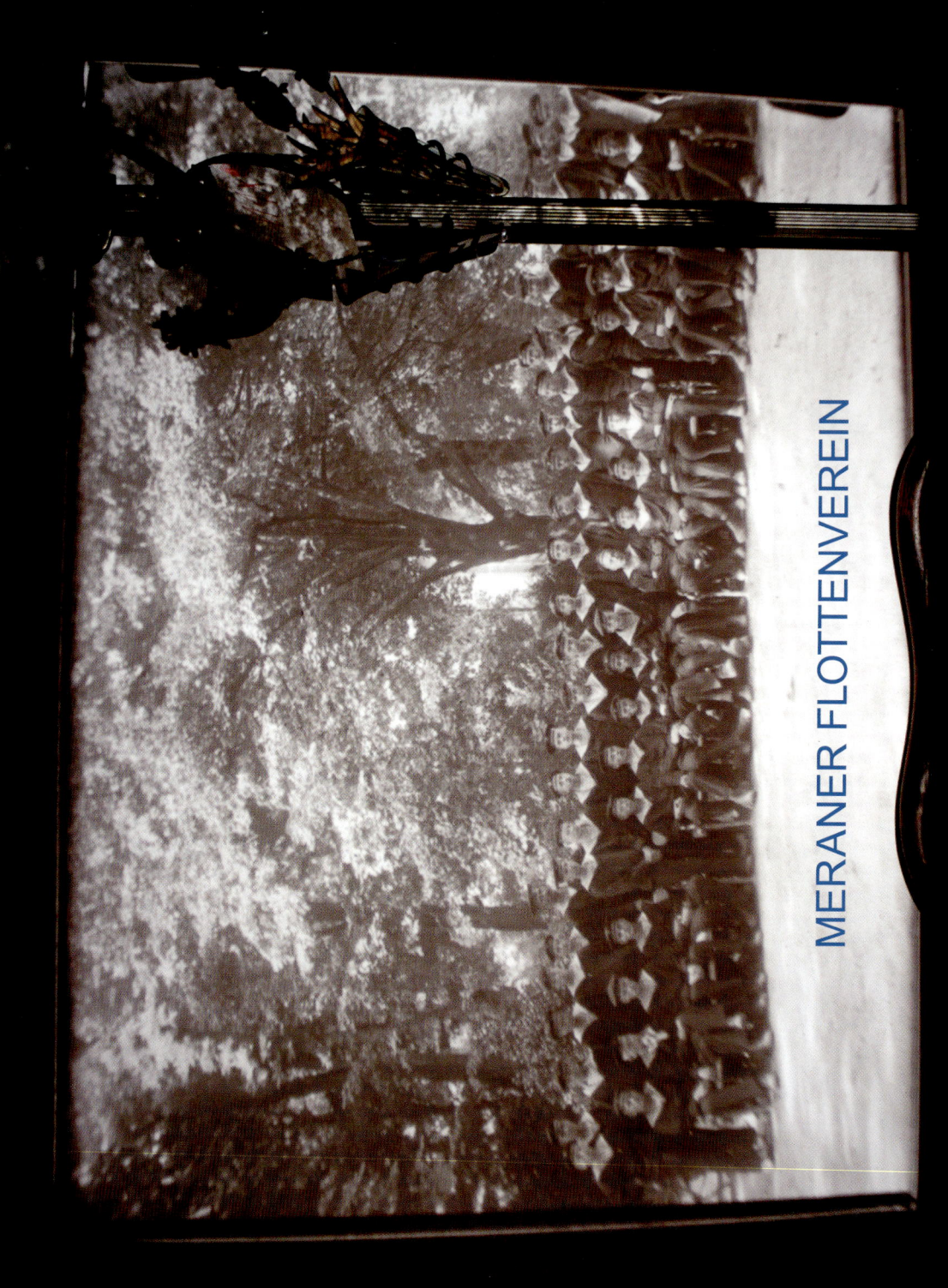

HOCHAUF! ATTACKE!!

EIN KOMMEN UND GEHEN

JANUS

NACH WIE VOR

1914 – 2014

ZWISCHEN

KRIEG UND FRIEDEN

GEPLÄNKEL

SÄBEL RASSELN UND SCHARMÜTZEL

DROHGEBÄRDEN

VERSÖHNLICHE GESTEN

LIEBESBEKUNDUNGEN

EITEL SONNEN SCHEIN IM TRAUTEN

MITEINANDER

/

DAS THEMA

EXPOSITIV ZU ERSCHLIESSEN

HEISST

FÜR MEINEN TEIL

DIE ARCHAISCHE KLAMMER

HIE OBEN GUT / DORT UNTEN BÖSE

AUFZUHEBEN

(WIR KÖNNTEN SIE NOCH GEBRAUCHEN)

DIE SICH GEGENÜBER STEHENDEN SEITEN SELBIGER MEDALLIE

AUF DEN GEMEINSAMEN ZWISCHENWERT ZU HINTERFRAGEN

WAS WENN

KAIN UND ABEL / GOLIATH UND DAVID

MITEINANDER GEKONNT HÄTTEN

DRIN SEI

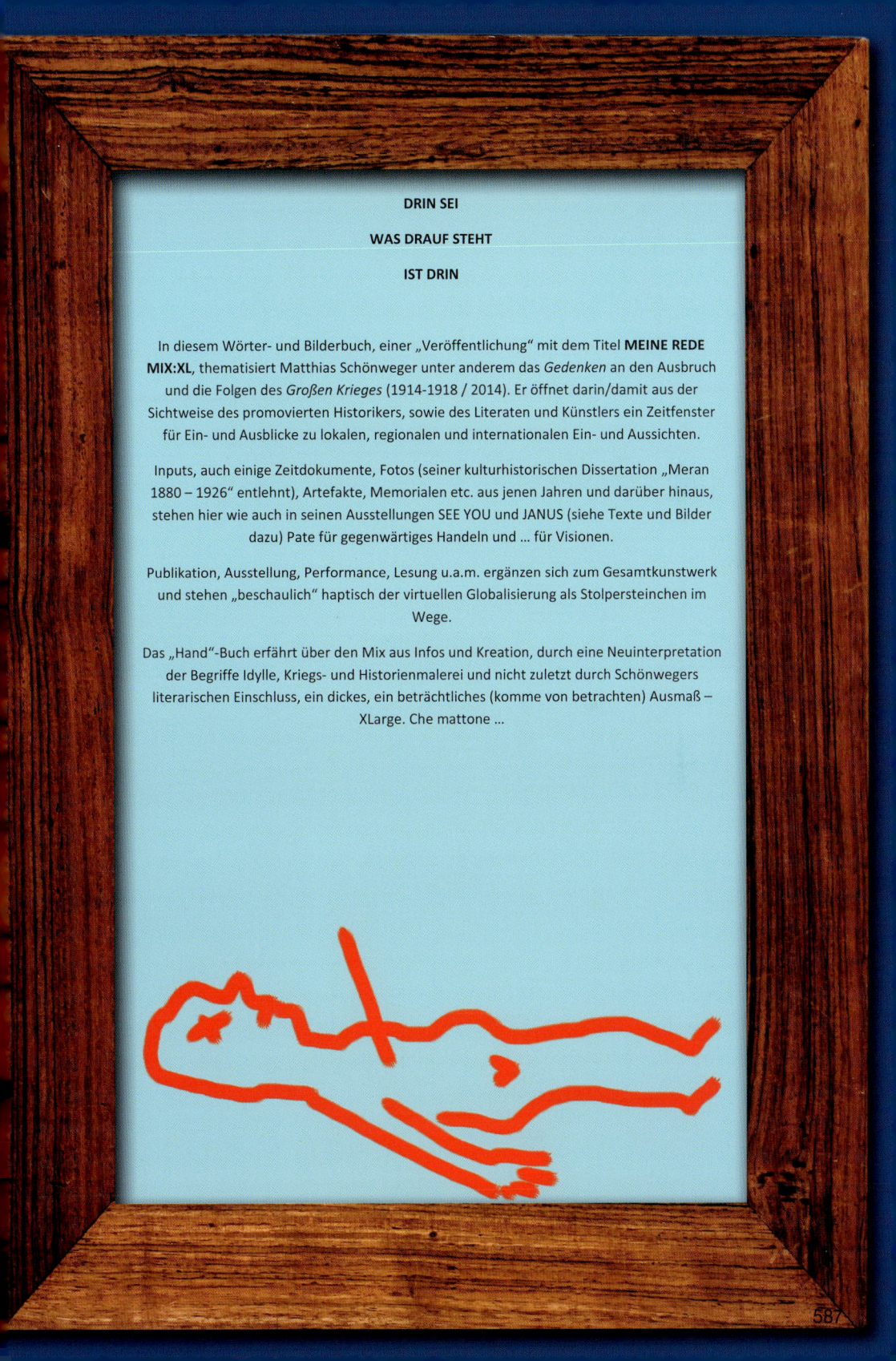

WAS DRAUF STEHT

IST DRIN

In diesem Wörter- und Bilderbuch, einer „Veröffentlichung" mit dem Titel **MEINE REDE MIX:XL**, thematisiert Matthias Schönweger unter anderem das *Gedenken* an den Ausbruch und die Folgen des *Großen Krieges* (1914-1918 / 2014). Er öffnet darin/damit aus der Sichtweise des promovierten Historikers, sowie des Literaten und Künstlers ein Zeitfenster für Ein- und Ausblicke zu lokalen, regionalen und internationalen Ein- und Aussichten.

Inputs, auch einige Zeitdokumente, Fotos (seiner kulturhistorischen Dissertation „Meran 1880 – 1926" entlehnt), Artefakte, Memorialen etc. aus jenen Jahren und darüber hinaus, stehen hier wie auch in seinen Ausstellungen SEE YOU und JANUS (siehe Texte und Bilder dazu) Pate für gegenwärtiges Handeln und … für Visionen.

Publikation, Ausstellung, Performance, Lesung u.a.m. ergänzen sich zum Gesamtkunstwerk und stehen „beschaulich" haptisch der virtuellen Globalisierung als Stolpersteinchen im Wege.

Das „Hand"-Buch erfährt über den Mix aus Infos und Kreation, durch eine Neuinterpretation der Begriffe Idylle, Kriegs- und Historienmalerei und nicht zuletzt durch Schönwegers literarischen Einschluss, ein dickes, ein beträchtliches (komme von betrachten) Ausmaß – XLarge. Che mattone …

TRAMFÜHRERINNEN

ZUGHUNDE

MERAN
LAZARETTSTADT

ERRATA CORRIGE ERRATA

VERWUNDETE KRIEGER IN MERAN

RUSSISCHE GEFANGENE

IM BURGGRAFENAMT
BEI DER FELDARBEIT

GERADE

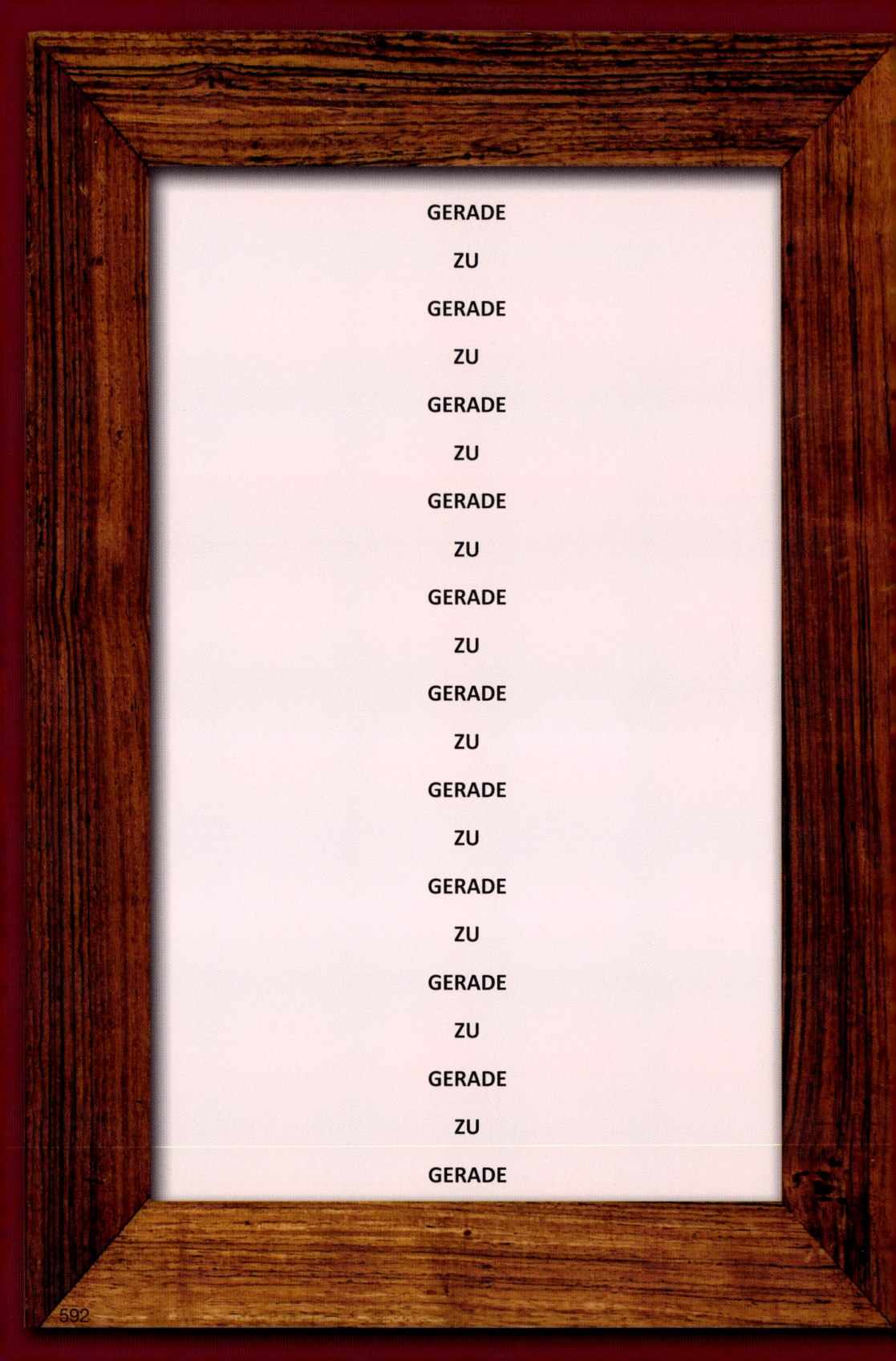

ZU

GERADE

ZU

GERADE

ZU

GERADE

ZU

GERADE

ZU

GERADE

ZU

GERADE

ZU

GERADE

ZU

GERADE

ZU

GERADE

ZU

GERADE

MOMENT

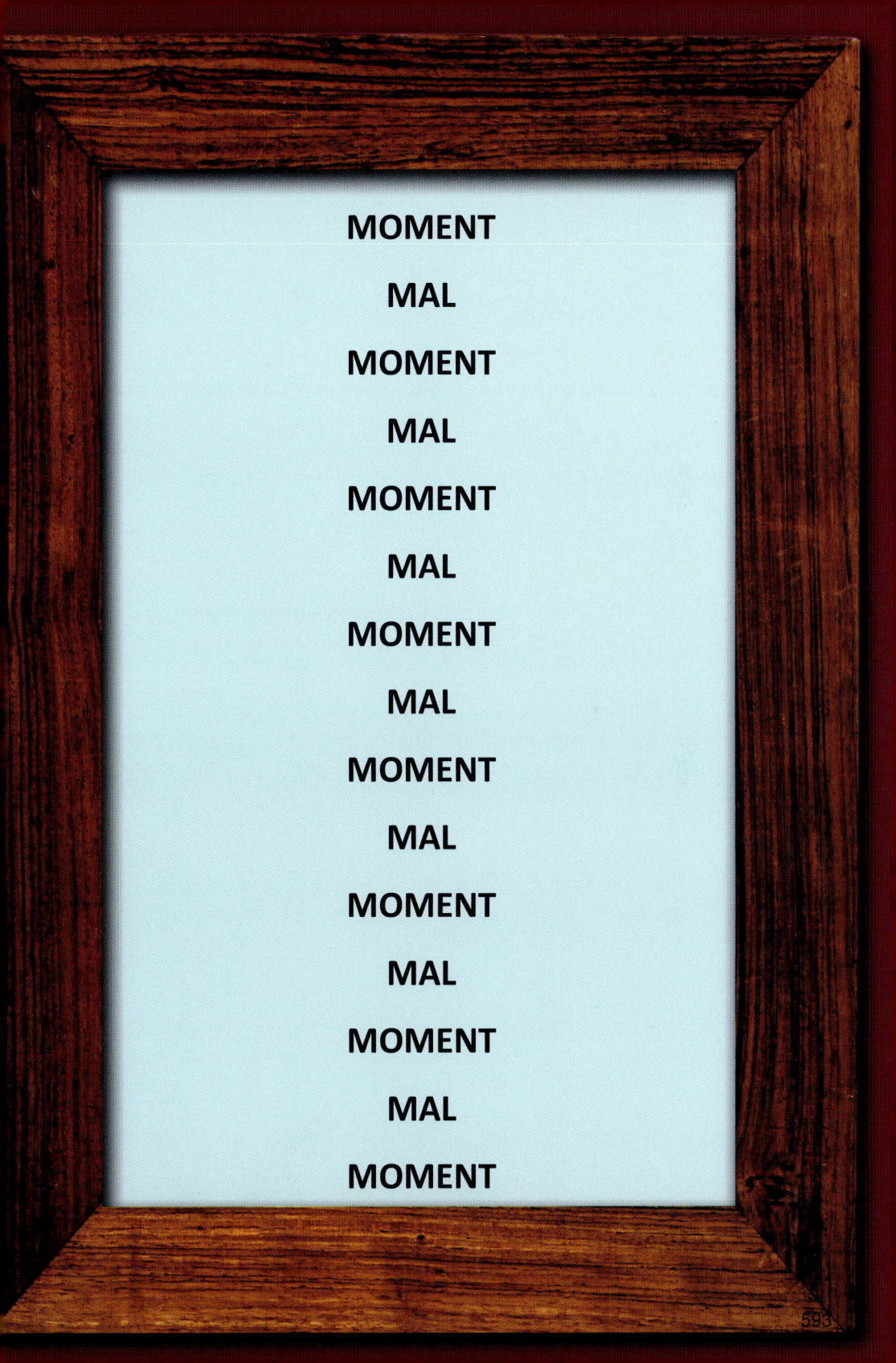

MAL

MOMENT

MAL

MOMENT

MAL

MOMENT

MAL

MOMENT

MAL

MOMENT

MAL

MOMENT

MAL

MOMENT

DIE GLOCKEN DER MERANER PFARRKIRCHE WERDEN EINGESCHMOLZEN

DER (DEUTSCHE) EISERNE MICHEL NAGELAKTION

BENEFIZAKTION FÜR DEN KRIEG

ANDREAS HOFER ALS „MODELL"
AM MERANER BAHNHOF

KURGÄSTE IM KRIEG

MERANER 1914

EINGEZOGEN

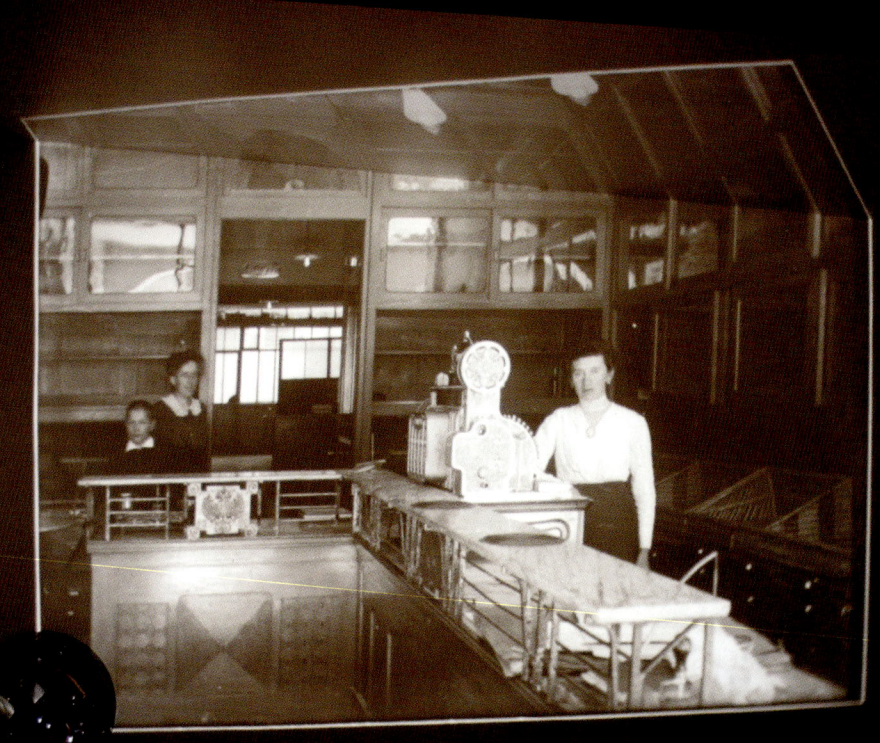

LEERE BÄCKERLÄDEN

WENN DIE SOLDATEN DURCH DIE STADT
MARSCHIEREN
1914 – 1918

HIER UND JETZT

einige wenige Mosaik-Steinchen aus dem

(alle Rahmen sprengenden)

Genre-Bild des Großen Krieges

in Meran mit Umgebung und etwas darüber hinaus

Das imperialistische Bestreben aller Herren Länder Wasser und Land zu gewinnen, zu erobern und zu kolonialisieren ist in jenen Adventsjahren vor dem Ersten Weltkrieg den Herrschenden ein ludisches Vergnügen und scheinmoralische Verpflichtung gegenüber ihrem Volk. Österreich annektiert 1908 Bosnien und Herzegowina ohne jeden Ausgleich für den Dreibundpartner Italien. Daraufhin zieht dieses, ohne seine beiden Bündnispartner zu informieren, gegen die Libyer zu Felde. Der Pakt bröckelt. Die Bestrebungen italienischer Nationalisten gipfeln in der Forderung nach Befreiung ihrer Terra irredenta. Der nationalistischen Ideologie fällt letzt Endes auch der österreichische Thronfolger Franz Ferdinand, Kusin und Freund des 1889 31-jährig verstorbenen Kronprinzen Rudolf, um den seine Mama, die Sissi im Kaiserhof der Passerstadt damals einen Monat lang trauert, zum Opfer und seine Frau idem, nicht zu vergessen. Beide sind, bevor sie zum Manöver nach Sarajewo reisen, im Erzherzog Johann in Meran zu Gast, und der Gatte kauft der Gattin vor der Abreise en passant ein Schmuckstück beim Juwelier Frühauf. Österreich erklärt Ende Juli 1914 Serbien den Krieg. Serbien muss sterbien! Als Ketten-Reaktion folgen die Generalmobilmachung des Zaren in seinem Reich und die der Franzosen wie sukzessive die Kriegserklärung Deutschlands an Russland und an Frankreich. Und es geht im Wortsinn Schlag auf Schlag hinein in die größte hausgemachte Katastrophe, die die Welt bis dato kennt. Im kontinentalen Flächenbrand stellen bei Kriegsanfang Österreich-Ungarn und Deutschland samt seinem Bündnisbruder Türkei über sechs Millionen Soldaten; denen stehen an den Frontlinien zehn Millionen Franzosen, Engländer, Russen und Serben gegenüber. Trotz anfänglicher Blitzkrieg-Erfolge in Frankreich und an der Ostfront seitens der Mittelmächte kommt die tödliche Walze allmählich zum Stocken, zum Stillstand. Der Mehrfronten-Krieg verbarrikadiert sich in den Schützengräben zum Stellungskrieg. Im Mai 1915 erfolgt die Kriegserklärung Italiens an den Nichtangriffspackt-Partner Österreich, und auch Südtirol wird Kriegsschauplatz. Es kommt zu den zermürbenden Grabenkämpfen im hochgebirgigen Ortlergebiet und an der berühmt berüchtigten Dolomitenfront. Als die Alliierten das neutrale Saloniki besetzen, erfolgt im Oktober 1915 die Kriegserklärung Bulgariens an Serbien und 1916 die der Rumänen an die Mittelmächte. Deutschland sucht und will partout den Seekrieg, auch um den feindlichen Nachschub aus Übersee zu stoppen, was den Eintritt der USA in den Endkampf zur Folge hat. Der Rest ist wie alles andere Geschichte.

ZEITEN
FOLGE
ZEITEN
FOLGE
ZEITEN
FOLGE
ZEITEN
FOLGE
ZEITEN
FOLGE
ZEITEN

Zeichne durch den Meraner Chronisten und Herausgeber bzw. Chefredakteur der Meraner Zeitung, Albert Ellmenreich, ein lokales Bild über jene Zeit, verfasse darüber durch ihn und mit ihn eine kleine Denkschrift.

Genannter Zeitungsmann überliefert uns „zur Sache" ein Gedicht von seinem Freund Ernst Froh. „Wie anno neun – Zeit ist es, Zeit! / Der arge Feind begehrt nach euren Gauen! / Den Säbel los! Die Stutzen schwinget kampfbereit, / In kühnem Mut und festem Gottvertrauen! / Dumpf krachen die Grüfte, - Tiroler Helden erstehen. / Sie kämpfen mit euch, wo rotweiße Banner wehen. / Lasst dröhnen den Schlachtruf von felsiger Wand: / Für Gott, für den Kaiser und für das Vaterland!" Und zum Jahrestag der Feuertaufe am 27. August 1914 des k. k. Landesschützenregiments Bozen Nr. 2, ein paar poetische Heroen-Schmankerln: „Zu Lemberg war es, um Mitternacht, / Da haben wir uns auf den Weg gemacht. / Nach Dunajow zogen wir mittags schnell, / Dort grüßte uns höhnisch das erste Schrapnell. / So heftig beschoss uns der türkische Feind, / Als wär seine Macht mit der Hölle vereint. / Wir Landesschützen, vom Feinde genannt: die Blumenteufel, hielten stand. / Zu Schanden ward seine kühne Wucht, / Wir jagten ihn jubelnd in eilige Flucht. / In seinen Gräben fand uns die Nacht, / Die uns zu glücklichen Kriegern gemacht. / Den Sieg, den haben wir feuergetauft. / Mit Mut und Blut nicht zu teuer erkauft. / Wir denken daran bis zum Grabesrand / In Liebe zu Kaiser und Vaterland." In den Kriegsjahren 1914-1918 kommt es in der liberalen, deutschnationalen Meraner Zeitung zu einem regelrechten Dichterfestival im Dienste der „deutschen", der gerechten Sache. Noch nie war zuvor „Die Tante vom Pfarrplatz", „Das Reich(s)-Blattl" am edelsten Zweig der Literatur so vollbehangen von grünen bis überreifen Früchten wie heute. Die „Meraner Fremdenliste" verzeichnet für den Januar 1915 ganze 3168 Parteien mit 4619 Personen. Einer dieser Kurgäste, Graf Chlodwig Sayn-Wittgenstein, setzt sich in der „Meranerin" mit nachstehendem „Trutzgstanzl" in Szene: „Was rennst denn so damisch, / Du walscher Bandit? / Nimm decht zu am Gruaß / No a Kügele mit! / Und wards no viel mehrer. / Gabs erst no koa Gfrett; / Miar sein ja Tiroler / Und fürchten uns nöt. / Und wen wir darwischen, / Der kriegt seine Tracht; / Magst glauben, dass der nöt viel / Zappler mehr macht. / Jetzt draufzielt und gschossen, / Alm zwoa, wia sis gheart! / Denn oa walscher Lump / Is koan Schuss Pulver weart. / Tirol den Tirolern! / Um Trient wird nöt gfoalt, / Um Bozen nöt ghandelt, / Aber Schläg wern vertoalt. / Hearst sempre avanti! / Di schrein dir nöt schlecht! / Ja s'Maul habns alm voll / und die Höslan erst recht. / Veroneser Salami / Und a Veltliner Wein / Und dr Dannunzio gebratn, / Dös mueß saggrisch guet sein!" Am 17. Mai 1915 erfolgt die Erklärung des Standrechtes in unserem Gebiet. Die Presse wird doppelt zensuriert: „politisch" durch die k. k. Bezirkshauptmannschaft mit rotem Stift und „militärisch" mit blauem durch das Etappenkommando. 19. Mai: Alarm für die Meraner Standschützen, die am nächsten Tag schon die italienische Grenze abgehen. Man braucht und schafft Platz für eventuelle Verwundete aus dem Italienfeldzug. Für die Bewachung der Meraner Brücken fehlen die Standschützen; Realschüler werden dazu herangezogen, die lieber in den Krieg möchten, aber für den noch zu „klein" sind. In der Realschule demonstrieren die Zöglinge gegen die Italienischlehrerin. Die Schule wird „eh" geschlossen. 19 Reichsitaliener, auch italienische Tiroler, die nicht ganz verlässlich scheinen, werden in der Kaiserjäger-Kaserne interniert. Alle Schulen sind geschlossen. Schüler weinen, weil sie nicht eingezogen werden … können. Der Leserbrief eines Lehrers aus dem Jahre 1909 erkläre diese enorme Kriegsbegeisterung bei der heranwachsenden Jugend: Unter militärischer Leitung werden die Kinder während der schulfreien Zeit in einer Knabenschützen-Kompanie mit Exerzieren im Freien, mit Schießübungen und Manövern, ausgestattet mit Holzgewehren, beschäftigt. Dagegen wehrt sich entschieden der Pädagoge. Nicht so der Chronist. Für den ist die Vorbereitung auf den praktischen Lebenskampf „ Si vis pacem para bellum" von Nöten, denn der Militarismus spiele eine große Rolle und so müsse ein jeder Staatsbürger ihn einmal verkosten. Albert Ellmenreich propagiert, völlig im Einklang mit dem preußischen Korpsgeist, eine Schule der Tauglichkeit, für harte, ganze, wahre Männer eben. Gerüstet sein will doch jeder. So gelte, dem Grundsatz „Audiatur et altera pars" getreu, die Stimme des Volkes, die der Mehrheit, vor jener eines ängstlich zaudernden Schulmannes.

Und siehe, es scheint bald das ganze männliche Volk des Burggrafenamtes fort oder in Uniform. Die Stimmung ist sehr zuversichtlich Ende Mai 1915; die Kurmusik spielt täglich. Am 2. Mai kommt von der Höhe des Haflinger Berges her ein Doppeldecker, der erste, den Meran sieht, und die MeranerInnen staunen nicht schlecht über den künstlichen Vogel am Himmel. Am Mittwoch, den 22. Juni 1915 schleichen um 4 Uhr am Morgen Feinde um das Grenzgebiet am Stilfserjoch. Der Redakteur witzelt: Ein Oberstbrigadist begegnet in seinem Auto auf dem Weg durch Prad nach Stilfs einer Rinderherde mit einem festen Ochsen voran. Er bemerkt zu seiner Umgebung: Endlich einmal ein Ochse in leitender Stellung, der noch keine Auszeichnung hat. Dem Witz geht ein anderer voraus: Zwei Generäle kommen zur Inspizion an die Front in den Vinschgau, weiter als sie selber wollen. Da schlägt fern genug eine Granate ein. Einer macht dabei in die Hose, der andere kann es gerade noch „verhalten". Und für tapferes Verhalten vor dem Feind erhält der eine Auszeichnung. Der Kaiserjäger Heinz Haupt, Kürschnersohn aus Meran, macht sich und den Zeitungslesern einen Reim auf die italienischen Helden: „Hier gibt's keine maccaroni, / Alle Tag wo anders wohn i. / Austriaci, die maledetti, / Kommen noch herein, das wett i / Und ich lauf mich dann ganz hin, / Bis ich in Sizilien bin." Die Bäcker schließen, hängen Zettel aus: Brot ausverkauft. Für 1000 bis 2000 Betten werden Lazarette gesucht, Schulen werden gefunden und Hotels ausgemacht, deren Besitzer sich mit Händen und Füßen dagegen wehren, vergebens. Gefangene Russen sind eingelangt; einzusetzen als Feldarbeiter. Kein Stärkemehl für Kleister. Die Anschlagzettel aus der hauseigenen Druckerei werden mit „Wappelen" an die Mauern geklebt, die aber kaum halten. Flecktyphus in Andrian. Ein Dorf unter Quarantäne. Verteilung von Morgensuppe an 200 unterernährte Kinder, ab Juni 1915. Keine Milch zu bekommen. Und wieder bläst der Ernst Froh(!) in sein Spotthorn, am 25.11.1915: „ Der Wind jagt die Wolken / Ausn Tal übers Joch. / Wir leiden bei uns da / Koan wallischen Zoch. / Cadorna. Cadorna, / Du Held, du geborna, / Was hockst denn so gfrorna. / Es stinkt hint und vorn a! / Auf der Kappen a Feder / Und an Edelweißstern, / Den Lausern, den walschen, / Wern mirs a no derwehrn. Der heiligste Krieger für ein „reichsdeutsches" Meran und Mitarbeiter der Meraner Zeitung ist, neben seinem Chef, ein Herr Hoffmann, alias Arnold von der Passer. Er publiziert am 10.2.1916 Folgendes unter der Überschrift Einst und jetzt: „ Es war eine Zeit, die lang schon entschwand, / Da hatten die Deutschen ein Vaterland, / Das

Volk der Denker und Dichter. / Und bei den anderen gab es nur Hohn, / Wenn einer sprach von der Deutschen Nation; / Dort hielt man uns nur für Gelichter. / Und heute: Ein Riese, vor den Ihnen graust, / So steht der Michel mit eiserner Faust / Und drischt, dass die Fetzen so fliegen! / Und wären der Feinde wie Sand auch am Meer, / Wir stehen: ein Kaiser, ein Volk und ein Heer. / Und Deutschland, ja Deutschland muss siegen!" In Dorf Tirol sind heute Zettel angeschlagen, mit den Namen jener Mädchen und Frauen, welche mit den dort gelegenen Soldaten Verhältnisse angeknüpft haben. Verhältnisse mit russischen Kriegsgefangenen sollen auf dem Land nicht abreißen. Ein Fall: Eine Bäuerin und ihre zwei Töchter lassen sich vom nämlichen Russen schwängern und kommen mit drei gesunden Buben nieder. Grausamkeiten des Krieges: Beim Überfall einer italienischen Abteilung am 25. Juni 1916 auf die Unseren im Ortlergebiet fallen an die 30 Alpini in eine Gletscherspalte. Doch kann der im eisigen Abgrund verschwundenen Truppe keiner helfen, da unsere Soldaten aus der hinteren Frontlinie beschossen werden. Professor Goldbacher schreibt über des Kaisers Landesschützen: „Tiroler Adler – blutig rot, / Stolz rauschen deine Schwingen! / Drum lasst den Schwur in Not und Tod / Von Fels zu Felsen dringen: / Dich, liebes, schönes Heimatland / Soll nie ein Feind besitzen! / Das schwören laut mit Herz und Hand / Des Kaisers Landesschützen! / Wie ward das Moskowitenpack / Im Polenland verhauen! / Half kein Verhau und kein Verhack / Und was sie sonst noch bauen! / Und erst der Welsche, wenn er sieht / Die weiße Blume blitzen. / Hei Brüder, wie er feige flieht / Des Kaisers Landesschützen! / Wir wissen, dass wir heimwärts geh'n / Einst siegreich und in Ehren.- / Nimm, Herr, die diesen Tag nicht seh'n, / In Deine lichten Sphären!- / Dann werden von der treuen Brust / Die Ehrenzeichen blitzen. / Treu bis zum Tod und siegbewusst / Sind Kaisers Landesschützen!" Am 12. Juli 1916 wird der Irredentist aus Welschtirol, Dr. Cesare Battisti, in Trient öffentlich durch den Strick hingerichtet. Ellmenreich klagt bitterlich über die gestrenge Zensur, die es ihm untersagt, ausführlich über den Landesverräter berichten zu dürfen, denn das Schicksal Battistis sei das Italiens im Kleinen. 23. 8. 16: Von 12 bis 13 Uhr Fliegerkampf in Bozen – mehrere Bomben fallen – Löcher in den Straßen – nur Materialschaden. In Meran sind Fettkarten erhältlich, aber kein Fett vorhanden. Der lästige militärische Zensor, Oberstleutnant Graf Meraviglia, tadelt die Haltung der Meraner Zeitung. Die sei geradezu deutschnational, wie Meran überhaupt stark das Deutsche betone. Ja sogar Schwarz-rot-goldne Fahnen hängen aus. Er kenne nur Schwarz-gelb, nur ein Österreich. Und alle konservativen, klerikalen Meraner samt ihrem Presseorgan, dem Burggräfler, stimmen ihm zu, mit Applaus. In der Meraner Zeitung vom 4.11.16 schreibt Arnold von der Passer über den Tiroler Landsturm: „Wir halten es nicht länger aus / In unsrem Schützengraben; / Wir jagen sie zum Land hinaus, / Die uns verraten haben! / Du welscher Gigger, wehr dich wohl, / Sonst bist du gleich verloren!- / Jetzt kommt der Landsturm von Tirol / Und nimmt dich bei den Ohren!" Dezember 1916: Die Kohlen sind alle. Meran friert. Aus der Meraner Zeitung vom 16.12.16, ein Hoffmann-Text, überschrieben mit: Michel bleib hart! „ Jetzt ist nicht Zeit zum Beten, / Eh sich's zum Frieden fügt, / Eh noch der Feind zertreten / Und ganz am Boden liegt. / Dann ist auf festem Grunde / Der Friede aufgestellt, / Und Deutschland ist zur Stunde / Das erste Reich der Welt." 27. Januar 1917: Wie alljährlich zu Kaisers Wilhelm des II Geburtstag findet in der evangelischen Christuskirche ein feierlicher Festgottesdienst statt.

In diesem Rahmen wird auch ein Gedicht unseres Barden Chlodwig Graf Sayn-Wittgenstein zum Besten gegeben mit dem Titel „Jetzt gilts!". Stürmischer Beifall. Bereits über 30 seiner Poeme sind in den letzten Jahren in der Meranerin publiziert worden. Den Feierlichkeiten fern bleiben wie gehabt die sturen, ewig Gestrigen, konservativen Meraner samt ihrem Klerus. Der Kasus macht mich lachen. Diese feiern ihren Franz Joseph am 18. August – ohne uns. Am 20. Jänner 1917 fotografiert Ellmenreich den Kaiser Karl in Bozen. Darf nicht in der Zeitung erscheinen. Am 2. Februar werden die Glocken vom Meraner Kirchturm abgeseilt oder geworfen – eingeschmolzen. Mehl- und Brotkarten werden knapp. Rationiert ist alles auf ein Minimum. Morgen, am 20. des Monats, beginnt die 10. Offensive der Italiener am Isonzo. Irene Kurella schreibt für die Meraner Ztg.: „Teut! Ich rufe dich! / Hilf deinem Volke, / Teut! Erhöre mich! / Scheue die Wolke, / Die uns bedräut. / Sei du der starke Fels, / An dem die Wellen / Von Lüge, List und Trug / samt dem Feind zerschellen. Das Pferd vom Passeirer-Wagen ist wegen „schmaler Kost" eingegangen. Ab Anfang Mai 1917 ist kein Zucker mehr erhältlich. Am 8. Juni wird von 800 Frauen im Kurhaus ein Hausfrauenverein aus der Taufe gehoben, um die Existenzverhältnisse durch Zusammenhalt und konkrete Vorschläge zu verändern. Das Brachliegen jeglichen Erwerbs im Kurort hat infolge des andauernden Krieges die Bevölkerung ihrer Existenz beraubt und zwingt uns, die Lebensführung tunlichst zu vereinfachen, auf alles zurückzugreifen, was Garten, Feld, Wald und Bauern-Wucher bringen. 12.6.17: Weiberdemonstration vor den Amtsgebäuden am Rennweg: 500-1000 Frauen und Mädchen. Sie protestieren gegen das Versammlungs-Verbot des Et.St.Kados. Einige gar rabiate Weiber werden verhaftet. Seit 13.6. ist ab 21 Uhr Wirtshaussperre. Am heutigen Sonntag, 1. Juli, kommen Scharen mit vollbepackten Rucksäcken vom Landausflug zurück; die Bauern wird's freuen. „ Liaba Herrgott, lass Dir danka, / Denn so guat is uns nia ganga / S'Jahr war guat und alls is gratn. / Sein die Knecht a jetzt Soldaten. / Liaba Herrgott, hilf uns Bauern, / Lass den Weltkrieg allweil dauern." Am 11.7.17 langen 400 russische Kriegsgefangene ein, welche zu Arbeiten in Verteilung kommen, vorwiegend aufs Land. Kuriosum der Zeit, der evangelische Pfarrer geht mit Gattin seit Wochen in das katholische Gesellenhaus „Zum Löwen(!)" essen. Kaiser Karl ist in Meran und besucht Erzherzog Peter Ferdinand im Hotel Kaiserhof – 15.10.17. Der Kaiser will Schloss Rottenstein kaufen. Anfang Dezember: Es darf laut Pressezensur nichts über Waffenstillstandsverhandlungen mit den Russen gebracht werden. Diebstahl ist in Meran und Umgebung, wo man in Friedenszeiten alles liegen und stehen lassen konnte, an der Tagesordnung. Beispiel: In Untermais fehlt, bis das Armenholz zur Verteilung kommt, die Hälfte. 1.1.1918: Die Zensur erlaubt es nicht, die Namen der hingerichteten Deserteure zu nennen. Ab Mitte Jänner 1918 ist Meran stockdunkel. Kein Gas. 15000 Soldaten, alles slawische Regimenter, kommen zur Retablierung nach Bozen, Meran und Schlanders. Ungern gesehene „Gäste"; in jeder Nacht gibt es Raufereien, Diebstähle ... 21.1.18 treffen neue Scharen von Soldaten ein: Ungarn, Deutsche ... Es wimmelt in der Stadt. Gar viele laufen liebesgierig zum Bordell „Gilfklamm", dem „Passeirer Kino". Die 4 Mädchen genügen beileibe nicht. Die Damen der freien Liebe können durch ein Hintertürchen dem männlichen Ansturm entkommen. Das Herz schmerzt einem, wenn man sieht, wie überall auf den Kuranlagen exerziert wird. Und sie schießen auf Ziel-Scheiben, die an den exotischen Bäumen festgenagelt sind. Am 27.1.1918 wird das

Schaufenster bei S. Pötzelberger (Geschäftshaus, Verlag und Druckerei der Familie Ellmenreich im Herzen von Meran) mit der Auslage vom Deutschen Kaiser zu dessen Geburtstag mehrmals angespuckt. Wer schimpft, der kauft. Am 9.2.18 gehen 3200! Exemplare der Meraner Ztg. über den Ladentisch. Jeder will wissen wie es steht mit dem Krieg und weitergeht. Am 27. Februar wirft um 15.30 Uhr ein italienischer Flieger mehrere Bomben auf Meran, die in der Nähe der Rametzbrücke einschlagen. Vom 16. bis 22. März ziehen endlich die meisten Marschkompanien ab; leider rücken welche, vom Vinschgau her, nach. 29.3.18: Bosniaken ab an die Front! Endlich! Zur Etschregulierung werden vielfach auch italienische Gefangene verwendet. Sie sind den Serben ähnlich, aber noch herabgekommener. Wie anders die probaten Riesengestalten der Russen, denen man das Wohlbefinden ansieht; sie sind freundlich, arbeitsam, grüßen gerne und werden darob von den Bäuerinnen gut gehalten. 1. Mai 18: Abmarsch aller Truppen, zu Fuß nach Bozen und weiter an die Front. Ab 19. Mai kommen über den Jaufen zahlreiche Marschkolonnen. Bis in den Sommer hinein, überall erstarrte Fronten, im Westen wie am Isonzo. Der Besitz und die Weitergabe von Flug(!)-Zetteln, welche von feindlichen Fliegern abgeworfen oder durch feindliche Agenten ausgegeben werden, ist strengstens untersagt. „Piave-Offensive der Italiener ein Erfolg"; darf nicht laut werden. An den Bäumen schafft es das Obst nicht bis zur Reife; wird alles eher gestohlen. Keine Kartoffeln mehr noch sonst was. Das Volk hungert.

Arge Versorgungsmängel durch die britische Seeblockade Ende September 1918: Hiobsbotschaften von der aussichtslosen Lage des deutschen Heeres. Am 5. Oktober ersucht unser Reichskanzler Max von Baden die Alliierten um einen Waffenstillstand. Am 4. November 1918 geht in Meran nichts mehr: Es stauen sich haufenweise Truppenteile und Fahrgerät, und am 5. verkünden große Plakate den baldigen Einzug der Italiener. Ruhe ist geboten. Am 11. November tritt der Waffenstillstand in Kraft. Persönlich beschwören der Vollzugsausschuss der Stadt und die vier Bürgermeister (von Meran, Gratsch, Ober- und Untermais) durch Plakate die Bevölkerung, Ruhe zu bewahren. Am Bahnhof kommen Nachschub-Züge aus dem Süden, die nicht über den Brenner können. Alles läuft zur Bahn und plündert, was nicht niet- und nagelfest ist, damit es nicht den Welschen in die Hände falle. Selbst die Montur- und Lebensmittel-Magazine der Militärareale werden leergeräumt. Da werden Menschen, sonst lammfromm, zu gierigen Tieren. Mag der Hunger manches entschuldigen, so ist der chaotische „Mund"-Raub von Mehl und Roggen ungerechtfertigt in jeder Beziehung, da ja auch der einziehende Italiener die Gesamtbevölkerung damit versorgen müsste. Bauern aus der Umgebung verschleppen haufenweise Weißkraut, Käse und sieben Waggons Hafer. Unter den „Bergenden" sind sogar bekannte Klosterfrauen und ortsnoble Damen und Herren. Der Raubzug geht weiter bei Spediteur Prader. Gewaltsam werden Tore aufgerissen, Reisekörbe Fremder, welche eingestellt sind, Möbel, von vor der Kriegszeit abgereister Gäste, werden in alle Himmelsrichtungen fortgeschleppt. Alle Lebensmittelmagazine der Stadt sind leergefegt. Der Mopp holt sich, was er will, verlangt sogar frech Papier und Spagat zum Einwickeln, droht mit Revolver und Messer. Meran, 6. November: Die italienische Besatzungsmannschaft ist heute Nacht hier eingetroffen, ein Oberstleutnant mit 500 Mann. Vorüber der Krieg - nie geahnt, für uns dessen Ende. Aus, Amen.

JANUS

A 1 9 14 D

Mostra d'arte di Matthias Schönweger

Mostra d'arte basata sulle fondamenta storiche culturali,

con riferimenti bellici e civili ante portas ed in loco,

vuol dire, fuori MERANO e in città,

prima, durante e dopo

LA GRANDE GUERRA,

LA PRIMA MONDIALE.

Ci mancherebbe altro ... magari, e solo Paganini non ripete.

E non ci mancano, fra l'altro, reminiscenze all'orgoglio patriottico tirolese, dovute anche all'effetto AH = Andreas Hofer, insieme a tutti i suoi fedeli eroi marziali, i nostri antenati.

Un esito positivo e frutto "mangereccio" del bellicoso scontro/incontro di allora tra Italiani e Tedeschi si presenta

NEL PASSATO

come arte culinaria, un puree, per esempio

un misto tra canederli sudtirolesi e sughetti italiani.

C'è il piatto che piange e, in fin dei conti, quello che ride ... per ultimo.

E ci sono ancora i bunker di Mussolini, ancora ci sono le casematte di allora, opera museali in cemento armato: una cinquantina, oggi nelle mani dell'artista come "Gesamtkunstwerk" in arte.

Nota: ricerche fatte per una tesi di laurea (presentata a Innsbruck e a Padova) e uno spettaccolo teatrale, portato sul palcoscenico in diverse città del Sudtirolo. In più, l'influsso, le "esperienze familiari", come quella del nonno, padre della madre, mutilato di codesta guerra.

È tornato da essa, ferito gravemente dalle schegge di una granata shrapnel, esplosa davanti ai suoi piedi. Ed era rimasto cieco come una talpa per il lungo resto della sua vita.

Die Wundertüte

50 Rpf.

100 Seiten Humor und Kurzweil
in Bild und Wort – für Front und Heimat

Merano

CORO

TT-hausfreund

1968

Sul cappello...

Tutti ti salutano tanto

Tanti baci
P I N

Affettuosità e saluti
Valentino
Trens

Baci
Georgette Ugolini

CARTOLINA P

3296

Trins bei Landeck
(Tirol)
(Germania)

All meine Liebe gehört nur dir,
mein tapferer Krieger!

Andachtsbüchlein
für die Kriegszeit
1914

Das Büchlein wird umsonst verteilt. Jedoch werden freiwillige Gaben erbeten zur Deckung der Kosten. Der Überschuß wird ans „Hilfskomitee" abgegeben.

Verlag: Kath. Stadtpfarramt St. Lorenz Kempten.

VATERLÄNDISCHE FRONT

Mitgliedskarte

Nr. 683535

für

Leonni Stieler

Geburtsjahr: 1911

Ort: Hans di Susa OLS

Beruf: Schüler

beten am: 16 Oko. 1937

Abschied

Ich weiß noch gut, wie ich als Kind
oft vor dem Tore spielte,
bis mir der erste Abendwind
die heißen Schläfen kühlte ...

Und bis der Mutter Ruf mir klang
an's blondumlockte Ohr:
„Komm heim, Kind! Säume nimmer lang.
Ich schließe gleich das Tor!"

Längst hab ich keine Eltern mehr.
Mein Haar ist weiß geworden ...
Nun klingt — als ob's die Mutter wär' —
derselbe Ruf aus Norden.

Das Reich ruft seine Kinder heim,
die Kinder vor den Toren ...
O Etschland, o du Heimat mein,
nun bist du mir verloren!

Leb' wohl denn, schönster Erdenfleck,
den je der Herrgott schuf ...
Sieh, stärker als dein Zauber ist
doch noch ... der Mutter Ruf.

Carl Zangerle

DER JUNGE PATRIOT

25 Vaterlandslieder und patriotische Vortrags=Stücklein

Der junge Patriot.
Leichte Vaterlandslieder, Märsche und patriotische Vortragsstücke.

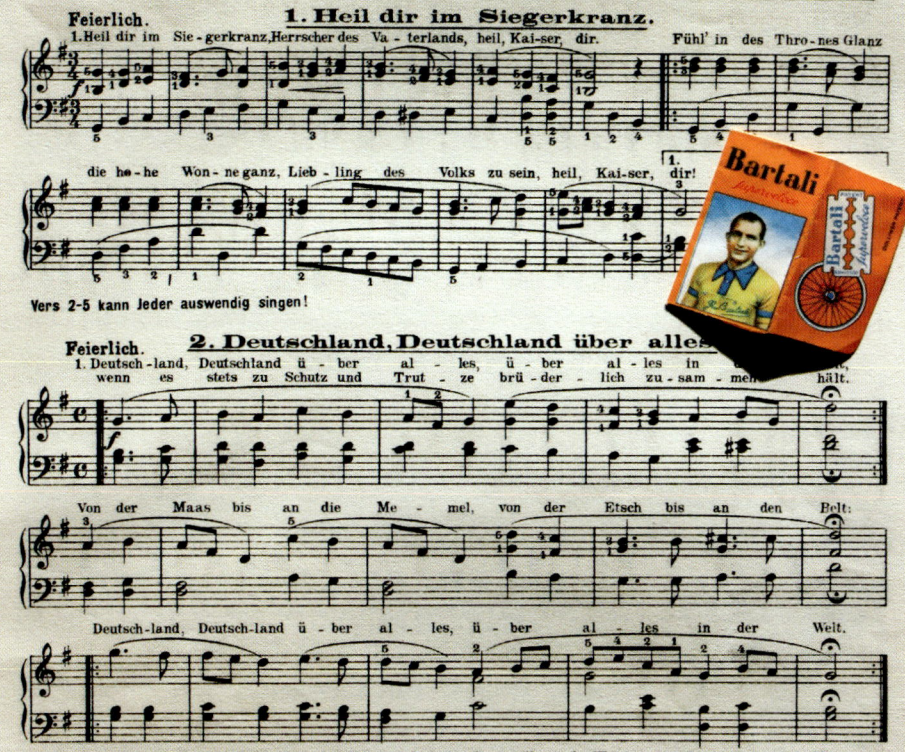

1. Heil dir im Siegerkranz.

Feierlich.

1. Heil dir im Siegerkranz, Herrscher des Vaterlands, heil, Kaiser, dir. Fühl' in des Thrones Glanz die hohe Wonneganz, Liebling des Volks zu sein, heil, Kaiser, dir!

Vers 2-5 kann jeder auswendig singen!

2. Deutschland, Deutschland über alles.

Feierlich.

1. Deutschland, Deutschland über alles, über alles in der Welt, wenn es stets zu Schutz und Trutze brüderlich zusammenhält. Von der Maas bis an die Memel, von der Etsch bis an den Belt: Deutschland, Deutschland über alles, über alles in der Welt.

2. Deutsche Frauen, deutsche Treue, deutscher Wein und deutscher Sang sollen in der Welt behalten ihren alten schönen Klang; uns zu edler Tat begeistern unser ganzes Leben lang. :,: Deutsche Frauen, deutsche Treue, deutscher Wein und deutscher Sang! :,:
3. Einigkeit und Recht und Freiheit für das deutsche Vaterland! Danach laßt uns alle streben brüderlich mit Herz und Hand! Einigkeit und Recht und Freiheit sind des Glückes Unterpfand. :,: Blüh im Glanze dieses Glückes, blühe, deutsches Vaterland! :,:

2a Oesterreichische Volkshymne.

1. Gott erhalte, Gott beschütze unsern Kaiser, unser Land! Mächtig durch des Glaubens Stütze führ' Er uns mit weiser Hand! Lasst uns Seiner Väter Krone schirmen wider jeden Feind: Innig bleibt mit Habsburgs Throne Österreichs Geschick vereint.
2. Fromm und bieder, wahr und offen lasst für Recht und Pflicht uns steh'n, lasst, wenn's gilt, mit frohem Hoffen mutvoll in den Kampf uns gehn! Eingedenk der Lorbeerreiser, die das Heer so oft sich wand. Gut und Blut für unsern Kaiser, Gut und Blut fürs Vaterland!
3. Was des Bürgers Fleiß geschaffen, schütze treu des Kriegers Kraft; mit des Geistes heitern Waffen siege Kunst und Wissenschaft! Segen sei dem Land beschieden, und sein Ruhm dem Segen gleich: Gottes Sonne strahl' in Frieden auf ein glückliches Österreich!
4. Laßt uns fest zusammenhalten: in der Eintracht liegt die Macht, mit vereinter Kräfte Walten wird das Schwerste leicht vollbracht. Laßt uns, eins durch Brüderbande, gleichem Ziel entgegengehn; Heil dem Kaiser, Heil dem Lande: Österreich wird ewig stehn!

S. 9913

Nr. 118 X. Jahrgang

Zweites Soldatenlieder-Heft

EINFACH
SO
SO
SO
EINFACH

Musik für Alle

Preis 50 Pf. (60 h) Verlag Ullstein & Co., Berlin u. Wien

VON
SISIS
SCHLEIER

RELIQUIE

KAISERIN
ELISABETHS
TRAUER-
AUFENTHALT
IM KAISERHOF
IN MERAN
1889
NACH DEM
TOD
IHRES SOHNES
KRONPRINZ
RUDOLF

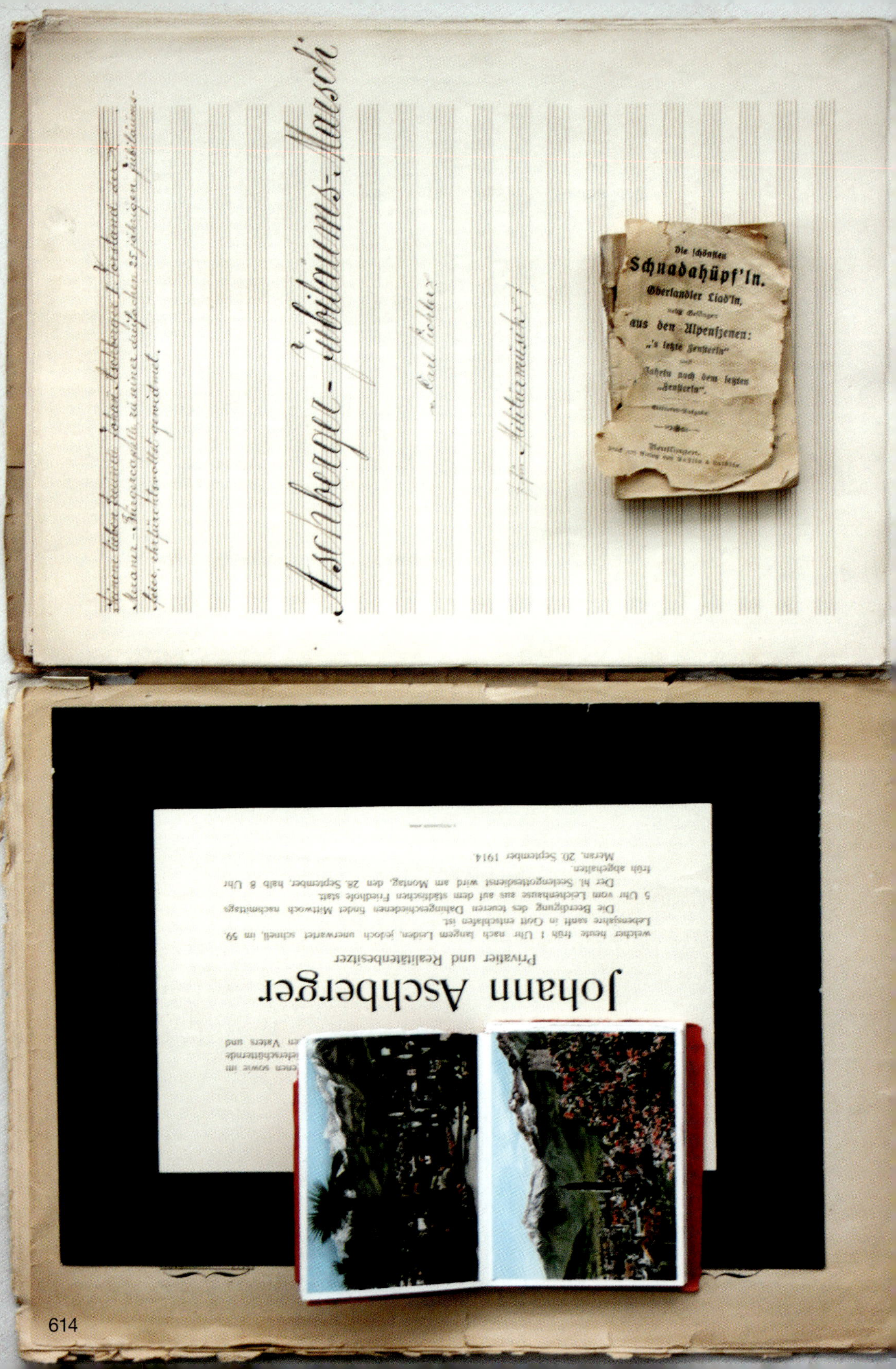
Aschberger - Jubiläums - Marsch
von Carl Pichler
für Militärmusik
Die schönsten
Schnadahüpf'ln.
Oberlandler Liad'ln,
aus den Alpenszenen:
„'s letzte Fensterln"
Jahrln nach dem letzten
„Fensterln".
Johann Aschberger
Privatier und Realitätenbesitzer
welcher heute früh 1 Uhr nach langem Leiden, jedoch unerwartet schnell, im 59. Lebensjahre sanft in Gott entschlafen ist.
Die Beerdigung des teuren Dahingeschiedenen findet Mittwoch nachmittags 5 Uhr vom Leichenhause aus auf dem städtischen Friedhofe statt.
Der hl. Seelengottesdienst wird am Montag, den 28. September, halb 8 Uhr früh abgehalten.
Meran, 20. September 1914.

SCHÜTZE
deine Heimat
vor den Faschisten

TATRA 1931

MATTHIAS SCHÖNWEGER SENIOR IST MIT
ZWEI BLAUEN AUGEN DAVONGEKOMMEN

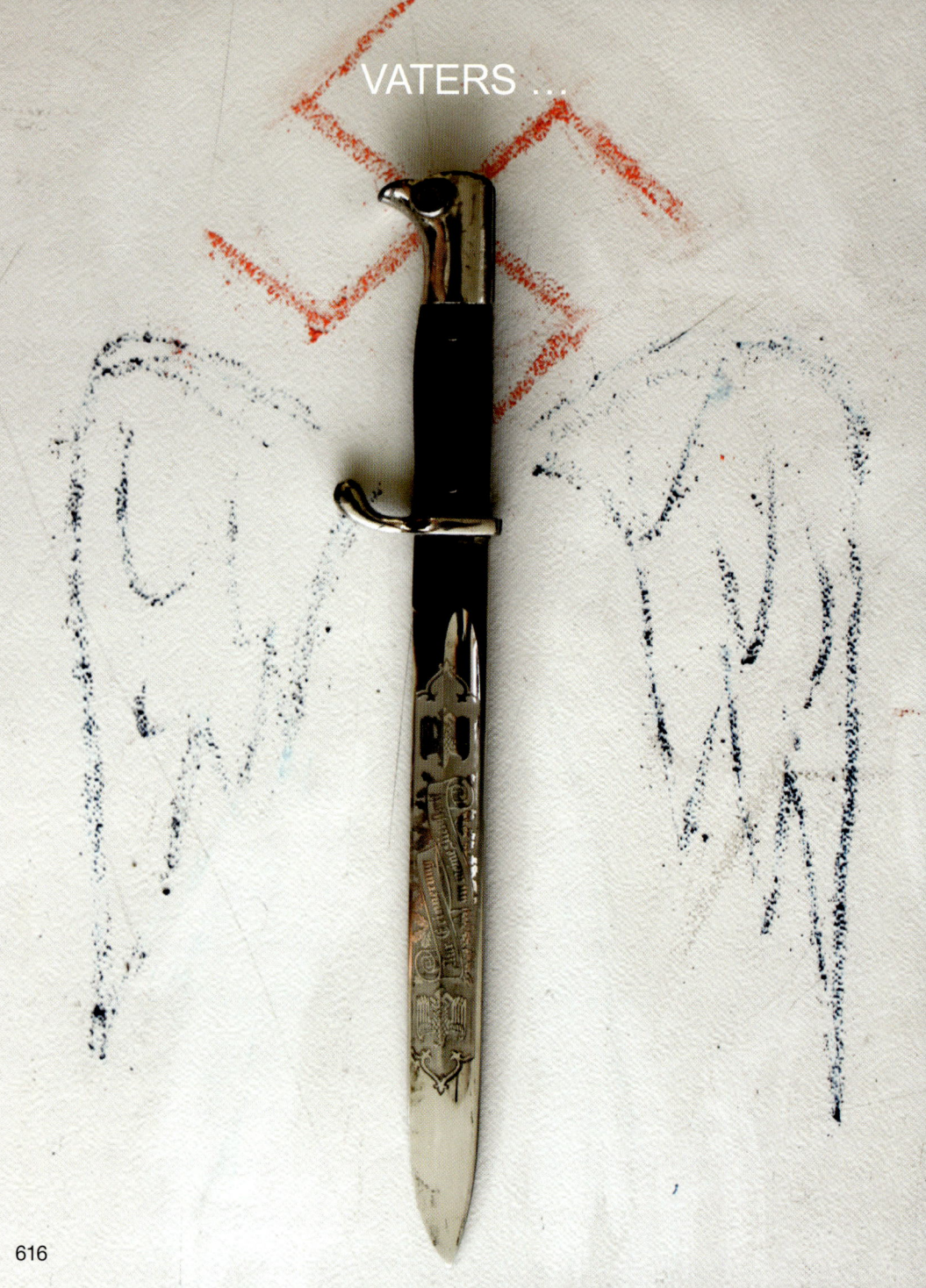

VATERS ...

TATTA - JAHRGANG 1914
PROMEMORIA ZUM 100-JÄHRIGEN

ICH SAGE NIE

Die Germanen.

In dem weiten Gebiet zwischen der Donau, der Nordsee, dem Rheine und der russischen Tiefebene hatten die alten Deutschen, unsere Vorfahren, ihren Wohnsitz. Ihr Land war wenig fruchtbar, in den tieferen bestand der Hauptreichtum der Germanen aus Sümpfen der undurchdringlichen Wälder

ICH SAGE IMMER

Franken und Langobarden standen
unter der Herrschaft eines Königl,
andere wählten sich nur zur Zeit
des Krieges aus den Reihen der edelsten und tüchtigsten Männer einen
Anführer, der den Titel eines Her-
zogs trug und alle übrigen an
Mut, Tapferkeit und Stärke über-
traf.

620

SCHLAG
TOT
SCHLAG

622

M. Fried M. Harris
R. Murphy (Hrsg.)

Der Krieg
Zur Anthropologie der Aggression und des bewaffneten Konflikts

REMINISZENZEN
AN DIE GEGENWART

Conditio humana
Ergebnisse aus den Wissenschaften vom Menschen

S. Fischer

Wien I. K. k. Hofburg und Kaiserin Maria Theresia-Denkmal

WELTKRIEG 1914.
GENERAL d. k. HOLOSVARY de KOLOSVÁR

Gott ſtrafe England
R.d.D.
I.N.G
2
2
Er ſtrafe es
GESETZL. GESCH.
Gott ſtrafe England
R.d.D.
I.N.G
2
2
Er ſtrafe es
Gott ſtrafe England
R.d.D.
N.G
2
2
Er ſtrafe es

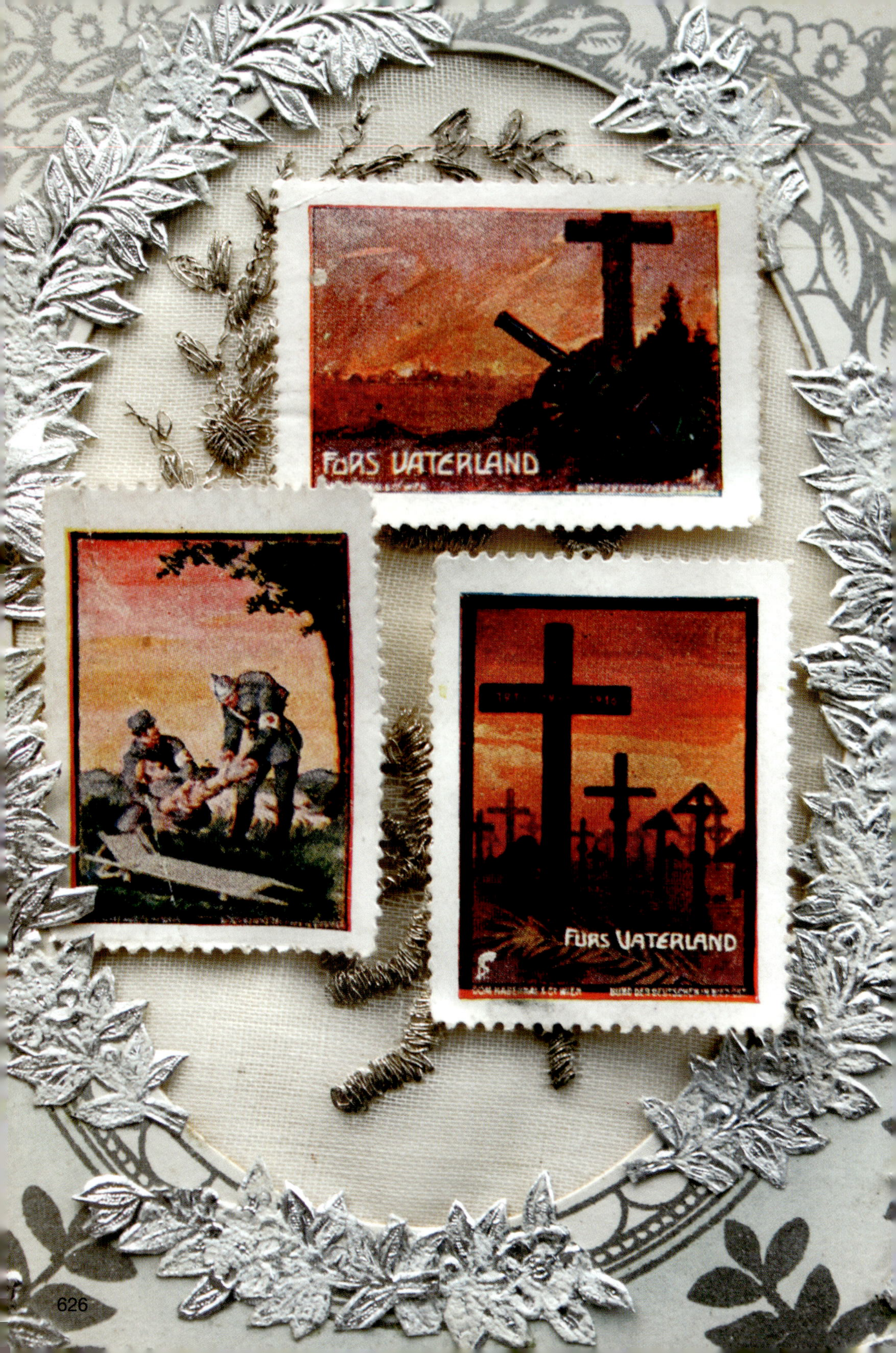
FÜRS VATERLAND
FÜRS VATERLAND

MAI VISTO UN DISEGNO COSÌ

ce pel marmo grigio e dell'ocra pel marmo rosso o bruno. Pulisci il tutto con pietra pomice molto fine.

24. <u>Colla per vetri e porcellane.</u>
Sciogli in un miscuglio di pertinguali d'acqua pura ed acquavite bianca, gr. 60 d'amido, e 60 gr. di creta polverizzata; aggiungi poi 30 gr. di colla for[te]. Poni il tutto sul fuoco e mescola; durante l'ebollizione versa pian piano 30 di trementina ed agita per formare un tutto ben omogeneo. Tale colla è indicatissima per aggiustare il vetro e la porcellana.

25. <u>Per togliere la calce spruzzata negli occh[i]</u>
Non adoperare acqua, perché questa sciogliendola la spande per tutto l'occhio cagionando bruciori. Lava l'occhio con olio di oliva, e con acqua bene inzuccherata che,

UPCYCLING

VITA DAMUS NOSTRA DAMUS NOSTRA DAMUS NOSTRA DAMUS NOSTRA DAMUS MORTE

KUNST IST KEINE FESTE GRÖSSE NOCH EINE INSTITUTION NOCH EINE

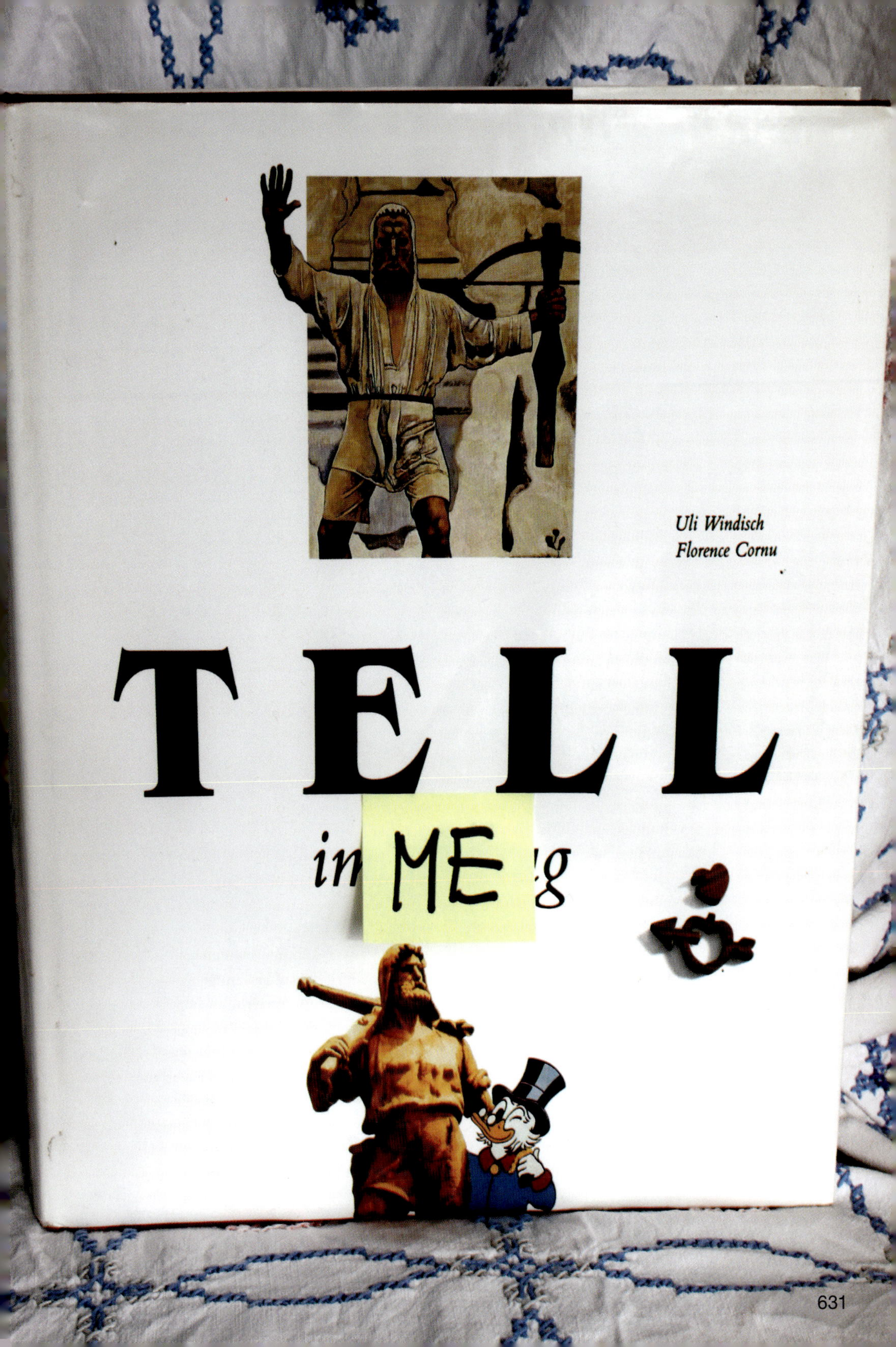

Uli Windisch
Florence Cornu

TELL

in ME g

A REGGELE

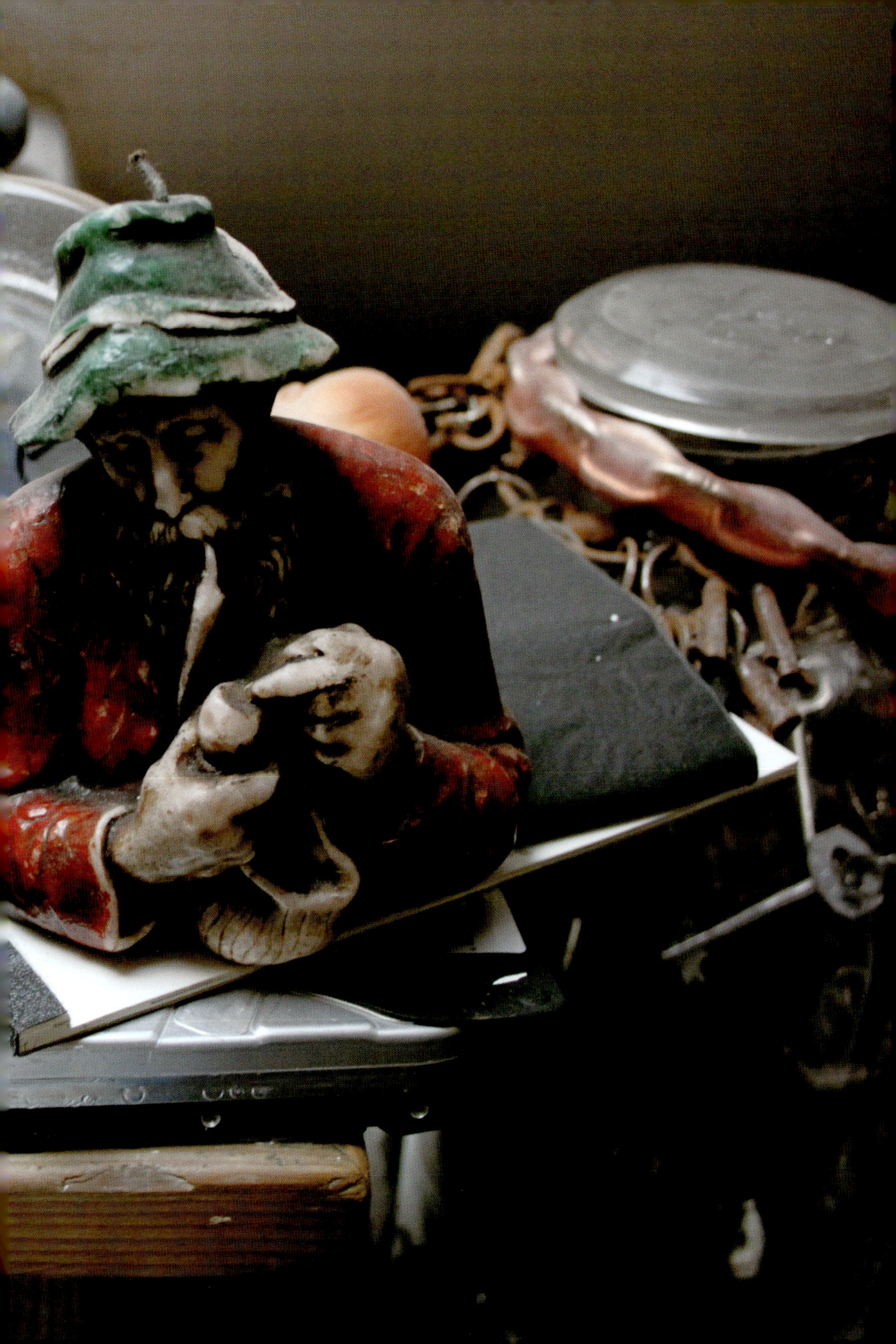

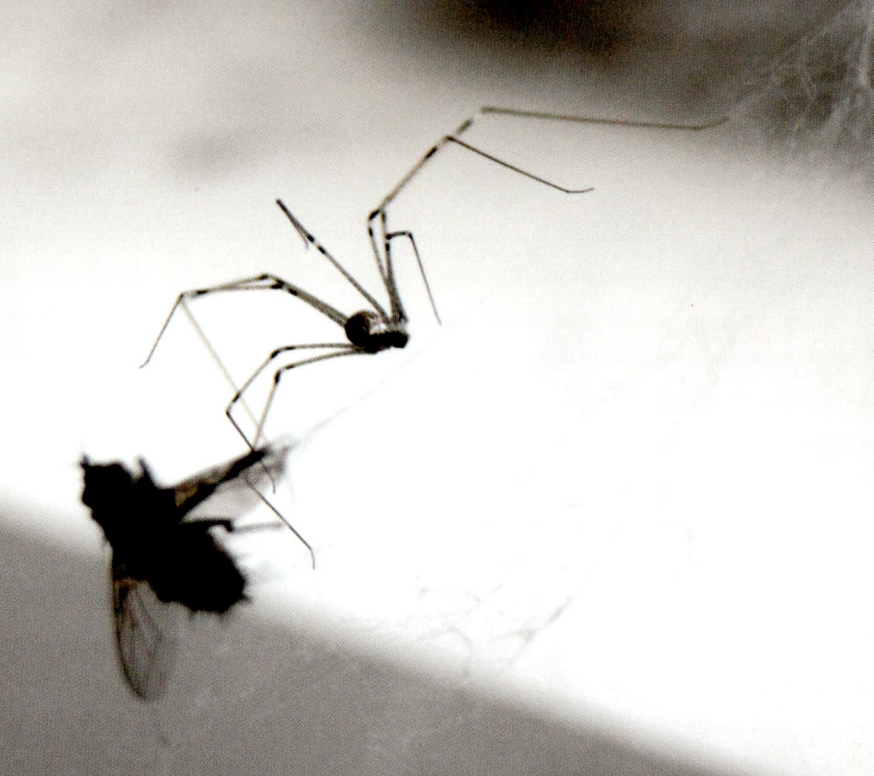

msch MACHT SELTEN SCHÖNE BILDER

ABER
SELTENSCHÖNE

VATERS GESCHENK AN MEINE MUTTER 1941

NON SARÒ MOLTO DECORATIVO
COME SI DICE

MIGRARE NECESSE EST

KRIPPELE FIGUREN

BRAHMA/KAMA

SUTRA

SCHUSS: TOR!

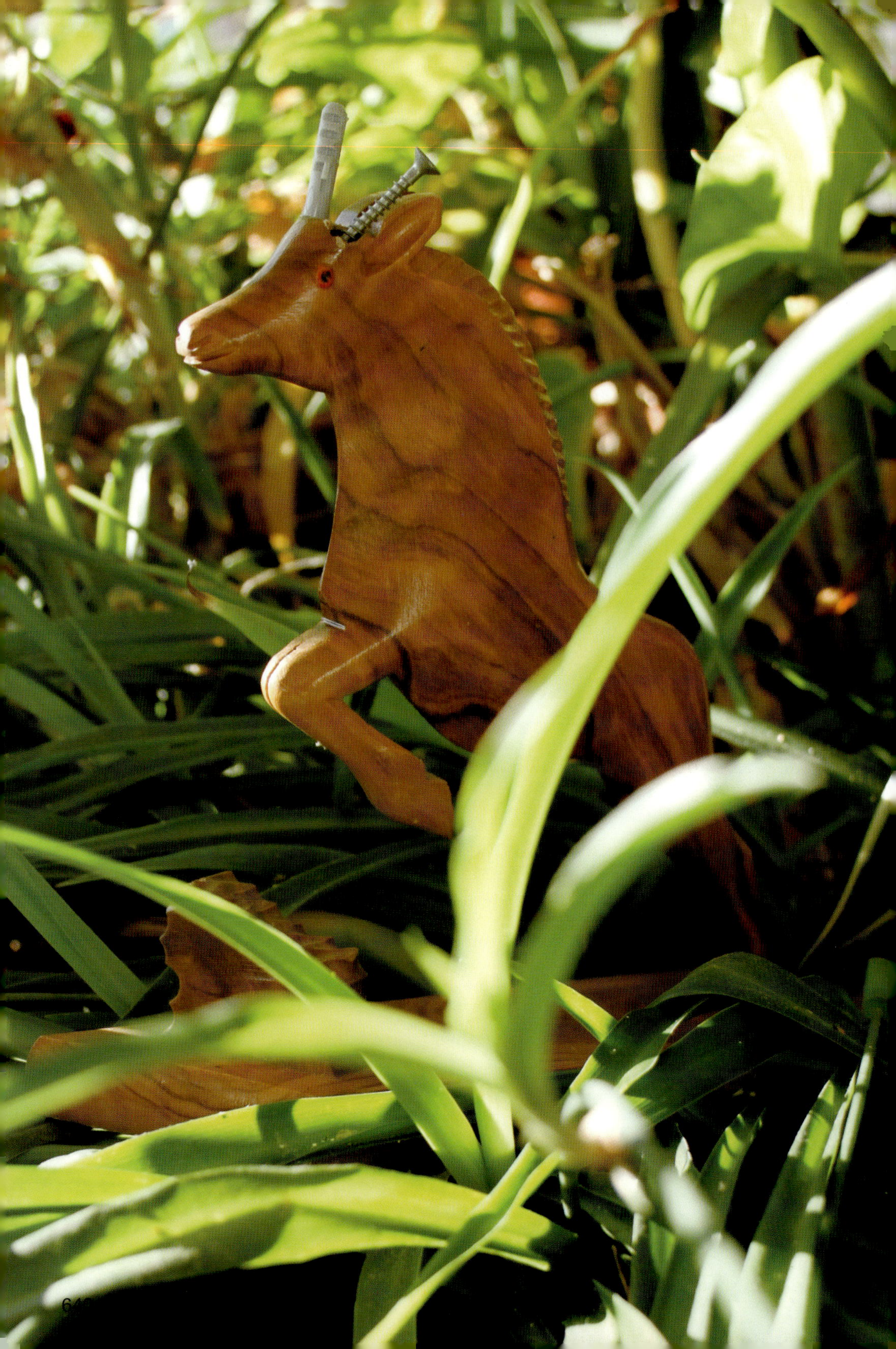

SCHMIEDE WAFFEN SCHMIEDE

SHORT STORY

IN A LONG TIME

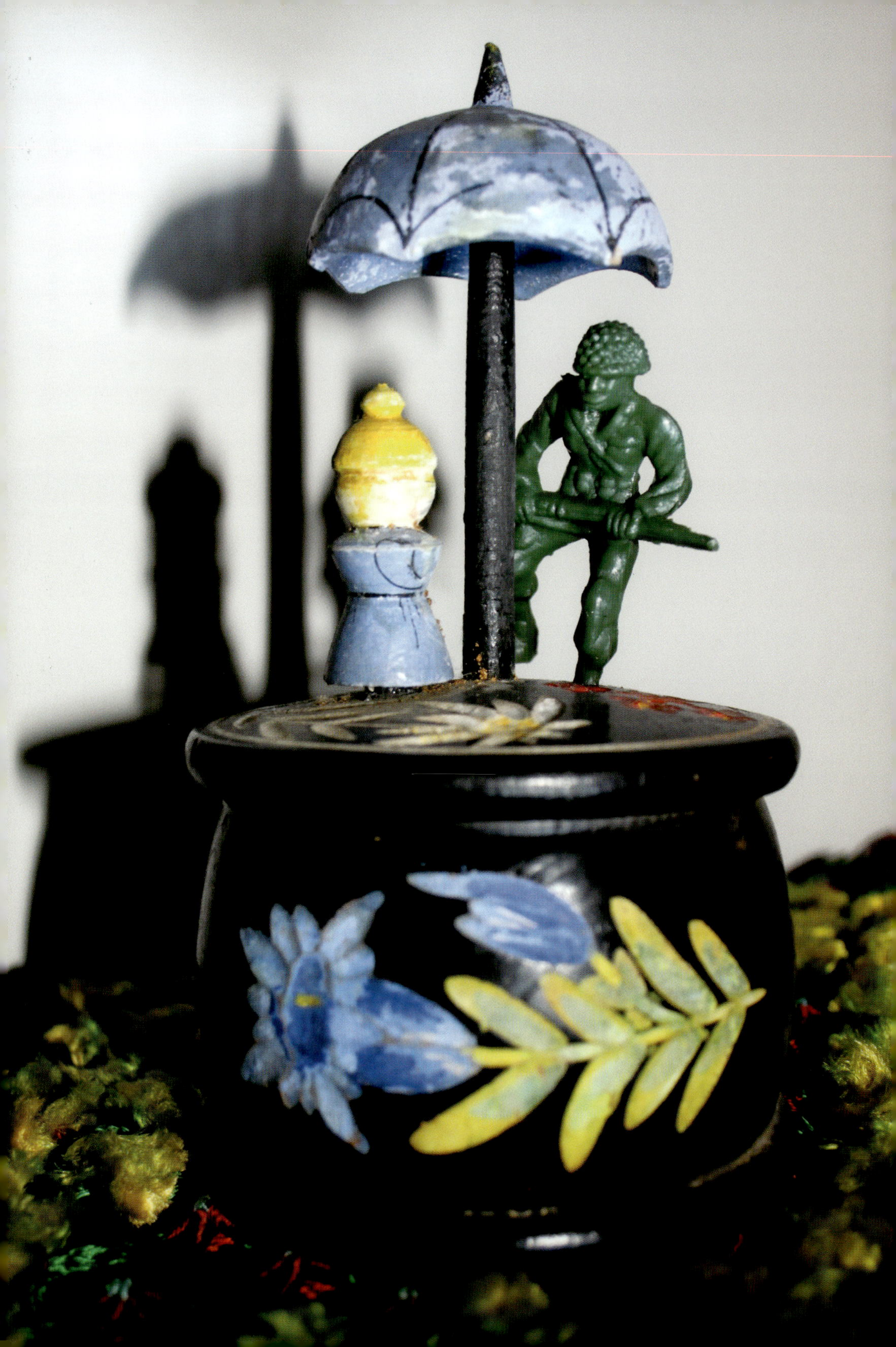

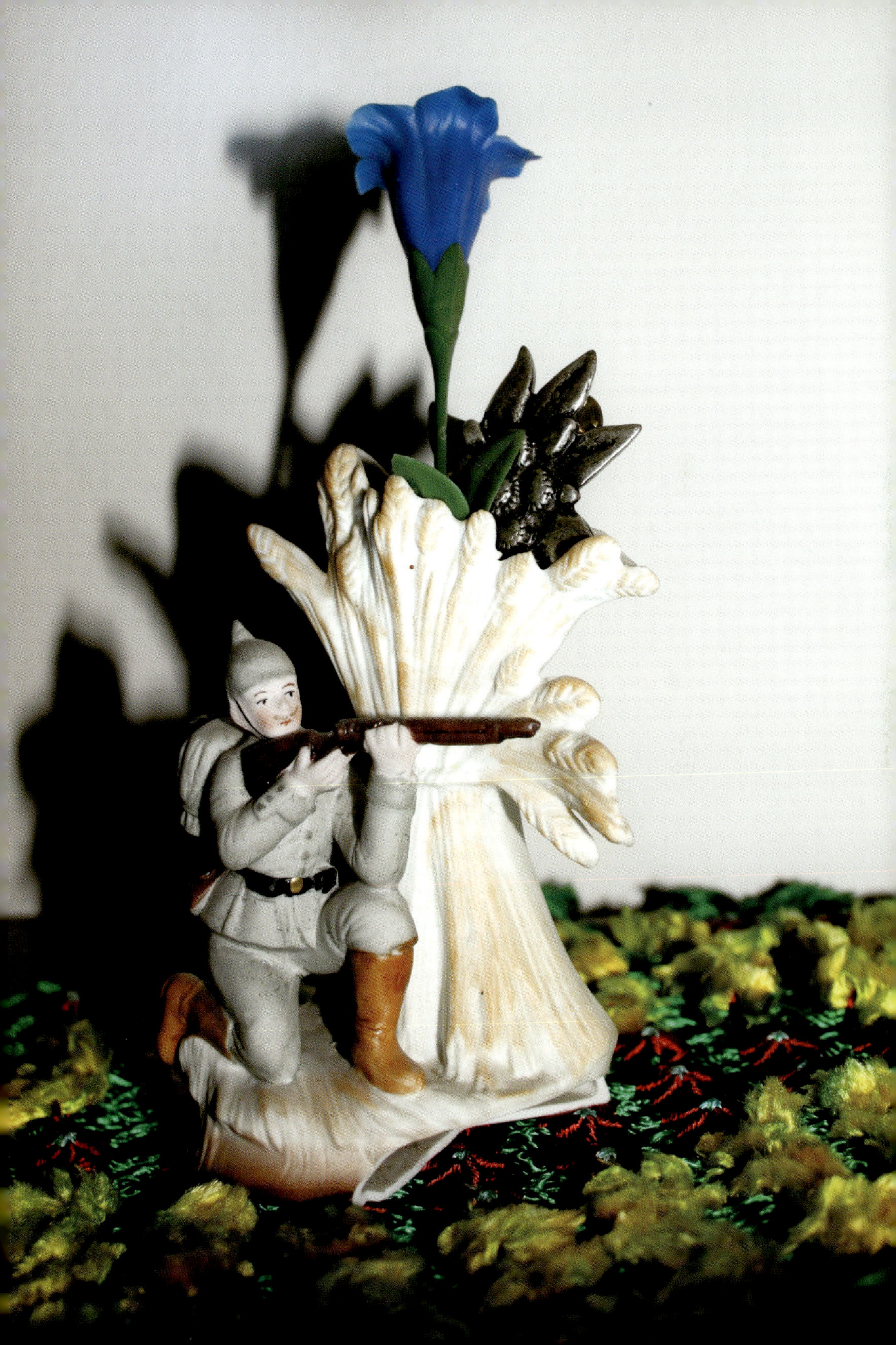

VORHER

FEGE FEUER FEGE

HERNACH

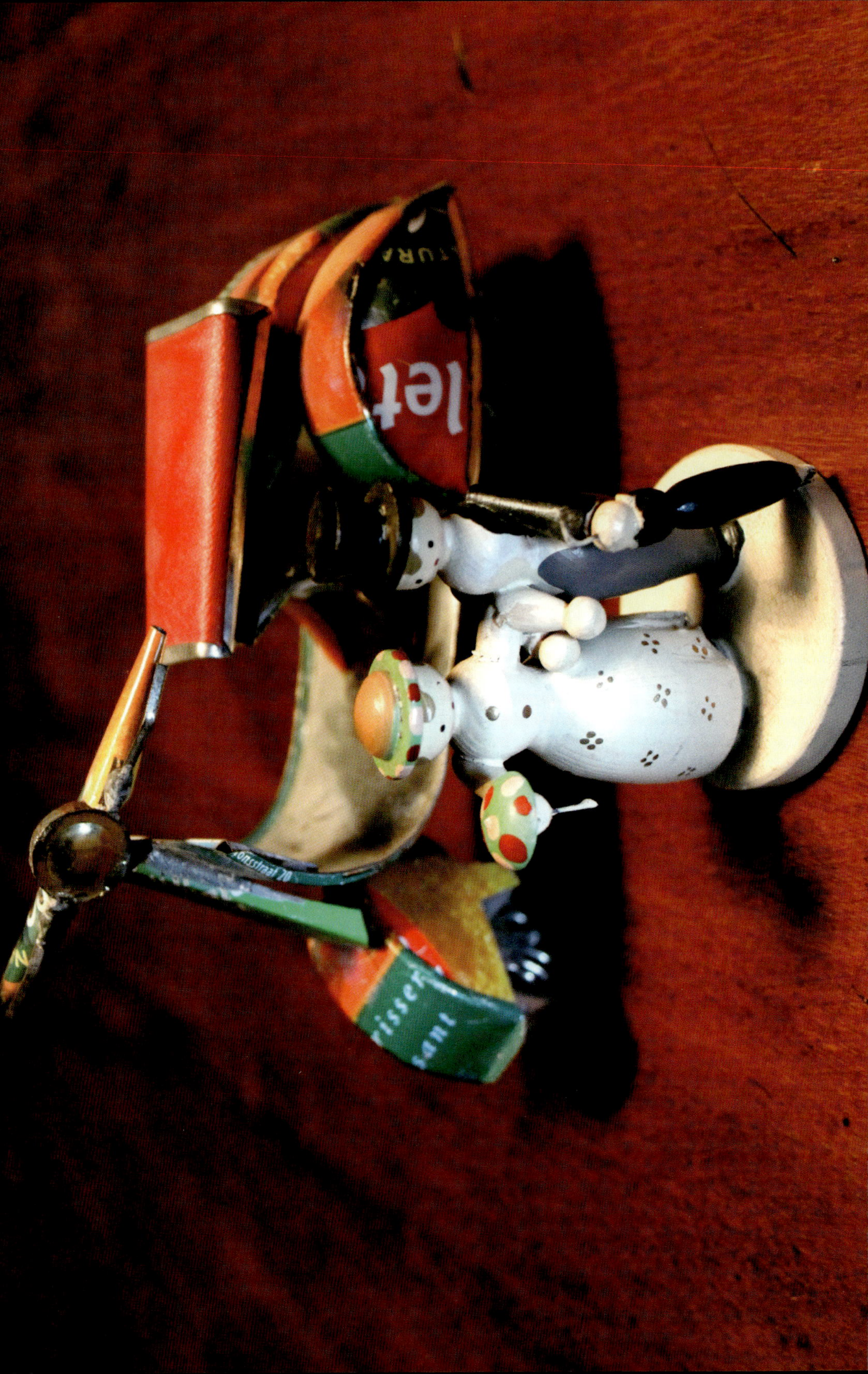

Heintje

Mama
Du sollst nicht
weinen
Ich bau' dir ein Schloß
Mamatschi
Weißt du,
wieviel Sternlein stehen

Heidi 2

PARADISO
neue mode

Kufsteiner Lied PHILIPS
Vom Zillertal aussa / Wildschönauer Lied
Das jagerische Leben

CORRIERE DELLA SERA
CAPITALIA   ULIVETO
Inno di Mameli

CHA CHA MA

So ein Ta
so wunderschö
wie he

IL CAPPELLO

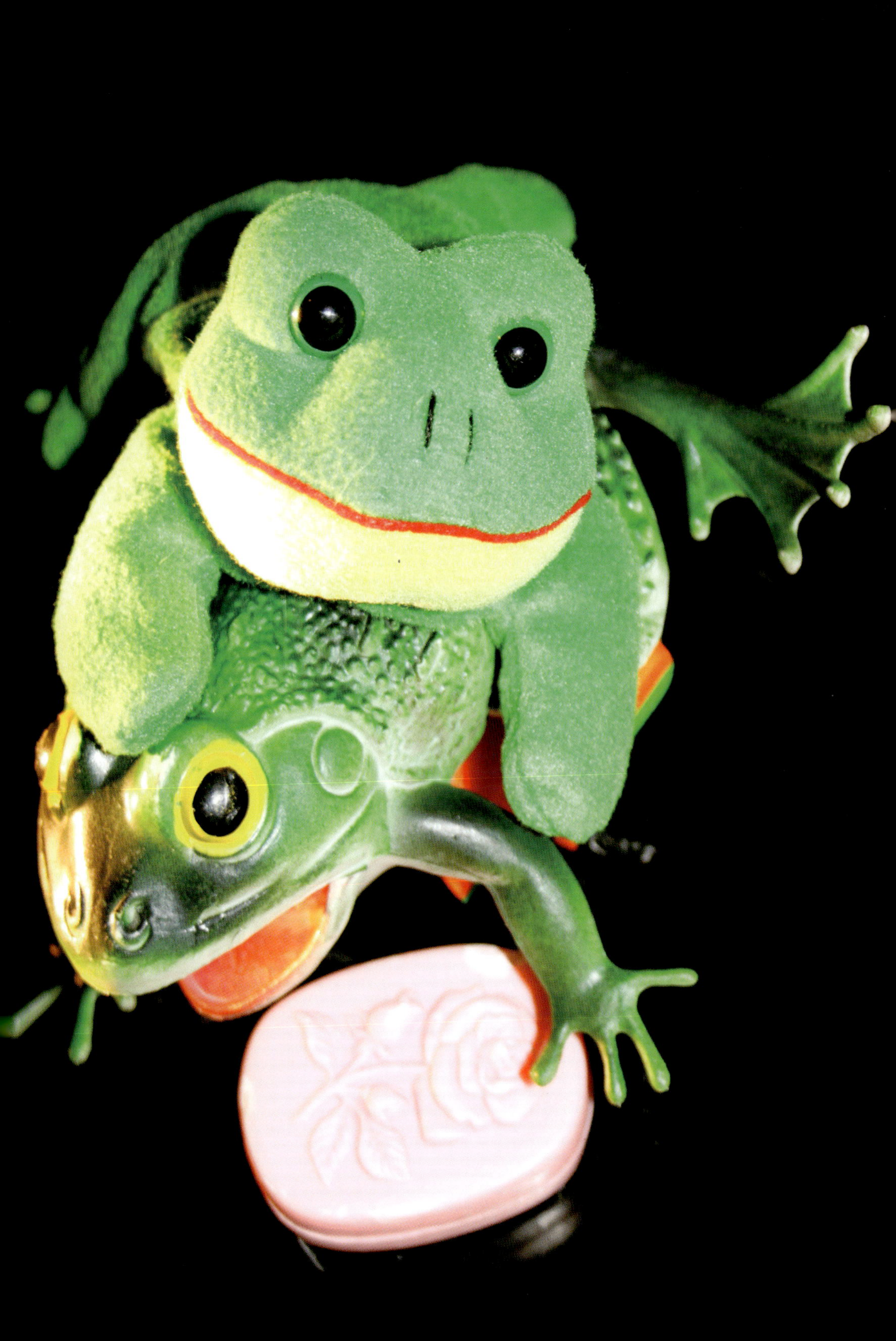

Es grüne die Tanne es wachse das Erz – Gott schenke uns allen ein fröhliches Her[z]

653

654

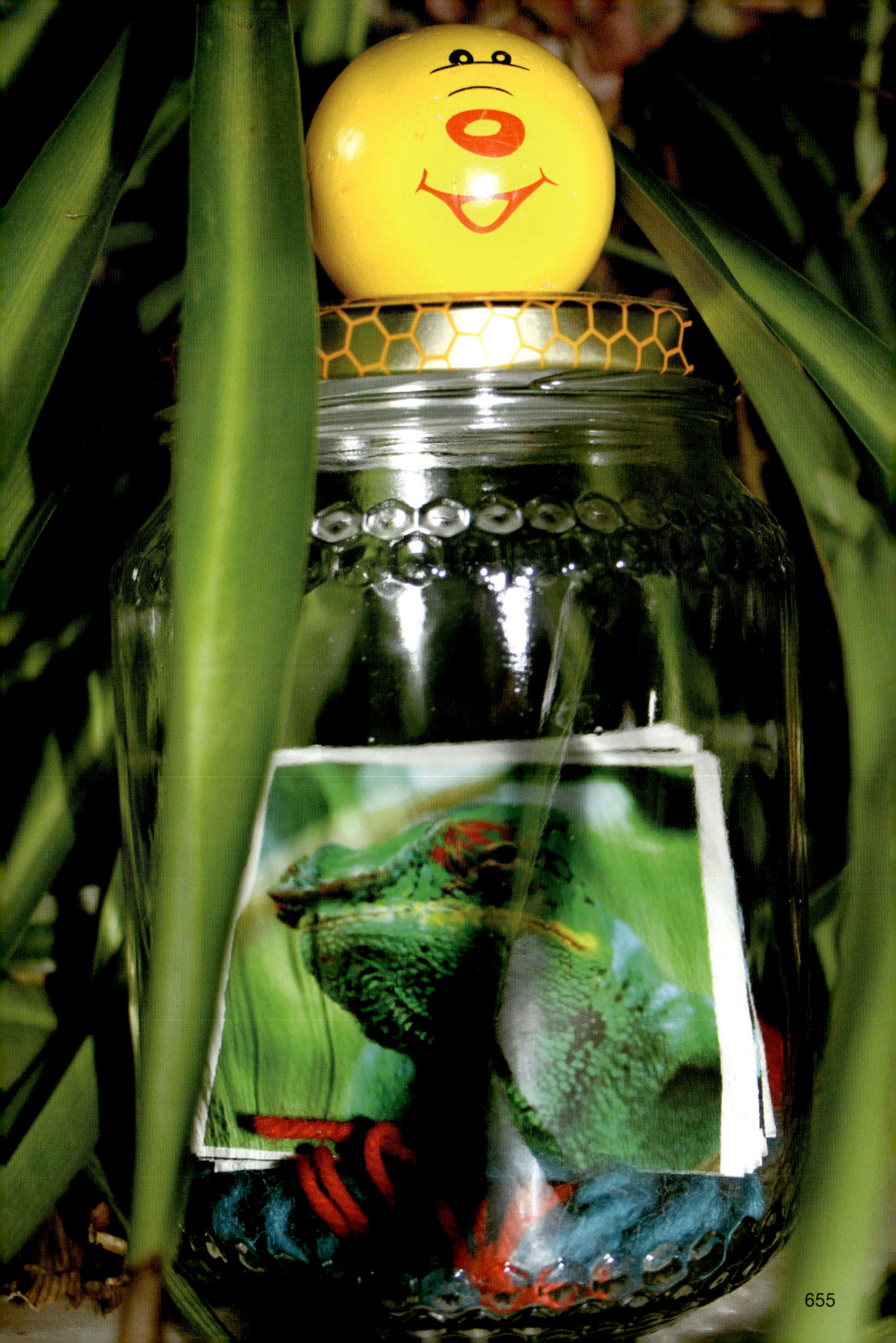

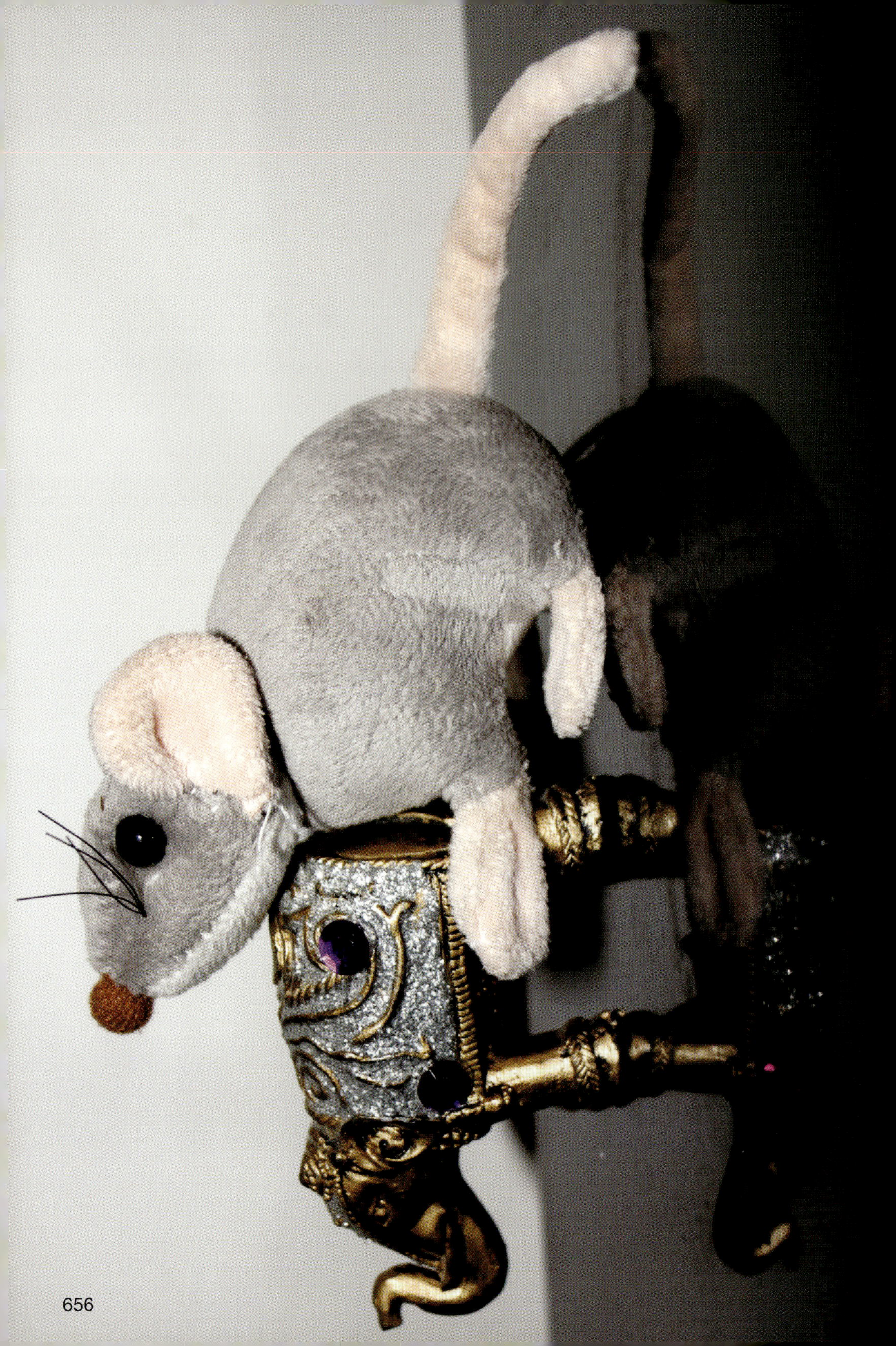

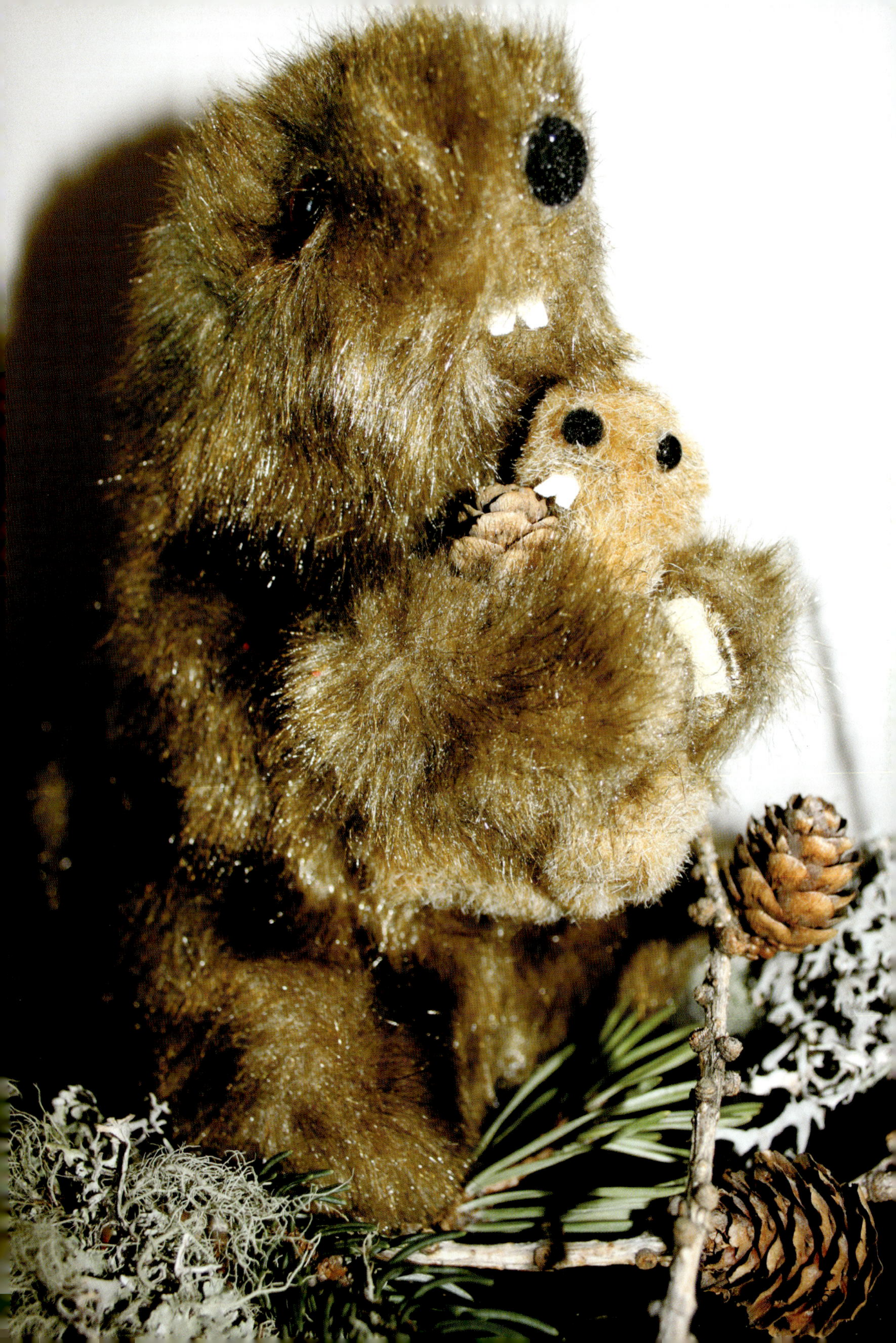

DIE WELT
IST EIN DORF

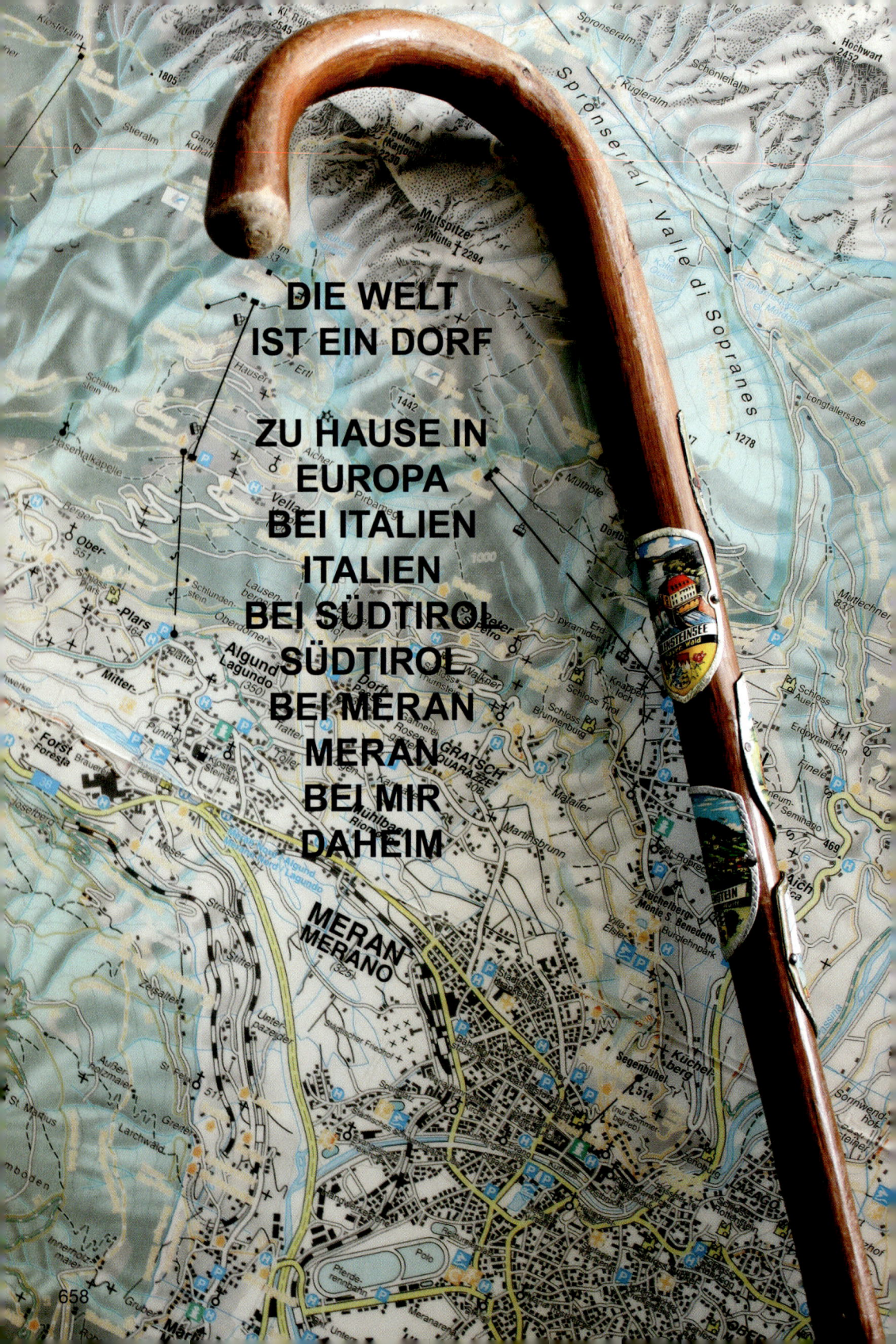

ZU HAUSE IN
EUROPA
BEI ITALIEN
ITALIEN
BEI SÜDTIROL
SÜDTIROL
BEI MERAN
MERAN
BEI MIR
DAHEIM

659

KALTE FÜSSE
WARMES HERZ

ÜBERRASCHUNGSEI

662

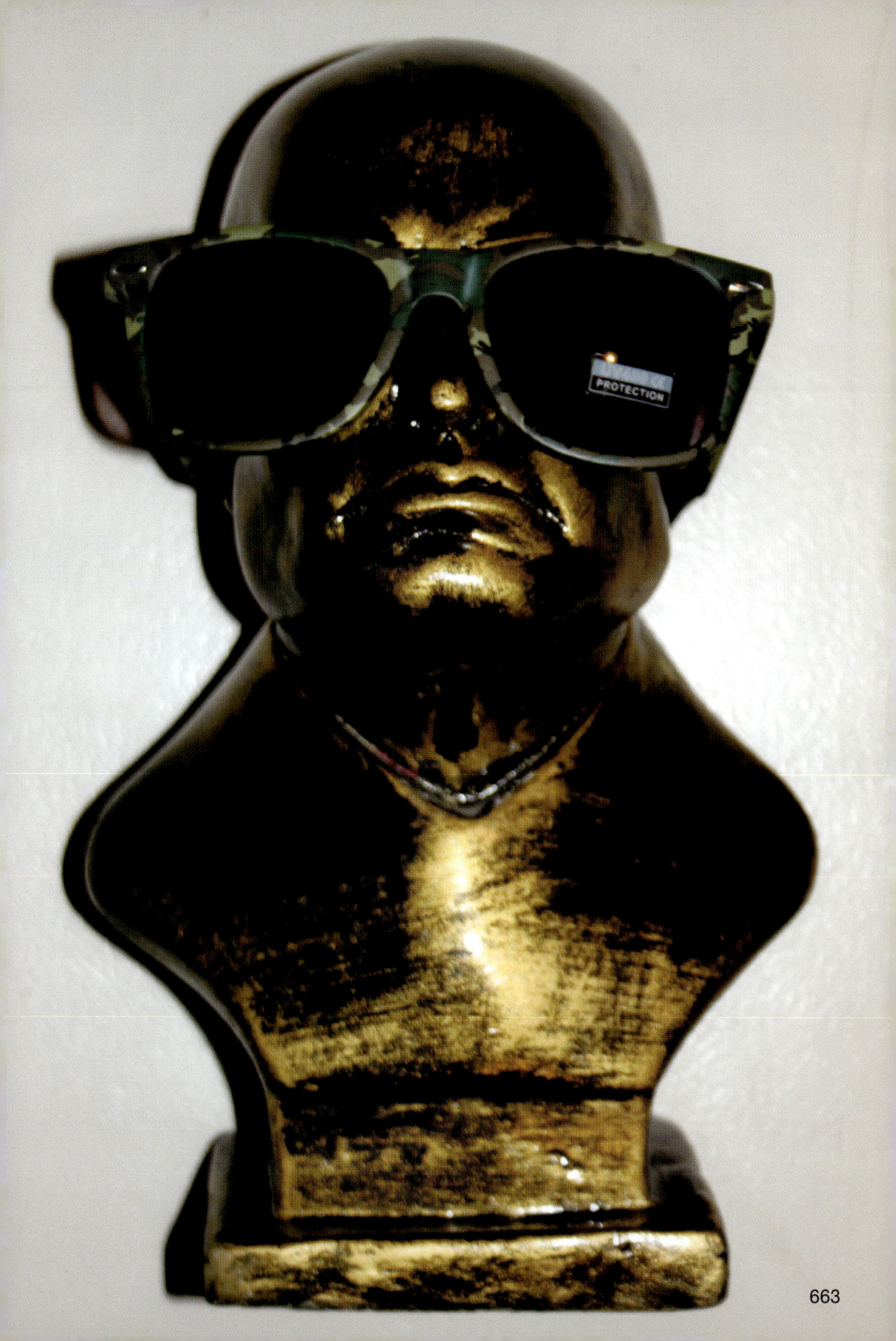
PROTECTION

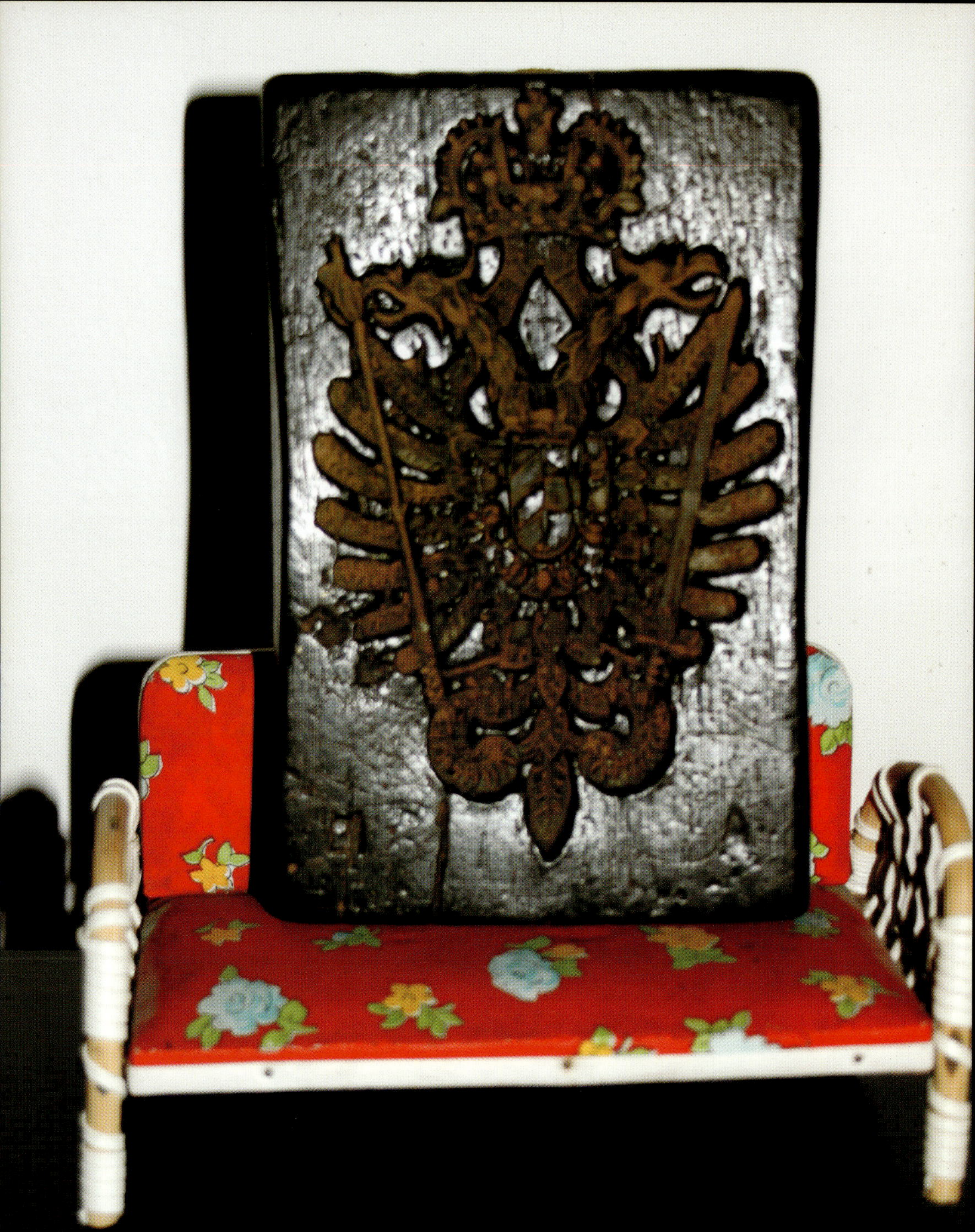

FRONTE PSO GAVIA (1915-18)
FRUTTO DELLA GIUNGLA PARANOICO
-CEREBRALE UMANA

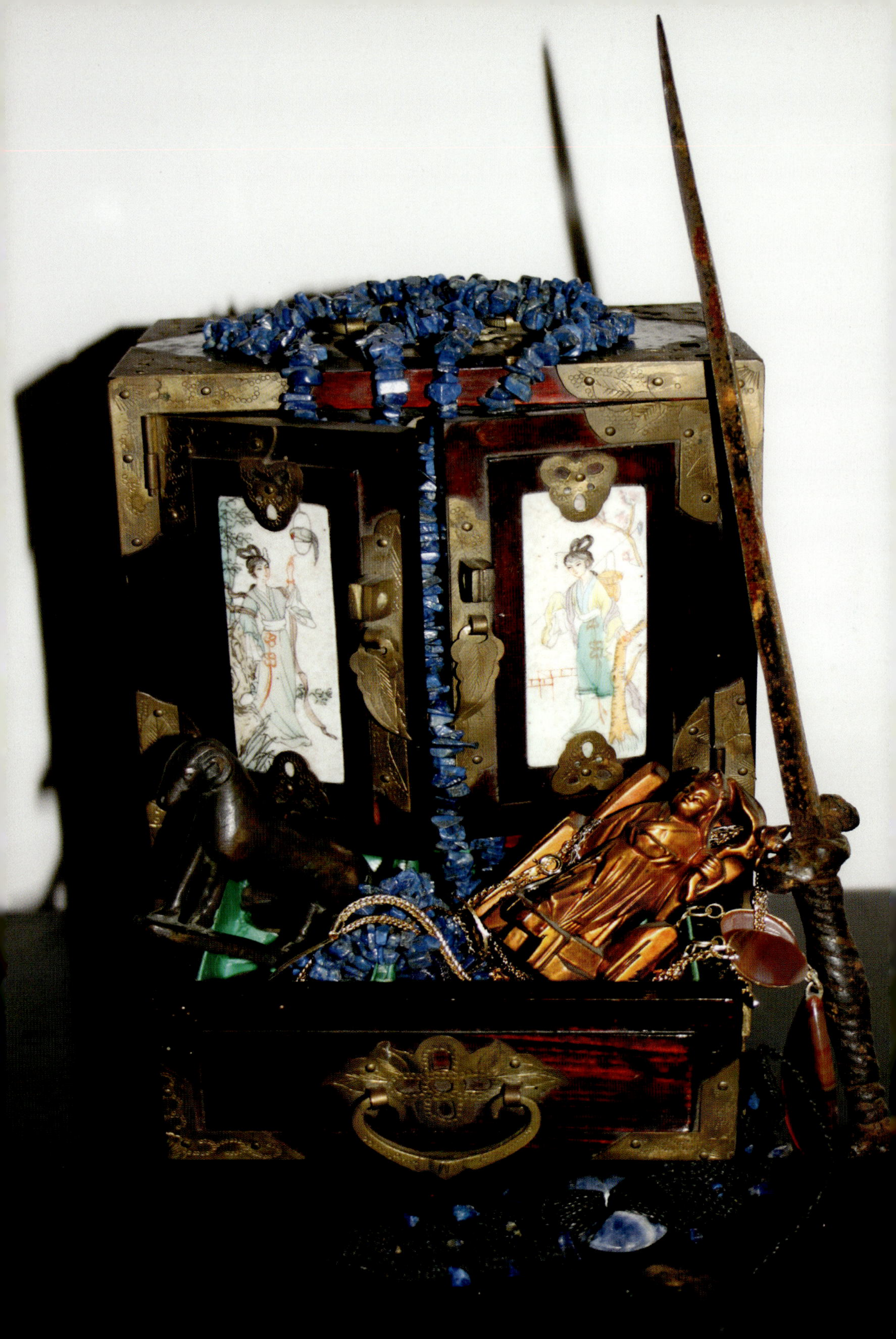

MERAN

A quota 2424 metri sulla cima Sief, i res(ti) di una postazion(e) austriaca. Sullo sfond(o) il Pelmo e la Civetta

Die weinende Muttergottes

von Siracusa

MILITÄRKURHAUS IN ARCO.

GROSSVATERS SCHRAPNELL

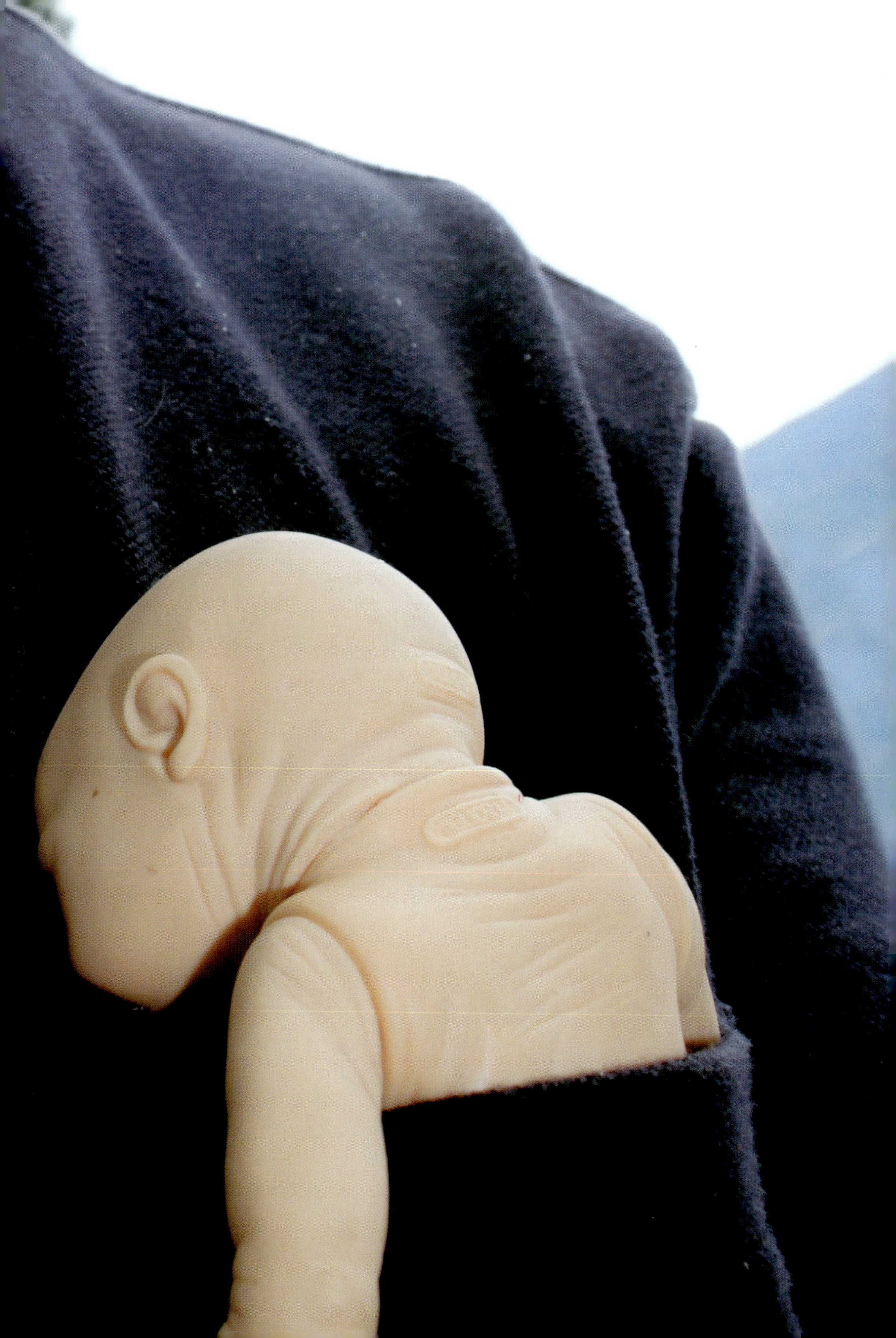

BUNKER

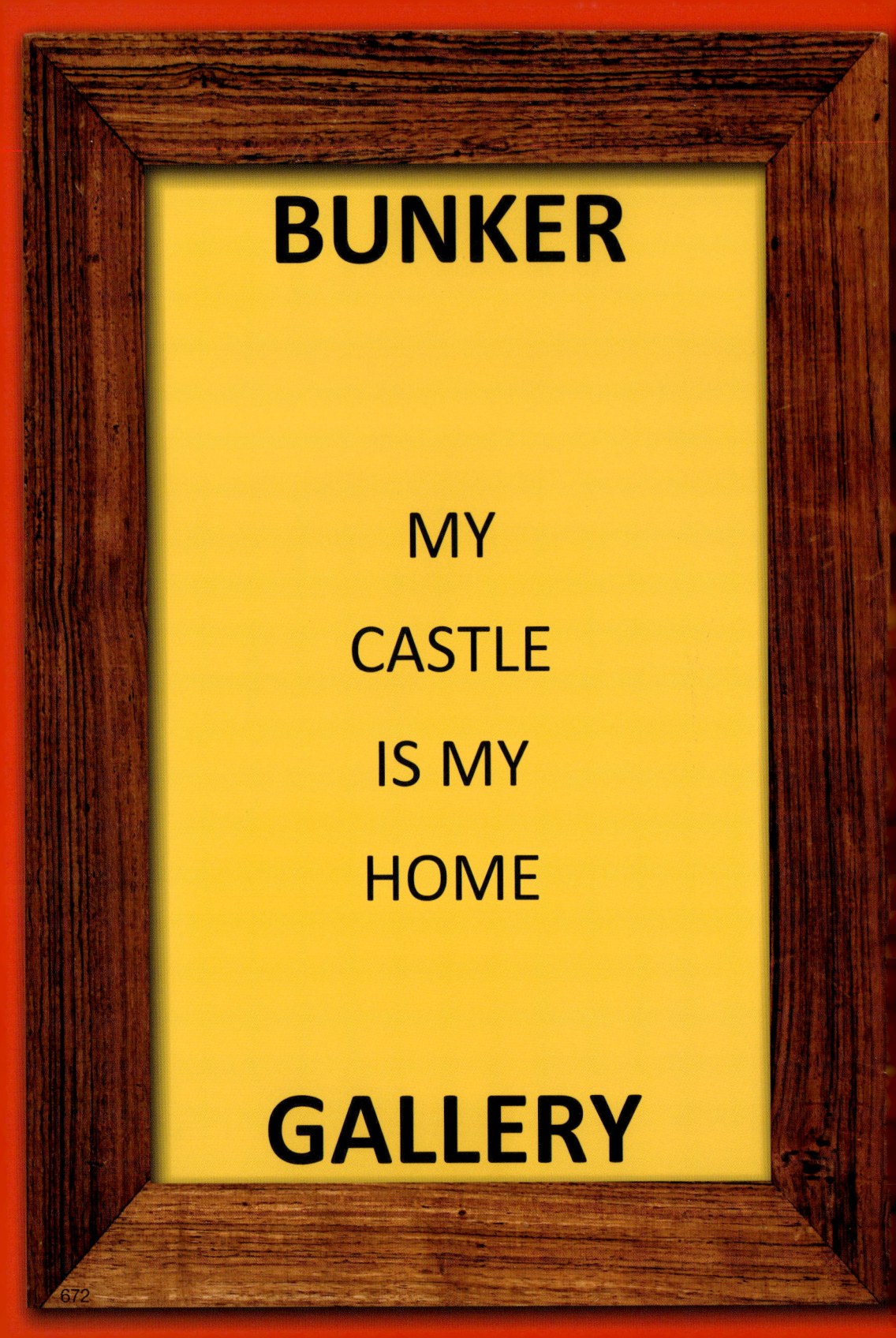

MY

CASTLE

IS MY

HOME

GALLERY

ART**BUNKER**ART

IN DEN UNWIRTLICHEN WIE FRUCHTBAREN TAL- UND BERGREGIONEN SÜDTIROLS STEHEN ZÄHLIGE SPÄTFASCHISTISCHE KONSTRUKTE AUS MASSIVEM EISENBETON, FESTGEMAUERT NACH DER HEIMFÜHRUNG ÖSTERREICHS INS TAUSENDJÄHRIGE REICH, ERRICHTET IN DEN KRIEGSJAHREN 1939-42 ... BAUWERKLICHES SÄBELRASSELN BENITO MUSSOLINIS WIDER SEINEN -NONMIFIDO- STAHLPAKTPARTNER HITLER ADOLF:

BESITZE, BESTÜCKE UND BESPIELE BEREITS SEIT EINIGEN JAHREN CA. 50 (UM DIE FÜNFZIG) DIESER MARTIALISCHEN AREALE (MILITARIA), DIE DA SIND: BUNKER DIVERSER GRÖSSEN, KAVERNEN, UNTERSTÄNDE FÜR GRENZSOLDATEN, UNTERSCHIEDLICHSTE VERTEIDIGUNGSANLAGEN WIE PANZERSPERREN UND ÄHNLICHE OBSOLETE VERRÜCKTHEITEN MEHR.

FÜLL DIESE MEINE HÖRNER DER FORTUNA, GLÜCKLICHE FÜGUNG DES HIMMELS UND DER HÖLLE, MIT ALLER ART KUNST-WERKEN; SPIEL DORT ZU KULTUREVENTS MUSIK, DEN HAMPELMANN, MACH PERFORMANCES, BAU INSTALLATIONEN, BELADE BUNKER MIT VISUELLER POESIE, BESING HIE DIE EINEN MIT LYRISCHEN TEXTEN, ANDERE MIT KOMISCHEN OPERN UND DA FÜHR ICH WORTGEFECHTE IN DISKUSSIONEN ÜBER GOTT UND DIE WELT ETC.

SOLCH FRAGWÜRDIG KLÄFFENDE BAU-BAU-WERKE = OPERE (BUFFE) MILITARI, IN VERKEHRSSTRATEGISCH BESTER GEOGRAFIE, PROVOZIEREN, SCHAFFEN RAHMEN, BEDINGUNGEN, HÜLLEN FÜR EINE GANZE FÜLLE MEINER EIN- UND AUSLADENDEN ARBEITEN, SIND MIR AUFFANGBECKEN/RESERVOIRE UND IN SUMMA TEIL DES GESAMTKUNSTWERKES MEINER BILDERWELT DER WELTBILDER.

NISTE, BRÜTE, LEGE MEINE KATZEN-GOLDENEN EIER IN DIE/DEN NACKTEN RUINEN UND BUNKERE SIE DORT MUSEAL BIS ZUM NIMMERLEINSTAG. DARÜBER WACHEN NACH AUSSEN, FELSENSTARK, WEHRHAFT FESTGEMAUERT, DIE KASEMATTEN (LE CASE MATTE).

LÄSST

HIERIN DER DUCE EINEN FURZ

HÖR

ÜBER DEN BRENNER HINAUS, DRAUSSEN DER FÜHRER DEN DONNER

POTZ BLITZ

CHE PUZZA

Heimatland Südtirol

msch STOPFT HIER
CA. 50 LÖCHER
MIT KULTUR,
GESCHICHTE,
KUNST
U.A.M.

SAMMELSURIUM
STRATEGISCH NEURALGISCHER
POSITIONEN MILITÄRISCHER
EINRICHTUNGEN
WIE BUNKER, KASEMATTEN
KAVERNEN ETC. (1939-1942) ALS
MUSEALES GESAMTKUNSTWERK

MATTHIAS SCHÖNWEGERS AKUPRESSUR-PUNKTE
OPERE MILITARI

675

BUNKER-EXKURSIONEN

SEPT. 27.-28.2014
NOV. 8.2014
USW.

ESCURSIONI GUIDATE

WWW.ES-PROJECTS.NET
INFO@ES-PROJECTS.NET

ARTISTAN IST

ÜBERALL

IST ARTISTAN

BUNKERAREAL

HASELBURG BOZEN

GARTEN AUF BUNKER-BUCKEL

DÄMMERUNG

MORGEN

S-À-VIS-À-VIS-À-VIS-À-VIS-À-V

FINANZ-KASERNE
Bp. 231 K.G.
Unser Frau
tabula rasa di msd

SIMILAUN-HÜTTE
vor dem Umbau im Jahre
1985 aufgenommen

NEAR

BEI DER SIMILAUNHÜTTE

ÖTZI

LUFT-SCHLOSS-BUNKER

BLUMENPOLSTER

POLSTERBLUMEN

BIN IM HIMMEL

REICH

KUNST

HORTE

KUNST

HORTE

KUNST

HORTE

KUNST

in

bunkern

Alle künste
tragen bei
zur größten
aller künste
der Lebenskunst

BUNKERGRABUNGEN BEI SALEWA - BZ

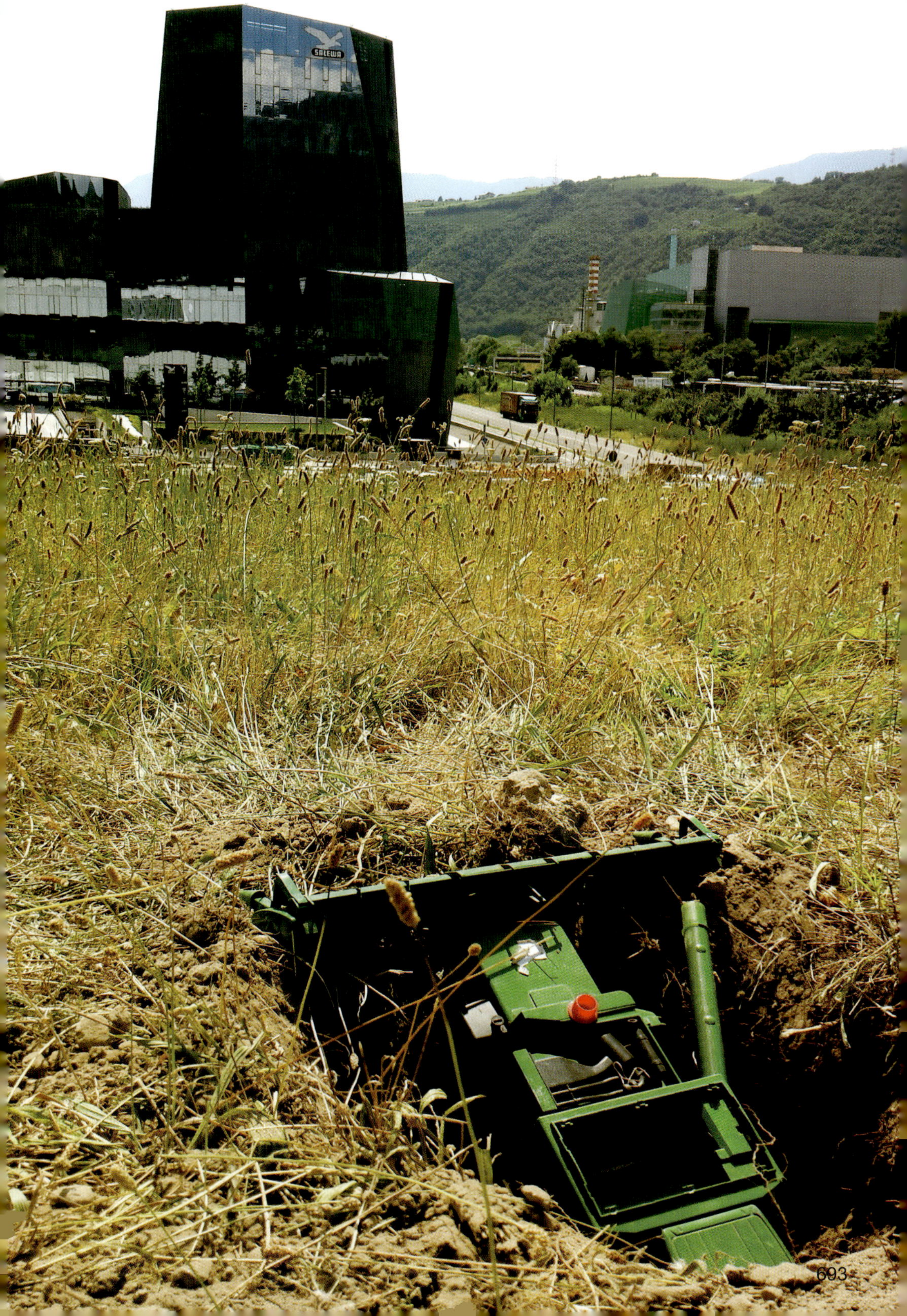
SALEWA

694

DIETER

PASQUALE

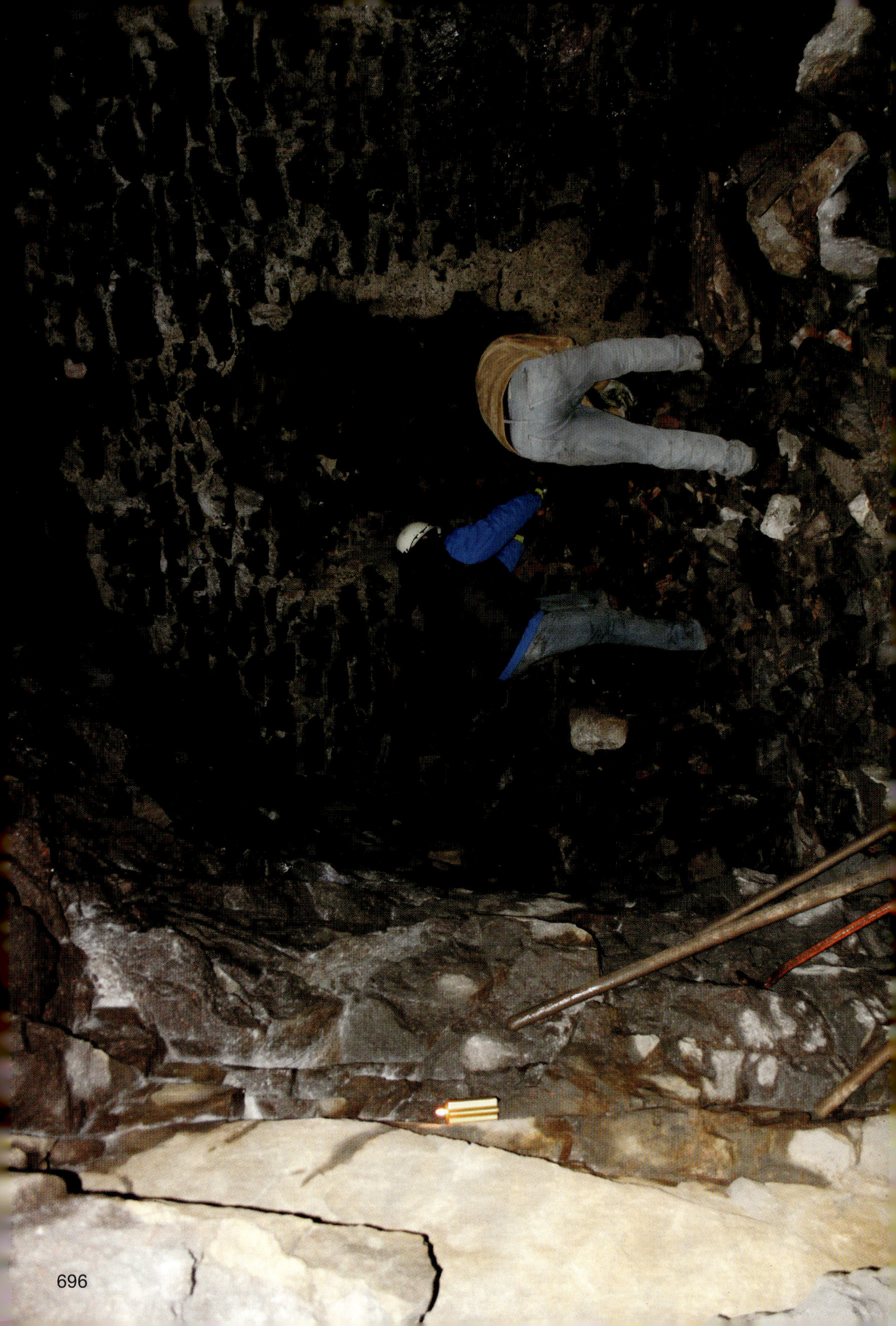

BZ: ZUM FRIEDHOF HIN

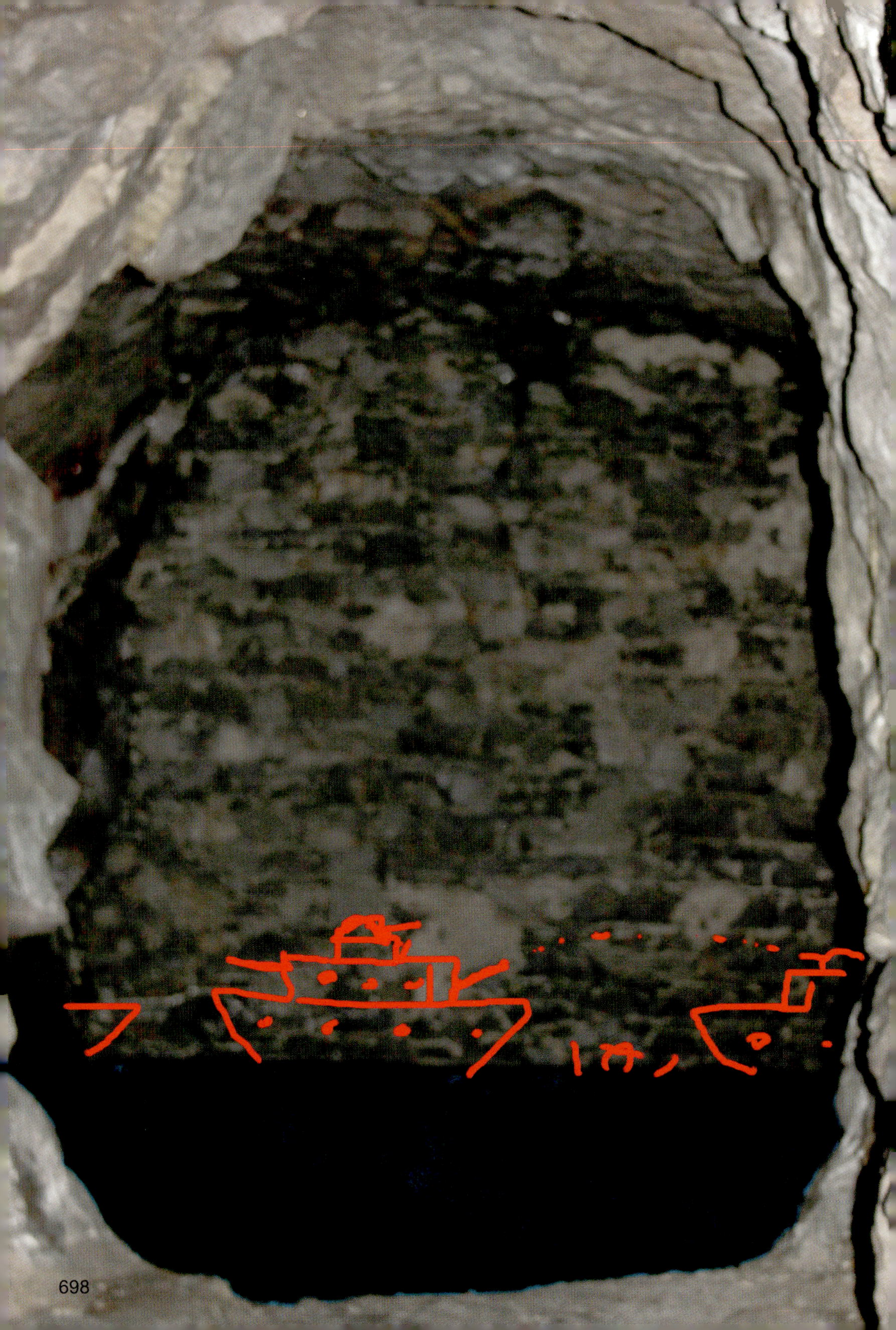

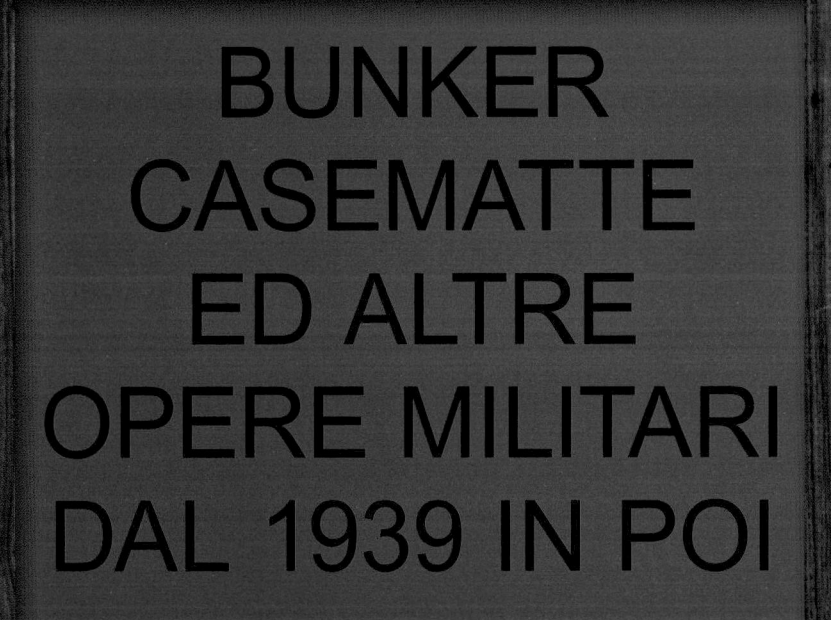

BUNKER
CASEMATTE
ED ALTRE
OPERE MILITARI
DAL 1939 IN POI

PER ANIMALI
IN ART
FOR PEACE
PER TUTTI NOI
E GLI ALTRI

VERWURZELT
STEIN-REICH

SYNCHRON "HUTSCHN"
VERSCHAUKELN WILL ICH MICH SELBER

GIPFELE-KRAIZL 1
MATTHIAS' SPITZE

GIPFELE-STÜRMER

ORDENTLICH IST DIE NORM

DIE KUNST AUSSER ORDENTLICH VIELES

MACHE NUR MACHE NUR MACHE NUR MACHE NUR MACHE NUR MACHE

UNTEN

OBEN

MATTHIAS
AUF DER
SCHÖNWEGER-
SPITZE
GIPFELE-
KRAIZL 2

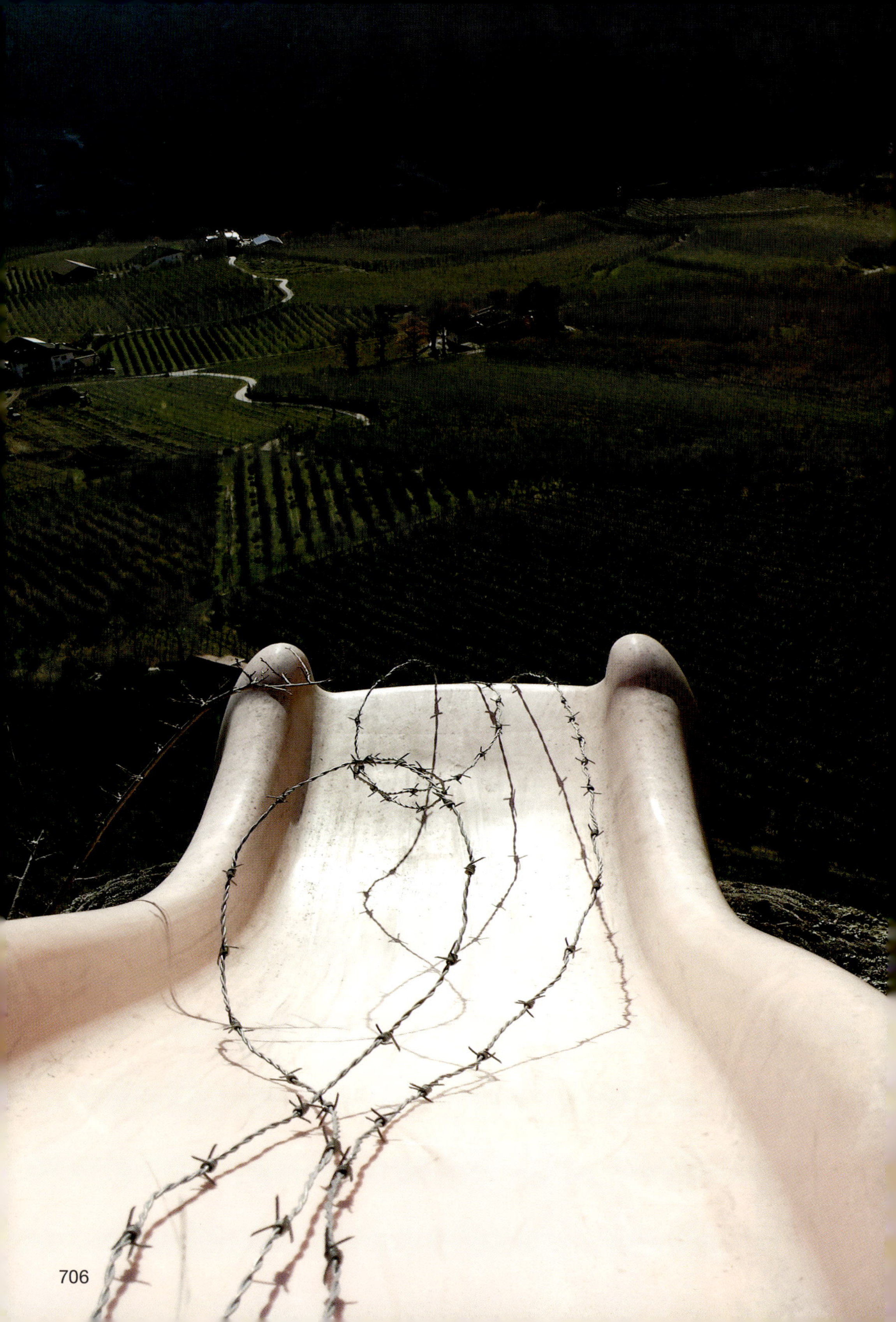

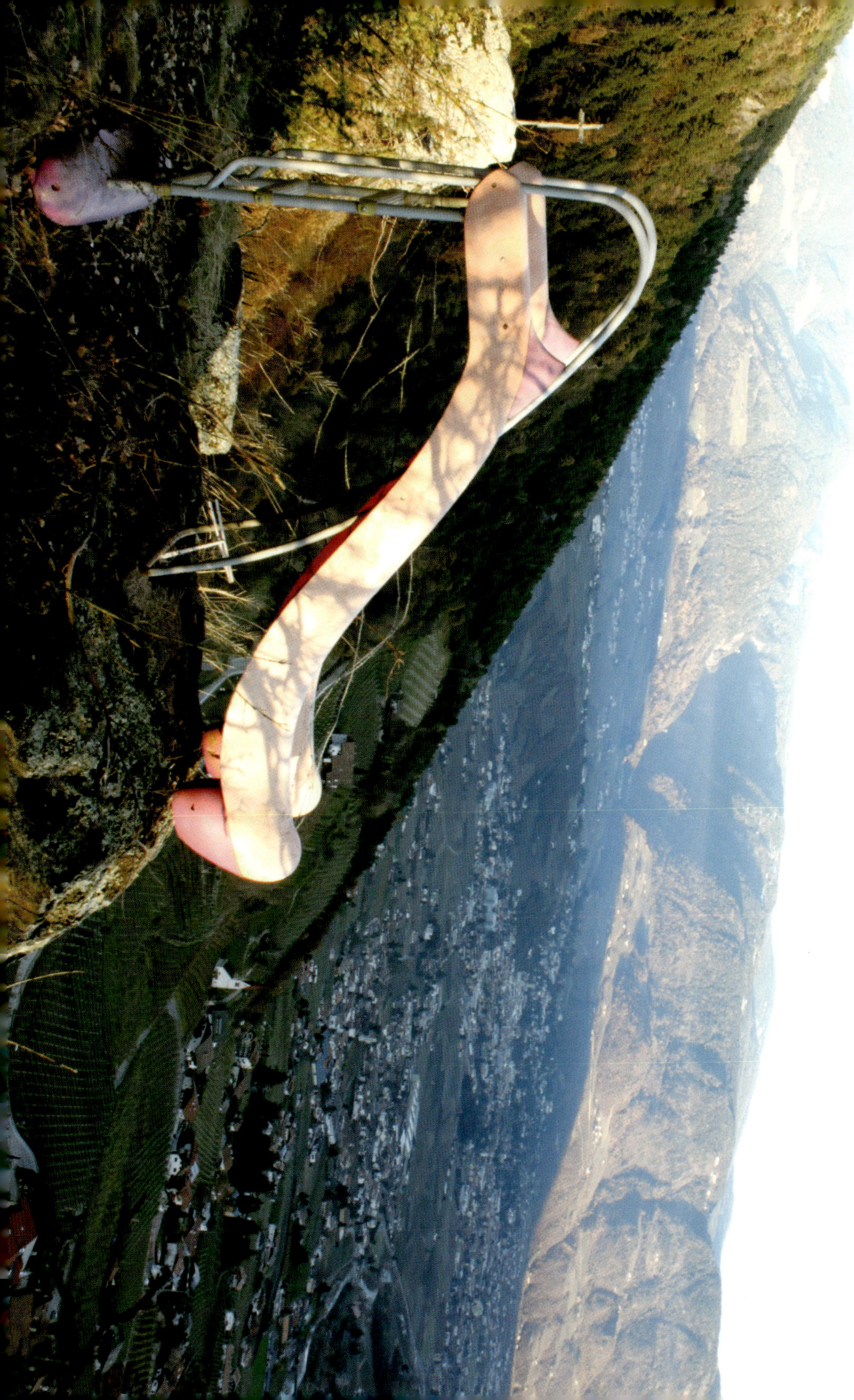

VIETATO L'ACCE
ENTRITT VERF

...TORITÀ MILITARE
...LITÄRBEHÖRDE

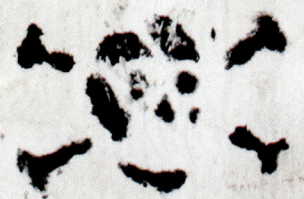

...SO   PERICOLO DI MORTE
...TEN   TODESGEFAHR

SOXNER-BUNKER

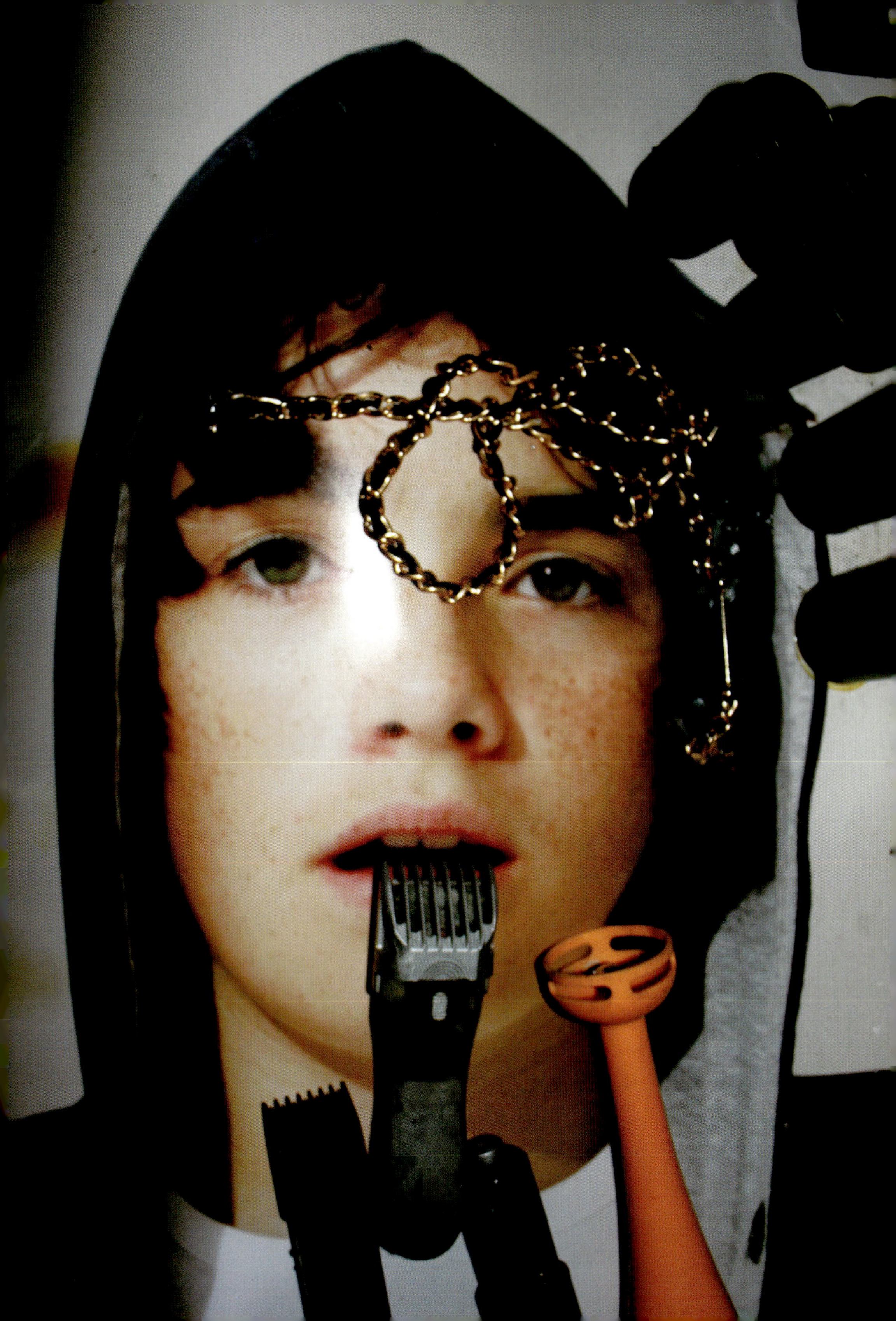

PRODUZIERE KUNST

AM LAUFENDEN BAND

DRÜC
DIE SCHU
DRÜC

AUSGANG UNGEWISS

716

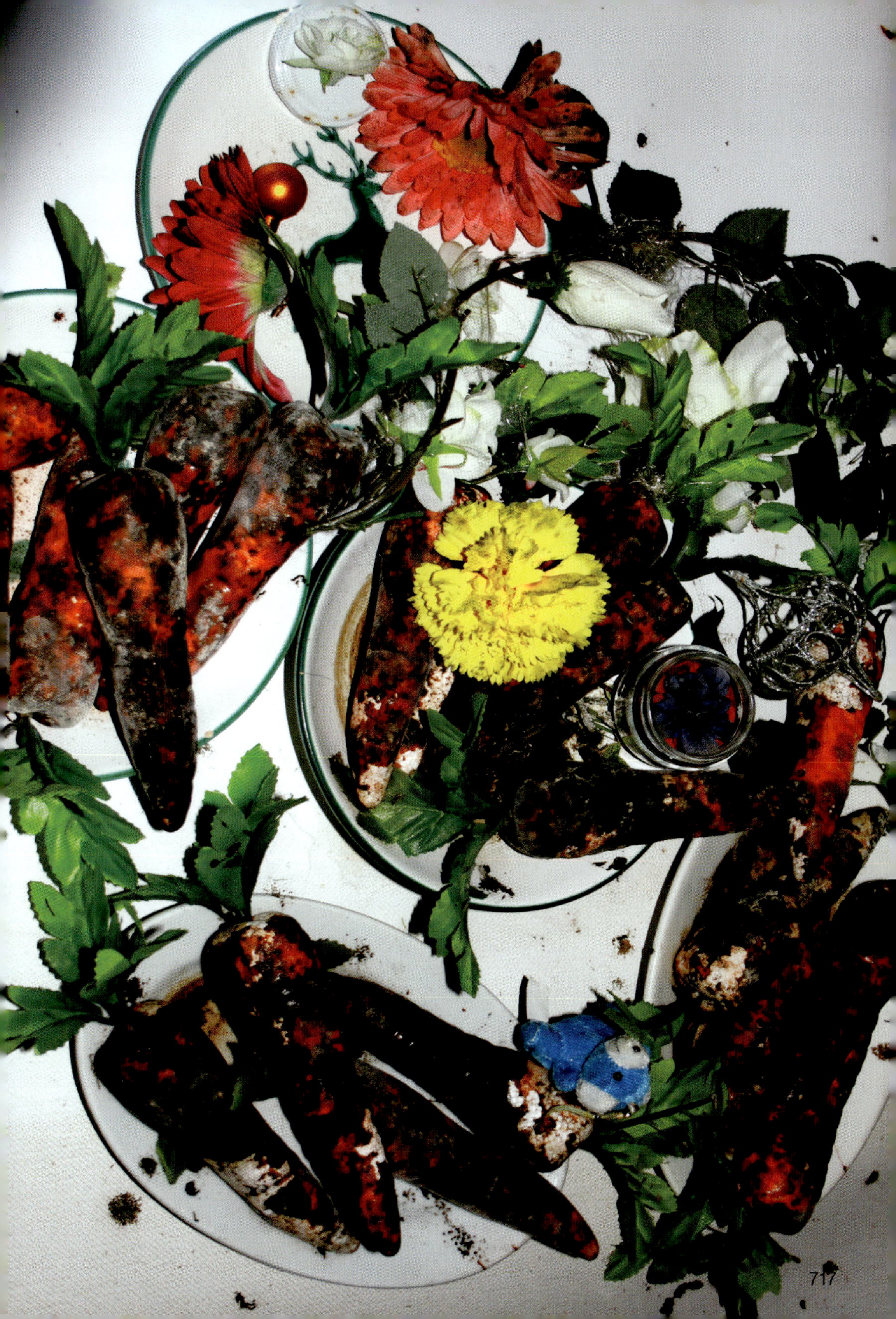

INTERIEUR

ENTRO
ENTRO
ENTRO

CONSUMARE
ENTRO
ENTRO
ENTRO
ENTRO
ENTRO
ENTRO

K-AUTSCH

SOXNER
BUNKER
SCHNECKE

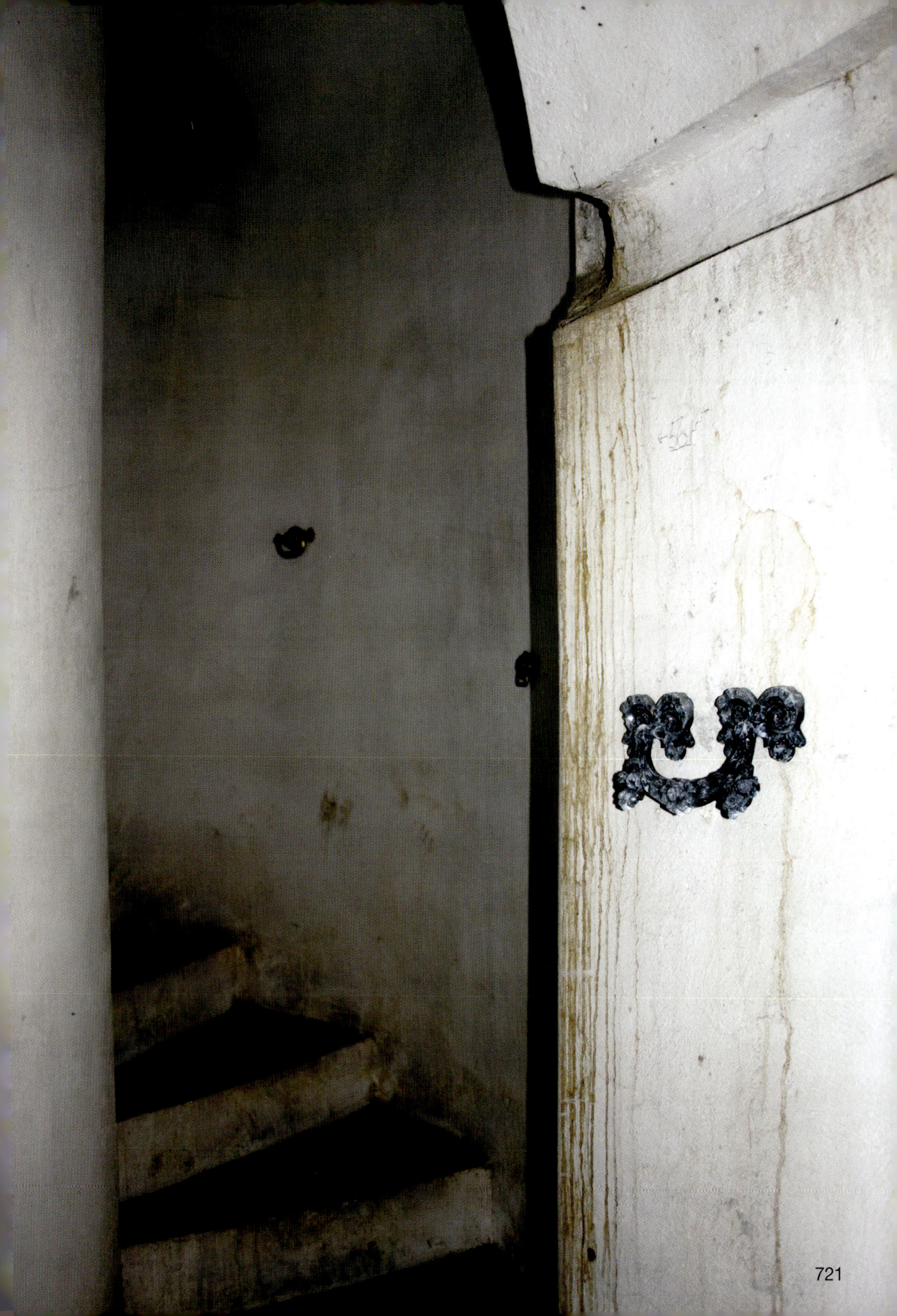

URNEN
MUSTER
URNEN
MUSTER
URNEN
MUSTER
URNEN
MUSTER
URNEN
MUSTER
URNEN

RUHE
RAUM
RUHE
RAUM
RUHE
RAUM
RUHE
RAUM
RUHE
RAUM
RUHE

DAS LETZTE KLEID HAT **DOCH** EINE TASCHE

URNEN

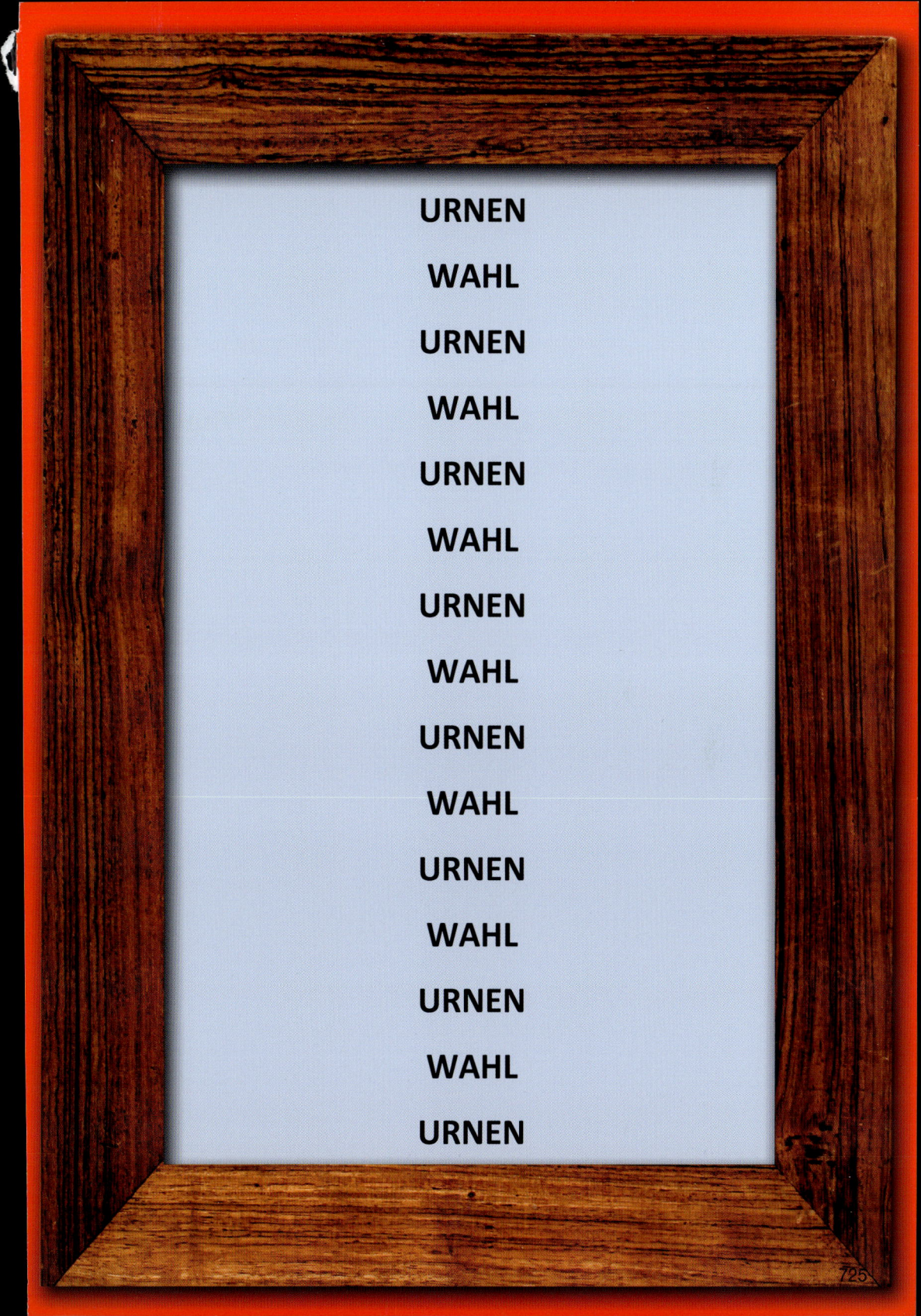

WAHL

URNEN

WAHL

URNEN

WAHL

URNEN

WAHL

URNEN

WAHL

URNEN

WAHL

URNEN

WAHL

URNEN

AUS

DEM

STAUB

GEMACHT

AUS

DEM

STAUB

GEMACHT

AUS

Parfum … & die Asche des Verstorbenen befindet sich im unteren Drittel der Vase. Diese wird horizontal versiegelt. Im oberen Teil der Vase befinden sich Wasser und frische Blumen.

PIETAS

POCULUM PATRIS KELCHURNE

HERZURNE MIT TAGEBÜCHLEIN

RELIQUIEN SCHATTULLE

LAUFEN
GEFAHR
LAUFEN
LAUFEN
LAUFEN
LAUFEN
LAUFEN
LAUFEN
LAUFEN
LAUFEN
LAUFEN
LAUFEN

FUGGITIVO — FLÜCHTIG

LEER - RAUM

DONATE
NOBIS
VOBISCUM
PACEM

WER DAS LEBEN
VERLIERT

SUCHT
DANACH
VERGEBENS
DANACH

EHELEUTE / ELTERN

IN ROSEN GEBETTET

CHRISTBAUMKUGEL

ALEA IACTA EST — DIE WÜRFEL SIND GEFALLEN

IN EHREN HALTEN

DER
SCHEINTOTEN
TOTENSCHEIN

DER
KULTTOTEN
TOTENKULT

TOTENGRÄBER
DER
TOTENGRÄBER
DER
TOTENGRÄBER
TOTENGRÄBER

URNEN – VASEN 1

URNEN – VASEN 2

URNE – HABITAT

URNE – BUNT

DOSEN DER LIEBLINGSKEKSE ALS URNEN

LIEBLINGSHAFELE ALS URNE

VEILCHEN – URNE

SCHACHTELURNE
AUS PLASTIK -
MIT ZWEI LADEN

PLASTIKTASCHE ALS URNE

ASCHER – URNE

EI – LAND / PARADIES

KLASSISCHE URNE
AUS LAASER MARMOR

EINGEBUNDEN

LIEBES-GEDICHT

STERN - ZEICHEN - FISCH

PLASTIK – BOX

SÄEN UND ERNTEN
LEBENSMITTEL

FIAT
LUX

LEBENSZWECK
ERNTEN UND SÄEN

NICHT JEDER ZWEIG
TRÄGT
IN DIESEM KRANZE
FARBEN
DUFT
UND IST GEDICHT

NIMM
WENN SCHON
ALS GANZES
DAS GANZE
SOLL HEISSEN
ZUR KÜR
KOMMT
DIE PFLICHT

WÜRDE
DIE VERBREITUNG
DIESES BUCHES
BIBLISCHE AUSMASSE
ANNEHMEN

WÄRE DAS
FÜR SEINE
RARITÄT
TÖDLICH
UND
IHR
SELTENHEITSWERT
GLEICH
NULL

KUNST
HAT
DEN WERT
DEN
SIE
VERDIENT
UND NICHT DER
KÜNSTLER
NOCH DER
GALERIST
NOCH WER
SONST

EINSCHLUSS

BRENNEN MUASS
SIE NITT
DIE LIAB
OBER LONGENOND
WORMHOLTN

EIN
SCHLUSS

MEIN LETZTES BUCH

FÜRS ERSTE

Gute Nacht.

FUORI USO FUORI

LEIHEN UNSER OHR
GOTT UND DER WELT
UND HOFFEN

WIR KRIEGEN DIE BEIDEN
WIEDER

Alle Fotografien © Matthias Schönweger
ausgenommen
S. 62-103 Damian Pertoll © Es gallery
S. 56-59 © Touriseum
S. 570-597 © Albert Ellmenreich

Dank an
Dieter Holzer, Assistent
und allen anderen 13 Nothelfern
z.B. Ost-West-Club Meran
und Dirler Kunstgießerei, Marling

kunst Meran
im haus der Sparkasse

Merano arte
edificio Cassa di Risparmio

ARNOLD MARIO DALL'O

ALOIS LAGEDER
1823

Es project

vermessungs service steiner

andase-project.com

DRUCKEREI - TIPOGRAFIA
union

STADTGEMEINDE MERAN
COMUNE DI MERANO
Referat für Kultur
Assessorato alla cultura

AUTONOME PROVINZ BOZEN SÜDTIROL
PROVINCIA AUTONOMA DI BOLZANO ALTO ADIGE
Deutsche Kultur

Regione Autonoma Trentino - Alto Adige
Autonome Region Trentino - Südtirol
Region Autonóma Trentin - Südtirol

SEE YOU

SEE YOU NOW

man sieht sich / ci vediamo

bei der kunstausstellung
des matthias schönweger
in neumarkt
im kunstforum unterland

31. mai – 14. juni 2014

oder aber
ein andermal

FREE YOUR MIND

ZUM MUSEUM →
ZUR BIBLIOTHEK